Crestina di Raimondi (Hrsg.)

Höhepunkte

Ein erotisches Lesebuch

Knaur

Dieses Buch wurde auf chlor- und säurefreiem Papier gedruckt.

Originalausgabe April 1993

Umschlaggestaltung Graupner + Partner, München
Umschlagfoto Joachim Blauel – ARTOTHEK
Satz DTP im Verlag
Druck und Bindung Elsnerdruck, Berlin
Printed in Germany
ISBN 3-426-71007-2

2 4 5 3 1

Inhalt

Henry Miller

An Samstagen legte ich gewöhnlich mittags die Arbeit nieder und ging entweder mit Hymie Laubscher und Romero oder mit O'Rourke und O'Mara zum Mittagessen. Manchmal gesellte sich Curley zu uns oder George Miltiades, ein griechischer Dichter und Gelehrter, einer der Boten. Hin und wieder lud O'Mara Irma und Dolores ein, uns Gesellschaft zu leisten. Sie hatten sich von einfachen Sekretärinnen im kosmokokkischen Stellenvermittlungsbüro zu Einkäuferinnen in einem großen Warenhaus auf der Fifth Avenue emporgearbeitet. Das Essen zog sich wie gewöhnlich bis drei oder vier Uhr nachmittags hin. Dann machte ich mich mit schleppenden Füßen auf den Weg nach Brooklyn, um Maude und der Kleinen meinen wöchentlichen Besuch abzustatten.

Da noch Schnee lag, konnten wir nicht mehr unsere Spaziergänge durch den Park machen. Maude hatte zumeist ein Negligé an und einen Bademantel darüber. Ihre langen Haare hingen offen fast bis zu ihrer Hüfte herab. Die Zimmer waren überheizt und mit Möbeln überladen. Gewöhnlich hatte sie eine Pralinenschachtel neben der Couch, auf der sie sich ausruhte.

Die Begrüßungen, die wir tauschten, hätten einen glauben lassen, daß wir alte Freunde seien. Manchmal war das Kind nicht da, wenn ich kam, sondern in ein Nachbarhaus gegangen, um mit einer kleinen Freundin zu spielen.

»Sie hat bis drei Uhr auf dich gewartet«, sagte Maude mit leise

vorwurfsvoller Miene, aber insgeheim entzückt, daß es sich so ergeben hatte.
Ich erklärte, daß meine Arbeit mich im Büro festgehalten habe. Daraufhin warf sie mir einen Blick zu, der bedeutete: »Ich kenne deine Ausreden. Warum denkst du dir nicht mal was anderes aus?«
»Wie geht es deiner Freundin Dolores«, fragte sie plötzlich. »Oder –«, sie streifte mich mit einem scharfen Blick, »– ist sie nicht mehr deine Freundin?«
Solche Fragen sollten eine zarte Anspielung darauf sein, daß sie hoffte, ich würde die andere Frau (Mona) nicht so betrügen, wie ich sie betrogen hatte. Sie erwähnte natürlich Monas Namen nie, ebensowenig wie ich das tat. Sie sagte »sie« oder »ihr« in einer Art, die unmißverständlich klarmachte, wen sie meinte.
Diesen Fragen haftete auch ein Unterton von tieferer Bedeutung an. Da das Scheidungsverfahren sich erst im Anfangsstadium befand und der Bruch dem Gesetz nach noch nicht definitiv vollzogen war, konnte man nicht sagen, was in der Zwischenzeit noch alles geschehen würde. Wir waren wenigstens keine Feinde mehr. Es gab immer noch das Kind zwischen uns – ein starkes Band. Und bis sie ihr Leben anders einrichten konnte, waren beide noch von mir abhängig. Sie hätte gern mehr über mein Leben mit Mona gewußt, ob es glattging, wie wir erwartet hatten, oder nicht, aber ihr Stolz verbot ihr, allzu offene Fragen zu stellen. Zweifellos überlegte sie insgeheim, daß die sieben Jahre, die wir zusammen gelebt hatten, einen nicht ganz unbedeutenden Faktor in dieser allem Anschein nach delikaten Situation darstellten. Eine falsche Bewegung von Monas Seite, und ich würde wieder in meinen alten Trott verfallen. Es war ihr daran gelegen, das Beste aus dieser seltsamen neuen Freundschaft, die wir geschlossen hatten, zu machen. Sie konnte vielleicht den Boden für eine andere und tiefere Beziehung vorbereiten.
Sie tat mir manchmal leid, wenn diese unausgesprochene Hoff-

nung sich nur zu deutlich zeigte. Meinerseits hatte ich nie die geringste Angst, ich könnte wieder in den alten Trott des Ehelebens mit ihr zurücksinken. Sollte Mona etwas zustoßen – eine andere Trennung als die durch den Tod konnte ich mir nicht vorstellen –, so würde ich jedenfalls nie wieder ein Leben mit Maude beginnen. Viel wahrscheinlicher war, daß ich mich jemanden wie Irma oder Dolores, ja sogar Monica, der kleinen Kellnerin aus dem griechischen Restaurant, zuwenden würde.

»Warum setzt du dich nicht neben mich – ich beiße dich nicht.« Ihre Stimme schien von weither zu kommen. Häufig, wenn Maude und ich allein waren, wanderten meine Gedanken fort. Ich reagierte dann wie zum Beispiel jetzt in einem halb entrückten Zustand, wobei der Körper ihren Wünschen gehorchte, während ich sonst abwesend war. Immer entspann sich zwischen uns ein kurzer Willenskampf – oder vielmehr ein Kampf zwischen ihrem Willen und meiner Willenlosigkeit. Ich hatte keine Lust, ihre erotische Phantasie zu kitzeln. Ich war gekommen, um einige Stunden totzuschlagen, und wollte fortgehen, ohne frische Wunden zu öffnen. Gewöhnlich jedoch strich meine Hand geistesabwesend über ihre üppigen Formen. Zuerst war nicht mehr daran als die unwillkürliche Liebkosung, die man einem Lieblingstier angedeihen läßt. Aber allmählich ließ sie mich spüren, daß sie mit heimlichen Vergnügen darauf reagierte. Dann, gerade wenn es ihr gelungen war, meine Aufmerksamkeit auf ihren Körper zu lenken, machte sie eine abrupte Bewegung, um die Verbindung abzubrechen.

»Vergiß nicht, ich bin nicht mehr deine Frau!«

So etwas schleuderte sie mir mit Vorliebe ins Gesicht, da sie wußte, daß es mich zu erneuten Bemühungen veranlassen, daß es mein Denken und auch meine Finger auf das verbotene Objekt hinlenken würde: auf sie selbst. Diese Zurechtweisungen dienten noch einem anderen Zweck – sie weckten ein Bewußtsein ihrer Macht, zu gewähren oder zu verweigern. Sie schien immer mit ihrem Körper zu sagen: »Du kannst ihn nicht bekommen, wenn du keine Notiz von *mir* nimmst.« Die Vorstellung, ich könnte mit ihrem Körper allein zufrieden sein, war höchst demütigend für sie. »Ich würde dir mehr geben, als sonst eine Frau dir bieten kann«, schien sie zu sagen, »wenn du mich nur *ansehen*, nur *mich*, mein wahres Selbst, sehen würdest.« Sie wußte nur zu gut, daß ich über sie hinwegsah, daß die Verschiebung unserer Mittelpunkte nun viel wirklicher, viel gefährlicher war als je. Sie wußte auch, daß es keinen anderen Weg gab, mich zu erreichen, als durch den Körper.

Es ist eine sonderbare Tatsache, daß mein Körper, wie vertraut er auch dem Auge und der Berührung sein mag, beredt geheimnisvoll werden kann in dem Augenblick, wo wir spüren, daß sein Besitzer sich uns entzieht. Ich erinnere mich an den erneuten Eifer, mit dem ich Maudes Körper erforschte, nachdem ich erfuhr, daß sie einen Arzt zu einer vaginalen Untersuchung aufgesucht hatte. Was der Sache noch eine besondere Würze verlieh, war die Tatsache, daß der Arzt ein alter Verehrer von ihr war, einer von den Verehrern, die sie nie erwähnt hatte. Aus heiterem Himmel verkündete sie eines Tages, daß sie bei ihm in der Sprechstunde gewesen sei, daß sie eines Tages gefallen sei, wovon sie mir nichts gesagt hatte, und nachdem sie unlängst ihrem alten Liebhaber in die Arme gelaufen war, von dem sie wußte, daß sie ihm trauen durfte (!), hatte sie beschlossen, sich von ihm untersuchen zu lassen.

»Du bist einfach zu ihm hingegangen und hast ihn gebeten, dich zu untersuchen?«

»Nein, nicht ganz so.« Sie mußte selbst darüber lachen.

»Nun, wie war's denn dann?«

Ich wollte wissen, ob er bei ihr im Laufe der inzwischen vergangenen fünf oder sechs Jahre eine Veränderung zum Vorteil oder Nachteil festgestellt hatte. Hatte er irgendwelche Annäherungsversuche unternommen? Er war zwar verheiratet, was sie mir schon früher erzählt hatte. Aber er war auch ungewöhnlich gut

aussehend, eine anziehende Persönlichkeit, wie sie sich bemüßigt fühlte, mir mitzuteilen.
»Nun, was für ein Gefühl war es, sich auf den Tisch zu legen und die Beine vor deinem alten Liebhaber auseinanderzuspreizen?«
Sie versuchte mir zu verstehen zu geben, daß sie völlig frigid geworden sei, daß Dr. Hilary – oder wie zum Teufel immer er hieß – sie aufgefordert habe, sich völlig zu entspannen, daß er sie daran erinnert habe, er handle als Arzt und so weiter und so fort.
»Na, und hast du dich entspannt – schließlich?«
Wieder lachte sie dieses quälende Lachen, das sie immer produzierte, wenn sie von »genierlichen« Dingen sprechen mußte.
»Nun, was hat er getan?« drängte ich.
»Oh, nicht viel, wirklich. Er untersuchte nur die Vagina (sie wollte nicht sagen *meine* Vagina!) mit seinem Finger. Er hatte natürlich einen Gummihandschuh übergezogen.« Sie fügte das hinzu, um sich von dem Verdacht reinzuwaschen, die Prozedur könnte etwas anderes als rein sachlich gewesen sein.
»Er sagte, es sei alles in bester Ordnung«, sagte sie zu meiner Überraschung aus freien Stücken.
»Ach, hat er das gesagt, was? Er hat dich demnach eingehend untersucht?«
Die Erinnerung an diesen Vorfall war durch eine Bemerkung geweckt worden, die sie gerade gemacht hatte. Sie sagte, sie sei beunruhigt gewesen wegen der alten Schmerzen, die sich unlängst wieder eingestellt hätten. Sie beschrieb noch einmal, wie sie vor Jahren gefallen war und wie sie irrtümlich geglaubt hatte, sie habe sich das Becken verletzt. Sie sprach mit solchem Ernst, daß ich, als sie meine Hand ergriff und sie über ihre Scheide gerade auf die Erhöhung des Venusbergs legte, diese Geste für völlig unschuldig hielt. Sie hatte dort einen dichten Haarwuchs, einen richtigen Rosenbusch, der, wenn die Finger sich verirrten, sich sofort aufrichtete, steif wie eine Bürste wurde. Es war eines dieser buschigen Dinger, die einen verrückt machen, wenn man

sie durch ein dünnes Gewebe von Seide oder dünnem Samt berührt. Häufig, in der ersten Zeit, wenn sie reizvolle dünne Sachen trug, sich kokett und verführerisch benahm, griff ich rasch danach und hielt ihn fest, selbst wenn wir uns an einem öffentlichen Ort, im Foyer eines Theaters oder in einer Hochbahnstation befanden. Dann wurde sie zumeist wütend auf mich. Aber wenn ich dicht bei ihr stand und meine tastende Hand so den Blicken anderer entzogen war, hielt ich ihn weiter fest und sagte: »Niemand kann sehen, was ich tue. Rühr dich nicht!« Und ich sprach weiter auf sie ein, meine Hand in ihren Muff vergraben, sie hypnotisiert vor Angst. Im Theater spreizte sie immer, sobald die Lichter gedämpft wurden, die Beine, damit ich mit ihr mein Spiel treiben konnte. Sie fand nichts dabei, dann meinen Hosenschlitz aufzuknöpfen und während der Aufführung mit meinem Piephahn zu spielen.

Ihre Mieze hatte immer noch ihre Reize. Ich wurde mir dessen bewußt, als meine Hand jetzt am Rand ihrer dicken Felltasche lag. Sie hielt dauernd ein Gespräch im Fluß, um den peinlichen Augenblick hinauszuzögern, wenn nur noch der Druck meiner Hand dasein würde und das stillschweigende Eingeständnis, daß sie sich wünschte, sie möge dort verweilen.

Als sei ich lebhaft an dem interessiert, was sie erzählte, erinnerte ich sie plötzlich an ihren Stiefvater, den sie verloren hatte. Wie von mir erwartet, ging sie sofort begeistert auf die Anregung ein. Erregt allein schon durch die Erwähnung seines Namens, legte sie ihre Hand auf die meine und drückte sie herzhaft. Daß meine Hand ein wenig tiefer hinunterschlüpfte, die Finger sich in dem dichten Vlies verfingen, schien sie für den Augenblick wenigstens überhaupt nicht zu stören. Sie fuhr fort, ganz wie ein Schulmädchen von ihm zu schwärmen. Als meine Finger sich verflochten und entflochten, fühlte ich, wie eine doppelte Leidenschaft sich in mir regte. Vor Jahren, als ich sie zum erstenmal besuchte, war ich von einer heftigen Eifersucht auf diesen Stiefvater geplagt. Sie war damals ein Mädchen von zweiundzwanzig oder dreiundzwanzig Jahren, mit voll erblühter Figur, reif in jedem Sinne des Wortes. Sie in der Abenddämmerung beim Fenster auf einem Schoß sitzen zu sehen, wobei sie zu ihm mit leiser, zärtlicher Stimme sprach, machte mich rasend. »Ich liebe ihn«, sagte sie, als entschuldigte das ihr Benehmen, denn bei ihr bedeutete das Wort Liebe etwas Reines, etwas von fleischlicher Lust Getrenntes. Es war im Sommer, als diese Szenen sich abspielten, und ich, der ich nur darauf wartete, daß der alte Knacker sie freigab, war mir nur zu sehr des warmen, nackten Fleisches unter dem dünnen, gazeartigen Kleid, das sie trug, bewußt. Sie hätte ebensogut nackt auf seinem Schoß sitzen können, dachte ich. Ich war mir immer ihres Gewichts auf seinem Schoß bewußt, immer der Art bewußt, wie sie sich mit sanft wiegenden Schenkeln, ihren üppigen Spalt fest über seinem Hosenschlitz verankernd, auf ihm zurechtsetzte. Ich war sicher, daß er, wie rein die Liebe des alten Mannes zu ihr auch war, gewahr geworden sein mußte, welch saftige Frucht er in den Armen hielt. Nur ein Leichnam hätte unzugänglich für den Saft und die Glut sein können, die von diesem warmen Körper ausgingen. Außerdem, je besser ich sie kennenlernte, desto natürlicher fand ich es für sie, daß sie ihren Körper in dieser verstohlenen, lüsternen Art anbot. Ein inzestuöses Verhältnis war bei ihr nicht unmöglich. Wenn sie schon »geschändet« werden mußte, zog sie es vor, daß das durch den Vater, den sie liebte, geschah. Die Tatsache, daß er nicht ihr wirklicher Vater, sondern der von ihr auserwählte war, vereinfachte die Sachlage, wenn sie überhaupt jemals so weit ging, offen an solche Dinge zu denken. Es war diese verdammte, pervertierte Bindung, die es für mich damals so schwierig machte, sie in ein klares, offenes Sexualverhältnis zu führen. Sie erwartete von mir eine Liebe, die ich ihr nicht geben konnte. Sie wollte, daß ich sie verhätschelte wie ein Kind, ihr süße Nichtigkeiten ins Ohr flüsterte, sie liebkoste, verwöhnte und aufheiterte. Sie wollte, daß ich sie in einer absurden, inzestuösen Weise in die Arme schloß und streichelte. Sie wollte nicht zugeben, daß sie eine Scheide hatte und ich einen Schwanz. Sie wollte Liebesgeflüster und stumme, heimliche Knutschereien, Erforschungen mit den Händen. Ich war ihr zu direkt, zu brutal.

Nachdem sie es richtig zu schmecken bekommen hatte, war sie fast von Sinnen vor Leidenschaft, Zorn, Scham, Demütigung und was noch alles. Sie hatte offensichtlich nie geglaubt, daß es so genußreich – oder auch so ekelhaft sein würde. Das – für sie – Ekelhafte war die Hingabe. Zu denken, daß zwischen den Beinen des Mannes etwas hing, was sie sich selbst völlig vergessen lassen konnte, war für sie zum Verzweifeln. Sie wollte so sehr unabhängig, wenn nicht ganz Kind sein. Sie wollte nichts wissen von dem Zwischengebiet, dem Sichergeben, der Verschmelzung, dem Austausch. Sie wollte dieses kleine, in ihrer Brust verborgene verkrampfte Innerste ihres Ichs bewahren und sich nur das legitime Vergnügen gestatten, den Körper preiszugeben. Daß Körper und Seele nicht getrennt werden konnten, besonders nicht im Geschlechtsakt, war für sie eine Quelle tiefsten Kummers. Sie benahm sich immer so, als habe sie damit, daß sie ihre Möse der Erforschung durch den Penis überließ, etwas verloren, ein Teilchen ihres unergründlichen Ichs, ein Element, das nie ersetzt werden konnte. Je mehr sie dagegen ankämpfte, desto vollständiger lieferte sie sich aus. Keine Frau vermag so wild zu vögeln wie die Hysterikerin, die ihren Geist frigid gemacht hat.

Während ich nun mit den steifen, drahtigen Haaren ihres Busches spielte, gelegentlich einen Finger sich hinunter zur Spitze ihrer Möse verirren ließ, wanderten meine Gedanken vagabundierend tief in die Vergangenheit zurück. Ich hatte fast das Gefühl, daß ich ihr Stiefvater war, daß ich mit dieser lüsternen Tochter in der hypnotischen Dämmerung eines überheizten Zimmers spielte. Alles war gleichzeitig falsch, tief und wirklich. Wenn ich mich so, wie sie es wollte, verhalten, die Rolle des zärtlichen, verständnisvollen Liebhabers spielen würde, bestünde kein Zweifel hinsichtlich der Belohnung. Sie würde mich mit leidenschaftlicher Hingabe verschlingen. Es galt nur, den Schein aufrechtzuerhalten, und schon würde sie ihre Schenkel mit einer vulkanischen Glut öffnen.

»Laß mich sehen, ob es innen weh tut«, flüsterte ich, zog meine Hand weg und ließ sie geschickt unter das dünne Gewebe und ihre Scheide hinaufgleiten. Die Säfte sickerten aus ihr, ihre Beine glitten weiter auseinander und reagierten auf den leisesten Druck meiner Hand.

»Hier... tut es *hier* weh?« fragte ich, wobei ich tief in sie eindrang.

Ihre Augen war halb geschlossen. Sie nickte ausdruckslos, was weder ja noch nein bedeutete. Ich schob noch zwei Finger in ihre Möse und legte mich wortlos neben sie. Ich schob den Arm unter ihren Kopf und zog sie sanft an mich, während meine Finger noch immer flink die aus ihr sickernden Säfte zum Schäumen brachten.

Sie lag still, völlig passiv da, ihre Gedanken ganz von dem Spiel meiner Finger absorbiert. Ich nahm ihre Hand und ließ sie in meinen Hosenschlitz gleiten, dessen Knöpfe sich wie durch einen Zauber geöffnet hatten. Sie umfaßte mein Glied fest und zart, liebkoste es mit geübtem Griff. Verstohlen streifte ich sie mit einem raschen Blick und sah einen fast seligen Ausdruck in ihrem Gesicht. Das war's, was sie gern hatte, dieser blinde, tastende Austausch von Gefühlen. Wenn sie nur wirklich in Schlaf fallen, sich ficken lassen und so tun könnte, als habe sie keinen aufmerksamen, wachen Anteil daran ... nur einfach sich völlig hingeben und doch unschuldig sein könnte ... was wäre das für eine Wonne! Sie hatte es gern, ganz tief innen gefickt zu werden, während sie still, wie in Trance, dalag. Die Signalvorrichtungen aufgerichtet, geöffnet, jubilierend, zuckend, erregt, saugend, umklammernd – so konnte sie nach Herzenslust fikken, ficken, bis der letzte Tropfen Saft herausgepumpt war.

Jetzt war es dringend erforderlich, keine falsche Bewegung zu machen, nicht die dünne Haut zu durchlöchern, die sie noch immer wie ein Kokon um ihr nacktes, fleischiges Ich spann. Der Übergang vom Finger zum Pint erforderte die Geschicklichkeit eines Hypnotiseurs. Die fast unerträgliche Lust mußte ganz allmählich gesteigert werden, als wäre sie ein Gift, an das sich der Körper nur allmählich gewöhnte. Sie würde durch den Schleier des Gespinstes gefickt werden müssen, ganz wie vor Jahren, als ich, um sie zu nehmen, sie durch ihr Nachthemd notzüchtigen mußte. Ein teuflischer Gedanke kam mir in den Sinn, als mein Schwanz vor Wonne unter ihren geschickten Liebkosungen zuckte. Ich dachte daran, wie sie in der Dämmerung auf dem Schoß ihres Stiefvaters saß, ihren Spalt wie immer an seinen Hosenschlitz gepreßt. Ich fragte mich, was für ein Gesicht sie gemacht hätte, hätte sie gefühlt, daß sein Glühwurm in ihre verträumte Möse eindrang. Wenn, während sie ihm die perverse Litanei ihrer Jungmädchenschwärmerei in die Ohren flüsterte, ohne zu merken, daß ihr gazeartiges Kleid nicht mehr ihre nackten Hinterbacken bedeckte, dieses unaussprechliche, zwischen seinen Beinen versteckte Ding sich plötzlich bolzengerade aufgerichtet und in sie hineingewunden hätte, explodierend wie eine Wasserpistole. Ich schaute sie an, um zu sehen, ob sie meine Gedanken lesen konnte, während ich die Fältchen und Vertiefungen ihrer entflammten Möse mit kühnen, unternehmungslustigen Fühlern erforschte. Ihre Augen waren fest geschlossen, ihre Lippen wollüstig geteilt, der untere Teil ihres Körpers begann zu wippen und sich zu winden, als versuche er sich aus einem Netz zu befreien. Sanft nahm ich ihre Hand von meinem Schwanz fort, während ich gleichzeitig behutsam ihr eines Bein hob und es über mich schlang. Einige Augenblicke ließ ich meinen Pint am Eingang ihres Spalts auf und ab zucken, ihn von vorne nach hinten und wieder zurück gleiten, als wäre er ein biegsames Gummispielzeug. Ein blöder Refrain ging mir durch dem Kopf: »Rat mal, was ist das, was ich über deinen Kopf halte – *was Feines oder Superfeines?*« Ich spannte sie mit diesem

Spielchen eine Weile auf die Folter, steckte dann und wann die Eichel meines Schwanzes ein Stück weit hinein, führte sie dann hinauf zur Spitze ihrer Scheide und ließ sie sich an ihr taufrisches Vlies schmiegen. Ganz plötzlich atmete sie schwer und schwang sich mit weit geöffneten Augen zu einer ganzen Drehung herum. Indem sie sich auf Händen und Füßen im Gleichgewicht hielt, bemühte sie sich wie von Sinnen, meinen Schwanz mit ihrer glitschigen Falle einzufangen. Ich legte beide Hände um ihre Hinterbacken, während die Finger ein Glissando dem inneren Rand ihrer geschwollenen Möse entlang vollführten, und indem ich sie öffnete, wie man das bei einem gerissenen Gummiball tun würde, brachte ich meinen Pint an die empfindsame Stelle und wartete, daß sie käme. Einen Augenblick lang glaubte ich, sie sei plötzlich anderen Sinnes geworden. Ihr Kopf, der lose herhuntergehangen hatte, während die Augen hilflos den wilden Bewegungen ihrer Möse folgten, richtete sich jetzt straff auf, und der Blick war plötzlich auf einem Punkt über meinem Kopf gerichtet. Ein Ausdruck äußerster selbstischer Lust erfüllte ihr aufgerissenes, umherwanderndes Auge, und als sie mit dem Hintern zu rotieren begann, während mein Schwanz nur halb in ihr steckte, fing sie an, an ihrer Unterlippe zu kauen. Da glitt ich ein wenig tiefer hinunter, und indem ich sie mit meiner ganzen Kraft herunterzog, stieß ich ihn tief bis ans Heft hinein, so daß sie ein Stöhnen hören ließ und ihr Kopf vornüber auf das Kissen sank. In diesem Augenblick, als ich ebensogut eine Mohrrübe hätte nehmen und damit in ihr herumfuhrwerken können, hörten wir ein lautes Klopfen an der Tür. Wir waren beide so erschrocken, daß unsere Herzen fast zu schlagen aufhörten. Wie gewöhnlich faßte sie sich zuerst. Indem sie sich von mir losriß, lief sie zur Tür.

»Wer ist da?« fragte sie.

»Ich bin's nur«, kam die schüchterne, zitterige Stimme, die ich sofort erkannte.

»Ach, du bist's! Warum hast du das nicht gesagt? Was gibt's?«

»Ich wollte nur wissen«, kam die schwache, schleppende Stimme mit einer Langsamkeit, die einen zur Verzweiflung treiben konnte, »ob Henry da ist?«
»Ja, natürlich ist er da«, fuhr Maude sie an, indem sie sich zusammennahm. »Oh, Melanie«, sagte sie, als ob diese sie auf die Folter spanne, »ist das alles, was du wissen wolltest? Konntest du nicht ...?«
»Da ist ein Telefonanruf für Henry«, sagte die arme alte Melanie. Und dann, sogar noch langsamer, als könne sie sich nur gerade zu so viel aufraffen: »Ich ... glaube ... es ist wichtig.«
»Na schön«, rief ich, stand von der Couch auf und knöpfte meinen Hosenschlitz zu, »ich komme gleich!«
Als ich den Hörer nahm, bekam ich einen richtigen Schreck. Es war Curley, der aus Schloß Schabenhall anrief. Er könne mir nicht sagen, was los sei, beteuerte er, aber ich sollte so schnell wie möglich nach Hause kommen.
»Quatsch nicht so daher«, sagte ich, »sag mir die Wahrheit. Was ist passiert? Ist was mit Mona?«
»Ja«, erwiderte er, »aber sie wird schon bald wieder in Ordnung sein.«
»Sie ist also nicht tot?«
»Nein, aber es war nahe daran. Mach schnell ...« Und damit legte er auf.
In der Diele wäre ich fast mit Melanie zusammengestoßen, die mit halb entblößtem Busen umherhumpelte und von melancholischer Befriedigung erfüllt schien. Sie sah mich mit einem verständnisvollen Blick an, einer Mischung aus Mitleid, Neid und Vorwurf.
»Ich hätte dich nicht gestört, weiß du –«, ihre Stimme war langsam und affektiert, »– wenn nicht gesagt worden wäre, es sei dringend«, und sie schleppte ihren Leib zur Treppe hin, »lieber Gott, es gibt soviel zu tun. Wenn man jung ist ...«
Ich wartete nicht, bis sie zu Ende gesprochen hatte. Ich lief hinunter und fast in Maudes Arme.

»Was ist los?« fragte sie besorgt. Dann, da ich nicht sofort antwortete, fügte sie hinzu: »Ist etwas passiert mit … mit *ihr*?«
»Nichts Ernstliches, hoffe ich«, erwiderte ich und suchte nach meinem Mantel und Hut.
»Mußt du sofort gehen? Ich meine …«
Es war mehr als Angst in Maudes Stimme. Eine Spur von Enttäuschung, eine leise Andeutung von Mißbilligung.
»Ich habe kein Licht gemacht«, fuhr sie fort und ging auf die Lampe zu, wie um sie anzuschalten, »weil ich Angst hatte, Melanie könnte vielleicht mit dir herunterkommen.« Sie machte sich ein wenig an ihrem Bademantel zu schaffen, wie um meine Gedanken wieder auf das Thema zu lenken, das sie vordringlich beschäftigte.
Plötzlich wurde ich mir bewußt, daß es grausam war, ohne ein kleines Zeichen der Zärtlichkeit davonzulaufen.
»Ich muß mich wirklich beeilen«, sagte ich, indem ich Hut und Mantel weglegte und schnell neben sie trat. »Es ist mir arg, dich nun einfach so verlassen zu müssen«, und indem ich ihre Hand ergriff, die im Begriff war, die Lampe anzuschalten, zog ich sie an mich und umarmte sie. Sie leistete keinen Widerstand. Im Gegenteil, sie legte den Kopf zurück und bot ihre Lippen an. Im Nu war meine Zunge in ihrem Mund, und ihr biegsamer, warmer Körper preßte sich krampfhaft an meinen. (»Eil dich, eil dich!« kamen Curleys Worte.) »Ich werde rasch machen«, nahm ich mir vor, ohne mich jetzt darum zu kümmern, ob ich eine vorschnelle Bewegung machte oder nicht. Ich ließ meine Hand unter ihr Kleid schlüpfen und steckte die Finger in ihren Spalt.
Zu meiner Überraschung griff sie nach meinem Hosenschlitz, knöpfte ihn auf und holte meinen Schwanz heraus. Ich stellte sie mit dem Rücken zur Wand, und sie preßte meinen Schwanz an ihre Möse. Sie war jetzt ganz von fleischlicher Lust entflammt, sich jeder Bewegung, die sie machte, überlegt und fordernd

bewußt. Sie ging mit meinem Schwanz um, als wäre er ihr Privateigentum.
Es war mißlich, versuchen zu wollen, es ihr kerzengerade aufgerichtet zu besorgen. »Legen wir uns hierher«, wisperte sie, wobei sie in die Knie ging und mich zu sich herunterzog.
»Du wirst dich erkälten«, sagte ich, als sie fieberhaft versuchte, sich ihrer Sachen zu entledigen.
»Das ist mir gleich«, meinte sie, zog unbekümmert meine Hose herunter und drückte mich an sich. »O Gott!« stöhnte sie, nagte wieder an ihren Lippen und umfaßte meine Hoden, als ich langsam meinen Schwanz hineinschob. »O Gott, gib ihn mir ... steck ihn der ganzen Länge nach hinein!« – und sie keuchte und stöhnte vor Lust.
Nicht ohne den Wunsch, auf der Stelle aufzuspringen und meinen Mantel und Hut zu nehmen, verweilte ich auf ihr liegend, meinen Schwanz noch in ihr und steif wie ein Ladestock. Sie war innen wie eine reife Frucht, deren Fruchtfleisch zu platzen schien. Bald darauf fühlte ich die kleinen Flaggen flattern – es war wie eine sich wiegende Blume, und die Liebkosung der Blütenblätter war schier unerträglich. Sie bewegten sich unkontrollierbar, nicht mit harten, krampfartigen Zuckungen, sondern wie seidene Fähnchen, die auf eine leichte Brise reagierten. Und dann war es so, als übernehme sie plötzlich die Kontrolle: Mit den Wänden ihrer Scheide wurde sie im Innern zu einer geschmeidigen Zitronenpresse, die beliebig zog und festhielt, fast als sei hier eine unsichtbare Hand am Werk.
Völlig unbeweglich daliegend, überließ ich mich diesen kunstvollen Manipulationen. (»Eil dich, eil dich!« Aber jetzt erinnerte ich mich auch sehr deutlich, daß er gesagt hatte, sie sei nicht tot.) Ich konnte mir ja ein Taxi bestellen. Auf einige Minuten mehr oder weniger kam es nicht an. Niemand würde jemals auf den Gedanken kommen, daß ich mich deshalb verspätet hatte.

(Genieße dein Vergnügen, solange es geht ... Genieße dein Vergnügen ...)
Sie wußte jetzt, daß ich nicht fortlaufen würde, daß sie es ganz nach ihrem Willen in die Länge ziehen konnte, besonders wenn sie so still dalag und nur mit der inneren Möse fickte – fickte, ohne einen Gedanken daran zu verschwenden.
Ich preßte meinen Mund auf den ihren und begann mit der Zunge zu vögeln. Sie konnte die erstaunlichsten Dinge mit ihrer Zunge anstellen, Dinge, von denen ich vergessen hatte, daß sie sie beherrschte. Manchmal ließ sie ihre Zunge in meine Kehle schlüpfen, so als sollte ich sie schlucken, aber nur um sie dann genußreich qualvoll wieder zurückzuziehen, damit sie sich auf das Signal unten konzentrieren konnte. Einmal zog ich meinen Schwanz heraus, um ihn Luft schöpfen zu lassen, doch sie griff gierig nach ihm und ließ ihn wieder hineingleiten, wobei sie sich vorbeugte, damit er tief bis zum Grund kam. Nun zog ich ihn knapp bis zum Ende ihrer Scheide heraus, und wie ein Hund mit seiner feuchten Nase schnupperte ich daran mit der Eichel meines Glieds. Dieses Spielchen war zuviel für sie. Es fing jetzt an, ihr zu kommen, ein langanhaltender Orgasmus, der sanft wie ein fünfzackiger Stern explodierte. Ich war in einem so kaltblütigen Zustand der Selbstbeherrschung, daß ich mein Glied, als sie ihre Zuckungen durchmachte, wie einen Dämon in ihr hinauf, seitwärts, hinunter, hinein, wieder heraus, tief eintauchend, sich aufbäumend, stoßend und schnaubend herumfuhrwerken ließ, vollkommen meiner Sache sicher, daß es mir erst kommen würde, wenn ich verdammt soweit und bereit dazu war.
Und jetzt tat sie etwas, was sie noch nie zuvor getan hatte. Indem sie sich mit hemmungsloser Hingabe bewegte, mich in die Lippen, den Hals, die Ohren biß, wiederholte sie wie ein verrückt gewordener Automat: »Mach weiter, gib ihn mir, gib ihn, mach weiter, o Gott, gib ihn, gib ihn mir!« – verfiel dabei von einem Orgasmus in den anderen, schob, stieß zu, bäumte sich auf, ließ ihr Hinterteil rotieren, hob die Beine und schlang sie mir um

den Nacken, stöhnte, grunzte, quiekte wie ein Schwein, und dann plötzlich, völlig erschöpft, drang sie in mich, abzuschießen. »Schieß ab, schieß ab … ich werde verrückt.«
Während sie wie ein Hafersack dalag, keuchend, schwitzend, völlig hilflos und verausgabt wie sie war, rammte ich meine Rute langsam und bedächtig hin und her, und als ich das Lendenstück, den Kartoffelbrei, den Bratensaft und alle Gewürze genossen hatte, schoß ich in ihren Gebärmuttermund eine Ladung, die sie erschütterte wie ein elektrischer Schlag.

Michael Chabon
Die böse Liebesschwester

Als ich zurück in die Großstadt kam, war ich froh, Phlox wiederzusehen – beängstigend froh. An jenem Montag wartete sie abends auf dem Bürgersteig vor Boardwalk Books auf mich, und ohne lange nachzudenken, hob ich sie hoch, küßte sie und wirbelte sie herum, ganze dreihundertsechzig Grad, wie ein Soldat und ein Mädchen. Wir ernteten beachtlichen Beifall. Ich raffte den dünnen groben Baumwollstoff an der Taille ihres Strandkleids mit den Fäusten zusammen, packte fester zu und drückte sie an den Hüften an mich. Wir redeten eine Menge dummes Zeug und steuerten auf den Wok Inn zu, Köpfe zusammen, Füße getrennt, aneinandergelehnt wie die Spitze eines Kartenhauses. Ich erkundigte mich nach den neuen kastanienbraunen Strähnen in ihrem Haar.

»Sonne und Zitronen«, erklärte sie. »Man setzt sich einen locker geflochtenen Strohhut auf und zieht ein paar Haarsträhnen durch die Löcher. Dann nimmt man den Saft und läßt sich die Strähnen damit vollsaugen. Ich habe ein einsames Wochenende damit verbracht, mich vollzusaugen wie ein Schwamm.«

»Dito. Das ist aus dem *Cosmo*, diese Sache mit den Zitronen«, sagte ich. »Ich habe neulich morgens bei dir im Badezimmer davon gelesen.«

»Du hast mein *Cosmo* gelesen?«

»Alle deine Illustrierten. Ich habe sämtliche Liebestests ausgefüllt und so getan, als wäre ich du und würde die Fragen beantworten.«

»Wie habe ich abgeschnitten?«

»Du hast gemogelt.«

Wir kamen an einem Secondhand-Laden vorbei, dessen Fenster voll von alten Toastern war, von Lampen mit Sockeln in Form spanischer Galeonen und Schaufensterpuppen ohne Kopf, die mit Ziermünzen besetzte Kleider trugen. In einer Ecke des Schaufensters lag eine flache bunte Schachtel. »Twister!« rief Phlox. »Oh, Art, laß uns das Spiel kaufen. Stell dir nur mal vor.«

Sie packte mich am Arm und zerrte mich in das Geschäft. Die Verkäuferin holte das Spiel für uns aus dem Fenster und zeigte uns, daß es in Ordnung war; die Drehscheibe drehte sich noch, und die Spielmatte war leidlich sauber. Beim Abendessen lag es unter dem Tisch, schräg zwischen Phlox' Fuß und meinem, und während wir erst unsere fröhliche, belanglose Plauderei fortsetzten und ich dann über das Wochenende in dem Landhaus berichtete, reizte und piekte mich die Twister-Schachtel bei jeder Bewegung von Phlox' unruhigem Knöchel.

Im Wohnzimmer ihres Apartments schoben wir die Sessel und den Couchtisch beiseite und breiteten die Plastikmatte auf dem Teppich aus. Die primärfarbenen Felder und die verzerrten, schwungvollen roten Buchstaben oben und unten an der Matte, die das Wort »Twister!« ergaben, riefen eine Flut von Erinnerungen wach an Geburtstagspartys in den 60er Jahren, die an verregneten Samstagen in ausgebauten Kellerräumen stattgefunden hatten. Phlox verschwand im Schlafzimmer, weil sie »die beengende Hüllen der Zivilisation abstreifen« wollte, wie sie es ausdrückte, und ich setzte mich auf den Boden und schnürte mir die Turnschuhe auf. Eine seltsame Zufriedenheit überkam mich. Obwohl die gebrauchten Versandhausmöbel, der falsche Renoir, die Katzenfigur und der andere Kram nach wie vor irgendwie häßlich und geschmacklos wirkten, stellte ich fest,

daß ich einen jener alltäglichen ästhetischen Kraftakte geleistet hatte, die darin bestehen, daß man sich ein geschlossenes System von Geschmacklosigkeiten – Las Vegas, eine Bowlingbahn oder Filme mit Jerry Lewis – einfach einverleibt und es dann schön und lustig findet.
Mit Phlox, überlegte ich mir, hatte ich in gewisser Beziehung das gleiche getan. Alles an ihr, was eher an ein Animiermädchen oder eine Gangsterbraut denken ließ, an eine Kurtisane aus einem schlechten Roman oder eine *actrice* in einem französischen Kunstfilm über Entfremdung und Langeweile – ihr zu dick aufgetragenes Getue und Make-up –, alles, was von zweifelhaftem Geschmack zeugte und mich hätte verlegen machen oder zum Kichern reizen können, hatte ich anzuerkennen gelernt, ich suchte danach und ermunterte sie noch dazu. Sie löste in mir das gleiche Entzücken aus wie hochtoupierte Frisuren und Elvis-Presley-Tinnef. Als sie in einem Nylonkimono und riesigen Pantoffeln aus türkisfarbenem Pelz aus ihrem Schlafzimmer kam, wurde mir fast schwindlig vor Vergnügen, und die knallbunte Twister-Plastikmatte zu meinen Füßen schien die Matrix, das gedruckte Konzept all dessen zu sein, was ich an ihr mochte.
»Wer dreht?« fragte ich. »Ist Annette zu Hause?« Annette war Phlox' Mitbewohnerin, eine große, aufdringliche, attraktive Krankenschwester, deren komplizierten Dienstplan in all seinen Absonderlichkeiten ich nie ganz durchschauen konnte.
»Nein. Wir werden die Drehscheibe hier neben uns stellen müssen und uns abwechseln.«
Ich kroch auf die andere Seite des Spielfelds und ging in die Hocke, Phlox ebenso. Einen feierlichen Moment lang sahen wir uns über die Matte hinweg in die Augen. Dann setzte Phlox den schwarzen Plastikzeiger der Drehscheibe in Bewegung.
»Rechte Hand blau«, verkündete sie.
Ich beugte mich vor und legte die rechte Hand in die Mitte eines blauen Feldes. Phlox folgte meinem Beispiel, und als sie leicht nach vorn kippte, gingen die Flügel ihres Kimonos auf und das

Haar fiel ihr über den gesenkten Kopf. Zwischen ihrem wippenden zweifarbigen Haar hindurch spähte ich in die Schatten des Morgenrocks. Sie drehte noch einmal.
»Rechter Fuß grün.«
Damit kauerten wir beide halb auf der Matte und halb auf dem Boden. Die blauen und grünen Reihen lagen näher bei mir als bei ihr; ich hatte eine Art gestreckte Hocke eingenommen und die rechte Hand auf den rechten Fuß hintereinander auf die Matte gesetzt, doch Phlox mußte sich ganz herüberbeugen und den rechten Fuß in dem Pelzpantoffel vor die rechte Hand setzen. Sie hob ihr schimmerndes linkes Bein ein paar Zentimeter in die Luft, um besser an die Stelle heranzukommen, und schwankte einige Augenblicke, ehe sie auf die Seite fiel.
»Verloren«, sagte ich und lachte, aber sie meinte, das zähle nicht, und schob mir die Drehscheibe zu, ehe sie sich wieder hochwuchtete; die weiche Haut auf ihrem gestreckten Schenkel zitterte vor Anstrengung. Ich drehte.
»Linker Fuß blau.«
Da ihre rechte Hand auf dem blauen Feld lag, wo ich meinen linken Fuß am geschicktesten hingesetzt hätte, und sie mich so auf das zweitbeste Feld verwiesen hatte, war ich gezwungen, das linke Bein durch das von ihrem rechten Bein und Arm gebildete Dreieck zu schieben, und ich spürte, wie mein linker Oberschenkel in der Bluejeans sanft ihren nackten Knöchel berührte. Wir stützten uns nun in Schräglage an drei Stellen ab, Kopf neben Kopf, und berührten uns leicht mit den Ohren. Ihr tiefes, italienisches Lachen, ganz nah an meinem Ohr, schien von dem Dunkel im Spalt des warmen Kimonos auszugehen, und ich merkte, wie sich zwischen dem oberen und unteren Ende meiner Wirbelsäule ein hektischer Nachrichtenaustausch entspann. Ich rutschte mit den Hüften ein Stück weg und drehte noch einmal.
»Rechte Hand gelb.«
Der Vorteil wechselte auf ihre Mattenseite; die rechte Hand auf

dem Rücken, ließ sich Phlox nach hinten fallen, und einen Moment später lag ich, jetzt ebenfalls lachend, beinahe auf ihr; das wippende Haar hing so dicht vor meinem Mund, daß ich die nächsten losen Spitzen zwischen die Zähne nahm und auf ihnen herumkaute; es knirschte seltsam, bis mir die Haare aus den Lippen glitten und feucht und aneinanderklebend wie Pinselspitzen herunterhingen.

»Dreh«, sagte sie.

»Ich dreh gleich durch.«

Sie beobachtete mich, die Lippen zusammengekniffen, aber mit den Augen war sie drauf und dran, wieder loszulachen, doch dann spannte sie die Gesichtsmuskeln niedlich an, biß sich auf die Unterlippe und guckte ängstlich, als rechne sie damit, vielleicht doch zusammenzuklappen. Mit der linken Hand, die mir gerade noch einen Moment frei blieb, setzte ich die Drehscheibe erneut in Bewegung.

»Linke Hand grün.«

Ich streckte die Hand nach dem günstigsten Feld aus, doch sie gab sich alle Mühe, mir mit ihrem Körper den Weg zu versperren, und zwang mich, mit dem linken Arm unter ihren beiden Schenkeln durchzugreifen, so daß ich den Oberkörper nach hinten beugen mußte. Ich war mit dem Kopf in die Kuhle zwischen ihrer Hüfte und ihren Rippen geraten und blickte nun nach oben in ihre angenehm duftende Armbeuge. Mit bebenden Schenkeln streckte ich die Finger nach dem grünen Feld aus. Mir taten die Knie und die Schultern weh. Irgendwie war es ihr gelungen, sich aufrecht zu halten. Sie lachte über meine wackelige, in vier Richtungen gleichzeitig gehende Anstrengung, das Gleichgewicht zu halten, doch plötzlich mobilisierte ich ungeahnte Kräfte.

»Du drehst«, stieß ich zwischen zusammengebissenen Zähnen hervor.

»Ich kann nicht.«

»Dreh, verdammt noch mal, dreh, dreh das Ding, na los.« All-

mählich lockerte sich ihr schmerzhafter Griff um meinen rechten Fuß auf dem grünen Feld.
»Ich kann nicht.«
»Phlox!« Ich ließ meinen Kopf auf das glatte Nylon an ihrem Schenkel sinken. Ihre zitternde Brust verströmte flüchtig *Opium* und Schweiß. Ich hatte eine Erektion – ich bitte um Entschuldigung, daß ich noch einmal den Zustand meines Penis erwähne, der sich gegen die Stoffwände seiner einsamen Zelle stemmte. Ich merkte, daß meine Finger abrutschten.
Das Telefon klingelte: einmal, zweimal, dreimal.
»Fall«, sagte sie. Sie neigte sich vor, reckte den Hals wie ein Vogel und küßte mich auf die Lippen.
»Nein.« Meine schlüpfrigen Füße und Hände rutschten auf dem Plastik herum und machten kurze und verräterische Quietschgeräusche. Sie biß mich in die Nasenspitze.
»Fall!«
Ich fiel, mit einer Geschwindigkeit von 9,81 Meter pro Sekunde mal Sekunde.

Während der ersten Juliwochen kam Ordnung in mein Leben, woran man erkennt, daß Juli ist. Die Nächte verbrachte ich in Phlox' Apartment, die Tage bei Boardwalk Books, und die Abende abwechselnd in Gesellschaft von Cleveland und Arthur oder der bösen Liebesschwester, wie Cleveland Phlox neuerdings nannte. Ein gewisser Zwang, den ich von meinem Vater geerbt hatte, und so eine Art unnötiges Feingefühl hatten mich stets dazu getrieben, meine Freunde säuberlich auseinanderzuhalten und Gruppenausflüge zu vermeiden, doch während dieser zwei ruhigen Wochen inmitten des Sommers war ich frei von den Schuldgefühlen, die mein Jonglieren mit Freundschaften für gewöhnlich begleiteten, und frei von dem Selbstvorwurf, ein doppeltes Spiel zu spielen, der damit einherging, daß ich die Menschen, die ich sehr gern hatte, in jeweils getrennte Nischen meines Lebens drängte; daher kam es, daß Phlox, Arthur und

ich von Zeit zu Zeit auf dem gleichen Rasenstück unsere Mittagsbrote verzehrten.
Cleveland verbrachte die meisten Nächte mit Jane. Seit Jahren hatte sie eine erfundene Freundin namens Katherine Tracy, ein künstlerisch veranlagtes, zartbesaitetes Mädchen, das hin und wieder versuchte, sich das Leben zu nehmen, oder ernstlich an Dickdarmentzündung, Magersucht, Gürtelrose, Liebeskummer oder Hämorrhoiden erkrankte. Während dieser Phasen bedurfte Katherine Tracy ständiger Aufmerksamkeit und Gesellschaft, und Dr. und Mrs. Bellwether, die das schüchterne, äußerst gehemmte Mädchen mit der Zeit ziemlich ins Herz geschlossen hatten, stimmten stets wohlwollend zu, wenn Jane ein paar Tage außer Haus verbrachte, um bei der Betreuung von Katherine zu helfen, die zudem so eine neurotische Angst vor Telefonen hatte, daß sie keinen eigenen Anschluß wollte. Was Cleveland tagsüber tat, sollte ich bald herausfinden.
Für Arthur hielt der Julianfang zwei Abschlußklausuren in seinen Ferienkursen und einen schweren Fall von Krätze bereit, die, abgesehen von Herpes, die schlimmste Geschlechtskrankheit war, die man sich damals vorstellen konnte. Dieses Mißgeschick fesselte ihn weitgehend ans Haus, wo er büffelte und nach *Kwell*-Puder stank. Ich fühlte mich nicht gedrängt, dem einen Teil meines Lebens mehr Zeit zu widmen als dem anderen. Phlox (die früher als ich ahnte, daß an eine Versöhnung zwischen ihr und Arthur nicht zu denken war, ja die Arthur vielleicht nie gemocht hatte – einmal hatte sie sogar erklärt: »*Mögen* tu ich Jungs nie; entweder ich liebe sie oder ich hasse sie.«) und Arthur verdarben allerdings den einen Abend, an dem wir fünf gemeinsam ausgingen, nachdem sie uns den vorangehenden Nachmittag auch schon vermiest hatten.
Wiederum begann der Abend mit einem Anblick, der sich mir durch die großen Schaufenster von Boardwalk Books bot. Ungefähr fünfzehn Minuten früher als ich Phlox, Arthur, Cleveland und Jane erwartet hatte, die mich abholen kamen, schlenderten

sie auf dem Bürgersteig an dem Geschäft vorbei, und während eines langen Augenblicks bemerkte ich sie, erkannte sie aber nicht. Sie tauchten paarweise auf. Die beiden Frauen gingen voran; die eine, merkwürdig aufgetakelt mit bunt zusammengewürfelten Kleidern aus drei oder vier Epochen, redete mit der anderen, die einen bonbonfarben gestreiften Rock und einen leuchtend gelben Pullover trug, und begutachtete deren Handgelenk und Armreif. Das Haar flatterte ihnen im Wind wie kurze Schals um die Köpfe, und ihre Gesichter sahen zynisch und fröhlich aus. Ein Stück hinter ihnen folgten die beiden Männer, der eine mit langer schwarzer Löwenmähne und schwarzen Stiefeln, der andere in weißen *Stan-Smith*-Jeans, beide wirkten angeregt und wohlhabend, waren in Sonnenlicht getaucht, und jeder hielt die Zigarette auf andere Art, der Korpulente mit ungezwungener Lässigkeit, der Dünne betont und wild gestikulierend, als sei die Zigarette ein Hilfsmittel beim Reden. Mein Gott! dachte ich in jenem verrückten Augenblick, ehe sie sich umdrehten und winkten. Wer sind diese schönen Menschen?
Sie gingen weiter, und ich drückte mir die Nase an der Scheibe platt, um den verschwindenden Gestalten nachzusehen. Ich kam mir vor wie ein Südseeinsulaner, der beobachtet, wie seine weißen Götter in ihr schimmerndes Transportflugzeug steigen und wegfliegen, nur kam noch hinzu, daß ich bei diesem Eindruck das zutreffende Gefühl hatte, irgendwie an der Nase herumgeführt zu werden. Verstört drehte ich mich um und wollte nachsehen, ob jemand im Laden die Theophanie miterlebt hatte, was anscheinend nicht der Fall war, jedenfalls hatte sie zumindest niemand so aufgewühlt wie mich. Hinter der Registrierkasse hüpfte ich wie ein Gummiball auf der Stelle, hopste von einem Fuß auf den anderen. Ich stempelte mein Kärtchen. Als sie Punkt sechs zurückkamen, stürzte ich auf die Straße und blieb zögernd stehen, nach der mittäglichen Katastrophe immer noch verwirrt und unsicher, wen ich zuerst umarmen sollte; schließlich gab ich Arthur die Hand, ehe ich

Phlox in die Arme nahm. Vielleicht rührte ich durch diesen Fehler den ganzen Streit vom Mittag wieder auf. Als ich Phlox an mich drückte, zwickte sie mich leicht in den Arm, was Arthur natürlich bemerkte.

»Erst der Handschlag, dann die Umarmung«, sagte er zu ihr. »Paß bloß auf.«

Auch Jane umarmte ich, spürte kurz sanfte Arme und Chanel No. 5, dann stand ich Cleveland gegenüber, der die große schwarze Brille nach oben schob und die Stirn runzelte.

»Jetzt langt's mit dem Herumgetatsche«, sagte er.

Wir machten uns auf den Rückweg zur Bibliothek, wo Cleveland den Barracuda geparkt hatte. Meine Gefühle waren absolut zwiespältig, es war schlimmer denn je. Ich hielt Phlox an der Taille umfaßt, mein Arm scheuerte sich an dem komischen weißen Ledergürtel, der ihr Kleid zusammenhielt, doch immer wieder ging ich rückwärts und sah mich nach Cleveland, Arthur und Jane um. Ich merkte, wie Phlox sich darüber ärgerte, aber ich sagte mir, daß ich ihr in letzter Zeit reichlich Aufmerksamkeit geschenkt hatte, und als Jane Clevelands Hand losließ und nach vorn kam, um mit Phlox zu reden, blieb ich zurück und schloß mich den Jungs an. Jane konnte Phlox gut leiden und sagte das auch unaufhörlich. Phlox fand Jane langweilig und blöd, weil sie trotz allem Cleveland die Stange hielt, und natürlich glaubte sie, Jane sei insgeheim in mich verliebt.

»Du wirst ganz schön Ärger kriegen«, sagte Arthur und lächelte. »Schön euch zu sehen.«

»Schön, auch dich zu sehen«, sagte Cleveland. Er schien bester Laune; mit eingezogenem Bauch und klappernden Stiefelabsätzen schnaufte er über den Bürgersteig. »Hör mal, Bechstein, wann hast du deinen freien Tag?«

»Am Mittwoch«, antwortete ich. Ich schielte zu Phlox hinüber. Sie lachte gerade über eine Geschichte, die ihr Jane erzählte und mit zahlreichen Gesten ihrer gebräunten Hände unterstrich; ich beobachtete das Hinternpaar und die vier auf hochhackigen

Schuhen stöckelnden Beine. Den Mittwoch hatte ich Phlox versprochen.

»Wir müssen uns treffen.«

»Wo?«

»Hier. In Oakland. Sagen wir bei der Wolkenfabrik.«

»Weswegen?«

Er gab mir keine Antwort. Arthur, der zwischen uns ging, drehte sich mit leicht verdrossener Miene zu mir um. Überrascht stellte ich fest, daß Cleveland Arthur offenbar nichts von meinem Vater erzählt hatte. Im ersten Moment war ich begeistert, als ich merkte, daß es zwischen Cleveland und mir etwas gab, woran Arthur nicht teilhatte, etwas außerhalb ihrer Freundschaft, doch dann wurde ich ebenso rasch traurig und schämte mich über das, was es war. Unsere größte Gemeinsamkeit hatte ich mir anders vorgestellt. Doch die Verlockung war natürlich unwiderstehlich.

»Okay«, sagte ich. »Aber können wir uns morgens treffen? Den Nachmittag habe ich für Phlox eingeplant.«

»In Ordnung«, meinte Cleveland. »Sagen wir zehn Uhr.« Er atmete kräftig ein und zog den ganze Rotz in seiner Nase geräuschvoll hoch. »Müssen wir eigentlich so schnell gehen?«

Phlox drehte den Kopf um, kniff im Licht der untergehenden Sonne mehrmals die Augen zusammen, und der Ausdruck ihres Gesichts schwankte zwischen fürsorglich und verletzlich.

Auf unserem Programm standen Essengehen und Ella Fitzgerald, die an jenem Abend im Point Park auftrat. Cleveland behauptete, sie würde an einem Kranhubschrauber hängend nach Pittsburgh eingeflogen werden, wie Jesus in *La Dolce Vita*, und eines Tages, sagte er, würde man das gleiche mit ihm tun. Im Restaurant saß ich neben Phlox und gegenüber von Arthur; Jane hatte den Platz neben Arthur, und Cleveland nahm das ganze Kopfende des Tisches ein. Er brachte die Bedienung in Verlegenheit, weil er sie anscheinend von irgendwoher kannte, was Jane wiederholt rot werden ließ. Arthur und Phlox hatten schon

im Auto angefangen, sich auf kleinliche Weise anzugiften, mit unfreundlichen Witzen und viel Gegrinse.
Sie setzten den Zoff vom Nachmittag fort. Wir drei richteten es nämlich von Zeit zu Zeit so ein, daß wir uns in den Mittagspausen treffen konnten – hinter der Bibliothek, im Park oder auf dem Rasen vor der Soldiers' and Sailors' Memorial Hall, aber an diesem Nachmittag hatte mich das Glück verlassen, und mitten in einer schrecklich wichtigen Auseinandersetzung hatte ich unversehens Arthurs Partei ergriffen.
Wir sprachen über *Born to Run* von Bruce Springsteen. Ich erklärte, dies sei das katholischste Plattenalbum aller Zeiten. »Mal sehen, was alles dafür spricht«, sagte ich. »Da taucht im ersten Lied eine Mary – also Maria – auf, die zur Musik aus dem Radio wie eine Vision über die Veranda tanzt. Dann sind da Leute, die durch himmlische Gefilde streifen und vergeblich versuchen, das Feuer zu atmen, in dem sie geboren wurden. Und Engel in frisierten Wagen, Jungfrauen und Huren ...«
»Nicht zu vergessen *She's the One*«, sagte Arthur. »Das ist der Gipfel an Marienverehrung.«
»Stimmt.«
»Da singt er von *killer graces and secret places.*«
»Das hasse ich«, sagte Phlox, während sie mit zwei langen Daumen eine Mandarine zerteilte. »Ich hasse dieses Lied über ›intime Stellen, die kein Junge ausfüllen kann‹. Das glaube ich nicht. Solche Stellen gibt es nicht.«
»Na hör mal, Phlox«, sagte Arthur. »Eine oder zwei intime Stellen mußt du doch wohl auch haben.«
»Die hat sie«, sagte ich. »Das weiß ich.«
»Intime vielleicht, aber nicht unausgefüllte. Wozu sollten Jungs denn gut sein, wenn sie nicht alle Stellen ausfüllen könnten?«
Arthur und ich machten uns gemeinsam für die These von den unauslotbaren Höhlen der Frau stark. Phlox verteidigte ihre totale Erkennbarkeit dickköpfig und mit wachsendem Zorn, und irgend etwas an der Situation ärgerte sie. Teils weil die Ausein-

andersetzung so belanglos war, vermutete ich, und teils weil wir zwei gegen eine waren, aber in erster Linie störte sie wohl, daß ich ihr so gemein in den Rücken fiel.

Vielleicht kannte ich wirklich alle Gründe, weshalb sie sauer auf mich sein konnte, und vielleicht würden mir Frauen gar keine Rätsel mehr aufgeben, wenn ich bloß ein wenig über meinen beschränkten Horizont hinaussehen könnte. Jedenfalls war die Mittagspause sehr unangenehm verlaufen, und während wir nun vor unseren roten Pastatellern saßen, spitzte sich die Lage rasch zu.

»Das kommt davon, weil du so unsicher bist«, sagte Arthur gerade. »Außerdem kannst du dir nichts Schöneres denken, als den ganzen Tag an diesem Schalter zu sitzen – gib's zu.«

»Kann ich wohl«, widersprach Phlox. »Ich hasse es. Du willst doch bloß selber dort sitzen.«

»Schon gut, schon gut«, sagte Cleveland mit vollem Mund.

»Du bist ja verrückt«, sagte Arthur. »Diese Putzfrauen haben dich wahrscheinlich nicht mal bemerkt.«

»Du hast selbst gesehen, wie ich weinte! Du hättest hören müssen, wie die über mich gelästert haben!«

»Was haben sie denn gesagt?« fragte Jane ganz freundlich. Sobald sie erfuhr, daß irgendwer jetzt oder früher irgendwie in Not war, löste das ihren Mitleidstick aus, und sie eilte zu Hilfe. Sie beugte sich über den Tisch und legte ihre Hand auf die von Phlox.

»Ich kann es nicht sagen. Ich habe es vergessen.«

»Ich nicht«, sagte Arthur.

»*Das reicht*, Artie«, sagte Cleveland.

»Du hast gesagt, sie hätten dich ein versifftes weißes Luder genannt, das sich für was Besonderes hält, weil es am Schalter den lieben langen Tag mit dem Arsch vor den Jungs rumwedeln darf.«

Schweigen senkte sich über unseren Tisch. Phlox warf stolz den Kopf in den Nacken, und ihre Nasenflügel zuckten. Ich hatte

diese Geschichte schon ein paarmal gehört, aber Zwischenfälle mit anderen Frauen, die ihren eifersüchtigen Zorn an ihr ausließen, waren im Leben von Phlox an der Tagesordnung, deshalb hatte mich die imposante, eingängige Haßtirade der Putzfrauen aus der Hillman-Bibliothek bisher eher kaltgelassen. Ich hatte eine fürchterliche, ungewohnte, widerwillige Wut auf Arthur.
»Stark!« sagte Cleveland schließlich.
Ein paar kleine Tränen sammelten sich in Phlox' Augenwinkeln an und liefen ihr übers Gesicht: eins, zwei, drei. Ihre Unterlippe bebte und kam dann wieder zur Ruhe. Ich drückte Phlox die andere Hand. Jetzt wurden ihre beiden Hände gedrückt.
»Arthur«, sagte ich. »Äh, du solltest dich wohl entschuldigen.«
»Tut mir leid«, sagte er sofort, aber es klang nicht sehr überzeugend. Er schaute nach unten auf seinen Schoß.
»Warum haßt du mich, Arthur?«
»Arthur, du bist schrecklich«, sagte Jane. »Er haßt dich nicht, Phlox, was, Arthur?« Sie schlug ihm auf die Schulter.
Ich blickte auf meine Linguini in roter Muschelsoße. Plötzlich schien die Wärme restlos aus ihnen gewichen zu sein, der darübergestreute Parmesan war kalt geworden und zu einer dicken klumpigen Käsedecke erstarrt, die sich über die Nudeln breitete, und mit den grauen Muschelstückchen wirkte das Ganze schleimig rot und organisch.
»Ich gehe«, sagte Phlox. Sie schniefte und ließ ihren Geldbeutel zuschnappen.
Ich stand mit ihr auf, und wir zwängten uns an Cleveland vorbei. »Scheint für uns alle noch ein lustiger Abend zu werden«, sagte ich leise. Ich warf etwas Geld auf den Tisch.
»Wen die Götter vernichten wollen«, sagte Cleveland, »dem machen sie vorher Pasta.« Er streckte die Hand aus und stupste mich am Ellbogen. »Mittwoch.«
»Mittwoch«, sagte ich und setzte mich in Trab.
Draußen auf der Straße rang Phlox nach Fassung und fingerte nervös an ihrer Handtasche herum. Ich trat von hinten auf sie

zu und preßte das Gesicht in ihr Haar. Sie atmete tief ein, hielt die Luft an, atmete wieder aus; ihre Schultern entkrampften sich. In diesem Augenblick – gerade als sie sich mit ziemlich gelassenem Gesicht zu mir umwandte – drehten die Zikaden in den Bäumen alle durch, wer weiß wieso, und ihr Zirpen war so laut und grauenhaft wie tausend Fernseher, in denen gleichzeitig die Nachrichten laufen. In Pittsburgh sind selbst die Zikaden fleißig. Wir hielten uns die Ohren zu und lasen uns die Worte von den Lippen ab.

»Mann!« bildete sie mit den Lippen.

»Nichts wie weg von hier.«

»Was?«

»Das macht mich verrückt.«

»Was?«

Ich riß die Tür eines Lokals auf, einer Imbißstube direkt neben dem Restaurant, das wir eben verlassen hatten; wir standen im Vorraum neben dem Kaugummiautomat – einer Spende des Kiwanis-Klubs – und küßten uns in der Stille von klapperndem Besteck und dudelnder Musik.

Susanne Seitz

Fedor war zu Hause, als Lisa klingelte.
Zuerst erkannte sie ihn gar nicht, denn er trug nicht seinen schwarzen Cut, sondern einen blau-gelben Morgenrock, obgleich es bereits nach Mittag war. Normalerweise sah man ihn nur in Schwarz, selbst sein Malerkittel hatte keine andere Farbe. Kurzes Erstaunen erschien auf ihrem Gesicht.
Da Begrüßungen zwischen ihnen nicht üblich waren, sagte sie gleich: »Ich habe sehr lange nichts mehr von dir gehört. Da dachte ich, ich müßte mal vorbeikommen.«
Nach einem abschätzenden Zögern nickte er.
»Ist dies ein Privatbesuch?« wollte er wissen.
Lisa lachte und schlug den Schleier ihres Hütchens zurück. »Natürlich. Solltest du jedoch weiterhin berufliches Interesse an mir haben, stehe ich zur Verfügung.«
Fedor trat zurück und ließ sie eintreten. Als Lisa die nackte Frau auf den Fellen sah, erschrak sie etwas.
»Oh«, sagte sie. »Stören will ich nicht.«
Fedor nickte der Frau zu, befehlsgewohnt wie immer. Sofort stand sie auf und verschwand, um sich anzuziehen. Lisa sah ihr nach. Die Frau war nicht mehr schön und auch nicht mehr allzu jung.
»Ich würde dir sagen, wenn du störst«, sagte Fedor, goß Wasser in die Waschschüssel und wusch sich die Hände. Lisa stand unschlüssig im Raum. Inzwischen kam die Frau angezogen wieder hinter dem Paravent hervor, warf Lisa einen kurzen Blick

zu und ging dann an ihr vorbei. Früher mochte sie einmal recht hübsch gewesen sein, doch jetzt sah sie verlebt und verwelkt aus. Sie war stark geschminkt und auffällig angezogen.
»Montag?« fragte sie Fedor.
Ohne sie anzusehen, gab Fedor zurück: »Montag.«
Erst als die Tür ins Schloß fiel, blickte er hoch. Er war keineswegs verlegen. Er hatte die Frau nur bereits vergessen.
Lisa zog ihren Mantel aus und warf ihn über einen der beiden Stühle.
»Wer war das?« fragte sie.
»Uninteressant für dich.«
»Eine Prostituierte?«
»Eine Prostituierte.«
»Schläfst du mit ihr?«
Jetzt drehte er sich um und sah sie mit seinem sonderbaren Halb-Lächeln an. Eine Erwiderung kam nicht.
Sein Blick tastete sich über ihr Kleid. Es war neu und von dunklem Rot. »Wie ich sehe, verkaufst du dich inzwischen recht gut«, sagte er.
»Leander ist nicht kleinlich. – Abgesehen davon verdiene ich weiterhin bei Gregorian.«
Sie ging davon aus, daß er von ihrem Verhältnis mit Niki wußte. Ganz Schwabing wußte davon. Langsam nahm sie ihren Hut ab.
Fedor schien in sich hineinzulachen. »Leander ist zwar ein ahnungsloser Kleckser, aber vielleicht ganz nützlich.«
»Inwiefern?«
»Er hat dich reif gemacht.«
»Reif? Wofür?«
»Für mich.«
Lisa lachte auf. »Du glaubst doch nicht, daß ich mit dir schlafe, nachdem du fünf Minuten vorher dieses Weibsstück gehabt hast.«
»Du glaubst doch nicht, daß ich danach frage.«
Er war auf sie zugetreten und stand direkt vor ihr. Angriffslustig

und trotzdem etwas beklommen sah sie zu ihm hoch. Seine Kiefer hatten sich gespannt. Plötzlich griff er mit einer Hand in ihr Haar. Es tat weh. Lisa ließ sich hochziehen.
»Du kannst nicht mehr zurück«, hörte sie ihn sagen. »Jetzt nicht mehr.«
Zurück? Sie wollte überhaupt nicht zurück. Er sollte ihr weh tun, er sollte sie auslöschen.

Mit Fedor war es Leidenschaft.
Mit Fedor entdeckte sie die eigene Hemmungslosigkeit und darin sich selbst. Auf Fedor hatte sie gewartet.
Lisa verstrickte sich in eine tiefe Hörigkeit. Einem Mann wie ihm war sie noch nie begegnet. Er magnetisierte ihre Extreme mit den seinen, er war stärker als sie, er hatte eine enorme psychische Kraft, die ihm Macht gab. Er nahm ihr ihren Willen und lehrte sie, das Spiel der Unterwerfung zu genießen.
Er konnte mit ihr machen, was er wollte – sie ließ es zu. Mehr noch, sie forderte ihre Versklavung heraus. Genug war nicht genug für sie. Fedor schenkte ihr ein breites Lederarmband, ein »Sklavenband«, das sie von da an immer trug.
Trotzdem lebte sie weiterhin mit Niki, dem dieses Armband ebenso auffiel wie gelegentliche blaue Flecke und Striemen auf ihrer Haut, Folgen ihres Ungehorsams. Er tobte wie ein Wahnsinniger und schrie: »Wer war das? Wer war das?«
Eigentlich erwartete sie, Niki werde sie hinauswerfen, aber sonderbarerweise geschah das nicht. Statt dessen sagte er ihr zum ersten Mal, er könne ohne sie nicht leben und werde sie niemals gehen lassen. Er führte fürchterliche Szenen auf, die alle die Handschrift Leanderscher Dramatik trugen. Dramatisch – so empfand Lisa jetzt ihr ganzes Dasein.
Dramatisch war es vor allem, zwischen zwei Männern zu stehen, einem, dem sie verfallen, und einem, der ihr verfallen war. Seit Niki von seinem Nebenbuhler wußte, versuchte er sich zu rächen, indem er Lisa wissen ließ, daß er mit anderen Frauen

schlief. Leider ließ sie das völlig kalt – und doch war sie in seinem Bett leidenschaftlicher denn je. Die sadomasochistisch gefärbte Affäre mit Fedor beanspruchte Lisas ganzes Denken und Fühlen. Niki war ihr nicht unangenehm, sie mochte ihn, aber er hatte keinerlei Macht über sie. Ihre beiden Liebhaber waren auch sonst äußerst verschieden.

Fedor lebte sehr zurückgezogen, während Niki den Champagner fließen ließ. Das eine wie das andere kostete Lisa aus.

Wenn Fedor allerdings zu lange nichts von sich hören ließ, wurde sie hysterisch. Es widerstrebte ihr, von sich aus zu ihm zu gehen; er hätte sich ihr verweigern können.

Fühlte sie sich von Fedor verlassen, kam es vor, daß sie schluchzend in Nikis Armen lag und ihr Schicksal anklagte. Nikis Sinn für Tragik war ansteckend.

Natürlich verriet sie ihm nicht, wie dieses Schicksal aussah, doch sie nahm an, daß Niki die Zusammenhänge, wenn auch nur wie im Nebel, erahnte. Dennoch tröstete er sie. Ja, wirklich, das tat er ... Ein Trost, ein wirklicher Trost, waren ihr solche Momente natürlich nicht. Niki und die übrige Welt konnte sie nur genießen, wenn sie sich Fedors sicher war.

Sie selbst verstand das auch nicht recht. Fedor blieb ihr weiterhin fremd. Sie hätte ihn aufreißen, sich in ihn wühlen, in ihm untergehen wollen, doch er blieb, trotz aller sexuellen Leidenschaft, kühl. Ein Geheimnis schien um ihn zu sein, in das sie nicht dringen konnte. Je undurchdringlicher er ihr erschien, desto unbedingter wurde ihre Leidenschaft.

Selbst seine Grausamkeit faszinierte sie. Sogar in seiner Freundlichkeit lag etwas Brutales. Er forderte von ihr vollkommene Selbstverleugnung. Lisa unterwarf sich. Solange sie gehorchte, sprach er in einem gelassenen, ruhigen Ton zu ihr, begehrte sie auf, wurde er ein Teufel.

Sie erkannte sich in der Frau ohne Willen nicht wieder. Eigentlich nahm Fedor ihr die Selbstachtung, und doch war sie selbstsicherer und freier denn je.

Er nannte sie nie beim Namen. Wenn er sie ansprach, nannte er sie »junge Frau«, und manchmal hieß er sie einfach eine Hure. »Ich hasse dich!« schrie sie ihn an. »Ich hasse dich!« – Und doch wäre sie mit ihm in die Hölle gegangen.
Körperlich war er ein ausgesprochen schöner Mann, athletisch, breitschultrig, schmal in den Hüften. Ihn bloß anzuschauen war erregend. Dann diese Augen, sein zwingender Blick ... Für Fedor war sie immer bereit, für ihn war sie die »Hure aus Passion«. Über ihre wirklichen Gefühle für ihn war sie sich noch nicht so recht im klaren. Sie wußte auch nicht, was Fedor für sie empfand. War er denn gar nicht eifersüchtig auf Niki?
Eines Nachmittags wagte sie es, ihn darauf anzusprechen. Sie lag mit ihm im Bett, ihr Kopf ruhte erschöpft an seiner Schulter, ihre Finger spielten mit seinen Brusthaaren.
»Ist es dir eigentlich egal, daß ich bei Leander wohne?«
Wie ein Stich fuhr es in sie hinein, als er erwiderte: »Völlig.« Und dann sagte er noch: »Du wirst ihn irgendwann vergessen.«
»Wer sagt das?«
»Ich.«
»Und wie kommst du darauf?«
»Du bist nur in dich selbst verliebt.«
Lisa nahm den Kopf von seiner Schulter und stützte sich auf.
»Wieso sagst du das?«
»Weil es deine Selbstverliebtheit ist, die dich so geil macht.«
»Ich bin also nicht in dich verliebt?«
Fedor antwortete nicht. Ihre Finger glitten über seine feste, muskulöse Brust – eine ungewöhnliche Brust für einen Künstler, ihr Mund wanderte über seine Haut.
»Ihr Weiber sollt endlich einsehen, worum es geht. – Du willst gründlich gevögelt werden. Das kannst du haben.«
Seine Hand griff in ihren Nacken und bog ihren Kopf herauf. Durchdringend und hart ging sein Blick ganz in sie hinein. Dann griff er ihr zwischen die Beine und begann jenes Spiel, mit dem er sie am liebsten folterte. Er erregte sie, bis sie ganz außer sich

war, versagte ihr aber die Erlösung. Er griff ihr ins Fleisch, daß sie vor Schmerz schrie, und drang gleich darauf mit der Zunge ganz zart in sie ein, bis sie glaubte, sich aufzulösen. Er tat ihr weh und führte sie an die für sie so sinnraubende Schwelle zwischen Schmerz und Lust, und dann wieder war er sanft und spielerisch wie ein Windhauch. Als sie schon halb den Verstand verloren hatte, befahl er ihr, ihn französisch zu befriedigen, und als sie nicht sofort gehorchte, taumelnd noch in der eigenen Erregung, riß er sie herum und drückte ihren Kopf zu seinem Geschlecht hinunter. Sie umspielte es mit den Lippen, reizte es, gab sich ihm hin, und die ganze Zeit lag seine Hand zwingend in ihrem Nacken.

Ehe er kam, fuhr er ihr mit den Fingern ins Haar und zog sie hoch. »Bitte!« sagte sie – und er ließ sie um ihren Orgasmus flehen. Eine Menge kleiner Grausamkeiten fielen ihm ein, um ihre Erleichterung hinauszuzögern. Dann sagte er: »Ich will dir zusehen. Mach's dir selbst.«

Lisa blieb auf den Knien, während sie sich mit der Hand befriedigte. Wie hypnotisiert sah sie Fedor in die Augen, schrie ihren Orgasmus hinaus und sank in sich zusammen. Fedor warf sie auf den Rücken, stieß ihre Beine auseinander und nahm sie mit wenigen, harten Stößen. Noch einmal ließ sie sich stöhnend in das Gefühl fallen, benutzt zu werden, und fühlte Fedor ganz tief und überall und weinte fast. Oh, mein Gott ... jajaja ...

Danach sah Fedor sie mit analytischer Neugier an. Lisa gab den Blick ruhig zurück.

Merkwürdigerweise war es ausgerechnet Fedor, der ihren künstlerischen Ehrgeiz wenigstens in Ansätzen zurückholte. Sie erklärte ihm, bei ihren ersten Begegnungen keineswegs gescherzt zu haben und wirklich Malerin werden zu wollen.

Fedor sagte zwar nicht viel dazu, stellte sie eines Tages aber vor eine Leinwand und sagte:

»Fang an!«

Sie begann, verspielt und ohne rechten Sinn, zu pinseln.
»Sieht sehr nach Leander aus«, meinte Fedor nach einer Weile. »Da muß noch einiges passieren.«
Lisa lächelte. Fedor glaubte also an ihr Talent.
Von da an ließ er sie des öfteren zu Pinsel und Farbtopf greifen. Wenn ihm etwas absolut nicht gefiel, führte er ihr für einige Striche die Hand, um ihr zu zeigen, wie man welche Effekte erzielen konnte. Manchmal schien sie ihn zu amüsieren. Es war dann, als wolle er sagen: Schau an, schau an ...
Im Frühsommer zogen beide in die Parks hinaus. Sie zeigte sich mit Fedor in aller Öffentlichkeit, obwohl sie wußte, daß Niki Zuträger hatte. Man kannte Fedor wie Niki überall – und Lisa inzwischen auch. Sie kümmerte sich nicht darum.
Lisa merkte, daß Fedor sie ebenso zu formen versuchte wie Niki, nur mit dem Unterschied, daß es Fedor tatsächlich gelang. Fedor ließ ihr ihren eigenen Stil. Recht oft mußte sie sich aber von ihm anhören: »Hübsch, das Idyll.«
Ihre mit leichter Hand hingeworfenen Landschaften verrieten ganz allmählich eine Formgebung, aber Fedor konnte damit natürlich nichts anfangen. Für ihn war das Sonntagsmalerei.
Von ungefähr kam es nicht, daß Lisa Idyllisches aufs Papier bannte. Es war, als hätte das Bekenntnis zur Lust, das ja zu ihrer eigenen Natur sie frei gemacht für eine allumfassende Liebe zum Leben.
Gerade wenn sie mit Fedor arbeitete, er mit ernsthaft versunkenem Gesicht, sie aus Spieltrieb, überkam sie manchmal eine ganz warme Welle, die über sie hinwegrollte, sich tief in sie hineinspülte und eine Zärtlichkeit in ihr weckte, der sie kaum Herr wurde.
Ihr Hunger trieb sie so manchem Mann in die Arme – für eine Nacht, für eine Woche, vielleicht für einen Monat. Das ganze Leben schien Liebe zu sein.
Nikis Kunst blieb ihr verständlicher, nachvollziehbarer und

angenehmer, doch ihre Bewunderung gehörte Fedor. Intuitiv spürte sie, daß er einen eigenwilligen, ihm allein gehörenden, kompromißlosen Weg ging, der in Neuland führte und neue Horizonte künstlerischer Darstellungsmöglichkeiten aufriß, während Niki als bewunderter, renommierter Bohemekünstler den Zeitgeschmack traf, wenn er auch mit seiner erotischen Freizügigkeit ein bißchen schockierte. Niki blieb im Vordergründigen, im Plakativen. Er redete sehr viel über sich und seine Werke – und Fedor schwieg.

Für Fedor und seine rücksichtslosen Provokationen war die Welt noch nicht reif.

Inzwischen begann er sich mystischen Themen zuzuwenden und arbeitete an einem Kreuzgang-Zyklus, obwohl er sich eigentlich zum Atheismus bekannte. Er malte in derben, waghalsigen Linien, verzichtete auf Feinheiten und suchte die Expression. Blau-Schwarz-Farbkombinationen bestimmten diese Phase.

Lisa sagte einmal: »Es sieht aus, als wären all die Leute, die du malst, einander fremd, obwohl sie in ein Bild gehören. – So stelle ich mir die Erlösung nicht unbedingt vor.«

Lakonisch erwiderte Fedor: »Ich auch nicht.«

Sie konnte mit dieser Antwort nichts anfangen, fragte aber nicht nach, da ihr seine gefurchte Stirn verriet, daß er in Ruhe gelassen werden wollte.

Freilich war Fedor kommerziell absolut nicht erfolgreich. Als Suchender führte er eine typische Hungerleider-Existenz. Zeitweise fütterte ihn Lisa richtiggehend durch. Niki hatte überhaupt keinen Überblick über seine Finanzen, konnte sich aber jeden Luxus leisten. Lisa fand nichts dabei, auch für Fedor einzukaufen. Sie brachte ihm oft einen Korb mit Butter, Brot, kaltem Huhn, Pastete, Würsten, Wein, Bier und Kuchen und gab vor, es für ein gemeinsames Picknick – wenn sie draußen arbeiten wollten – mitgenommen zu haben, obwohl die Mengen für sechs Personen mit Heißhunger gereicht hätten. Fedor schwieg

dazu. Er bedankte sich nicht, aber ebensowenig hätte er gefordert oder gebeten.
Unterdessen kühlte Nikis Eifersucht ab und loderte wieder auf. Es schien ihm in erster Linie um die Szene und nicht um Lisas Liebhaber zu gehen, wenn er zu rasen anfing. Freilich erfuhr er, daß sein Erzfeind der große Rivale war. Zweimal wies er Lisa die Tür, doch sie war noch im Flur, als er sie wieder zurückrief. Niemand in Schwabing verstand, wieso er Lisa, die ihn doch offensichtlich betrog, nicht endlich hinauswarf, zumal er Frauen gegenüber nicht besonders liberal war. Aber das tat Niki nicht.
Dieser spektakulären Affäre wegen, die in jeder Hinsicht öffentlich stattfand, war Lisas Name plötzlich in aller Munde.
Lisa kam es so vor, als wären Reitenau und Neuherrenach Orte hinter der Milchstraße. Manchmal zuckte sie bei dem Gedanken, ein Kind zu haben, zusammen. Irgendwann mußte sie davon geträumt haben ...
Eines Nachmittags, als sie für Fedor wieder Modell lag – als nackte Maria Magdalena –, schickte sie ihre Gedanken spazieren. Unvermittelt fragte sie ihn: »Hast du je einen Menschen geliebt, Fedor?«
Wenn er arbeitete, hörte er immer nur mit halben Ohr hin. Es wunderte sie deshalb nicht, daß er nicht antwortete.
»Ich schon. Aber das ist wie in einem anderen Leben«, fuhr sie fort. Fedor warf ihr einen prüfenden Blick zu und zog dann eine strenge Gerade übers Papier.
Lisa lag still. Ein paar unzusammenhängende Bilder zogen durch sie hindurch. Sie wurde dösig und wäre fast eingeschlafen. Dann hörte sie, wie Fedor sich ein Glas Wein einschenkte und von drei Metern Entfernung seine Schöpfung betrachtete.
»Stell dir vor«, sagte sie, »dort, wo ich herkomme, habe ich den Pfarrer verführt – den Pfarrer! Unseren Heiligen. Wenn's nicht so schnell gegangen wäre, hätt's mir richtig Spaß gemacht. Ob irgend jemand dahintergekommen ist?«

Sie erwartete keine Erwiderung. Fragen, die ihm nicht paßten oder ihn nicht interessierten, ignorierte er.
»Du hast dunkle Augen heute«, sagte Fedor plötzlich.
»Was?«
»Ja, deine Augen sind heute dunkel. Schwermütig. Zu weich für eine Maria Magdalena.«
»Ach was. Du malst sowieso nie mich, du benutzt mich. Du schaust mich an, aber was du aus mir machst, bin nicht mehr ich.«
»Ich male das Bedrohliche in dir.« Und dann sagte er ganz hart: »Du bist verschlingend.«
Einen Moment war sie betroffen. »Das ist nicht wahr!«
Fedors Blick, eben noch dunkel und bohrend, Schalen sprengend, hellte sich auf. Er stellte das Weinglas fort. Ein unsichtbares Lächeln des Erkennens huschte durch seine Augen.
»Widersprich nicht. Es ist wahr. Im Rausch bist du dein Bild von dir, die sich verschwendende Hetäre. In Wirklichkeit ist alles schwer in dir und verschlingend.«
So ähnlich hatte auch Klages zu ihr gesprochen. Lisa starrte Fedor entsetzt an, als würde sie seine Gedanken spüren.
Fedor sagte: »Ich will, daß du jetzt gehst.«
Sein Blick war zurückgekehrt und stieß sich mit solcher Wucht in sie hinein, daß sie fast das Gleichgewicht verlor und in die Kissen fiel.
Ihr war ganz übel. Wortlos stand sie auf und zog sich an. Fedor sah ihr zu. Sein Beobachterblick machte sie fahrig.
Ohne ihn noch einmal anzusehen, ließ sie ihn allein.

Sie hatte keine Lust, nach Hause zu gehen, in Nikis laute Champagner-Gesellschaft. Doch sie wußte nicht, wohin sie sonst hätte gehen sollen.
Niki war nicht da. Ganz mechanisch begann sie, das Durcheinander in der Wohnung aufzuräumen. Wahllos schien Niki alles, was er angefaßt hatte, im Raum verstreut zu haben.

Schließlich, als sie die Sinnlosigkeit ihres Unternehmens erkannte, ging sie ins Schlafzimmer, setzte sich aufs Bett und fing zu weinen an. Sie fühlte sich ermordet.
So saß sie vielleicht zehn Minuten, als das Haus sich mit Stimmen zu füllen begann. Niki kam und brachte Freunde mit. Lisa sprang auf und drückte die Schlafzimmertür zu. Sie wollte von niemandem gesehen werden. Als Niki nach ihr rief, antwortete sie nicht.
»He, Lilly, wo steckst du? – Bist du nicht da?«
Das Atelier schien bereits gedrängt voll. Niki schrie: »Schreibst du etwa wieder?«
Dann stieß er auch schon die Schlafzimmertür auf und sah sofort Lisas tränenverquollenes Gesicht.
»Wie? Was machst du hier? Was ist los? Ist etwas passiert?«
Auf diesen Schwall von Fragen hätte sie gut verzichten können. Daß sie nur allein sein wollte, spürte Niki nicht.
»Es geht vorbei, nur eine Stimmung«, sagte sie und versuchte zu lächeln.
Mißtrauisch sah Niki sie an. Dann breitete sich ein Lächeln über seine Züge. Er wollte feiern und alles Dunkle schnell über Bord werfen.
»Komm mit rüber! Ich muß dich unbedingt dem Riedheim vorstellen. Das ist der Mann, der meine Ausstellung organisiert.«
»Jetzt nicht. Ich komm später.«
»Keine Trübsal blasen, Lilly!« Er kam auf sie zu, griff nach ihren Armen und zog sie hoch. »Weißt du«, meinte er lachend, »nach einem Glas Champagner sieht die Welt schon ganz anders aus.«
Und so zog er sie mit sich in den Tumult des überfüllten Ateliers.
»Also, jetzt trinken wir erst mal einen …«

Der 21. Juli 1913 sollte Nikolaus Leander den größten Erfolg seines Lebens bringen. An diesem Tag wurde seine Ausstellung eröffnet.

Schon morgens war es schwül. Lisa stand lange vor dem Kleiderschrank und fragte sich, was sie anziehen sollte.
Niki eilte in großer Aufregung durch die Räume.
»Du wirst schön sein wie noch nie«, sagte er zu ihr. »Keiner soll sagen können, ich hätte dir geschmeichelt. Du wirst noch heute die Königin von München sein!«
Seine Nervosität übertrug sich auf sie. Eigentlich hatte sie keine rechte Lust, sich heute öffentlich zu zeigen. Sie hatte zu nichts richtig Lust, sah aber die Unausweichlichkeit ein. Obwohl Niki sie bisher nie als Göttin oder als mythische Gestalt abgebildet hatte, wünschte er, sie solle das griechische Bacchantinnen-Gewand anziehen, das er für sie einmal zu einem Maskenball entworfen hatte. Außerdem sollte sie sich das Haar hochstekken, wie es die Helleninnen getan hatten.
Entsetzt meinte Lisa: »So kann ich doch nicht bei hellichtem Tag unter die Leute gehen! Da kommt ja die Sitte!«
Niki winkte ab. »Es steht dir so gut!«
Nun – Lisa hatte zwar wenig Griechisches in ihrem Aussehen, aber sie beugte sich Nikis Wunsch. Als sie in der Tunika aus weißer Seide vor dem Spiegel stand, fand sie ihren Aufzug recht amüsant. Sie steckte sich auch noch das Haar hoch und zog ein paar Strähnen heraus. Ein bißchen Farbe gönnte sie ihrem blassen Gesicht, auch Rot für die Lippen. Mit goldenen Reifen an den Oberarmen und einem goldenen Gürtel um die Taille sah sie wirklich ausgesprochen extravagant aus – eine etwas nordisch erscheinende Griechin im Kleid eines längst verklungenen Heidenfestes.
»Aber das tust du weg«, sagte Niki und deutete auf Fedors Sklavenband.
Lisa schüttelte den Kopf.
»Es sieht lächerlich aus und paßt nicht! Du gehst als stolze Griechin – nicht als versklavte Lykierin!«
»Dann bleibe ich eben zu Hause.«
»Du machst mich nicht zum Gespött!«

»Das tue ich ja auch nicht.«
»Natürlich tust du das. Wie sieht das aus: Meine Geliebte erscheint mit dem Lederband eines anderen am Arm!«
»Das weiß niemand. – Außerdem ist es zu Ende mit Wassilijew.«
»Das sagst du dauernd.«
»Ich sag's seit fünf Tagen.«
»Egal! Weg mit dem Ding!«
»Nie!«
Niki tobte etwa eine halbe Stunde durch sämtliche Räume. Danach sah es aus wie nach einem Wirbelsturm – nur echter.
Lisa meinte ruhig: »Wir kommen zu spät.«
Niki hatte sich wieder beruhigt. Nach seinen Ausbrüchen war er immer friedlich und für kurze Zeit lammfromm. Dennoch sah man ihm seine Verstimmung an. Er brummte vor sich hin und sagte sich, daß er Lisa auf die Straße setzen würde. – Danach! Vorerst aber griff er nach ihrem Arm und zog sie mit sich, um nicht allzu spät in der Galerie zu erscheinen.
Er hatte eigens einen Wagen kommen lassen, einen weißfunkelnden Mercedes-Benz, um »vorfahren« zu können, wie es ihm gebührte. Als er ausstieg, klatschten die Leute wie verrückt, und die Reporter notierten eifrig, Nikis Publikumsgunst und sein Erfolg seien das Ereignis der Saison. Als Lisa aus dem Wagen stieg, wurde sie ebenfalls mit Beifall bedacht. Sie fühlte sich zuerst etwas unwohl, denn ihr Kleid war mehr als gewagt. Aber dann machte es ihr Spaß, in so einem tollwitzigen Aufzug Anstoß zu erregen. Niki hatte seinen großen Tag. Sein Glanz fiel auch auf Lisa. Bei einem Glas Sekt flüsterte er, alle Auseinandersetzungen vergessend, ihr ins Ohr: »Jetzt bist du so berühmt wie Saskia.«
Im Gegensatz zu Rembrandt, dachte Lisa, wirst du aber das Jahrhundert nicht überdauern ...
Es war eine Menge los. Viele Schaulustige drängten sich, die Konkurrenz schnupperte herum, der biedere Bürger fand Niki provozierend, weil er viel nacktes Fleisch zeigte und sich zur

Renaissance bekannte, er wurde von der Presse umringt und von Bewunderern verfolgt. Ständig flankierte ihn eine Schar Neugieriger. Endlich hatte er Gelegenheit, seine quirlige Lebhaftigkeit einem großen Publikum vorzuführen.
Man behandelte auch Lisa als Berühmtheit. Ein paar Journalisten befragten sie sogar. Sie galt ja ganz offiziell als Nikis Muse. Nach ihrem Namen gefragt, antwortete sie nur: »Lilly.«
»Und weiter?«
»Lilly – nicht mehr und nicht weniger.«
Dann sah sie auch schon die Vogels. Einen Moment lang hörte sie Walzermusik im Kopf und sah Bilder von Neuherrenacher Festlichkeiten. Blaß werdend, ließ sie die auf sie einredenden Presseleute einfach stehen, flüchtete den Gang hinunter und verschwand in einem Nebenraum. Ob sie bereits erkannt worden war? Nein! Das hätte sie doch gemerkt. Aber vielleicht wußte schon jeder ... nein, nein! Niemand durfte sie finden. Sie wollte sich nicht mehr erinnern.
Nach einer Weile öffnete sie vorsichtig die Tür und spähte in die Galerie hinaus. Am Ende des breiten Korridors – jetzt war es allerdings eng wegen der vielen Bilder – sah sie Niki stehen und gestikulieren, ein Glas Sekt in der Hand, hübsche Mädchen und jovial erscheinende Herren um sich herum. Stimmengewirr brandete auf und nieder. Ein Diener balancierte ein mit Sektgläsern beladenes Tablett für die Ehrengäste herum. Niki hatte an alles gedacht und sich wirklich nicht lumpen lassen.
Lisa vergaß, daß sie eigentlich vor den Vogels davongelaufen war, um inkognito bleiben zu können. Sie stand in der offenen Tür und beneidete Niki grenzenlos. Auch sie wäre gern zwischen all diesen Menschen gestanden – umjubelt, vergöttert, selbstbewußt, ein von allen geliebter und gehätschelter Skandal.
»Zehn Pfennige für Ihre Gedanken«, hörte sie eine sonore Stimme hinter sich sagen und drehte sich um.
»Ach, Herr Riedheim. Wir haben uns heute noch gar nicht

gesehen. Grüß Sie Gott. Na, ich kann nur sagen, daß Sie Herrn Leander zum größten Erfolg seines Lebens verholfen haben. Wenn ich nicht irre, zeichnen Sie für die Organisation dieses Massenauflaufs.«
Riedheim lachte, daß es dröhnte. Er war klein und recht dick, aber es blitzte gescheit und listig aus seinen kleinen Augen. Er sagte auch prompt: »Sie sehen unzufrieden aus.«
»Unzufrieden? Ich? Nein!«
»Oder besser: Sehnsüchtig. Ja, das kann man wohl behaupten. Sehnsüchtig. Wenn ich etwas für Sie tun kann …«
»Tun?« fragte sie gedehnt.
Riedheim lachte wieder. Er lachte so, daß sein dicker Bauch bebte und ihm der Zwicker von der Nase fiel. Freundlich lächelte Lisa zurück.
Eine Weile schien sie zu überlegen. Als sie sicher war, dabei nicht rot zu werden, meinte sie mit dunklem Timbre in der Stimme: »Für mich könnte man eine ganze Menge tun.«
Riedheims Augen verengten sich. Er hatte sich den Zwicker inzwischen wieder auf die Nase gesetzt. Sein Mund war geschürzt, und er nickte vor sich hin.
»Was zum Beispiel?« fragte er jetzt ganz ernst.
Lisa wußte auch nicht, wieso sie plötzlich so klar dachte. Sie wußte nicht einmal, wieso ihr ganzes Bewußtsein auf einmal wieder zum Anfang zurückkehrte.
»Ich habe mich immer malen lassen«, sagte sie. »Ich will aber eigentlich selbst malen.«
»Wo liegt die Schwierigkeit?«
»Daß ich davon nicht leben kann – noch nicht.«
Immer noch hielt Riedheim die Lippen geschürzt.
»Sie können sich bei Gelegenheit an mich wenden«, sagte er leise, zückte seine Karte und reichte sie ihr. Ehe sie danach greifen konnte, zog er seine Hand zurück und steckte ihr das Kärtchen mit süffisantem Lächeln in den Ausschnitt.
Er schien noch etwas sagen zu wollen, als die schrille Stimme

seiner Frau das Stimmengewirr übertönte: »Eugen – Eugen, wo bleibst du denn?«
Auch Niki eilte gerade auf Lisa zu. Mit besitzergreifender Geste legte er den Arm um ihre Schultern und sah in die umstehende Menge, ehe er bekanntgab: »Das ist Lilly – die inspirierendste aller Musen.«

Zwischen Niki und der »inspirierendsten aller Musen« war es nicht mehr so, wie es einmal gewesen. Niki konnte nichts dafür. Es lag allein an ihr und ihrem törichten Herzen.
Wie es ohne Fedor weitergehen sollte, war ihr ein Rätsel. Wenn sie ganz mit sich allein war, fühlte sie sich sterbenselend. Lieber verrückt werden als so viel Sehnsucht! Sie wurde nicht verrückt. Sie mußte es aushalten, manchmal an der Grenze zum Wahnsinn. Sie steigerte sich hinein und tat merkwürdige Dinge, zerstörte Spiegel, zerfetzte Kleider, schüttete einmal sogar Salzsäure auf ein Bild, das Niki von ihr gemalt hatte, fertigte eine Skizze von Fedor und durchstieß sie mit Nadeln, saß oft stundenlang in nächtlicher Dunkelheit und wiegte sich vor und zurück, geriet plötzlich mitten in einem Gespräch in einen Zustand der Abwesenheit, fügte sich mit einem Rasiermesser kleine Schnittwunden an den Unterarmen zu und kratzte die Blutkrusten wieder auf, ehe sie vernarbten. Außerdem holte sie eine schwarze Katze ins Haus, die überall herumstrich, Farbtöpfe umwarf und an der von Niki bearbeiteten Leinwand ihre Krallen wetzte.
Von Niki wegen solcher Absonderlichkeiten zur Rede gestellt, ließ sie seine Tiraden geduldig über sich ergehen; in ihren Augen war ein dunkler Schimmer, an den Nikis Gezeter nicht herankam. Zwischendurch benahm sie sich dann wieder völlig normal.
Für Niki empfand sie absolut nichts mehr. Sie wußte auch nicht, ob sie je etwas für ihn empfunden hatte. Fedor hatte alles mitgenommen.

Ihre innere Balance war dahin. Trotz aller Wellenschläge, trotz Himmel- und Höllenfahrten hatte sie früher immer eine Gerade in sich gekannt, eine Linie, einen Weg, an dem sie sich orientierte, den sie zwar verließ, jedoch nie aus den Augen verlor. Jetzt war der Weg verschwunden.
Eine schmerzhaft glühende Sehnsucht engte ihr Bewußtsein ein. Sie sah nicht mehr darüber hinaus.
Früher hatte sie Franziska zu Reventlows Stoßseufzer verstanden: »Warum bin ich nur glücklich, wenn ich viele habe?« Jetzt glaubte sie, für Fedor alle anderen aufgeben zu können. Sexuell kam sie sich ohne ihn völlig tot vor, und trotzdem quälte sie eine sich nur auf ein Ziel richtende, blindwütige Lust, die keine Befreiung mehr fand.
Dann kam der Tag, an dem sie es nicht mehr aushielt und den Rest von Stolz über Bord warf.
Sie ging zu dem alten, verfallenen Haus, wo Fedor wohnte. An der Tür klingelte sie erst nach einigem Zögern. Er war nicht da. So ging sie wieder. Zwei Tage später traf sie ihn endlich an. Er öffnete, sah sie an und fragte:
»Was willst du?«
Die Frage traf Lisa in den Magen. Ihr wurde dunkel vor Augen, doch die Wirklichkeit ließ sie nicht los. Sie mußte es durchstehen – auch das.
»Ich will zu dir«, sagte sie und bemühte sich um einen selbstverständlichen Ton.
»Ich habe dich nicht gerufen«, sagte Fedor kalt und machte die Tür wieder zu. Sie stand draußen.
Wie betäubt wankte sie die Treppe hinunter, atmete den Bohnerwachsgeruch der Halle ein und stürzte dann hinaus. Sommerglut empfing sie. Ihr brach der Schweiß aus. Ein nüchterner Gedanke riet ihr: Geh nach Hause …
Nach Hause!
Sie erreichte Nikis Wohnung auf zitternden Beinen. Es war still. Niemand hier.

Lisa warf Hut und Täschchen weg. Dann holte sie, ganz ohne zu überlegen, Leinwand und Farben und begann, wie eine Besessene zu malen. Sie malte und malte und ertränkte sich in Farben, in einen wahren Blutrausch aus Rottönen und Bestialitäten.
Als Niki kam, traf ihn schier der Schlag. Er konnte bloß stammeln: »Was soll das denn?«
Sein Zornesausbruch kam erst ein paar Tage später, als er leicht angetrunken sein Atelier betrat und Lisa wieder vor der Leinwand fand. Sie malte ein Zimmer. Weiß. Dunkle Konturen. Ein Zimmer und trotzdem das Nichts.
Niki wütete, es sei pervers, ein leeres Zimmer sei für jeden Künstler uninteressant, sie brauche sich gar nichts einzubilden, sie besitze keine Spur von Talent, man müsse, wenn man schon auf die Darstellung von Menschen verzichte, wenigstens die Natur verherrlichen, aber ein leeres Zimmer, nein, das sei der Gipfel der Dekadenz. Da seien ihm ja noch Wassilijews »nackte Abartigkeiten« lieber!
Lisa hörte Fedors Namen, griff nach der Sherry-Karaffe neben sich auf dem Tischchen und donnerte sie zu Boden. Wortlos packte sie daraufhin das Nötigste ihrer Sachen zusammen und zog, mit nur ein paar Mark in den Taschen, in die nächste Pension, wo sie sich eine Woche lang einschloß und nahezu Tag und Nacht malte. Ihr ganzes Geld ging hin für Farben, Kohlestifte, Leinwand und Papier.
Als sie von allein nicht zurückkam, holte Niki sie wieder. Recht willenlos ließ sie sich diesen neuerlichen Eingriff in ihr Leben gefallen. Er zog sie sofort ins Bett und schien in seiner Leidenschaft nicht zu bemerken, wie kühl sie blieb. Jedenfalls versprach er ihr, sie täglich zwei Stunden malen zu lassen.
Den ganzen Herbst und den ganzen Winter über hatte Lisa das Gefühl, nur für zwei Stunden am Tag zu leben. Oft vergaß sie die Zeit und mußte von Niki daran erinnert werden, daß es nach elf sei. Ihre Bilder gaben ihre Gefühlswelt wieder. Niki war von ihrer »perversen Phantasie« einigermaßen schockiert. Am mei-

sten mißfiel ihm ihre künstlerische Anlehnung an Wassilijew. Er nannte ihre Bilder »Alpträume« und verstand nicht, was Lisa zwanghaft dazu trieb, Visionen des Grauens festzuhalten. Er verstand überhaupt nichts von Lisas Kampf.

Niki rettete sich in Weibergeschichten. Vollkommen unberührt sah Lisa zu. Mit Mia, einer makellos gewachsenen, sehr hübschen Schwarzhaarigen, trieb er es nahezu vor ihren Augen. Und es war ihr egal. Mit einer sonderbaren Faszination schaute sie zu, am meisten fasziniert von sich selbst, weil sie nicht litt, aber spürte, daß Niki litt und sie es nicht verstand.

Anfang Januar ließ Lisa sich ihrerseits in eine amouröse Verstrickung ein. Ein junger, weithin unbekannter Lyriker, der ihr »neuromantische« Liebesgedichte en masse schickte, hatte sich während einer kurzen Begegnung auf einem Maskenball zu Ehren des griechischen Gottes Dionysos in sie verliebt. Blond und zart wie ein Engel, war er ihr auf diesem wilden Boheme-Fest wie ein Verirrter erschienen. Er hatte von einer Ecke aus zugesehen, mit Augen voller Sehnsucht nach dem Leben, das ihn nicht erreichte. In seiner sonderbar hellen, unschuldigen Reinheit hatte er Lisa ein wenig an Morell erinnert, nur gefühlsverwurzelter und weniger intellektuell.

Wenn Niki außer Haus war, schickte ihr Riloff, der Neuromantiker, Blumen und empfindsame Verse, über die Lisa lächeln mußte. Seine Verehrung ließ sie sich aber gerne gefallen.

Für Rainer Riloff war sie eine Madonna, unbefleckt vom Schmutz der Welt. Sie sah alles und blieb doch immer eine »reine Lilie«. Dabei war er es, der alles sah und nur das »Reine« spürte. Er legte seine eigene Weltsicht in sie hinein. Daß Lisa mit einem Mann zusammenlebte und Fedor Wassilijews Sklavenband trug, nahm er einfach nicht zur Kenntnis.

Es gab keine Liaison. Riloff liebte platonisch. Lisa förderte seine Verliebtheit nicht, tat aber auch nichts dagegen. Sie war amüsiert und ein bißchen geschmeichelt.

Als Niki von der Sache Wind bekam, war seine Reaktion drama-

tisch wie immer. Er schlug Rainer Riloff, dieses schwärmerische Menschenkind, das nur Gedichte rezitiert und in Lisas Augen geschaut hatte, einfach zusammen und stieß ihn in den Schnee. An Lisas Liebhabern hatte er sich bisher noch nie vergriffen, sondern immer nur Lisa für schuldig befunden. Seit er jedoch wußte, Lisa nicht mehr verletzen zu können, richtete sich seine Aggression gegen den Anlaß des Ärgers.
Vom Fenster aus sah sie zu, wie der arme Poet verprügelt wurde. Der Schmutz der Welt schien Rainer Riloff eingeholt zu haben ... Angeekelt wandte sie sich vom Fenster ab und beschloß, gleich morgen Eugen Riedheim aufzusuchen.

Eugen Riedheim war – neben seiner Tätigkeit als Kunstmäzen, die ihm in der Regel Gewinne in Form von Prozenten einbrachte – im bürgerlichen Leben Kolonialwarengroßhändler. Er empfing Lisa in seinem Büro, dessen Protzigkeit ein Hinweis auf Neureichtum sein mußte.
Seinem Büro schloß sich ein weitläufiges Kontor an, in dem mindestens fünf Sekretäre arbeiteten, die Riedheim durch ein Glasfenster beobachten konnte. Als Lisa eintrat, schob er das Glasfenster zu und spielte den Überraschten.
»Oh, wen sehe ich! Ich bin entzückt! Fräulein Lilly!«
Er stand auf und reichte ihr die Hand, und wenn die Glasscheibe nicht gewesen wäre, hätte er sicher ihren Handrücken geküßt und ihrem Besuch damit jede geschäftliche Note streitig gemacht. Seine Hand war feucht. Lisa zog die ihre rasch zurück, lächelte aber sehr freundlich.
»Bitte – setzen Sie sich. Ich hoffe, es geht Ihnen gut. Sie sehen jedenfalls blendend aus, wie immer. Also, was kann ich für Sie tun?« Du könntest zum Beispiel aufhören, Süßholz zu raspeln, dachte Lisa und fühlte sich durch und durch unwohl. Trotzdem setzte sie sich, schlug die Beine übereinander und ließ etwas von den Seidenstrümpfen zwischen Stiefelbund und Rocksaum sehen. Lächelnd taxierte sie den Mann im gepolsterten Leder-

sessel. Er war klein und dick und trug seine dünnen Haare in der Mitte gescheitelt; der Zwicker auf seiner fleischigen Nase war wie aus dem Witzblatt. Außerdem hatte er kleine Augen und wulstige Lippen, und beides gefiel Lisa überhaupt nicht. Nichts gefiel ihr an diesem Eugen Riedheim.
Dennoch warf sie ihm einen charmanten Blick zu, mischte in ihren Augenaufschlag eine Andeutung erotischen Versprechens, bewegte die Beine, daß die Seidenstrümpfe aneinanderrieben, und meinte wie nebenher: »Ach, wissen Sie, Herr Riedheim, ich dachte, ich wende mich am besten gleich an Sie. Ich möchte Sie bitten, sich einige meiner Bilder anzusehen. In den letzten Monaten habe ich viel gearbeitet.« Nach drei stummen Sekunden fügte sie hinzu: »Zuviel, wenn ich es recht bedenke.«
Ihr Lächeln breitete sich aus. »Wenn ich den richtigen Rahmen zum Arbeiten finden würde, wäre ich freier. Sie sollten sich meine Arbeiten wirklich einmal ansehen.«
Riedheim hatte nicht die geringste Lust, um den Brei herumzureden. Er wollte wissen: »Was ist mit Leander?«
»Ich verlasse ihn.«
So glaubte Lisa den Beginn ihrer Karriere einzufädeln.
Es dauerte keine drei Tage, bis Riedheim, ohne ihre Arbeiten auch nur anzusehen, mit der Nachricht kam, ein Atelier für sie gemietet zu haben. Lisa war zufrieden.
Ihr neues Domizil war weit von Niki und auch weit von Fedor entfernt. Sie bezog das Erdgeschoß einer Villa im Landhausstil, die idyllisch in einem großen, schattigen Garten lag, einem wahrhaften Garten Eden, umgeben von uralten Eichen, hohen Kastanienbäumen, weißen Birken, dunklen Rotbuchen … Wie herrlich, wenn erst der Frühling käme!
Über ihr wohnte eine alte Frau mit ihren Katzen. Sie unterzog Lisa bei deren Einzug scharfen Blicken hinter dicken Brillengläsern, sagte aber freundlich »Grüß Gott!« und lud Lisa zum Kaffee ein.
Wie ein Waldhaus mutete die alte, efeuumrankte Villa an, als es

Frühling wurde. Lisa ließ sich nun in allen Ehren aushalten. Die alte Frau beobachtete alles, sagte aber nichts. Allerdings lud sie Lisa des öfteren zum Kaffee ein und sprach mit ihr über die Ereignisse des Jahres 1865, als sie sich zum ersten und einzigen Mal in ihrem Leben verliebt hatte.

Endlich konnte Lisa malen!

Riedheim beurteilte ihre Bilder als »außerordentlich vielversprechend«, doch sie wußte natürlich, daß er das jeder bereitwilligen Dilettantin gesagt hätte, deren Busen ihn erregte. Während sie arbeitete, erkannte sie, daß sie gelernt hatte, nicht von Niki, aber von Fedor. Sie versuchte nicht mehr, die Impressionisten zu kopieren, sie strebte nicht mehr nach der Auflösung im Licht, nach dem zart Verschwimmenden. Jetzt bekannte sie sich zu ihrem kühnen Strich, zur Leidenschaft, zur Ungezügeltheit. Langsam und doch unverkennbar trieb sie dem Expressionismus entgegen, ja ihre Bilder trugen bereits surrealistische Züge. Es waren Anfänge. Sie merkte, ganz am Anfang einer künstlerischen Eigenständigkeit zu stehen, obwohl ihr Stil immer noch Wassilijews Stempel trug und ihn noch Jahre weiter tragen würde. Fedor hatte sie nie malen gelehrt, doch er hatte ihr seine Augen gegeben und war, in gewissem Sinn, ihr künstlerischer Vater. Die wichtigsten Anstöße hatte er gegeben. Nun mußte sie zu sich selbst finden.

Dieser Weg war schon deshalb so schwer, weil Lisa innerlich von Fedor nicht freikam. Es gab Zusammenbrüche, auch Zusammenbrüche unter der Last des nie zu erreichenden künstlerischen Ideals, das Fedor auf einmal für sie war, jetzt, wo sie sehen konnte wie er. Vor allem aber fühlte sie sich verstoßen, ausgesetzt ins Niemandsland ihrer selbst.

Es gab keinen Weg zurück zu Fedor.

Aus künstlerischer Sicht durfte es auch kein Zurück geben. Die Malerin in ihr wußte und akzeptierte das, die Frau in ihr wollte zurück zu der schmerzhaften Lust, in das Sich-Auflösen in der Unterwerfung, zurück zu den besinnungslosen Orgasmen. Riedheim machte ihr allzu deutlich, was sie mit Fedor verloren hatte. Sie war nur froh, daß ihr Gönner zu Hause eine eifersüchtig über ihren Gatten wachende Frau sitzen hatte, der er nur selten entkommen konnte, ebenso, wie er seinen gesellschaftlichen Verpflichtungen Tribut zahlen mußte. Ein braver Bürger – Gott sei Dank.

Die Liebesstunden mit ihm gestalteten sich für Lisa erwartungsgemäß nicht besonders erquicklich. Riedheim hatte eine deutliche Neigung zum Masochismus, und da Lisa diese Neigung teilte, kamen sie nicht so recht zusammen. Genaugenommen ertrug Lisa diesen um Qual winselnden Mann kaum. Da Riedheim gut in den Fünfzigern steckte, dazu schwerfällig und phlegmatisch war, mußte sie allerlei Kunstgriffe anwenden, um ihm überhaupt eine Erektion zu verschaffen. Sie hatte sich die Aufgabe einer Liebesdienerin einfacher vorgestellt. Einmal arbeitete sie eine halbe Nacht daran, Riedheim zum Erguß zu bringen. Wenn gar nichts mehr half, tat sie ihm den Gefallen und benutzte den Riemen.

Immer wieder versprach er ihr, sie eines Tages – bei passender Gelegenheit – »groß herauszubringen«.

Sie wagte sich jetzt auch an Porträts heran, eine Aufgabe, die sie bisher ängstlich gemieden hatte. Da es sie zur Perfektion trieb, arbeitete sie hart. Es gab nichts Wichtigeres als die Kunst. So kam sie auch langsam über Fedor hinweg. Sie malte den Schmerz und die Enttäuschung aus sich heraus – doch eine Sehnsucht, groß und weltenfüllend, blieb zurück.

Sie lernte in dieser Zeit aber auch das Glücksgefühl genießen, vor einem gelungenen Bild zu stehen und einfach nur zu spüren, daß es gut geworden war.

An Niki dachte sie kaum. Wenn, so mit angenehmer, leiser Wehmut, ohne Sentimentalität. Es war vorbei, die Zeit dafür abgelaufen. Sie wünschte es nicht zurück, obwohl es manchmal schön gewesen war.

Von ihren Liebesdiensten an Riedheim abgesehen, lebte sie bis

in den Sommer hinein fast keusch. Es gab keine Liebhaber. All ihre Leidenschaft, auch ihre erotische Phantasie, fand Eingang in ihre Malerei.
Im Juni jedoch, als sich bereits ein schweres Gewitter über Europa zusammenbraute, forderte die Natur ihr Recht. Lisa war eine leidenschaftliche Frau – und gab für zwei Wochen einem Wanderschauspieler die Ehre.

Der Krieg kam für Lisa aus heiterem Himmel.
Am Anfang ignorierte sie ihn erschrocken, da er nicht in ihre Welt paßte.
Beim Metzger wie beim Bäcker hatte sie die Leute über einen drohenden Krieg mutmaßen hören, aber nie daran geglaubt. Krieg – das war »Männerspiel«, das ging sie nichts an.
Alle Welt schien jedoch auf diesen Krieg vorbereitet zu sein, nur sie nicht. Sie merkte, daß sie alles, was sie nicht ganz direkt anging, fortgeschoben hatte, um in einer Welt zu leben, die sie sich schuf. Nun sollte es anders werden …?

Ein Brief von Hilda lag auf dem Frühstückstablett. »Vater fährt diese Woche nach London, und ich hole Dich Donnerstag in einer Woche, am 17. Juni, ab. Du mußt fertig sein, damit wir sofort aufbrechen können. Ich möchte keine Zeit auf Wragby vergeuden, es ist so scheußlich dort. Wahrscheinlich bleibe ich über Nacht in Retford, bei den Colemans, so daß ich am Donnerstag zum Mittagessen bei Dir sein würde. Dann könnten wir um die Teezeit aufbrechen und vielleicht in Grantham übernachten. Es hat keinen Sinn, mit Clifford noch einen Abend zu verbringen. Wenn er so sehr dagegen ist, daß Du wegfährst, würde es kein Vergnügen für ihn sein.«

So! Sie wurde also schon wieder auf dem Schachbrett herumgeschoben.

Clifford graute sich davor, sie gehen zu lassen – aber nur, weil er sich nicht *sicher* fühlte, wenn sie weg war. Ihre Gegenwart gab ihm aus irgendeinem Grund das Gefühl der Sicherheit und der Freiheit, all das zu tun, womit er sich beschäftigte. Er hielt sich viel im Bergwerk auf und schlug sich mit den fast hoffnungslosen Problemen herum, seine Kohle auf die ökonomischste Art zu fördern und sie dann zu verkaufen. Er wußte, er müßte eine Möglichkeit finden, sie zu *verwenden* oder sie umzuwandeln, damit er sie nicht zu verkaufen brauchte oder den Verdruß hätte, sie nicht loszuwerden. Aber wenn er sie in elektrische Kraft umwandelte – könnte er die verkaufen oder selber verwenden? Und sie in Öl umzuwandeln war bis jetzt noch zu teuer und zu umständlich. Um die Industrie am Leben zu halten, mußte man mehr Industrien errichten – welch ein Wahnsinn!

Es war Wahnsinn, und es bedurfte eines Wahnsinnigen, Erfolg darin zu haben. Nun, er war ein wenig wahnsinnig. Connie kam es so vor. Seine Intensität und sein Scharfsinn bei allen Bergwerksfragen – gerade das schien ihr wie eine Manifestation des Wahnsinns, seine Inspirationen waren die Inspirationen der Schizophrenie.

Er sprach zu ihr über all seine ernsten Pläne, und sie hörte ihm staunend zu und ließ ihn reden. Dann versiegte sein Redestrom, und er schaltete das Radio ein und wurde leer, und dabei spulten sich seine Pläne sichtlich weiter in ihm ab, wie ein Traum.

Und jede Nacht jetzt spielte er *Vingt-et-un* mit Mrs. Bolton – das Spiel der Tommies – und es ging um Sixpence-Stücke. Und auch hier, beim Spiel um Geld, war er in einer Art Unbewußtheit verloren, einem leeren Rausch oder in einem Rausch der Leere – wie immer man es sehen mochte. Connie konnte es nicht ertragen, ihn so zu sehen. Aber wenn sie schlafen gegangen war, spielten er und Mrs. Bolton weiter bis zwei oder drei in der Frühe, ungestört und mit einer sonderbaren Lust. Mrs. Bolton war von dieser Lust ebenso gepackt wie Clifford: um so mehr, als sie fast immer verlor.

Eines Tages sagte sie zu Connie: »Ich habe letzte Nacht 23 Shilling an Sir Clifford verloren.«

»Und er hat das Geld von Ihnen *genommen*?« fragte Connie entsetzt.

»Ja, natürlich, Mylady! Ehrenschulden!«

Connie machte ihnen unumwunden strenge Vorhaltungen und schalt mit beiden. Das Ergebnis war, daß Sir Clifford Mrs. Boltons Gehalt um 100 Pfund im Jahr erhöhte, und diese Summe konnte sie dann verspielen. Und unterdessen schien es Connie, als sterbe Clifford immer mehr ab.

Schließlich teilte sie ihm mit, daß sie am siebzehnten abfahren würde.

»Am siebzehnten!« sagte er. »Und wann kommst du wieder?«
»Spätestens um den 20. Juli.«
»Ja, am 20. Juli.«
Fremd und leer sah er sie an, mit der Unbestimmtheit eines Kindes und zugleich mit der sonderbaren, leeren Verschlagenheit eines alten Mannes.
»Du läßt mich nicht im Stich, nicht wahr?« fragte er.
»Wieso?«
»Wenn du weg bist. Ich meine, du bist doch sicher, daß du wiederkommst?«
»Ich bin so sicher, wie ich nur sein kann, daß ich wiederkomme.«
»Ja, gut. Also, am 20. Juli.«
Aber er wollte wirklich, daß sie ginge. Das war das Merkwürdige. Er wollte ganz entschieden, daß sie ginge, daß sie ihre kleinen Aventüren hätte und vielleicht schwanger würde und so fort. Und zugleich hatte er Angst vor ihrer Reise.
Sie zitterte vor Ungeduld und wartete auf die Gelegenheit, da sie ihn endgültig verlassen könnte, wartete auf den Zeitpunkt, da sie und er reif sein würden dafür.
Sie saß mit dem Heger zusammen und sprach mit ihm über ihre Reise ins Ausland.
»Und wenn ich zurückkomme«, sagte sie, »kann ich Clifford sagen, daß ich ihn verlassen muß. Und du und ich, wir können weggehen. Es braucht nicht einmal jemand zu wissen, daß du es bist. Wir können in ein anderes Land gehen. Wollen wir? Nach Afrika oder Australien. Wollen wir?«
Sie war ganz erregt von ihrem Plan.
»Du bist noch nie in den Kolonien gewesen, nicht?« fragte er.
»Nein. Du?«
»Ich bin in Indien gewesen, in Südafrika und in Ägypten.«
»Warum gehen wir nicht nach Südafrika?«
»Das könnten wir«, erwiderte er langsam.
»Oder willst du nicht?« fragte sie.

»Es ist mir egal. Es ist mir ziemlich egal, was ich tue.«

»Macht es dich nicht glücklich? Warum nicht? Wir werden nicht arm sein. Ich habe ungefähr sechshundert im Jahr. Ich habe mich in einem Brief danach erkundigt. Es ist nicht viel, aber es ist genug, findest du nicht?«

»Für mich ist das Reichtum.«

»Oh, wie herrlich es sein wird!«

»Aber ich müßte mich scheiden lassen, und du müßtest das auch, wenn wir keine Komplikationen haben wollen.«

Es gab so viel zu bedenken.

Eines anderen Tages fragte sie ihn nach ihm selbst. Sie waren in der Hütte, und draußen tobte ein Gewitter.

»Und warst du glücklich, als du Offizier warst und ein Gentleman?«

»Glücklich? Ja, schon. Ich habe meinen Obersten gemocht.«

»Hast du ihn geliebt?«

»Ja, ich habe ihn geliebt.«

»Und er hat dich geliebt?«

»Ja. In einer Weise.«

»Erzähl mir von ihm.«

»Was ist da zu erzählen? Er war vom einfachen Soldaten avanciert. Er liebte das Militär. Und er hatte nie geheiratet. Er war zwanzig Jahre älter als ich, war ein gescheiter Mann und ganz allein beim Militär, wie so jemand eben ist; ein leidenschaftlicher Mann in gewisser Weise und ein prima Offizier. Ich stand ganz unter seinem Einfluß, solange ich mit ihm zusammen war. Er hat so ziemlich mein Leben gelenkt. Und ich hab das niemals bereut.«

»Und es hat dich sehr getroffen, als er starb?«

»Ich war dem Tod genauso nah. Aber als ich das kapierte, wußte ich, daß wieder ein Teil von mir erledigt war. Na – schließlich hatte ich immer gewußt, daß es mit dem Tod aufhört. Das ist mit allem so.«

Sie saß da und dachte nach. Draußen krachte der Donner.

Es war, als säßen sie in einer kleinen Arche mitten in der Sintflut.
»Du scheinst viel *hinter* dir zu haben«, sagte sie.
»Meinst du? Mir kommt es vor, als wäre ich schon ein paarmal gestorben. Trotzdem sitze ich jetzt hier und mache weiter und halse mir wieder Scherereien auf.«
Sie dachte angestrengt nach und lauschte gleichzeitig auf den Sturm.
»Und warst du glücklich als Offizier und Gentleman, als dein Oberst tot war?«
»Nein! Es war eine rüde Gesellschaft.« Er lachte plötzlich. »Der Oberst sagte immer: ›Junge, die englischen Mittelklassen müssen jeden Happen dreißigmal kauen, weil ihre Gedärme so eng sind: 'n Stück so groß wie 'ne Erbse würde ihnen schon Verstopfung bereiten. 'ne filzige Bande aufgeplusterter Hühner: eingebildet bis dorthinaus und etepetete bis auf die Schnürsenkel, multschig wie abgehangenes Wildfleisch und immer im Recht. Das macht mich fertig. Buckeln, immer nur Buckeln und Arschlecken, bis die Zungen ganz rauh sind: aber sie sind immer im Recht. Und dazu noch eingebildete Laffen. Laffen! Eine Generation von gezierten Laffen mit je 'nem halben Ei‹ –«
Connie lachte. Der Regen rauschte herab.
»Er hat sie gehaßt.«
»Nein«, sagte der Mann, »er kümmerte sich nicht um sie. Er mochte sie einfach nicht. Das ist ein Unterschied. Weil die Tommies genauso läppisch und eingebildet werden, sagte er, und nur noch 'n halbes Ei haben und enge Därme. Das ist nun mal Schicksal der Menschheit.«
»Die einfachen Leute auch? Die Arbeiter?«
»Die gesamte Bagage. Ihr Mumm ist hin. Autos und Kintopp und Flugzeuge, dafür lassen sie sich aussaugen. Ich sage dir, jede Generation züchtet 'ne noch karnickelhaftere Generation, mit Gummischläuchen statt Gedärmen und Blechbeinen und Blechgesichtern. Blechmenschen! 'ne Art sturer Bolschewis-

mus das Ganze, tötet alles Menschliche einfach ab, himmelt alles Mechanische an. Geld, Geld, Geld! Die ganze Gesellschaft heutzutage ist nur drauf aus, die alten menschlichen Gefühle abzuwürgen und dem alten Adam und der alten Eva den Garaus zu machen. Sie sind alle gleich. Die ganze Welt ist so: abschaffen, was wirklich ist am Menschen! ein Pfund für jede Vorhaut! zwei Pfund für jedes Paar Hoden! Was ist Beischlaf schon anderes als Maschinenfickerei! – ist überall dasselbe. Zahl ihnen Geld, und sie schneiden der Welt 'n Schwanz ab. Zahl ihnen Geld, Geld, Geld, und alles Blut wird aus den Menschen gepreßt, und lauter alberne kleine Maschinen bleiben übrig.«

Er saß da in der Hütte, das Gesicht in höhnischer Ironie verzogen. Doch sogar jetzt noch horchte er mit einem Ohr auf den Sturm überm Wald. Er gab ihm so ein Gefühl des Alleinseins.

»Aber wird es nie zu einem Ende kommen?« fragte sie.

»Doch, es wird. Wird sich schon selbst erlösen. Wenn der letzte wirkliche Mensch umgebracht ist und sie *alle* zahm sind: Weiße, Schwarze, Gelbe – wenn *alle* Farben zahm sind: dann sind sie *alle* schizophren. Was normal ist, das wurzelt nämlich in den Hoden. Dann sind sie alle verrückt und veranstalten das große Autodafé. Du weißt doch, Autodafé heißt ›Akt des Glaubens‹. Also, dann veranstalten sie ihren eigenen großen kleinen Akt des Glaubens. Sie bringen sich gegenseitig zum Opfer.«

»Du meinst, sie bringen sich gegenseitig um?«

»So ist es, mein Herz. Wenn wir so weitermachen mit unserm Tempo, dann gibt's in hundert Jahren keine zehntausend Menschen auf dieser Insel mehr, vielleicht keine zehn. Haben sich gegenseitig liebevoll aus dem Weg geräumt.« Der Donner rollte weiter weg.

»Wie nett!« sagte sie.

»Ja, ganz nett! Dran zu denken, wie die menschliche Spezies sich selbst ausrottet und dann die lange Pause, bevor eine neue Spezies den Kopf rausstreckt – das beruhigt einen mehr als alles andere. Und wenn wir so weitermachen – alle, Intellektuelle,

Künstler, die Regierung, die Industrien, die Arbeiter –, wenn alle sich den letzten Rest Gefühl ausreißen, den letzten Rest Intuition, den letzten gesunden Instinkt: wenn es immer so weitergeht in einer algebraischen Reihe, so wie jetzt: dann fahr wohl, menschliche Spezies! Leb wohl, mein Herz! Die Schlange verschlingt sich selbst und zurück bleibt Leere, 'n bißchen beschissen, aber nicht hoffnungslos. Nett, was? Wenn wilde Hunde um Wragby heulen und wilde Grubenpferdchen auf den Tevershaller Kohlenhalden wiehern! *Te deum laudamus!*«
Connie lachte, aber nicht sehr fröhlich.
»Dann solltest du dich doch freuen, daß sie alle Bolschewisten sind«, sagte sie. »Du solltest froh sein, daß sie dem Ende zueilen.«
»Das bin ich auch. Ich halte sie nicht auf. Weil ich's nicht könnte, auch wenn ich wollte.«
»Warum bist du dann so verbittert?«
»Das bin ich gar nicht. Wann mein Hahn zum letztenmal kräht, ist mir egal.«
»Aber wenn du ein Kind hättest?« fragte sie.
Er ließ den Kopf sinken.
»Ach, weißt du«, sagte er endlich, »ist es nicht bitteres Unrecht, ein Kind in diese Welt zu setzen?«
»Nein! Sag das nicht! Sag das nicht!« flehte sie. »Ich glaube, ich bekomme eines. Sag, daß du dich freust!« Sie legte ihre Hand auf die seine.
»Ich freue mich, weil du dich freust«, sagte er, »aber mir kommt es wie ein gemeiner Verrat an dem Ungeborenen vor.«
»Ah, nein!« sagte sie entsetzt. »Dann kannst du mich nicht wirklich wollen! Du *kannst* mich nicht wirklich wollen, wenn du das denkst!«
Wieder schwieg er, sein Gesicht war verdrossen. Draußen war nur das Dreschen des Regens.
»Es ist nicht wahr!« flüsterte sie. »Es ist nicht wahr! Es gibt noch eine andere Wahrheit!« Sie fühlte jetzt, er war verbittert – nicht

zuletzt, weil sie ihn allein ließ, weil sie vorsätzlich fortging, nach Venedig. Und das freute sie fast.
Sie riß seine Kleider auf und legte seinen Bauch bloß und küßte seinen Nabel. Dann legte sie ihre Wangen an seinen Bauch und schlang den Arm um seine warmen, stillen Hüften. Sie waren allein in der Flut.
»Sag mir, daß du ein Kind willst, daß du darauf hoffst!« murmelte sie und preßte ihr Gesicht gegen seinen Bauch. »Sag mir, daß du es willst!«
»Weißt du«, sagte er endlich, und sie fühlte den seltsamen Schauer wechselnder Bewußtheit und Entspannung durch seinen Körper rinnen. »Manchmal sag ich mir: wenn man es nur versucht, hier, unter den Kumpels zum Beispiel. Sie arbeiten miserabel und verdienen einen Dreck. Wenn denen nur einer sagte: Denkt doch nicht immer bloß ans Geld! Wenn's drauf hinaus soll, wieviel einer *braucht*, braucht einer verflucht wenig. Lebt doch nicht immer nur fürs Geld, möchte ich denen sagen.«
Sie rieb sanft ihre Wange an seinem Bauch und nahm seine Hoden in die Hand. Der Penis rührte sich sacht in seltsamem Leben, aber er erhob sich nicht. Draußen schlug prasselnd der Regen nieder.
»Lebt einmal für was anderes, möchte ich denen sagen! Lebt einmal nicht nur, um Geld zu machen – nicht für euch selber und nicht für wen andern. Jetzt müssen wir es noch. Wir müssen einen Haufen für uns selber machen und einen noch größeren Haufen für die Bosse. Macht Schluß damit! Was brauchen wir uns abzurackern. Macht Schluß! Nach und nach Schluß mit dem Sauleben und der Sauindustrie. Umkehren. Schon das kleinste bißchen Geld reicht aus. Für alle. Für dich und für mich und für die Bosse und alle feinen Herren und für Seine Majestät den König obendrein – es reicht für alle. Nur wollen müßt ihr's. Dann seid ihr aus dem Dreck!« Er hielt inne und fuhr dann fort:
»Ich würde ihnen sagen: Schaut her! Schaut euch den an, den

Joe! Wie lustig der sich bewegt! Schaut, wie er sich bewegt – lebendig und aufgeweckt! Er ist schön! Und dann schaut euch den Jonah an! Er ist plump, er ist häßlich, weil er nie den Willen hat, sich aufzurappeln. Ich würde ihnen sagen: Schaut euch selber an! Die eine Schulter schief, die Beine krumm, die Füße wie zwei Klumpen. Was habt ihr aus euch gemacht, ihr mit eurer beschissenen Arbeit? Kaputtgemacht habt ihr euch! Ihr habt's doch gar nicht nötig, so zu schuften. Zieht euch aus und schaut euch an! Ihr solltet lebendig sein und schön, statt dessen seid ihr garstig und halbkrepiert, würde ich ihnen sagen. Und ich würde die Burschen dazu kriegen, daß sie andere Kleider tragen: vielleicht enge rote Hosen, knallrote, und eine kurze weiße Jacke. Verlaß dich drauf: Wenn die Männer stramme rote Haxen hätten – schon das allein würde ganz andere Kerle aus ihnen machen. Das dauert keinen Monat. Verlaß dich drauf, verlaß dich drauf! Sie würden dann wieder anfangen, Männer zu werden, Männer, Männer! Und die Weiber könnten sich anziehen wie sie wollen. Wenn die Männer mit ihren knallroten, engen Hosen rumliefen und einem festen Hintern, der rot unter der kurzen weißen Jacke sitzt, dann würden die Weiber wieder Weiber werden. Weil nämlich die Männer keine Männer sind, deshalb müssen die Weiber welche sein. – Und dann würde ich Tevershall abreißen und ein paar nette Häuser bauen, in denen wir alle Platz hätten. Und das Land wieder aufräumen. Und nicht viele Kinder haben, weil die Welt sowieso schon überfüllt ist. Aber ich würde den Leuten keine Predigten halten. Ich würde sie nur ausziehen und sagen: – Schaut euch an! So ist das, wenn man für Geld arbeitet! – Hört euch mal selber an! So ist das, wenn man für Geld arbeitet. Schaut euch Tevershall an! Es ist scheußlich. Es ist so scheußlich, weil es gebaut worden ist, als ihr für Geld gearbeitet habt. Schaut eure Mädchen an! Sie kümmern sich nicht um euch, und ihr kümmert euch nicht um sie. Weil ihr eure Zeit damit vertut, fürs Geld zu arbeiten und euch nur darum kümmert. Ihr könnt nicht richtig sprechen und euch

nicht bewegen und nicht leben, ihr könnt nicht mal richtig mit einer Frau zusammen sein. Ihr seid nicht lebendig. Schaut euch mal an!«
Er schwieg, und es wurde sehr still.
Connie hatte nur halb hingehört; sie war dabei, in das Haar an der Wurzel seines Leibes ein paar Vergißmeinnicht zu flechten, die sie auf dem Weg zur Hütte gepflückt hatte. Draußen war die Welt still geworden, still in einem leichten Frost.
»Du hast viererlei Haar«, sagte sie. »Auf deiner Brust ist es beinah schwarz, dabei ist es auf deinem Kopf nicht einmal dunkel; und dein Bart ist borstig und brandrot, und dein Haar hier, dein Liebeshaar, ist wie ein kleiner leuchtend rotgoldener Mistelstrauch. Es ist das schönste von allen.«
Er sah an sich nieder zu den milchigen Punkten der Vergißmeinnicht im Haar an seiner Leiste.
»Ja, da gehören Vergißmeinnicht hin: Ins Mannshaar und ins Jungfernhaar. Aber denkst du denn nicht an die Zukunft?«
Sie sah zu ihm auf.
»Doch, sehr sogar«, sagte sie.
»Wenn ich nämlich daran denke, daß die Welt der Menschen zum Untergehen verdammt ist, sich selbst dazu verdammt hat, durch ihre eigene niedrige Gemeinheit, dann kommen mir die Kolonien gar nicht weit weg genug vor. Nicht einmal der Mond ist weit genug, weil man sogar von ihm zurückschauen und die Erde sehen könnte – den schmutzigsten, gemeinsten, widerlichsten unter allen Sternen: verdorben von den Menschen. Dann schmecke ich Galle, und sie zerfrißt mir die Eingeweide; nichts ist weit genug, um sich dahin zu flüchten. Aber dann vergesse ich alles wieder, wie das Wetter umschlägt. Aber es ist eine Schande, was in den letzten hundert Jahren mit den Menschen passiert ist: Die Männer sind Arbeitsinsekten geworden, sonst nichts, und ihre ganze Mannheit ist ihnen gestohlen und ihr ganzes wahres Leben. Ich möchte die Maschinen von der Erde wegwischen und das ganze industrielle Zeitalter ausradieren,

wie einen schlimmen Fehler. Aber weil ich das nicht kann und niemand es kann, halte ich besser meinen Mund und versuche, mein eigenes Leben zu leben, wenn ich überhaupt eins zu leben habe, was ich noch sehr bezweifle.«

Der Donner draußen hatte aufgehört, der Regen, der leiser geworden war, strömte plötzlich wieder rauschend nieder, von verblassenden Blitzen durchzuckt und vom abziehenden Unwetter leise durchgrollt. Connie war beklommen. Er hatte lange gesprochen, eigentlich mehr zu sich selber als zu ihr. Die Verzweiflung schien jetzt endgültig über ihm zusammenzuschlagen, und sie fühlte sich doch so glücklich und haßte die Verzweiflung. Sie wußte: daß sie wegging von ihm, das war ihm eben erst klargeworden und das hatte ihn in diese Stimmung zurückgeworfen. Sie triumphierte ein wenig.

Sie öffnete die Tür und schaute in den schweren Regen hinaus, ein stählerner Vorhang, und es befiel sie das jähe Verlangen, hinauszustürzen in den Regen, fortzustürzen. Sie stand auf und streifte flink die Strümpfe ab, dann das Kleid und die Wäsche, und er hielt den Atem an. Ihre spitzen Tierbrüste wippten und schwangen, als sie sich bewegte. Sie war elfenbeinfarben im grünlichen Licht. Sie schlüpfte wieder in ihre Gummischuhe und rannte mit einem wilden, kurzen Lachen hinaus, hielt ihre Brüste dem schweren Regen entgegen und breitete die Arme aus, und lief, vom Schleier des Regens verhüllt, hinaus mit den eurhythmischen Tanzbewegungen, die sie vor langer Zeit in Dresden erlernt hatte. Es war eine seltsame, bleiche Gestalt, die sich da hob und senkte, unter dem Regen bog, daß er ihre Flanken gleißend peitschte, dann aufschwang und mit vorgerecktem Leib herankam, wieder sich neigte, so daß die Fülle ihrer Hüften und Lenden dem Mann sich darbot wie in einer Huldigung, einer wilden Willfährigkeit.

Er lachte rauh und warf seine Kleider ab. Es war zu viel. Er sprang hinaus, nackt, weiß und erschauernd, in den harten, schrägpeitschenden Regen. Mit kurzem, wildem Bellen jagte

Flossie vor ihm her. Connies Haar war naß und klebte an ihrem Kopf, sie wandte ihm ihr heißes Gesicht zu und sah ihn an. Ihre blauen Augen loderten vor Erregung, als sie umkehrte und, seltsam stürmisch, über die Lichtung davonrannte, in den Waldpfad hinein, wo die nassen Zweige sie peitschten. Sie rannte, und er sah nichts als den runden, nassen Kopf, den im Fliehen vorgebeugten, nassen Rücken, die runden, regenglänzenden Hinterbacken: eine wunderbare, geduckte weibliche Nacktheit auf der Flucht.

Sie war schon fast auf dem breiten Reitweg, als er sie einholte und seinen nackten Arm um ihre weiche, nacktnasse Mitte schlang. Sie schrie und bäumte sich auf, und die Fülle ihres weichen, durchkühlten Fleisches fiel gegen seinen Körper. Er preßte sie an sich, rasend, die Fülle des weichen, kühlen, weiblichen Fleisches, das unter der Berührung blutwarm erblühte wie eine Flamme. Der Regen strömte auf sie nieder, bis sie dampften. Er nahm in jede Hand eine ihrer schönen, schweren Hinterbacken und preßte sie in rasender Leidenschaft an sich, zu sich, bewegungslos, im Regen erschauernd. Dann warf er die Frau jäh hin und fiel über sie auf dem Pfad, in der rauschenden Stille des Regens, und nahm sie kurz und scharf – kurz und scharf und schnell gestillt, wie ein Tier.

Sofort stand er wieder auf und wischte sich den Regen aus den Augen.

»Komm ins Haus«, sagte er, und sie rannten zurück zur Hütte. Er lief schnell und geradewegs: Er mochte den Regen nicht. Sie aber kam langsam nach, pflückte Vergißmeinnicht und Feuernelken und Hyazinthen, rannte dann wieder ein paar Schritte und sah ihm nach, wie er vor ihr herlief.

Als sie außer Atem zur Hütte kam, mit ihren Blumen, hatte er schon ein Feuer entfacht, und die Zweige knisterten. Ihre spitzen Brüste hoben und senkten sich, ihr Haar war straff vom Regen, ihr Gesicht rot überhaucht, und ihr Körper glitzerte und tropfte. Weitäugig und atemlos, mit kleinem, nassem Kopf und

vollen, triefenden, blanken Hüften sah sie aus wie ein fremdes Wesen.
Er nahm das alte Leintuch und rieb sie ab, sie stand da wie ein Kind. Dann trocknete er sich selber ab und schloß die Hüttentür. Das Feuer loderte auf. Sie wuschelte den Kopf ins andere Ende des Tuchs und trocknete sich das Haar.
»Wir trocknen uns mit demselben Handtuch ab – das gibt Streit!« sagte er.
Sie sah einen Augenblick auf, unter wild zerzaustem Haar.
»Nein!« sagte sie mit groß geöffneten Augen. »Das ist kein Handtuch, das ist ein Leintuch.«
Und emsig trocknete sie weiter ihren Kopf, und er rieb den seinen.
Immer noch keuchend vor Anstrengung, jeder in eine Militärdecke gehüllt, doch die Vorderseite ihrer Körper offen dem Feuer zugekehrt, saßen sie Seite an Seite auf einem Holzblock vor den hellen Flammen, um wieder ruhig zu werden. Connie haßte das Kratzen der Decke auf der Haut. Aber das Leintuch war jetzt naß.
Sie ließ die Decke sinken und kniete auf den Lehmboden vorm Herd, hielt den Kopf dem Feuer hin und schüttelte das Haar, um es zu trocknen. Er schaute auf den schönen Schwung ihrer Flanken, der es ihm heute antat: Das üppige Gefälle zur schweren Rundung der Hinterbacken, zwischen denen, eingenistet in geheimnisvolle Wärme, die geheimen Öffnungen waren.
Er streichelte die schöne Wölbung mit seiner Hand, sacht und genießerisch ging er den Kurven und hemisphärischen Rundungen nach.
»Du hast so 'n schönen Hintern«, sagte er in der kehligen, zärtlichen Mundart. »Du hast den schönsten Arsch, den ich kenne. Ist überhaupt der schönste Weiberarsch, den's gibt. Und jeder Millimeter davon hat was von 'ner Frau – das ist so sicher wie nur was. Du bist nicht eines von diesen knopfärschigen

Mädchen, die lieber Jungs hätten werden sollen – du nicht! Du hast 'nen richtigen, weichen, runden Hintern – 'nen, bei dem es einem Mann durch und durch geht. Du hast einen Hintern, wie er die Welt zusammenhalten könnte, das steht fest.«
Und die ganze Zeit, während er redete, strich er ganz weich und zart über ihren runden Hintern, bis es war, als springe eine gleitende Flamme von ihm in seine Hände über. Und seine Fingerspitzen berührten wieder und wieder die beiden geheimen Öffnungen ihres Leibes mit einer sanften kleinen Bürste aus Feuer.
»Und wenn du scheißt und wenn du pißt, das gefällt mir. Ich mag keine Frau, die nicht scheißen und nicht pissen kann.«
Connie prustete los in einem kurzen, erstaunten Gelächter, sie konnte nicht dafür. Aber unbeirrt fuhr er fort:
»Du bist richtig, das bist du! Du bist richtig, hast sogar 'n bißchen was von einem Nuttchen. Hier scheißt du, und hier pißt du, und ich leg meine Hand auf beides und lieb dich dafür. Ich lieb dich dafür. Du hast einen anständigen Weiberarsch, und der ist stolz auf sich. Er geniert sich nicht, der nicht!«
Er legte seine Hand fest und eng über ihre geheimen Öffnungen, wie in einer nahen Begrüßung.
»Ich lieb ihn«, sagte er, »ich lieb ihn! Und wenn ich nur noch zehn Minuten zu leben hab und es weiß und deinen Arsch streicheln kann, würde ich denken, ich hab ein Leben gelebt, verstehst du das? Scheiß auf die Industrie! Dies hier ist mein Leben.«
Sie drehte sich um und kletterte auf seine Knie hinauf und hielt sich an ihm fest. »Küß mich«, flüsterte sie.
Und sie wußte, der Gedanke an ihre Trennung lauerte in ihrer beider Sinn, und schließlich wurde sie traurig.
Sie saß auf seinen Schenkeln, den Kopf an seine Brust geschmiegt und die elfenbeinschimmernden, von den Flammen überflackerten Beine baumelten herab. Er saß mit gesenktem Kopf und betrachtete die Falten ihres Körpers

im Feuerschein und das Vlies weichen braunen Haars, das zwischen ihren geöffneten Schenkeln zu einer Spitze auslief. Er griff auf den Tisch hinter sich und nahm ein Blumensträußchen, das noch so naß war, daß Regentropfen auf den Boden fielen.

»Blumen bleiben bei jedem Wetter draußen«, sagte er. »Sie haben keine Häuser.«

»Nicht mal eine Hütte«, murmelte sie.

Mit ruhigen Fingern flocht er ein paar Vergißmeinnichtblüten in das weiche braune Vlies auf ihrem Venusberg.

»Da!« sagte er. »Da gehören Vergißmeinnicht hin!«

Sie sah auf die milchigen, seltenen kleinen Blumen in dem braunen Haar hinab, dort unten an ihrem Leib.

»Sieht es nicht schön aus?« sagte sie.

»Schön wie das Leben«, erwiderte er.

Und er steckte eine rosa Feuernelke in das Haar.

»Da! Das bin ich, da vergißt du mich nicht! Das ist Moses in den Binsen.«

»Du nimmst es mir doch nicht übel, daß ich wegfahre?« fragte sie nachdenklich und sah in sein Gesicht hinauf.

Doch seine Miene war undurchdringlich unter den schweren Brauen. Nichts war zu lesen in seinem Gesicht.

»Tu, was du meinst«, sagte er.

Und er sprach die Worte ganz korrekt aus.

»Aber ich würde nicht fahren, wenn du es nicht willst«, sagte sie und klammerte sich an ihn.

Sie schwiegen. Er beugte sich vor und legte noch ein Scheit auf das Feuer. Die Flammen überglühten sein stilles, abwesendes Gesicht. Sie wartete, doch er sagte nichts.

»Ich dachte nur, es wäre eine gute Gelegenheit, den Bruch mit Clifford herbeizuführen. Ich möchte ein Kind haben. Und so würde doch die Möglichkeit bestehen, daß – « begann sie wieder. »– daß man den Leuten ein paar Lügen aufbinden könnte«, ergänzte er.

»Ja, unter anderem. Willst du denn, daß sie die Wahrheit denken?«

»Ist mir gleich, was sie denken.«

»Mir nicht! Ich will nicht, daß sie über mich herfallen mit ihren unangenehmen, kalten Gedanken. – Nicht, solange ich noch auf Wragby bin. Wenn ich endgültig weg bin, können sie denken, was sie wollen.«

Er schwieg.

Dann fragte er: »Aber Sir Clifford erwartet, daß du zu ihm zurückkommst?«

»Oh, ich muß zurückkommen«, sagte sie, und dann trat ein Schweigen ein.

»Und wolltest du in Wragby ein Kind zur Welt bringen?« fragte er.

Sie schlang die Arme um seinen Hals.

»Wenn du mich nicht wegnimmst von hier, wird mir nichts anderes übrigbleiben«, erwiderte sie.

»Dich wegnehmen? Wohin?«

»Irgendwohin. Nur weg. Nur weg von Wragby.«

»Wann?«

»Wann? Wenn ich wiederkomme!«

»Aber was für einen Sinn hat es, wiederzukommen und das Ganze zweimal zu unternehmen, wenn du doch schon mal weg bist?« fragte er.

»Oh, ich muß ganz einfach wiederkommen. Ich habe es versprochen. Ich habe es so fest versprochen. Und außerdem komme ich doch zu dir zurück!«

»Zum Waldheger deines Mannes?«

»Ich sehe nicht, was das soll«, sagte sie.

»Nein?« Er dachte eine Weile nach. »Und wann, denkst du, gehst du dann wieder weg – endgültig, meine ich? Wann genau?«

»Oh, ich weiß noch nicht. Erst mal komme ich von Venedig zurück. Und dann bereiten wir alles vor.«

»Wie vorbereiten?«

»Oh, ich sage es Clifford. Ich muß es ihm sagen.«
»Mußt du!«
Er schwieg. Sie schloß die Arme fest um seinen Hals.
»Mach es mir nicht schwer!« bat sie.
»Schwer? Was?«
»Nach Venedig zu fahren und alles einzurichten.«
Ein leises Lächeln, ein Grinsen fast, flackerte über sein Gesicht.
»Ich mache es dir nicht schwer«, sagte er. »Ich möchte nur herauskriegen, was du eigentlich willst. Aber du kennst dich ja noch nicht mal selber richtig. Du willst Zeit gewinnen: weggehen und die Sache aus der Entfernung betrachten. Ich mache dir keinen Vorwurf. Ich halte dich für ganz gescheit. Mag sein, daß du es vorziehst, weiter Herrin von Wragby zu spielen. Ich mache dir keinen Vorwurf daraus. Ich habe kein Wragby zu bieten. Du bist dir ja nun im klaren, was du bei mir zu erwarten hast. Nein, nein, ich finde durchaus, daß du recht hast! Wirklich! Und ich bin nicht scharf darauf, mich von dir abhängig zu machen, von dir zu leben. Das kommt noch dazu!«
Irgendwie hatte sie das Gefühl, daß er ihr Gleiches mit Gleichem vergalt.
»Aber du willst mich doch, nicht wahr?« fragte sie.
»Willst *du* mich?«
»Du weißt es doch. Da gibt's doch keinen Zweifel.«
»Keinen! Und *wann* willst du mich?«
»Du weißt doch, wir können das alles erst arrangieren, wenn ich wieder da bin. Jetzt hast du mich ganz außer Atem gebracht. Ich muß erst wieder ruhig werden und klar sehen.«
»Na, dann werde mal ruhig und sieh klar.«
Sie war ein bißchen gekränkt.
»Aber du hast doch Vertrauen zu mir, nicht wahr?« fragte sie.
»Oh, durchaus!«
Sie hörte den Spott in seinem Ton.
»Sag mir«, fragte sie dann geradezu, »hieltest du es für besser, wenn ich *nicht* nach Venedig führe?«

»Ich bin sicher, es ist besser, *daß* du nach Venedig fährst«, entgegnete er in dem kühlen, ein wenig spöttischen Ton.
»Du weißt, daß ich am nächsten Donnerstag fahre?« fragte sie.
»Ja.«
Sie wurde nachdenklich jetzt. Schließlich sagte sie:
»Und wir werden dann noch besser wissen, woran wir sind, wenn ich zurückkomme, nicht?«
»Oh, gewiß!«
Diese merkwürdige Kluft des Schweigens zwischen ihnen!
»Ich war beim Rechtsanwalt, wegen meiner Scheidung«, sagte er dann ein wenig gezwungen.
Sie schauderte.
»So, warst du!« sagte sie. »Und was hat er gesagt?«
»Er hat gesagt, ich hätte früher kommen sollen, das könnte es jetzt erschweren. Aber da ich beim Militär war, meint er, wird schon alles in Ordnung gehen. Wenn es nur nicht *sie* mir auf den Hals hetzt!«
»Muß sie es denn erfahren?«
»Ja. Sie bekommt eine Mitteilung, und der Mann, mit dem sie zusammen lebt, auch – als Ehebrecher.«
»Ist es nicht widerlich, dies ganze Theater? Ich fürchte, ich werde dasselbe mit Clifford über mich ergehen lassen müssen.«
Wieder schwiegen sie.
»Und natürlich«, sagte er dann, »muß ich die nächsten sechs, acht Monate ein mustergültiges Leben führen. Wenn du also nach Venedig fährst, komme ich wenigstens ein paar Wochen lang um die Versuchung herum.«
»Bin ich eine Versuchung?« sagte sie und streichelte sein Gesicht. »Ich bin so glücklich, daß ich eine Versuchung für dich bin! Laß uns jetzt nicht daran denken. Du ängstigst mich, wenn du zu denken anfängst – du machst mich ganz bedrückt. Laß uns nicht daran denken! Wir haben so viel Zeit zum Denken, wenn wir getrennt sind. Ach ja, das wollte ich ja noch sagen! Ich habe gedacht, ich *muß* noch einmal für eine Nacht zu dir kom-

men, bevor ich fahre. Ich muß noch einmal zu dir ins Haus kommen. Soll ich Donnerstag nacht kommen?«

»Ist da nicht deine Schwester da?«

»Ja. Aber sie sagte, wir würden zur Teezeit aufbrechen. Also könnten wir wirklich zur Teezeit abfahren. Aber sie könnte dann irgendwo anders schlafen, und ich könnte bei dir schlafen.«

»Aber sie müßte es dann wissen.«

»Oh, ich sage es ihr einfach. Mehr oder weniger habe ich es ihr schon gesagt. Ich muß sowieso alles mit Hilda besprechen. Sie ist eine große Hilfe – so vernünftig.«

Er überdachte ihren Plan.

»Also ihr wollt zur Teezeit in Wragby aufbrechen, als wenn ihr nur mal nach London führt? Welchen Weg wollt ihr fahren?«

»Über Nottingham nach Grantham.«

»Und dann soll deine Schwester dich irgendwo absetzen und du willst zu Fuß oder sonstwie hierher zurückkommen? Klingt mir reichlich gewagt.«

»Meinst du? Na, dann könnte Hilda mich zurückbringen. Sie könnte in Mansfield übernachten und mich am Abend hierher zurückbringen und mich am nächsten Morgen wieder abholen. Es ist ganz einfach.«

»Und die Leute, die dich sehen?«

»Ich setze mir eine Brille auf und nehme einen Schleier.«

Er überlegte eine Weile.

»Na schön«, sagte er. »Du sorgst für dein Vergnügen, wie üblich.«

»Aber würde es für dich denn kein Vergnügen sein?«

»Oh, doch! Das wäre schon ein Vergnügen«, sagte er ein wenig grimmig. »Warum soll ich nicht schmieden, solange das Eisen heiß ist?«

»Weißt du, was mir eingefallen ist«, sagte sie plötzlich – »eben gerade ist mir der Gedanke gekommen: du bist der Ritter vom feurigen Stößel.«

»So! Und du? Bist du die Freifrau vom rotglühenden Mörser?«

»Ja!« sagte sie. »Ja! Du bist Sir Stößel, und ich bin Lady Mörser.«
»Na schön, dann bin ich geadelt. John Thomas ist Sir John – Lady Jane ganz zu Diensten.«
»Ja. John Thomas ist geadelt! Ich bin Mylady Jungfernhaar, und du mußt auch Blumen haben. Doch, doch!«
Sie steckte zwei rosa Feuernelken in den Busch rotgoldener Haare über seinem Penis.
»Da!« sagte sie. »Charmant! Wirklich charmant: Sir John!«
Und sie schob ein paar Vergißmeinnichtstengel in das dunkle Haar auf seiner Brust.
»Und du wirst mich *da* nicht vergessen, hörst du?« Sie küßte ihn auf die Brust und nistete ins Brusthaar über jeder Warze einen Stengel Vergißmeinnicht ein und küßte ihn wieder.
»Mach nur einen Kalender aus mir!« sagte er. Er lachte und die Blumen wurden von seiner Brust geschüttelt.
»Warte eine Sekunde«, sagte er.
Er stand auf und öffnete die Hüttentür. Flossie, die unter dem Vordach lag, stellte sich auf und sah ihn an.
»Ich bin's nur«, sagte er.
Der Regen hatte aufgehört. Nasse, duftschwere Stille hatte sich ausgebreitet. Der Abend war nah.
Er ging hinaus, den engen Pfad hinunter, der in eine dem breiten Reitweg entgegengesetzte Richtung führte. Connie sah seiner schmalen weißen Gestalt nach, und ihr war, als sei er ein Geist, eine Erscheinung, die sich von ihr fortbewegte.
Als sie ihn nicht mehr sehen konnte, wurde sie traurig. Sie stand unter der Hüttentür, in eine Decke gewickelt, und sah in die feuchtschwere, reglose Stille hinaus.
Doch er kam zurück, mit seltsam schwerem Schritt, und brachte Blumen. Sie fürchtete sich ein wenig vor ihm, fast als sei er kein menschliches Wesen. Und als er näher kam, sahen seine Augen in die ihren, doch sie konnte ihren Ausdruck nicht deuten.
Er hatte Akeleien mitgebracht und Feuernelken und Waldmeister und junge Eichenschößlinge und Geißblatt in kleinen Knos-

pen. Er wand flaumige junge Eichentriebe um ihre Brüste und steckte Hyazinthensträußchen und Feuernelken dazwischen; und in ihren Nabel tauchte er eine rosa Nelkenblüte, und in ihrem Jungfernhaar waren Vergißmeinnicht und Waldmeister.
»Das bist du in deiner ganzen Pracht!« sagte er. »Lady Jane auf ihrer Hochzeit mit John Thomas.«
Und er steckte Blumen ins Haar seines eigenen Körpers und umwand seinen Penis mit einem kleinen Schlinggewächs und steckte eine einzelne Hyazinthenglocke in seinen Nabel. Belustigt betrachtete sie ihn in seiner seltsamen Versunkenheit. Und sie schob eine Feuernelke in seinen Bart, und da blieb sie hängen und baumelte unter seiner Nase.
»Das ist John Thomas bei der Hochzeit mit Lady Jane«, sagte er. »Und wir müssen Constance und Oliver ihrer Wege gehen lassen. Vielleicht –«
Er breitete seine Hände in einer Geste aus, und dann nieste er, nieste die Blumen von seiner Nase und von seinem Nabel weg, nieste noch einmal.
»Vielleicht was? Sag zu Ende, was du sagen wolltest«, drang sie in ihn.
»Hm, was *wollte* ich denn nur sagen?«
Er hatte es vergessen. Und es war eine der Enttäuschungen ihres Lebens, daß er nie zu Ende sprach.
Ein gelber Sonnenstrahl strich über die Bäume hin.
»Die Sonne!« sagte er. »Und Zeit, daß du gehst. Zeit, Euer Gnaden, Zeit! Was fliegt ohne Flügel, Euer Gnaden? Die Zeit! Die Zeit!«
Er langte nach seinem Hemd.
»Sag gute Nacht zu John Thomas«, sagte er und sah zu seinem Penis hinunter. »Er ist sicher in den Fängen des Schlingkrauts! Hat nicht viel von einem feurigen Stößel jetzt.«
Und er zog sein Flanellhemd über den Kopf.
»Der gefährlichste Augenblick eines Mannes«, sagte er, als sein Kopf wieder hervorkam, »ist, wenn er sein Hemd anzieht. Er

steckt dann den Kopf in einen Sack. Darum sind mir die amerikanischen Hemden lieber, die man wie eine Jacke anzieht.« Sie stand noch immer da und sah ihm zu. Er stieg in seine kurze Unterhose und knöpfte sie zu.
»Sieh dir Jane an!« sagte er. »In all ihrer Blütenpracht! Wer wird dir nächstes Jahr Blüten aufsetzen, Jinny? Ich oder jemand anders? ›So leb denn wohl, du Blume, leb wohl, leb wohl, leb wohl‹ – ich hasse dies Lied, es ist aus den ersten Kriegstagen.« Er setzte sich und zog seine Strümpfe an. Noch immer stand sie regungslos. Er legte seine Hand auf ihre runden Hüften. »Hübsche kleine Lady Jane!« sagte er. »Vielleicht wirst du in Venedig einen Mann finden, der dir Jasmin ins Haar da unten flicht und deinen Nabel mit einer Granatblüte schmückt. Arme kleine Lady Jane!«
»Sag so etwas nicht!« rief sie. »Du sagst das nur, um mich zu verletzen.«
Er ließ den Kopf sinken. Dann sagte er in seinem Dialekt:
»Vielleicht hast du ja recht. Vielleicht. Na schön, ich sag nichts mehr – Schluß, aus. Aber du mußt dich anziehen und zurückgehen zu deinen stolzen Burgen Englands, wie herrlich stehn sie da! Die Zeit ist um. Die Zeit ist um für Sir John und die kleine Lady Jane! Zieh dein Hemd an, Lady Chatterley! Kannst ja jede sein, so wie du jetzt dastehst – noch nicht mal ein Hemd an, nur die lumpigen Blumen. Na komm, ich werd dich ausziehn, du kurzschwänzige Drossel.« Und er nahm die Blätter aus ihrem Haar und küßte ihr feuchtes Haar, und er pflückte die Blumen von ihren Brüsten und küßte ihre Brüste und küßte ihren Nabel und küßte ihr Jungfernhaar, dem er seine Blüten ließ. »Die müssen dableiben, solange sie wollen«, sagte er. »So! Nun bist du wieder nackt, nichts als ein nacktärschiges Mädchen mit'm bißchen Lady Jane. Zieh dein Hemd jetzt an, du mußt gehen, sonst kommt Lady Chatterley zu spät zum Abendbrot, und wo bist du gewesen, meine schöne Maid!«
Sie wußte nie, wie sie antworten sollte, wenn er in der Stimmung

war, Dialekt zu sprechen. So zog sie sich einfach an und machte sich bereit, heimzugehen nach Wragby. Sie schämte sich. Oder so kam es ihr jedenfalls vor: ein beschämender Heimweg.

Er begleitete sie bis zum Reitweg. Seine jungen Fasanen waren alle sicher unter dem Schutzdach.

Als sie beide auf den breiten Weg hinaustraten, stolperte ihnen Mrs. Bolton bleich entgegen.

»Oh, Mylady, wir dachten schon, es sei was passiert!«

»Nichts! Nichts ist passiert.«

Mrs. Bolton sah ins Gesicht des Mannes, das geglättet und frisch war von der Liebe. Sie begegnete seinen halb lachenden, halb spottenden Augen. Er lachte immer, wenn es ein Mißgeschick gab. Doch er sah sie freundlich an.

»N'abend, Mrs. Bolton! Ihre Gnaden sind ja jetzt gut aufgehoben, da kann ich mich verabschieden. Gute Nacht, Euer Gnaden! Gute Nacht, Mrs. Bolton!«

Er grüßte, wandte sich um und ging.

von Lie[illegible]

[illegible]

Er begleitet [illegible] Mozart [illegible]

[illegible]

[illegible] Mozart [illegible]

[illegible]

Benoîte Groult

Im Lift wird Gauvain endlich ordinär. Das Gesicht bleibt ausdruckslos, aber den gewölbten Teil seiner Hose preßt er gegen Georges Hüfte. Sie streicht mit der Hand darüber, und wie aus Versehen eckt sie an der Stelle an, die vortritt. »Guten Tag«, sagt der Schwanz. »Schön, Ihnen zu begegnen«, antwortet die Hand. Ihre Körper konnten schon immer miteinander reden. Warum haben sie sich nicht gleich daran erinnert? Die beiden anderen Paare im Aufzug haben nichts bemerkt. Man schwebt seiner Zelle zu, begleitet von klebriger Musik, der Ekstase entgegen, die das Plakat an der Kabinenwand zwischen den Zeilen verheißt: »Dolce Farniente in der betörenden, duftgeschwängerten Luft einer tropischen Insel ... Das wilde, freie Leben, mit dem Komfort, den Sie sich wünschen.«

Beide lehnen sie sich an die Brüstung ihrer betörenden, duftgeschwängerten Terrasse und gesellen sich somit zu den zwölfhundert Paar wilden, freien Augen, die auf den endlich menschenleeren Strand hinunterblicken; nur ein paar Schwarze in orangefarbenen Uniformen sammeln die Plastikverpackungen, die leeren Bierflaschen und Sonnencremetuben ein. Jeder genießt seine Portion wildes, freies Glück.

George hat nicht gewußt, wie kommerzialisiert Urlaub sein kann, und sie ahnt, daß sie eine perverse Freude daraus schöpfen wird. Sie beginnt auch schon, die vulgären Reize des Gebotenen auszukosten, und zustatten kommt ihr dabei die Erinnerung an all die von Sydney organisierten Kulturreisen, in Bussen mit zweifelhaftem Komfort, jene Entdeckung des Berri mit der »Gesellschaft der Freunde von George Sand« oder die der Schätze von Brügge unter der Obhut von Mademoiselle Pannesson, die die vom Louvre veranstalteten Kulturausflüge begleitet, Abfahrt Place de la Concorde jeden Sonntagmorgen um sechs. Nichts wird ihr die Freude vermiesen, die sie in sich aufsteigen spürt, denn alles ist auf lächerliche Weise dazu angetan, sie zu fördern. Wo doch im wahren Leben alles so schwierig ist.

Kaum haben sie ihr Appartement betreten, da drückt Gauvain seine Lippen auf ihr Dekolleté. Sicherlich ist es die schwarze Spitze, die da funktioniert. Mit einem Finger gleitet er unter den Träger ihres Büstenhalters, eine tückische Manipulation, denn er kennt ihre Schwachstelle, aber sie hält sich zurück. Sich gleich auszuziehen hieße das Spiel verderben. Sie haben zehn Tage Zeit, um sich wie Tiere zu benehmen, und schließlich warten sie ja erst drei Jahre aufeinander! Heute abend, so hat George heimlich beschlossen, werden sie Belami und die Lilie im Tal spielen.

»Was darf ich Ihnen anbieten?« fragt sie.

»Sich selbst ... als Knabbermischung.«

Nein, schreit die Anstandsdame auf, *das darf nicht wahr sein. Eine Replik wie diese würde nicht einmal in einer billigen Boulevardkomödie durchgehen. – Deshalb liebe ich ihn aber,* sagt George. *So kann ich mit den andern nicht spielen. Also rutsch mir den Buckel runter, ja? – Und dieser Living-room hier,* insistiert die Anstandsdame, *hast du es nicht bemerkt? Eine Hollywood-Dekoration für drittklassige Filme. Verführungsszene. Es treten auf: ein Kuhhirte und eine Schloßherrin. – Hier könntest du wenigstens Cowboy sagen,* unterbricht sie George. *Wo ist da der Unterschied?* antwortet die Anstandsdame. *Die Szene ist sowieso schon abgedreht, wenn ich meinen Augen trauen soll: Dein Kuhhirte hat einen Ständer wie ein brünstiger Esel! Vielleicht sollte ich hier lieber wie ein Neger sagen, wie? In weniger als fünf Minuten bist du aufgespießt, meine Liebe.*

»Bei diesem Wetter setzt man keinen Busen vor die Bluse«, versucht sich George in Wortspielen, ungerührt von den sarkastischen Bemerkungen der Anstandsdame, während Lozerech mit der einen Hand ihr magnetisches Zentrum durch den dünnen Stoff hindurch berührt und mit der anderen bestrebt ist, ihren Büstenhalter zu öffnen.
»Warum trägst du überhaupt einen, bei deinem Busen?«
»Damit's länger dauert«, flüstert sie.
Sie hat den roten Lampion auf ihrer Terrasse ausgemacht und die Jeans dieses Typen da, den sie im Flugzeug kennengelernt hat, geöffnet. Er hat so schöne Schenkel, daß er nicht lächerlich wirkt mit seinen Hosen auf den Knöcheln. Seit er im Südatlantik arbeitet, ist sein Oberkörper braungebrannt. Ja, und diese Zonen mit Kinderhaut zwischen den Pelzflächen ... Keine Rede kann mehr sein von irgendeiner Lilie in irgendeinem Tal, nur die Seeanemone bewegt sich noch mit der Welle. Zeig mir, wie du Liebe machst, schöner Fremder, ich habe dich schon so lange vergessen. *Jawohl, Anstandsdame, er wird es mir hineinstecken, dieses komische hellbraune Ding mit einem Helm vorne drauf, und stell dir vor, in dieser Minute gibt es für mich nichts Schöneres auf der Welt, als mich für diesen Mann zu öffnen, und wenn er tief in mir drin ist, mich über ihm zu schließen. Vögle mit mir in den Morgen, vögle mit mir in das Glück!*
Sie haben sich noch immer nicht geküßt, aber ihre Augen können sich nicht mehr vom Mund des anderen lösen. Auch ihre Hände können nicht mehr von der Haut des andern lassen, die sie so bedächtig streicheln, daß es fast schmerzhaft wird. Dann schleppen sie sich, ineinander verklammert, in das Schlafzimmer, wo George im Vorübergehen die ungesunde Klimaanlage abstellt. Zwei Bilder, die Negerinnen mit spitzen Brüsten vor Strohhütten und Ananassträuchern darstellen, hängen zu beiden Seiten des großen Bettes – die Benutzer sollen schließlich nicht vergessen, daß sie in den Tropen sind.
Gauvain schiebt George auf dieses Bett, aber noch hat er den

Mut, sie nicht mit seinem Körper zu bedecken. Er setzt sich neben sie, als wäre sie ein Instrument, das er nun spielen will. Sie findet ihn schön, wenn er sich auf die Liebe vorbereitet, und wenn sein intensiver Blick sich mit einem Schmerz verschleiert, der ihr nahegeht. Sie wartet. Nicht mehr lange jetzt. Sie sind in jene Zone vorgedrungen, die nur ihnen gehört und wo sie ihren Lebensalltag endgültig hinter sich lassen. Er neigt sein Gesicht zu ihr, und ohne sie mit seinen Händen zu berühren, beginnt er ihre Lippen zu küssen. Erstes intimes Erkunden, noch sind es nur die Zungen. Dann tastet sich die eine Hand zum Busen vor, während die andere sich nach dem Grad der Erwartung bei George erkundigt, und dies so vorsichtig, daß es gewaltiger ist als Gewalt. Aber sie werden es nicht lange aushalten, nur mit den ineinander verschmolzenen Lippen und mit seinen Fingern an der Innenseite ihrer Schenkel, dort an der Stelle, wo sie Mund werden, und mit ihren Händen, die sein Glied umfassen. Als beide es nicht mehr ertragen können, legt er sich ganz auf sie, spreizt ihr die Beine auseinander mit den seinen, gleich wird das Schiff die Hafeneinfahrt passieren, und mit einem unendlich langsamen Stoß kommt er ans Ziel. »Ein Zentimeter in der Sekunde«, wird sie erklären, falls Ellen wieder alles genau wissen will, und ihre spöttische Anmerkung kann sie sich vorstellen: »Nicht einmal ein Viertel Knoten! Du mußt doch zugeben, daß das für einen Seemann nicht gerade ...«
Als sanft auflaufende Brandung kommt der Orgasmus, sie können ihn kaum unterscheiden, so intensiv ist alles drum herum. Und er dauert lange, vielleicht überkommt er sie zweimal, wer weiß es schon. Sie jedenfalls wissen es nicht, denn sie regen sich nicht, um sich so lange wie möglich auf dem schäumenden Kamm dahintragen zu lassen.
»Ich bin glücklich, diesmal habe ich warten können«, flüstert Gauvain, ehe sie ineinander einschlafen, während draußen ein kurzer, heftiger Regenschauer die Luft abkühlt.
Am folgenden Tag sind ihre Augen blauer und ihre Kör-

per entspannter. Gauvains stetes Verlangen sorgt dafür, daß George zusehends schöner wird. Wie Alice im Wunderland ist sie auf die andere Seite des Lebens gelangt, dorthin, wo die von oben diktierten Gesetze keine Gültigkeit mehr haben. Für ihn fängt es von vorne an: Was er erlebt, ist die Verneinung all dessen, woran er glauben will, aber er gibt den Kampf dagegen auf. Noch bleiben ihnen neun Tage, um ihrer gegenseitigen Besessenheit zu frönen, und sie betrachten sich mit ungläubiger Dankbarkeit.
Wieder einmal fragt sich George, warum sie nicht zu weniger einfältigem Austausch übergehen. »Ach, ihr Armen, ihr seid ja gerade erst bei der Lektion eins des Vögelns angelangt!« würde Ellen sagen, wenn sie sie sähe. Wahrscheinlich leben sie nie lange genug zusammen. Jedesmal fangen sie von Null an mit der Liebe, und jedesmal, wenn sie sich an Verfeinerungen heranwagen könnten, ist die Frist vorbei. Mit Gauvain ist George eine heißhungrige Geliebte, die sich mit den elementarsten Liebkosungen zufriedengibt. Ihr gelüstet nach frischem Bauernbrot und starkem Wein. Zur Nouvelle cuisine wird sie später übergehen. War es denn das, was ihr Vater Nymphomanie nannte? Sie fand das Wort sehr schön, aber er sprach es nur mit einer Grimasse des Ekels aus. Sie besaß Nymphen, anatomisch gesprochen, aber nymphoman zeigte sich Gauvain. Und unschuldig, denn mit den Reizen der Intimität entdeckte er gleichzeitig auch die Furcht, das Perverse zu erfinden.
»Weißt du was, Karedig?« sagte er ihr eines Abends sehr zögernd. »Vielleicht werde ich dir jetzt merkwürdig vorkommen ... aber ich mag unseren Geruch nach der Liebe, seit du mir beigebracht hast, bei dir zu bleiben ...«
George unterdrückt ein Lächeln. Gerührt wie eine Vogelmutter, die ihrem Jungen das Fliegen beibringt, sieht sie ihn an. »Gut so, mein kleiner Kormoran, hab keine Angst, so soll es sein, mach nur weiter so ...«
Schon am zweiten Tag versuchen sie, dem von Coca-Cola- und

Hot-dog-Verkäufern durchkämmten Strand zu entfliehen, wo ab der Mittagszeit die musikalische Geräuschkulisse von der Bar herüberweht, und sie machen sich auf die Suche nach einem jungfräulichen Stückchen Insel. Ganz weit weg, in Negrin, finden sie es. Dort kostet das Sandkorn nichts, keiner zwingt sie, einen Sonnenschirm oder einen Liegestuhl zu mieten, und unter den Mangrovenbäumen, die am Strand Schatten spenden, genießen sie in den Laubhütten die köstliche einheimische Lambris-Suppe, die man in sogenannten seriösen Lokalen nicht zu servieren geruht.

Am Abend kochen sie in ihrer Wohnung und gehen anschließend irgendwo im Freien tanzen; dabei erinnern sie sich an ihren ersten Tanz im Ty Chupenn Gwen, wo alles angefangen hat. Als sie nach Hause kommen, beschließen sie, nicht miteinander zu schlafen, weil sie es ja schon um fünf Uhr getan haben und es mitten in der Nacht noch einmal tun werden. Und natürlich tun sie es dann doch. Und das sind immer die schönsten Male. Die Eintönigkeit ihrer Reaktionen entzückt sie.

Am Morgen bleibt George im Bett, während Gauvain die Cornflakes und Eggs and Bacon zubereitet. Danach melden sie sich für ein paar Ausflüge an: The Typical Village oder die Wild River Tour, inmitten von gesprächsfreudigen Amerikanern, die *your wife* sagen, wenn sie mit Gauvain von George sprechen, was er hinreißend findet, Kanadiern, die sich schon am Morgen mit Bier besaufen, und kurzbehosten, kameraschwenkenden Deutschen, die nicht eine einzige Erklärung des Reisebegleiters verpassen wollen.

Sie machen eine seltsame Erfahrung: Sie haben so selten nur zusammengelebt, und doch fühlen sie sich so intim verbunden wie ein altes Paar. Zum Beispiel hat George mit keinem Mann das Thema ihrer Periode angeschnitten, hat keinem erzählt, daß sie in den Tagen davor und sogar während immer eine verstärkte Lust empfindet. Ihre Erziehung hat sie daran gewöhnt, solche Fragen zu verschweigen und auch alle erkennbaren Zeichen vor

ihren männlichen Partnern zu verbergen. Liegt es nun daran, daß er George so bedingungslos liebt oder daß er dicht an der Natur lebt, jedenfalls scheint Gauvain nicht den geringsten Widerwillen zu empfinden gegenüber den Vorgängen in einem weiblichen Bauch. Er besteht darauf, alles von ihr zu erfahren, und sie spricht mit ihm, wie sie nie gehofft hätte, es jemals mit einem Mann tun zu können. Man kann viele Männer gekannt und geliebt haben, ohne jemals die Ufer dieser ruhigen Selbstverständlichkeit zu erreichen. Gauvain könnte sie, ja möchte sie ihr Blut zeigen, so sicher ist sie seiner Zärtlichkeit für jede Unebenheit, jedes Haar, jedes Gesichtsverziehen, jede Geste, jeden Fehler an ihr. Er ist einer der seltenen Männer für das »Nachher«, als bliebe noch immer genügend Begehren in ihm, um die Freude am Streicheln, am Küssen, am Flüstern nicht erlöschen zu lassen. Manchmal ist es fast nicht auszuhalten.
»Sag mir, Lozerech, diese Frage stelle ich mir oft: Glaubst du, daß wir uns ›deshalb‹« – George drückt mit ihrem Zeigefinger auf die gekrümmte Sardelle, die auf Gauvains Schenkel liegt – »diese ganzen Kombinationen ausdenken und kleine Berge versetzen, um uns zu treffen? Nur um unseren niedrigsten Instinkten zu gehorchen, den Bedürfnissen unserer Körper, unserer Haut sozusagen?«
»Ich glaube, es kommt von weiter her. Von etwas, was tiefer liegt.«
»Wie, wenn das Tiefste an uns nun gerade die Haut wäre? Wenigstens der Körper weiß, was er will. Er ist nicht anfällig fürs Räsonieren, er ist unerbittlich, der Körper. Der Gedanke gefällt dir wohl nicht? Dir wär's lieber, wenn ich von der Seele sprechen würde, wie?«
Gauvain fährt sich mit den Fingern durchs dichte Haar, als wollte er Ordnung in seine Gedanken bringen. Jedesmal, wenn er denkt, fummelt er an seinen Haaren herum.
»Ich kann es einfach nicht hinnehmen, von etwas bestimmt zu werden, das ich nicht verstehe, das ist alles.«

»Und du behauptest, den Glauben zu verstehen? Oder die Liebe, wenn sie dich dazu bringt, verrückte Dinge zu tun?«
»Nein, das ist es ja, nichts verstehe ich. Wenn ich bei dir bin, geht es so einigermaßen, dann stelle ich mir keine Fragen mehr. Aber wenn ich alleine bin, geht es mir unentwegt durch den Kopf. Ich hab' ganz einfach das Gefühl, ich bin nicht mehr der Käpt'n an Bord, verstehst du!«
»Bei mir ist es ganz das Gegenteil: Ich habe den Eindruck, endlich eine der Weisheitslehren des Lebens zu verstehen. Diese Beziehung, die wir erleben, ist so stark wie eine mystische Kommunion. Es ist, als hätte die Natur ein Dekret erlassen und man würde es akzeptieren. Und das ist sehr selten, daß man auf sie hört, auf die Dekrete der Natur.«
Gauvain hört zu, er ist zugleich in seiner Überzeugung erschüttert und mißtrauisch. George ist im Begriff, ihn mit ihren schönen Reden einzuwickeln. Was wird davon übrigbleiben, wenn er sich nachts ruhelos in seiner Koje wälzen und keinen Schlaf finden wird, wenn er sich wieder einmal fragen wird, ob er ein Schwächling oder ein Schwein ist, vermutlich beides, weil es ihm nicht gelingen will, unter dieses Verhältnis einen Schlußstrich zu ziehen. Dieses Verhältnis, von dem er sich mit Bedauern eingesteht, daß es das Salz seines Lebens ist.
»George, wirst du unsere Geschichte eines Tages aufschreiben?« fragt Gauvain zu ihrer Verblüffung ein paar Tage später, während sie am künstlich blauen Swimmingpool des Clubs liegen und reden. Orangebraune Pepsi-Cola-Sonnenschirme spenden den nötigen Schatten. Aber diese Häßlichkeit muß man genießen und den Kelch bis zur Neige leeren. Es ist eine gar köstliche Kunst, von Zeit zu Zeit das zu tun, was man verabscheut.
An jenem Abend sieht Gauvain wie ein schöner Amerikaner aus mit seinem rosaroten Polohemd – eine Farbe, die zu tragen ihm nicht im Traum eingefallen wäre – und der Seersucker-Hose, die sie ihm ebenfalls aufgeschwatzt hat; dazu das satte, wohlig

entspannte Aussehen, das ausgiebige Liebe verleiht; schließlich seine so bretonische Art, ihren Namen am Ende mit einem harten Zischlaut auszusprechen, die sie ihm ganz und gar ausliefert.
»Sag, schreibst du sie eines Tages auf?«
»Was soll ich denn schreiben? Sie gehen ins Bett, sie stehen auf, sie gehen wieder ins Bett, sie vögeln und vögeln wieder, er beglückt sie, sie beglückt ihn, er macht Augen wie ein verliebter Stockfisch ...«
»Für einen Seemann paßt das ja ganz gut.«
»Du hast alles, nur keine Fischaugen.«
»Die Thunfische haben sehr schöne Augen, weißt du, schwarz mit einem silbernen Rand. Im Wasser, meine ich natürlich. Du hast sie noch nie lebend gesehen, also kannst du's nicht wissen.«
»Mag sein, aber ich weiß, daß du ganz lüsterne Augen hast, nicht im Wasser, sondern in der Luft! Wenn du bei mir bist, möchte ich auf jeden Fall immer schreien: ›Ja ... wann du willst, wo du willst, wie du willst ...‹ Ich fürchte, man sieht es mir an. Ich bin überzeugt, daß man es mir ansieht.«
»Das mußt du eben auch aufschreiben. Manchmal kann ich gar nicht verstehen, wie du gerade mich weiterhin lieben kannst. Das muß man erklären, wie eine solche Geschichte passieren kann. Und du, du könntest das.«
»Eben nicht! Es gibt nichts Unmöglicheres zu erzählen als eine Liebesgeschichte. Und außerdem bin ich keine Romanschriftstellerin.«
»Du bist Historikerin, das ist das gleiche. Ich weiß nicht, warum, aber ich habe Lust, es in einem Buch geschrieben zu finden, unser Abenteuer, um ganz sicher zu sein, daß es auch wahr ist, daß ich das erlebt habe! Vielleicht weil ich es nie geschafft habe, irgend jemand ein Sterbenswörtchen darüber zu verraten.«
»Es stimmt schon, daß es einen erleichtert, wenn man drüber sprechen kann. Ich rede mit Frédérique darüber. Und mit Fran-

çois, den du auch kennst. Und Sydney weiß auch, daß es dich gibt.«

»Wenn es meine Frau erfahren würde, gäbe es ganz schön Zoff«, sagt Gauvain plötzlich finster. »Ich stehe vollkommen neben mir, wenn ich bei dir bin. Jedesmal, wenn ich wieder in meine Sandalen schlüpfe, die du nicht leiden kannst, ist es, als ginge ich nach Hause! Wenn mir einmal jemand gesagt hätte, daß ich so leben kann, ich hätte ihm nicht geglaubt. Nein, ganz gewiß nicht!«

»Komm, wir bestellen noch einen Drink, ja?« George befürchtet, Gauvains Augen könnten sich mit Tränen füllen. Weinen ist für ihn absolut unzulässig, er wehrt sich dagegen mit aller Kraft.

»Inzwischen bin ich so weit, daß ich mir sage, ich tät' lieber krepieren, als dich nicht mehr sehen. Und sobald wir dann nicht mehr zusammen sind, denk' ich mir, ich spinne ... das kann doch so nicht weitergehen.«

Schweigen. George fährt mit der Hand über Gauvains zu breite Handgelenke, die sie immer so anrühren. Die Berührung mit den Haaren dort ist wie ein winziger elektrischer Schlag.

»Ich hab' ein so wahnsinniges Verlangen nach dir, ob das denn nie aufhören wird?« sagt er fast leise.

Sie schweigen einen Augenblick und genießen die Abenddämmerung, ihre Freiheit, den Luxus, den sie sich leisten. Noch sind die Worte keine Dolche, da sie ja die Nacht vor sich haben, und mehrere Tage und mehrere Nächte dazu: ein ganzer Ozean von Zärtlichkeit, aus dem sie Leben schöpfen werden.

»Weißt du, welches die beste Möglichkeit wäre, damit es aufhört?« fragt George.

Naiv zieht Gauvain die linke Augenbraue hoch.

»Wenn wir zusammen leben würden, endgültig. Ich würde dir schnell auf die Nerven gehen, und du bekämst wahnsinnige Wutanfälle ...«

»Das sagst du immer«, antwortet Gauvain ärgerlich.

»Ich bin absolut sicher, daß ich dich mein ganzes Leben lang hätte lieben können. Sonst wär' ich dich schon lange losgeworden«, gesteht er, ohne zu lächeln. »Glücklich bin ich nie, weißt du. Mit Marie-Josée bin ich nicht ehrlich. Daran kann ich mich nicht gewöhnen. Aber ich kann nichts machen. Wenn dran zu denken wäre, tät' ich mich scheiden lassen.«

George lächelt zärtlich. Im Konjunktiv sagt er so oft »ich tät'«. Aber ist es der richtige Augenblick, ihm zu erklären, daß »ich würde« korrekter wäre? Sie kann ihn nicht unentwegt wie einen dummen Schüler behandeln, es gibt so viele Einzelheiten, die ihr mißfallen. Sie kann es nicht leiden, wenn er vom *Kaff*, vom *Zahnklempner*, von seinen *Moneten* spricht, oder wenn er *in die Falle* geht oder vom Meer als dem *großen Teich* redet. Aber was hast du denn? fragt er. Er versteht nicht, was sie daran stört. Das ist ja gerade das Drama der Gesellschaftsschichten, der Vorurteile, der Kultur: Man kann es nicht erklären.

»Im übrigen könntest du *mich* nicht mehr ertragen«, fährt Gauvain mit sehr sanfter Stimme fort. »Ich weiß, daß ich weit unter deinem Niveau bin – aber es ist komisch, das macht mir nix. Ich mag sogar, wenn du mich verbesserst. Schließlich ist es ja dein Beruf. Zum Beispiel hast du mir das Reisen beigebracht, du hast mir Sachen gezeigt, die ich nie bemerkt hätte, ich wär' gar nicht auf die Idee gekommen. Unsereins nimmt sich nicht die Zeit dazu. Wir merken gar nicht, daß wir leben!«

»Das stimmt, Lozerech. Apropos leben ... Ich erinnere mich daran, daß wir seit mindestens fünf Stunden nicht mehr Knopf und Knopfloch gespielt haben. Du bist doch hoffentlich nicht krank?«

Gauvain lacht laut auf, zu laut, wie ein Mann, der mit Männern lebt. Das einzige Gegengift gegen die Gewißheit, daß sie nie zusammenleben werden, ist das Lachen. Und eine gewisse Dosis Vulgarität in der Sprache. Gauvain mag es, wenn George manchmal zu handfester Ausdrucksweise übergeht. Das macht sie menschlicher, näher. Zeitweise empfindet er sie als so fremd.

»Du willst dir doch nicht etwa ... ein bißchen Zeit zum Leben nehmen?« Er schaut sie schräg von der Seite an, ihrer Antwort schon sicher.

»Du bist unmöglich!« sagte George. »Duuh greifst mich immer an, duuh, duuh, duuh ...«

»Machst du dich über mich lustig? Duuh, duuh, duuh! Wie sprichst *du* denn das aus? Ich dachte, ich hätte meinen Akzent verloren mit der Zeit.«

»Wie willst du ihn verlieren, du hörst dich ja nicht. Und dein Leben verbringst du mit Leuten, die den gleichen haben. Aber ich mag ihn ja, deinen Akzent. Wer weiß, welche Rolle er spielt bei dieser absolut schändlichen Anziehungskraft, die du auf mich ausübst?«

Sie fassen sich um die Taille, um das Schließfach Nr. 1718 aufzusuchen. Der Strand ist inzwischen menschenleer, und die Pelikane balgen sich quäkend und klappernd. Nachts glauben die Vögel, sie seien noch bei sich zu Hause, und vergessen Hilton, Holiday-Inn und sonstige Touristennester. Beim Gedanken an den Winter, mit dem sie es in wenigen Tagen wieder aufnehmen muß, hat George plötzlich Lust, noch einmal über den Sand zu laufen. In solchen Fällen setzt sich Gauvain auf die Mole. Dauerlauf oder Gymnastikübungen zu machen, käme ihm nie in den Sinn, und daß andere so was tun, findet er komisch. Sie läuft los über den nassen Sand, manchmal schlägt sie einen Haken und streift mit einem Fuß durch das Wasser, das schäumend den Strand hochzüngelt und sich wieder zurückzieht, als würde es von der hohen See eingesogen; dann kommt es wieder im geheimnisvollen Rhythmus der Wellen, der irgendwie Ähnlichkeit hat mit dem Rhythmus der Liebe – *Du denkst wirklich nur an das eine,* sagt die Anstandsdame. – *Überhaupt nicht. Du verstehst einfach nicht, daß es besondere Augenblicke gibt, in denen alles nur Liebe ist.*

Während sie läuft, leichtfüßig, vermischt sich George mit der Landschaft, sie nimmt sie mit Leib und Seele auf; sie genießt die leichten Bewegungen ihres Körpers, die vom Aufprall ihrer

Fersen rhythmisch gegliederte Zeit; wie jedesmal, wenn sie läuft, hat sie den Eindruck, daß sie gerade geboren wird; als steige eine ferne und flüchtige Erinnerung an jene erste Spezies in ihr hoch, die dem Meer entstieg, um das merkwürdige trokkene Element zu atmen, das man Luft nennt. Und die Liebeslust ist nur ein Teil dieser Verzückung.

Dieses Glücksgefühl würde sie gerne horten, für später. Aber mit der Liebe ist es wie mit der Sonne, man kann sie nicht im Sack davontragen. Ein jedes Mal ist einzig und erlischt wieder, wie diese Wellen, die in den Schoß des Ozeans zurückkehren.

Gauvain wartet an der Mole. Seine Beine baumeln über dem Wasser. Ein Meer ohne Schiffe langweilt ihn. Urlaub langweilt ihn. George ist sein Stundenplan, sein einziger Grund, hier zu sein.

»Du bist naß wie eine Sirene«, sagt er und nimmt sie in seine Arme. »Soll ich dir den Sand von den Füßen wischen? Ich habe das Handtuch.«

»Ja nicht! Ich liebe es, Sand an mir zu spüren. Das beweist mir, daß ich nicht in Paris bin, verstehst du …«

Ideen haben diese Pariserinnen! Gauvain preßt sie an sich. Nur in der Liebe gibt es nichts mehr an ihr, was ihm fremd ist.

Sie lieben sie, diese Stunde vor dem Schlafengehen. Gauvain legt sich als erster ins Bett, während George noch ein wenig herumwandert, sich für die Nacht vorbereitet, ein bißchen Creme auf einen kleinen Sonnenbrand aufträgt, nachsieht, ob sich in bestimmten Körperöffnungen Sand eingenistet hat.

»Wann hörst du endlich auf herumzuwandern?« ruft er dann bald.

Sie stürzt sich auf ihn, und es ist, als hätten sie auf einen Schalter gedrückt. Der Strom ist da, alle Lichter gehen an, alles knistert. Sie hatte von solchen Phänomenen gelesen, aber niemals an die Aufrichtigkeit der Autoren geglaubt. Doch die Tatsachen waren nicht zu leugnen. Sie hörte nur auf, um Gauvain nicht umzubrin-

gen, abgesehen davon, daß sie zuweilen ihre Schleimhäute schonen mußte.
Das Erstaunliche für sie war nach wie vor, daß Gauvain so stark auf ihren Körper reagierte, daß er sich leidenschaftlich für diese Scheibe Wassermelone interessierte, das er doch auswendig kannte, daß es ihn fast umwarf, wenn er ihren Venushügel oder ihre Lippen berührte, und daß er schier in Ohnmacht sank, wenn er endlich in das kleine Tal gelangte. Wie konnte dieser Mann beim Anblick ihrer Vagina in Verzückung geraten und sich nicht für Picasso interessieren? Fünftausend Kilometer zurücklegen, um sich auf sie zu legen, aber keinen Schritt tun, um Notre-Dame zu besichtigen? *Er mag eben lieber meine Vagina, das ist alles!* sagte sie zu ihrer Anstandsdame, um sie zu ärgern. *Ach, geliebt zu werden bis ins Innerste!* Die Anstandsdame spuckt verächtlich aus.
»Lozerech, mein Liebling, beschreib mir bitte, was du da drin findest. Sag mir, wie die andern sind und wodurch ich mich unterscheide.«
Er behauptet, sie beherberge einen Wundergarten zwischen den Beinen, einen Lunapark, ein Disneyland mit Achterbahnen, Wasserfällen und einer Frau mit zwei Unterleibern. Er sagt, er fahre immer neue Kurven aus, er finde neue Parkmöglichkeiten, sie besitze verschiebbare Wände, aufblasbare Teile, sie mache ihn verrückt, kurz, er sagt alles, was eine Frau nicht müde wird zu hören. Sie geht sogar so weit, Gauvains unaufhörliche Erektionen auf ihre Reize zurückzuführen, wo sie doch nur ein Zeichen seiner außerordentlichen sexuellen Qualitäten sind. Er wiederum rechnet dieses ganze bewegte Treiben George an, wo sie doch nur eine äußerst unpräzise Vorstellung dessen hat, was sich in ihrem Untergeschoß abspielt. Sie hat sich übrigens nicht die Mühe gemacht, die Ratschläge von Ellen Price zu befolgen, »um die Vagina besser zu beherrschen«. Ellen empfiehlt dringend Gymnastik: »Beginnen Sie morgens mit zwanzig oder dreißig Kontraktionen des Schambein-Steißbein-Muskels, oder

machen Sie's im Sitzen, zum Beispiel beim Friseur, oder im Stehen an der Bushaltestelle. Sie werden es auf zweihundert oder dreihundert Kontraktionen am Tag bringen, ohne daß man Ihnen irgend etwas anmerkt. Um zu testen, ob Sie sich eine olympische Vagina antrainiert haben (da konnte sich George nicht zurückhalten, das mußte sie ausprobieren!), üben Sie jedesmal, wenn Sie Ihre Blase entleeren, den Urinstrahl mehrfach zu unterbrechen.«

Gauvain amüsiert sich. Daß man über solche Themen ernsthaft schreiben kann, verblüfft ihn und bestätigt ihn in der Annahme, daß alle Intellektuellen Spinner sind.

»Du brauchst das jedenfalls nicht«, sagte er mit liebenswerter Überzeugung. Es ist recht angenehm, daß er nichts weiß von den weiblichen »Maschen«.

Wenn jedoch sein Moralempfinden sich wieder meldet, ist er besorgt: »Ist es nicht anormal, daß ich immer mehr Lust an deiner Lust habe? Das wirkt auf mich fast genauso, wie wenn ich's selber wär'!«

»Wieso soll das anormal sein, wenn man einem anderen Menschen Lust bereiten will?«

Ihre Zähne stoßen aufeinander, während sie sich küssen.

»Du grobschlächtiges Wesen«, sagt Gauvain. »Wenn du so weitermachst, geht mir noch ein zweiter kaputt.«

»Gut, gut, dann hören wir eben auf. Ich habe sowieso einen Krampf im Schambein-Steißbein-Muskel, weil ich nicht genügend Gymnastik mache.«

Sie nimmt ein Buch; indessen gibt er einem jener kurzen, aber hartnäckigen Schlafanfälle nach, versinkt in einen fast wütenden Kinderschlaf. Einen Seemannsschlaf könnte man auch sagen, jeder Hauch kann ihn stören. Jedesmal, wenn ihn ein plötzliches Geräusch weckt, ist Lozerech innerhalb von einer Zehntelsekunde an Deck; er macht nicht nur ein Auge auf, er steht senkrecht im Bett, in Alarmbereitschaft: »Was ist los?« In solchen Augenblicken antwortet George mit der zärtlichen Geste, die sie eigentlich Loïc vorbehielt, wenn er aus einem Alptraum erwachte: »Schlaf, Liebling, es ist alles gut, nichts ist passiert.« Er hatte sich angewöhnt, ihr zu antworten: »Doch, es ist sehr wohl etwas passiert: Du bist da!«

Nachts, wenn die Abwehrmechanismen aussetzen, dann fängt er an, von sich zu reden. Sie hört ihm zu, und plötzlich wird er beredt, der kleine Junge ihrer Kindheit, der junge Liebhaber ihrer Jugend, der zu diesem tapferen, unbekannten Kapitän geworden ist in einer Welt, um die kein Historiker von der Sorbonne sich bisher gekümmert hat. Er erzählt ihr von den großen Augenblicken seines Lebens auf See, Augenblicken, die nur ein Seemann erfahren kann; auch von den lustigen Augenblicken. Im vergangenen Sommer ist seine Mannschaft für den Urlaub aus Afrika zurückgeflogen. Das war das erstemal, daß Seeleute auf diese Weise in die Heimat zurückgebracht wurden, die meisten hatten noch nie ein Flugzeug bestiegen.

»Das hättest du sehen sollen in der Super-Constellation ... totale Panik. Die hatten mehr Angst in dieser Maschine als beim schlimmsten Sturm auf ihrem Trawler! Und das Ergebnis: Bei der Ankunft waren sie voll wie die Strandhaubitzen, allesamt. Du hörst mir ja gar nicht mehr zu ... Langweil' ich dich, hm?«

»Natürlich hör' ich dir zu. Voll wie die Strandhaubitzen, sagtest du gerade.«

»Ich weiß nicht, warum ich dir das alles erzähle ... Dabei fällt mir ein, daß ich dir nie die Geschichte erzählt hab', wo...«

Während er redet, streichelt er sie vorsichtig, und auch sie flaniert auf den Wegen, die sie mag. Sie haben das Licht ausgemacht, um sich in Einklang zu fühlen. Sie sind auf Wache zusammen, an Deck eines Schiffes, das sich seine Route durch die finstere Nacht bahnt, Kurs Ende der Welt.

Oscar Hijuelos

Am Abend der Tanzveranstaltung dachte Delores daran, was ihre Schwester Ana Maria ihr gesagt hatte: »Liebe ist der Sonnenschein der Seele, Wasser für die Blumen des Herzens, und der süß duftende Wind am Morgen des Lebens« – Gefühle, die aus den schmalzigen Boleros im Radio stammten, aber vielleicht stimmten sie ja, egal wie grausam und dumm Männer sein konnten. Vielleicht gibt es einen Mann, der anders ist und gut zu mir. Und so zog Delores ein rotes Kleid mit Plisseetaille und geschlitztem Rock an, dunkle Nylons und schwarze Stöckelschuhe eine Kette aus falschen Perlen, toupierte sich das Haar auf wie Claudette Colbert, tupfte sich ein wenig Chanel No. 5 hinters Ohr und zwischen die Brüste und träufelte ein paar Tropfen auf den talkumgepuderten Zwickel ihres Höschens, so daß die Frau, die in den Tanzsaal hereinkam, nur mehr entfernte Ähnlichkeit mit der Putzfrau hatte, die Nestor an der Bushaltestelle kennengelernt hatte.

Was Delores und Ana Maria außen auf den Messingtüren des Lokals angeschlagen sahen, war:

!!! GROSSER WETTBEWERB !!!

IM IMPERIAL BALLROOM

Gesucht werden die
besten und
ausgefallensten Paare mit Glatze!

Erster Preis 50 Dollar! & Eine Kiste Champagner & eine Auswahl ihrer Lieblingsschallplatten !!!!!! Und vieles mehr !!!!!!

Es spielen
die fabelhaften MAMBO KINGS !!

Eintritt: 1.06 Dollar. Einlaß: 21 Uhr.

Nachdem sie Mäntel und Hüte an der Garderobe abgegeben hatten, bahnten sich Delores und Ana Maria, von frechen Fingern in den Hintern gekniffen, ihren Weg durch die Menge von Leuten mit oder ohne Glatze, die sich im Imperial Palace eingefunden hatten. Delorita war nun in der Welt des Liebeswerbens, von der sie geglaubt hatte, sie bedeutete ihr nichts. Die Nacht zuvor aber hatte sie von dem Musiker geträumt, den sie an der Bushaltestelle kennengelernt hatte. Sie lag nackt in einem Bett, drückte sich an ihn, und sie küßten und küßten sich; so eng drückten sie sich aneinander, daß ihr Haar ihn umschlang wie ein zusammengerolltes Tau, und die Haut brannte ihnen, und gleichzeitig hatte sie das Gefühl, daß alle Poren ihres Körpers sich öffneten und daß aus jeder Pore warmer, süßer Saft troff wie Honig. Ihr Traum verbreiterte sich zu einem Trichter von Gefühlen, durch den ihr Körper schwebte wie eine Wolke; sie erwachte mitten in der Nacht und stellte sich vor, wie die langen feinfühligen Finger des Musikers die feuchteste Öffnung ihres Körpers berührten. Als sie sich auf die Bühne zubewegte, um Nestor ihrer Schwester zu zeigen, wurde sie rot, weil sie an den Traum denken mußte.

Die Mambo Kings standen auf der Bühne und sahen ziemlich genauso aus wie auf den Photos aus jener Zeit, in weißen Seidenanzügen und in zwei Reihen aufgestellt, der elegante Miguel Montoya saß an einem Konzertflügel, ein Perkussionist stand an einer Batterie von Congas, Bongos und *timbales*, ein Schlag-

zeuger an einem amerikanischen Schlagzeug, dann Manny mit seinem Kontrabaß, dann der Posaunist und zwei der Bläser. Davor der Saxophonist und der Flötist, ihre beiden Geiger, und dann die Brüder selbst, Seite an Seite vor dem Mikrophon stehend. Der Scheinwerfer war auf den gutaussehenden Cesar Castillo gerichtet, und Ana Maria, der er gefiel, fragte zunächst:
»Ist er das?«
»Nein, der Schüchterne da an der Seite.«
Und da war er und wartete auf das Dacapo einer Habanera, und auf ein Nicken von Cesar trat er dann ans Mikrophon, legte den Kopf in den Nacken und begann sein Solo zu spielen. Wie sein älterer Bruder, der nach hinten in den Schatten getreten war, hatte er einen weißen Seidenanzug an, ein flamingorosa Hemd und eine himmelblaue Krawatte. Er spielte das Solo zu »Solitude«, das sein Bruder komponiert hatte.
»Ist er nicht schön?« fragte Delores.
Und dann, als die Melodie wiederkehrte und Cesar die letzte Strophe sang, stellte sie sich direkt vor der Bühne auf, wo der Trompeter stand, und lächelte ihn an. Er war mit steinernem Gesicht in Konzentration versunken gewesen, aber als er sie sah, leuchtete sein Gesicht auf. Dann gingen sie zu einer schnellen Nummer über, einem Mambo. Mit einem verstohlenen Lächeln auf dem Gesicht nickte Cesar dem Perkussionisten zu, der die Hände gehoben hatte wie ein Boxer, und der fing, bop, bop, bop, auf einer *quinto*-Trommel an, dann kam das Klavier dazu, mit einem improvisierten südamerikanischen Einstieg im Wechsel mit dem Baß. Ein weiteres Nicken von Cesar und die anderen setzten ein, und Cesar begann vor dem großen kreisrunden Mikrophon zu tanzen, seine weißen Lederschuhe mit den goldenen Schnallen zuckten ein- und auswärts wie ausschlagende Kompaßnadeln. Und Nestor, der bei den Bläsern stand, blies vor lauter Freude darüber, Delores zu sehen, so heftig in seine Trompete, daß sein Gesicht rot wurde und sein nachdenklicher Kopf zu platzen schien. Und die vielen Leute auf der

Tanzfläche wackelten und hüpften, und die anderen Musiker hatten ihren Spaß an Nestors Solo und schüttelten die Köpfe, und er spielte glücklich und wollte nur eines, Eindruck auf Delores machen.
Dann kam wieder eine langsame Nummer, ein Bolero.
Nestor flüsterte Cesar etwas zu, und der sagte an: »Diese kleine Nummer ist eine Eigenkomposition mit dem Titel ›Twilight in Havana‹, und mein Bruder hier möchte sie einem hübschen Mädchen namens Delores widmen.«
Den Kopf zurückgelegt, stand er neben dem Mikrophon, im Gegenlicht der Scheinwerfer warf er einen Schatten auf die Tanzfläche hinunter, der an der Innenseite ihrer wohlgeformten Schenkel hochzugleiten, auf der feuchten Stelle dazwischen zu verweilen und daran zu züngeln schien.
Delorita und ihre Schwester Ana Maria tanzten die ganze Nacht hindurch mit einem Mann nach dem anderen. Ana Maria tat es mit dem größten Genuß, und Delorita mit einer süßen Wehmut, das Kinn auf der Schulter ihres Tanzpartners, den Blick auf die Bühne gerichtet und den Lichtkegel auf dem Mikrophon und die zerquälte, seelenvolle Gestalt von Nestor Castillo. Und obwohl sie mit jedem der gutaussehenden Männer, die an dem Abend da waren, etwas hätte machen können, wartete Delores auf Nestor. Als er von der Bühne kam, als die Band Pause machte und das andere Orchester spielte, wirkte er glücklich und wie verzaubert, seine Düsterkeit schien, nach beinahe zwei Jahren des Leidens um die schöne Maria, besiegt durch die Aussicht auf eine neue Liebe. Er widmete sich Delores, als ob es nichts auf der Welt gäbe, das er nicht für sie tun würde. Er holte ihr und ihrer Schwester Drinks von der Bar, wischte ihr mit seinem nach Flieder duftenden Taschentuch eine Schweißperle von der Stirn, und als sie sagte: »Ich tanze ja gern, nur nachher tun mir immer die Füße so weh«, bot er an, ihre warmen, nylonüberzogenen Sohlen zu massieren.
Als sie fragte: »Warum bist du so nett zu mir?«, gab er zur

Antwort: »Weil ich fühle, Delores, daß das hier mein Schicksal ist.«

Er blieb an ihrer Seite, als ob er sie schon immer gekannt hätte, und wenn er anscheinend grundlos den Kopf schwermütig hängen ließ, streichelte sie ihm zärtlich den Nacken und dachte: »Mein armer Papi war genauso«, und weil sie seinen Schmerz zu verstehen schien und er merkte, daß er für sie keine Witze reißen und keine romantischen Märchen erzählen mußte, um sie einzufangen, wie es sein Bruder mit den Frauen machte, hatte er das Gefühl, daß es eine starke Bindung zwischen ihnen gab. Wie ein verirrter Vogel aus einem Bolero fühlte er, wie ihm die zarte Flamme der Liebe die Flügel versengte.

Als die Musiker wieder auf die Bühne gingen, gesellte sich der stämmige, schnurrbärtige Conférencier für diesen Abend zu ihnen, der einen schwarzen Smoking mit einer breiten, roten Schärpe trug wie ein ausländischer Diplomat. Er stellte sich ans Mikrophon und sagte die Hauptattraktion des Abends an:

»Und nun, meine Damen und Herren, ist der Moment da, auf den Sie alle gewartet haben: Unser Wettbewerb der besten Tänzer mit Glatze. Unsere Preisrichter heute abend sind keine geringeren als der vielgerühmte Rumbatänzer Paolito Pérez und seine Frau Conchita.« Und beide verbeugten sich von der Bühne herunter. »Dazu der einmalige *Mr. Dance* persönlich, ›Killer‹ Joe Piro, und schließlich, das Stimmwunder des Mambo-Kings-Orchesters, der immer fabelhafte Cesar Castillo. Bevor wir beginnen, möchte ich Sie noch daran erinnern, daß diese Veranstaltung von der Organisation der Söhne Italiens sowie der Rheingold-Brauerei auf der Nostrand Avenue gemeinsam unterstützt wird. Maestro, Sie können beginnen.«

Als der Wettbewerb angekündigt worden war, hauptsächlich durch Flugzettel und Plakate und ein paar Spots im Radio, hatte es einen Ansturm auf die Friseure in Downtown-Brooklyn, in der Bronx und in Harlem gegeben. Eine gewaltige Menschenmenge hatte sich eingefunden, darunter mehrere hundert Paare, die sich die Haare ratzekahl abrasiert hatten; violette und grüne Eierköpfe, Glatzköpfe in weißen Smokings und Abendkleidern, Glatzköpfe in riesigen Babywindeln (bei der Dame waren die Windeln züchtig im Nacken überkreuzt und festgesteckt), Herr und Frau Mond, Glatzköpfe als Orangen, Glatzköpfe als Marsmenschen, Glatzköpfe als Wasserstoffbomben, Glatzköpfe, die als Küken gingen, und wer weiß was noch. Es gab Clowns und Harlekins und Paare in wallenden Gewändern mit aufgenähten Bommeln, Paare mit Federn und Glöckchen; die kostümierten Wettbewerbsteilnehmer mußten nicht nur verrückt aussehen, sondern auch ihre Virtuosität und Leichtfüßigkeit beim Tanzen unter Beweis stellen, ihre Könnerschaft in der Kunst des Mambo, Rumba, Tango und Cha-cha-cha.

Im Kreis der beschwipsten Zuschauer stehend, drückte Delores die Daumen für ein Paar, das das hübscheste Duo von Kahlköpfen abgab. Die Frau sah aus wie die Königin Nofretete und trug glitzernde Halsketten und Armbänder, die allesamt Licht in die Welt hinausstrahlten, und ein rotes Kleid mit Ärmeln wie Schmetterlingsflügel, es war nach oben zu in Spiralen gelegt wie das Dach einer Pagode. Ihr Partner hatte einen Kragen aus Straußenfedern und trug große goldene Ohrringe und überweite purpurfarbene Seidenhosen und sah aus wie der Geist aus der Flasche; aber das Auffälligste an ihnen war, wie verliebt sie wirkten, sie lächelten sich an und küßten sich bei jeder Drehung, jeder Beuge, jedem Wiegeschritt.

Die beiden gewannen nicht, obwohl sie gute Tänzer waren. Sieger wurde ein anderes Paar: Der Mann hatte einen Wecker auf seiner Glatze festgebunden und die Kopfhaut mit Zahlen vollgeschrieben. Er hatte Karottenhosen in Übergröße an, dazu rosa Schuhe mit Spikes vorne drauf und ein lavendelfarbenes Hemd und Jackett. Seine Partnerin trug ein enges trägerloses Kleid, mit dem sie sich in die Herzen der Männer im Publikum wabbelte. Der krönende Augenblick kam bei einer wirbelnden Pirouette, bei der sich durch die Fliehkräfte das Oberteil ihres

Kleides löste und zwei füllige Brüste freigelegt wurden, groß, bebend, nackt und bloß wie ihr Kopf.

Später gingen Delores und Ana Maria auf die Damentoilette, die voll war von Frauen mit und ohne Glatze, die sich mit allem gebotenem Ernst daranmachten, ihren Lidstrich, das Mascara und den Lippenstift aufzufrischen. Sie setzte sich vor den Spiegel, um sich auch frisch zu machen, und sah mit Genuß dem Kommen und Gehen dieser jungen, hübschen Frauen zu, die darauf aus waren, junge Männer kennenzulernen und Spaß zu haben.

Wenn die Tür aufging, drang ein Schwall lauter südamerikanischer Bigbandmusik in den Raum, in den Kloboxen machten die Damen Pipi, überall schwer der Duft von Chanel No. 5, von Sen-Sen, Kaugummis, die in Mündern schnalzten. Kubanische und puertorikanische und irische und italienische Mädchen in einer Reihe vor den Schminkspiegeln, Mascara und Rouge auflegend und sich die Lippen nachziehend. Frauen, die sich die Röcke richten und die Strumpfhalter geradeziehen, dicke mondweiße und honigfarbene Schenkel im gleißenden Licht.

Und Stimmen:

»Ich sage dir, Schätzchen, ein paar von den Männern da, wauu! Der Junge geht ran wie der Teufel, grad erst hab ich ihn kennengelernt, und schon klopft er mit seiner Latte bei mir an.«

»Findest du, daß ich gut aussehe, ich meine, wie, glaubst du, würd's ihm gefallen, wenn ich mir das Haar so hochstecke?«

»Und er will, daß ich mit ihm nach San Juan komme, in ein Hotel da unten ... Er zahlt und macht alles.«

»Und dann geht der Mistkerl mit mir spazieren. Ich hab 'nen kleinen Schwips und möcht mit ihm ein bißchen draußen auf dem Parkplatz im Auto sitzen. Alles, was ich will, ist dasitzen und ein bißchen frische Luft schnappen, und auf einmal macht er sich über mich her, als hätt' er noch nie 'ne Frau gehabt. Ich kenn den Kerl gar nicht wirklich, weiß nur, er ist verheiratet, und ich schwör, unglücklich verheiratet, so wie der mich abgegrabscht hat ... Wir raufen so eine Weile rum, dagegen hab ich ja noch nichts, aber ins Bett geh ich um keinen Preis mit einem Mann, wenn da nicht wirklich was läuft zwischen ihm und mir, du weißt, was ich meine? Und was macht er? Holt sein Ding aus der Hose und sagt: ›Oh bitte, Süße, warum gibst du ihm nicht einen kleinen Kuß?‹ und ›Oh, bitte‹, zwinkert mit den Augen und führt sich auf, als hätt' er die wildesten Schmerzen. Ich hab ihm gesagt, verpiß dich, und ihn im Auto sitzenlassen mit seinem Ding in der Hand, und dann, obwohl ich im Recht bin, ist er zwanzig Minuten später schon wieder auf der Tanzfläche und tanzt Cha-cha-cha mit 'ner andern, und so, wie die ihn ansah, wett ich, daß sie sein Ding im Mund gehabt hat. Und ich kann allein in die Bronx fahren, den ganzen langen Weg mit der Linie 2 zur Allerton Avenue ...«

»Jedenfalls, der Typ ist über eins neunzig und muß an die hundert Kilo haben, arbeitet bei der Stadt, verstehste, und ... er hat ein Ding so groß wie mein kleiner Finger, was für ein Beschiß!«

»Man kann so schön sein, wie man will, es gibt immer noch 'ne schönere.«

»Für 'nen Ehering würd ich damit aufhören.«

»Ach, du meine Güte! Hat irgendwer ein Extrapaar Strümpfe dabei?«

»... *Qué guapo* der Sänger ist, was? Mit dem würd ich jederzeit ausgehen.«

»Nun, ich *war* schon mit ihm aus.«

»Und?«

»Das Herz würd er dir brechen.«

»Sein Bruder ist auch nicht übel.«

»Du sagst es.«

Sie erinnerte sich, daß sie wieder in den Tanzsaal zurückging, vorbei an den Schuhputzern, der dichten Reihe Männer, die wie verrückt ihre Zigaretten rauchten und versuchten, an einem offenen Fenster ein wenig frische Luft zu schnappen. Pärchen,

die in Telefonzellen und Korridoren schmusten und fummelten, von weit weg kam die Musik wie durch einen langen, langen Tunnel: der Zupfbaß, das Schlagzeug, das Rasseln der Becken, das Hämmern der Congas und *timbales* dräuend wie eine Gewitterwolke, aus der nur hin und wieder eine Trompetenphrase oder ein Klavier-Crescendo emporstieg … Es war schon komisch im Leben: Sie dachte gerade an Nestor Castillo und bewegte sich durch die Menge auf die Bar zu, als sie spürte, wie eine Hand sie sachte am Ellbogen faßte. Und es war Nestor, wie wenn sie ihn hergewünscht hätte. Er ging mit ihr an die Bar, trank ein Glas Whisky und sagte: »Wir müssen noch eine Runde spielen, und danach gehen wir aus, so um drei herum, etwas essen. Warum kommst du nicht mit …? Du kannst meinen Bruder und ein paar von den andern Musikern kennenlernen.«
»Kann ich meine Schwester mitbringen?«
»*Cómo no*. Wir treffen uns draußen.«

Das große Finale des Abends war der Conga. Der fabelhafte Cesar Castillo kam heraus, eine Congatrommel à la Desi Arnaz über die Schulter gehängt, schlug diese Trommel und führte die Mambo Kings in einen Eins-zwei-drei-eins-zwei-Rhythmus, in dem sie sich dann in einer schlängeligen Conga-Reihe über die Tanzfläche bewegten, hüftstoßend, trippelnd, vorwärtsstolpernd, auseinanderstrebend, beinschlenkernd, hüftschwenkend, lachend und ausgelassen …
Schließlich fuhren sie in Mannys 1947er Oldsmobile *uptown*, trafen sich dort mit einigen von den anderen Mambo Kings und besetzten ein paar lange Tische im hinteren Teil eines kleinen Eßlokals namens Violeta's, das der Besitzer nur so lange offenhielt, damit die Musiker, die nach ihren Auftritten ausgehungert waren, noch zu einem guten Essen kamen. Auf der hinteren Wand war ein tropisches Gemälde in den flammenden Farben eines endlosen kubanischen Sonnenuntergangs, der sich über die Festung El Morro am Hafen von Havanna ergoß. Die Wände

über der Bar waren mit signierten Photographien der südamerikanischen Musiker bedeckt, die dort regelmäßig aßen. Alle, vom Flötisten Alberto Socarrás bis zum Kaiser des Mambo höchstselbst, Pérez Prado.

In dieser Nacht kamen, während die Mambo Kings und ihre Begleiter dinierten, die bekannten Bandleader Tito Rodríguez vom Tito-Rodríguez-Orchester und Tito Puente, der eine Band namens Picadilly Boys leitete, hereinspaziert, und obwohl Cesar die Stirn runzelte und zu Nestor sagte: »Da kommt der Feind!« begrüßten die Brüder sie, als wären sie lebenslange Kumpel.

»Oyeme, hombres! Qué tal?«

Wenn sie die beiden Brüder nebeneinander beobachtete, konnte Delores sich gut vorstellen, wie die beiden waren. Sie waren wie ihre Unterschriften auf der gerahmten Photographie der Mambo Kings an der Wand über der Bar. Ein Photo, auf dem sie in weißen Seidenanzügen auf einem muschelförmigen Art-déco-Podium posierten, neben sich ihre Instrumente. Das Photo war mit den Unterschriften der Musiker bedeckt, die schwungvollste stammte vom älteren Bruder Cesar Castillo, den Delores auf den ersten Blick nicht besonders mochte. Seine Unterschrift verriet die pure Eitelkeit. Voller Schnörkel und Schleifen, so daß seine Buchstaben aussahen wie die windgebauschten Segel eines Schiffes. (Wenn sie ihn nur hätte sehen können, wie er in der La Salle Street am Küchentisch saß, vor sich einen Block, einen Bleistift und eine Schönschreibfibel, und stundenlang seine Unterschrift übte.) Und so war er auch, dachte Delores, lauter heiße Luft und leere Gesten. Er hatte einen schiefen, verschlagenen Zug von Erfahrung um den Mund, dem Delores nicht traute. Platzend vor Energie nach dem abendlichen Auftritt, war der ältere Mambo King ständig in Bewegung, alberte mit seinen Mitspielern herum, redete nur von sich und davon, wie herrlich es sei, auf der Bühne zu stehen, flirtete mit den Serviererinnen und taxierte Delores und Ana Maria auf diese gierige Art. Ihre Schwester anzusehen, die ja ohne Freund hier auftauchte, war eine Sache, aber die neue Gefährtin des eigenen Bruders! *Qué cochino!* dachte sie. Rüde und eingebildet.

Nestors Unterschrift war einfacher und mit mehr Sorgfalt hingesetzt, fast wie die Handschrift eines aufgeregten Kindes, als hätte er lange dazu gebraucht, seine schlichten, bescheidenen Buchstaben richtig hinzukriegen. Er neigte dazu, still dazusitzen, zu lächeln, wenn Witze gemacht wurden, ernsthaft zu nikken, wenn er bestellte oder die Speisekarte durchsah. Und er bemühte sich, mit jedermann gut auszukommen. Er war höflich zur Kellnerin und zu seinen Musikerkollegen. Er wirkte beinahe ängstlich, wegen seiner Tischmanieren getadelt zu werden, während sein älterer Bruder quer über den Tisch zur Platte mit den *tostones* langte und alles hungrig runterschlang, mit geschlossenem Mund gurgelnd lachte, und nicht nur einmal unfein rülpste, mitten in einem Lachanfall, der ihm die Pupillen weitete und ihm Tränen in die Augen trieb. Ein Mann, der nur an sich selber dachte und sich immer mehr nahm, als ihm zustand: fünf Schweinskoteletts, zwei Teller Reis und Bohnen, ein Teller *yuca*, alles getränkt in Salz und Zitronensaft und Knoblauch. Eine Bandleader-Portion, das war sicher. Kein Wunder, daß der Sänger mit dem betörenden Aussehen eines hübschen Jungen schon einen Bauch und Hängebacken bekam! Und obendrein beschloß er, nachdem er sich den Bauch vollgeschlagen hatte, jedermann sonst am Tisch zu ignorieren und die ganze Zeit mit Ana Maria zu flirten und Süßholz zu raspeln. *Dios mió*, diese wölfische Gefräßigkeit an ihm war so typisch ...

Nestor war zurückhaltender, was ihr gut gefiel. Und er war sehr aufmerksam, schob ihr den Stuhl hin, hielt ihr die Tür auf und vergewisserte sich, daß sie alles hatte, was sie wollte. Möchtest du ein paar *plátanos*? Etwas vom Hühnchen? Schweinskoteletts? Behandelte sie, als wäre sie genauso wichtig wie jeder von den Musikern ... Sie mochte ihn und fand, er sei ein kultivierter Mann, eine poetische Seele, die Songs der Liebe schrieb. Sie war nervös, aber damals und dort beschloß sie, ihn mit ihr

machen zu lassen, was er wollte. Da war etwas, das sie ungeheuer anziehend fand an seiner Förmlichkeit, seiner Zurückhaltung, seinem Schmerz.
Später setzte Cesar Manny an der 135sten Straße ab, wo er wohnte, lieh sich von ihm den Wagen und brachte die beiden Schwestern nach Hause in die Bronx, eine gefahrvolle Fahrt, während der sich die Mädchen vor Angst an ihren Sitzen festkrallten, weil er ständig den Bordstein streifte, besonders auf dem West Side Highway Richtung *uptown*: von den Radkappen sprühten Funken, als er an den anderen Fahrzeugen vorbeibrauste, hupte und fuhr wie ein Betrunkener, obwohl er gar nicht betrunken war. Aber er brachte sie doch heil nach Hause und wartete im Wagen, während Nestor Delores und Ana Maria zu ihrer Wohnung begleitete. Delorita sollte sich später erinnern, daß sie sich wünschte, er würde ihr wenigstens einen netten langen Kuß geben, mit ein wenig Zunge dabei, aber er schien derart zurückhaltend und höflich, daß sie in dieser Nacht zu Bett ging und sich fragte: »Stimmt etwas nicht mit mir?« Und sie fragte sich auch, ob nicht sie es hätte sein sollen, die ihn an sich zog und ihre Zunge in seinen Mund gleiten ließ.
Sie fingen an, miteinander auszugehen. Sie trafen sich an den Abenden, an denen die Mambo Kings nicht spielten, gingen chinesisch essen und fuhren dann *downtown*, um ins Kino zu gehen, zu Freunden oder zum Tanzen. Delorita sprach immer über die Bücher, die sie las, und den reichen Mann, bei dem sie arbeitete –»Er ist nett, aber er ist so reich, daß er unglücklich ist« – und er hörte still zu und hatte nie viel von sich zu erzählen. Er schien sich immer wegen irgend etwas Gedanken zu machen, aber er sprach nie darüber. Ein Mann, der in dich verliebt ist, sollte eine Menge zu sagen haben, dachte sie sich dann immer, aber da war etwas Schönes da drinnen, in dieser breiten Brust … Er sagte nie sehr viel, aber sie war sich sicher, daß er sich langsam öffnen würde. Und allmählich tat er es auch, erzählte von seiner Kindheit auf Kuba und daß er sich manchmal

wünschte, er wäre nie von der Farm fortgegangen, weil er mehr für ein einfaches Bauernleben geschaffen war, wie er immer meinte.

»Ich bin kein Abenteurer wie mein älterer Bruder. Nein, nein, ich war zufrieden damit, nachts draußen auf der Veranda zu sitzen, die Sterne anzuschauen und *tranquilito, tranquilito* dahinzuleben, aber so ein Leben war mir nicht bestimmt, ich war dafür bestimmt, hierher nach New York zu kommen.«

Anfangs dachte sie, sein Schmerz sei ganz gewöhnliches Heimweh nach der ländlichen Umgebung und dem soviel einfacheren Leben. Sie glaubte, daß er kubanischen Landgeruch an sich hatte und daß an ihm kein Falsch war.

Aber der arme Mann – sie stellte sich vor, daß ihm irgendwelche schrecklichen Dinge passiert waren, als er noch klein war. Er hatte ihr erzählt, als Kind auf Kuba sei er zumindest zweimal so krank gewesen, daß der Priester ihm die Sterbesakramente erteilt habe. »Ich erinnere mich an einen Priester in einem violetten Umhang, der über mir betete. Kerzen und Öl, das mir auf die Stirn gestrichen wurde. Und meine Mutter in einer Ecke, weinend.«

Und einmal an einem sonnigen Tag, dem Tag, an dem er ihr das Herz aufschloß, als sie im Riverside Park spazierengingen, sagte er zu ihr: »Sieh mal, wie schön es heute ist, was?«

»Ja, das ist es, mein Lieber.«

»Aber weißt du, bei etwas, das so schön ist wie das hier, hab ich immer das Gefühl, es gehört mir nicht.«

»Was meinst du?«

»Manchmal fühl ich mich wie ein Gespenst, *tú sabes*, als wäre ich nicht wirklich ein Teil von dieser Welt.

»Nein! *Bobo*! Du bist sehr wohl ein Teil von dieser Welt.«

Dann ließen sie sich auf einem hübschen grasbewachsenen Hügel nieder. Sie hatten sich einen kleinen Imbiß mitgebracht, Schinken und Käse mit Mayonnaise auf Kümmelbrötchen und kaltes Bier. Auf einer Wiese spielten Kinder Softball, und hübsche Collegemädchen in Bermudas und weißen Tennisschuhen lagen da und dort auf Decken hingestreckt und studierten ihre Bücher. Die Sonne hoch am Himmel, Insektenschwirren in der Luft, Boote und Schleppkähne, die auf dem Hudson vorbeizogen. Zwei Bienen schwebten über einem Büschel Löwenzahn wie ein verliebtes junges Paar, das ein Haus besichtigt. Dann machte es Klingeling, ein Eisverkäufer mit seinem kleinen weißen Laster. Nestor ging hin und kam mit zwei Bechern Eis wieder, Erdbeer für ihn, Orange für sie, und sie aßen, tropfend von süßem Sirup, und legten sich dann zurück. Sie war so glücklich, weil es ein schöner Tag war und sie verliebt war, aber Nestor?

Er hatte die Augen geschlossen, und auf einmal erzitterte er. Kein körperliches Zittern, sondern ein geistiges Schaudern. Es war so stark, daß sie es spürte, es schlug ihr entgegen wie Dampf aus einem Herd.

»Oh, Nestor, warum bist du nur so?« Und sie küßte ihn und sagte: »Setz dich hierher, neben mich, *mi corazón.*«

Und dann begann er zu weinen.

»Delores … ein Mann weint nicht. Verzeih mir.«

Und obwohl sein Gesicht ganz verzerrt war, hörte er auf damit und gewann die Fassung wieder.

»Ich werd nur manchmal so müde«, sagte er zu ihr.

»Wovon?«

»Einfach müde.«

Sie wußte nicht, was sie tun sollte. Sie nahm seine rechte Hand und küßte sie.

»Es ist nur so, daß ich manchmal das Gefühl hab, ich werd nicht lang dasein auf dieser Welt.«

Daraufhin sprach er kein Wort mehr darüber, und sie machten einen Spaziergang. Der Tag endete für die beiden glücklich damit, daß sie sich im Nemo-Kino auf dem Broadway ein Doppelprogramm mit Abbott und Costello ansahen. Dann gingen sie Pizza essen.

Sie mußte liebeskrank gewesen sein, mußte ihn mit so flehentlichen Augen angeschaut haben, denn nachdem sie zwei Monate miteinander ausgegangen waren, sagte er zu ihr, als sie sich bei ihr im Hausflur küßten: »Weißt du, Delorita, ich wollte, du würdest mich nicht so ansehen. Ich bin nicht der Heilige, für den du mich hältst.«

Und kurz entschlossen zog er sie an sich, umarmte sie und brachte sie zum Aufseufzen, als sie den Druck des heißen Ständers in seinen Hosen zwischen ihre Beine hinein fühlte.

»Sieh mal, Delorita«, sagte er, »ich wollte dich respektieren, aber jetzt ... Ich kann nachts nicht schlafen, ich muß immerzu an dich denken ... Und da ist noch etwas, ich hab kein Wort davon gesagt oder meine Gefühle gezeigt, denn ich bin ein vorsichtiger Mensch, aber, Delorita –« und er versetzte ihr einen Schock, indem er ihre Hand nach unten an seinen Hosenschlitz zog –, »siehst du nicht, in was für einem Zustand ich bin?«

Sie küßten sich eine ganze Weile, bis sie sagte: »Laß uns hineingehen. Ana Maria ist ausgegangen und kommt erst spät zurück.«

Sie war gar nicht nervös, als sie sich vor ihm auszog und sich auf eben der Couch zurücklegte, auf der ihr Vater immer vor Erschöpfung eingeschlafen war. Nestor hatte seine Hände überall auf ihr, seine dicke Zunge in ihrem Mund, seine Finger schoben sich unter den Drahtrand ihres BHs, und er flüsterte: »*Querida*, mach mir die Hose auf.« Und sie faßte hinunter, ohne hinzusehen, machte ihm die Knöpfe auf und zog dann die Hose auseinander, genauso wie er ihre Schamlippen auseinanderzog, und sie holte sein Ding heraus: Es war mächtig und so groß, daß sie keuchte und die Beine weit spreizte.

Weil ihr Höschen jetzt schon so feucht war, sagte sie zu ihm: »Zieh's aus, mein Liebling«, und während sie einander die Gesichter mit Küssen bedeckten, trieb sie fort und dachte an die Nachmittage ihrer Jugend in Havanna, als das Haus voller Geschrei war und sie in einem Zimmer Zuflucht suchte, durch dessen geschlossene Fensterläden ein paar Strahlen Sonne hereinfielen, und sich auf ihr Bett legte und sich selber anfaßte, um das Geschrei zu vergessen, es ganz zu vergessen über den wohligen Empfindungen, genau wie die, die sie jetzt überkamen. Ihre Beine öffneten sich noch weiter, und sie fühlte, wie eine gewaltige Kraft von ihr Besitz ergriff, und ihr Inneres füllte sich mit dem geschmolzenen Wachs einer großen Altarkerze, und als sein heftiges Atmen lauter wurde, klang er wie der Wind, den sie manchmal in ihren Träumen hörte. Ihre Poren taten sich auf und verströmten den warmen und süßen Saft ihres Traums, und sie dachte: »Mein Gott, das ist ein Mann!« Stundenlang machten sie weiter; Delores war ihm so dankbar, daß sie alles tat, was er wollte. In dieser Nacht sprang sie in der Liebe von gänzlicher Unwissenheit zur Erkenntnis. Und als sie sein lustvolles Stöhnen hörte und den Ausdruck ekstatischer Erlösung auf seinem Gesicht sah, hatte sie das Gefühl, einen neuen Lebenszweck für sich gefunden zu haben: diesen jungen Musiker von seiner Qual zu erlösen.

Und der arme Nestor? Er glaubte, bei Delores zu sein, und verschlang ihre Brüste mit den großen Nippeln, aber wenn er die Augen schloß und ihr Gesicht nicht mehr sah, dann küßte er den Busen der schönen Maria seiner Seele, leckte ihre Haut vom Nabel bis zur Zehe. Wenn er aus seiner Wehmut aufschreckte und ihm wieder einfiel, wie sehr er Delores liebte und wie gut er sich in ihr fühlte, wurde er aus dem Dunkel, in das er schon halb hineingeglitten war, wieder herausgerissen, und er öffnete die Augen und sah tief in die ihren, und weil es ihm jetzt kam und ihm die Knochen im Leib zerschmolzen und eine sämige Hitze seinen Körper überschwemmte, die von seinem Penis aufstieg und in seinem Kopf explodierte, machte er die Augen wieder zu und fühlte abgrundtiefen Kummer wegen Maria. Und doch, wenn er sie vor sich sah, stellte er sie sich in einem Zimmer vor mit einer Tür, durch die man auf das Krankenbett seiner Kindheit sah und auf ihn selbst, unfähig, sich zu rühren, *»Mamá!«* rufend und wartend, wartend. Und er öffnete die Augen wieder und fing an, härter in Delores hineinzustoßen, aber er mußte dauernd an die andere denken und vergaß sich fast ein paar Mal, war nahe daran, »Maria, Maria« zu keuchen.

Um diese Zeit waren ihr Cousin Pablo und seine Familie in ein nettes Haus in Queens gezogen und hatten die Wohnung den Brüdern überlassen. Cesar übersiedelte ins Schlafzimmer am Ende des Flurs, und Nestor bekam eines von den kleineren Zimmern in der Nähe der Küche. Er begann Delorita zum Essen einzuladen, und weil sie so weit weg wohnte, blieb sie oft über Nacht. Nestor holte sie an der Ecke 125ste Straße und Broadway ab, wo Delorita aus dem Bus aus der Bronx stieg. Oder sie kam direkt von ihrer Arbeit als Putzfrau in die La Salle Street und brachte in einer Tasche Kleider zum Wechseln mit. Es störte sie nicht, daß sie das Bett teilten, ohne verheiratet zu sein. Sie dachte, das ginge niemanden etwas an, obwohl sie erst einundzwanzig war. Und außerdem hatte sie keinen Zweifel, daß sie eines Tages heiraten würden.

Nachdem Pablo und die Familie weg waren, wirkte das Apartment zunächst trist, kaum möbliert, nur vollgestellt mit Musikinstrumenten und Trommeln. Delores aber brachte Blumen mit und Rollen von buntem Gaslichtpapier. Zusammen mit Nestor unternahm sie Ausflüge nach Chinatown, und sie kamen mit Vasen, chinesischen Wandschirmen und Jasminkerzen wieder. Sie hielt die Wohnung sauber und begann für sie zu kochen. Manchmal spazierten sie in Richtung Columbia University und zu den Buchläden am Broadway, und während sie die Wühlkisten und Regale mit den antiquarischen Büchern nach Abenteuer-, Spionage-, Liebes- und Detektivromanen durchstöberte, wartete er geduldig. Sie gingen viel aus damals: Manchmal lieh sich Cesar ein Auto, und sie unternahmen eine weitere gefahrvolle Fahrt aufs Land, oder sie gingen ins Park Palace, das schick war wie das La Conga oder das Copacabana, um Machito oder

Israel Fajardo zu hören, und nachher schlenderten sie um zwei Uhr früh durch den Central Park. Einmal, nach einem Auftritt der Mambo Kings in Brooklyn, fuhren sie nach Coney Island. Sie und Nestor saßen auf einer Bank und knutschten, vor ihnen die ebbende See, und der Vorfall mit dem Pepsodentmenschen schien genauso weit weg wie der knochenbleiche Mond über ihnen.

An den Abenden, an denen sie nicht zur Schule ging, büffelte sie. Sie hatte ihr Englisch nach einem langen Kampf voller Erniedrigungen in einer katholischen Schule in der Bronx gelernt, wo die Nonnen ihr buchstäblich das Wörterbuch um den Kopf schlugen, wenn sie gewisse Wörter falsch aussprach oder sie sich nicht merken konnte. Ihre chronischen Aussprachefehler machten sie zur Zielscheibe vieler Spötteleien, aber sie hielt durch, war fleißig und tat sich hervor, gewann Rechtschreibwettbewerbe und bekam gute Noten und wurde so eine von den *latinas*, die nach einer Lehrzeit voller Angst so gut Englisch konnten wie jedermann sonst (und obendrein im Tonfall der Bronx). Sie versuchte immer, Nestor etwas beizubringen, ermunterte ihn, ein Buch zu lesen. Er zuckte die Achseln, und später fand sie ihn dann mit einer Gitarre, Papier und Bleistift auf dem Sofa im Wohnzimmer sitzend, pfeifend und an Melodien für verschiedene Songs arbeitend.

Sie war zum ersten Mal, seit sie denken konnte, glücklich, und dafür betete sie Nestor an. Manchmal kam sie ins Wohnzimmer, ließ die Jalousien herunter und zog ihr Kleid aus. Oder sie setzte sich zu ihm, um ihm einfach Gesellschaft zu leisten, und ein paar Minuten später war ihr Schlüpfer zu den Knien runtergezogen und der Rock über die Taille hochgeschoben. Sie war immer glücklich mit ihm, denn, wenn sie miteinander schliefen, murmelte der jüngere Mambo King stets: *»Te quiero, Delorita. Te quiero«*, wieder und wieder. Wenn er einen Orgasmus hatte, zog sich sein Gesicht auseinander, als wollte es flach werden wie eine von den venezianischen Karnevalsmasken bei ihrem Ar-

beitgeber an der Wand; und während dieser ekstatischen Erlösung vom Schmerz errötete er. Es gab nichts, das sie nicht für ihn tat. Sie rieb sich Babyöl auf den Busen und die Schenkel, nahm sich eine Dose Vaseline und schmierte sich damit zwischen den Beinen ein, fand Nestor bei einem Nickerchen im Schlafzimmer, gab ihm die Brust und ließ sich dann rittlings auf seinem Glied nieder.
Er hatte einen unruhigen Schlaf und litt an Alpträumen. Oft, wenn sie neben ihm lag, dachte sie über seine Traurigkeit nach und wie sie ihm helfen könnte, aber außer der Liebe schien es nichts zu geben, was sie tun konnte, um ihn aus seiner Schwermut herauszureißen. Liebe zu machen verscheuchte diese Melancholie: Nachts schlief er an ihren Hintern geschmiegt ein, sein steifes Glied an sie gepreßt. Es sah so aus, als hätten sie sich im Schlaf unzählige Male geliebt. Eines Nachts, als sie gerade träumte, sie würde Blumen pflücken, fühlte sie, wie sein Penis von hinten in sie eindrang. Aber nicht in ihre Scheide. Sie war halb eingeschlafen, so daß das Gefühl, daß er dort in sie eindrang, sich nur langsam durch ihren Körper verbreitete: erst fühlte es sich an, als würde ihr warmer Ton in den Hintern geschoben, aber nach einiger Zeit trat an die Stelle der Weichheit ein dicker und länger werdender Stachel, der sie zuerst schmerzhaft dehnte und dann wieder warm und weich wurde. Sie drehte sich, um ihm seine Lust zu erleichtern, und rieb ihre Hüften in ihn hinein, bis er kam. Danach waren sie bald wieder fest eingeschlafen. Nestor in seinen unruhigen Träumen.

Und nun die ersten Akkorde von »Beautiful Maria of My Soul«. Und Nestor, der in Delores' Armen von 1947 träumt: Spätabends, wenn er mit seinem Job im Explorer's Club von Havanna fertig war, wo er Seite an Seite mit seinem älteren Bruder arbeitete, machte er oft Spaziergänge durch die Viertel der Stadt; er liebte es, sich in den Arkaden zu verlieren und auf dem Marktplatz zwischen den Bauern und den Hühnerkäfigen und den grauen Schweinen umherzugehen. In der Gasse hinter einem Chinarestaurant namens Papo-lin's in La Marina, dem Viertel am Hafen, nahe dem sie wohnten, beobachtete er, wie zwei rote Hähne, mächtige Machos, mit messerscharfen Krallen gegeneinander kämpften. Im Stehen in einer Bar in einer ganzen Zeile von Bars aß er zu Abend, einen Teller Reis und Bohnen und ein Schweinskotelett, getränkt in Salz und Zitrone, für 25 Cent, und sah auf die Straße, wo sich das Leben drängte: Männer, die Lumpenkarren zogen, chinesische Arbeiter in Samtschuhen und langen Baumwollkitteln auf dem Weg in die Tabakfabriken; die Armen aus Las Yaguas, die in Buden ihre Waren und Dienste feilboten: Wahrsagungen, Schuhreparaturen, *jugo de fruta* für 10 Cent, Uhren, Gitarren, Werkzeug, rollenweise Seile, Spielzeug und religiöse Artikel, Nippes und Glücksbringer, Blumen, Liebestränke und Zauberkerzen, lassen Sie Ihr Photo machen, für nur 25 Cent, in Farbe! Er guckte sich bei den Kleidern um, um zu sehen, was er für die fünfzehn Dollar die Woche, die er damals verdiente, kaufen konnte: eine gute *guayabera* mit schmuckem Spitzenbesatz, zwei Dollar; ein einfaches Hemd, ein Dollar; ein Paar Buster-Brown-Schuhe, vier Dollar; ein Paar leinene *pantalones*, drei Dollar fünfzig. Ein Hershey-Riegel, zwei Cent, Pepsi oder Apur-Cola, zehn Cent ... Und es gab Bananenstauden, die wie Laternen von den Regalen hingen, einen Obstkarren nach dem anderen, Eiswagen und eine Runde Männer, die in einem kühlen Hauseingang Würfel spielten. Blumen in Töpfen und Blumen, die von den Balkonen herabhingen, und Flechten auf den von der Meeresluft angefressenen Mauern; Perlstabbalustraden und Stilportale, braune und orangefarbene Simse, Türklopfer mit Tierköpfen und Engeln. Gestelle mit kupfernen Töpfen und Pfannen, Kinder, die zwischen den Buden umherrannten, Matrosen auf Bordelltour in der Stadt; ein Fahrrad, das an einem Strick über einer Reihe von Fahrradreifen hing; Papageien in Käfigen; ein zwielichtiger Herr mit Augen wie eine Schildkröte, der still an einem schmalen

Klapptisch saß, an dem er seine »künstlerischen« Photos verkaufte; und dann Ständer voller Kleider und hübsche Frauen, die sich dazwischen drängelten und Musik, die aus den Hauseingängen kam. Der Geruch von Blut und Sägespänen, die Laute von Tieren, die auf dem Hackstock geschlachtet wurden, der Geruch von Blut und Tabak und ein Spaziergang durch eine lange Gasse hinter dem Schlachthaus, das an ein anderes Schlachthaus stieß: Ein Mann, der kübelweise Wasser über den blutgetränkten Boden schüttete, und hinter ihm in einer Reihe die aufgeschlitzten Kadaver von einem Dutzend Schweine. Dann die Lederwaren und Tischlereien und die Läden mit den Badesachen ...

Dann kam er an den Prostituierten vorbei, die in den Hauseingängen standen, in knappen Unterkleidern und Morgenröcken, die eine Brust oder ein Stück Schenkel sehen ließen, und sich die Lippen leckten, als hätten sie gerade ein Eis gegessen; sie sahen ihm prüfend in den Schritt, lächelten und sagten: *»Pssst. Ven, macho, adonde vas?«* Er ging an ihnen vorbei und winkte immer guten Tag: Sie kannten ihn als den stillen Musiker, der durch ihre Straße ging, der Typ, der nicht so ein Draufgänger war wie sein Bruder. Sie riefen ihm zu und streichelten sich über den Busen, und einmal sprang eine von diesen Damen aus dem Hauseingang hervor und kniff ihn in den Hintern: »*Guapito!* He, mein Hübscher, worauf wartest du noch?« Aber er hatte niemals Lust mitzugehen, denn seit damals, als sein Bruder ihn immer zu den Huren in Oriente mitnahm, fand er irgend etwas an der Situation unerträglich traurig, nicht das Streicheln der Brüste und Lenden, nicht seinen Samenerguß oder die weiße Schüssel mit Wasser unterm Bett, in der die benutzten Präservative schwammen, sondern die Vorstellung, sich dabei zu ertappen, daß ihm diese Frauen leidtaten, die gezwungen waren, mit Männern zu schlafen, die sie nicht liebten, die für fünfzig Cent die Beine breitmachten und manchmal, wenn es eine wirklich schöne Frau war, für einen Dollar.

Aber er war kein Heiliger. Es gab da ein hübsches Mädchen, mit dem er hin und wieder ins Bett ging, eine junge Frau, verheiratet, wie sich herausstellte, die wirklich einen Mann nötig hatte, der sie liebte. Er besuchte sie viermal und war gerade dabei, sich in sie zu verlieben, als er draufkam, daß der einzige Grund, warum sie ihm den Schwanz lutschte und ihn kirre zu machen versuchte, Geld war, und das machte ihn wochenlang trübsinnig vor Enttäuschung, und er kehrte zu seinen alten Gewohnheiten zurück. (Gar nicht wie Cesar, der Schwierigkeiten in seiner Ehe hatte und grölend mit einer Flasche Rum in eines von diesen Hurenhäusern ging und sich drei Frauen auf einmal nahm und gesättigt und mit vor Befriedigung verschmitzt leuchtenden Augen in ihre kleine Zweizimmerwohnung heimkam. Gar nicht wie Cesar, der von Zeit zu Zeit in diesen Bordellen auftauchte und die Nacht bei diesen Frauen verbrachte, die er mit seinem tremolierenden, bebenden Bariton unterhielt: Er sang, und sie kochten für ihn, und manchmal verzog er sich in ein Zimmer und ging mit einer von den Frauen ins Bett.)

So kam es, daß die Huren von La Marina ein Einsehen hatten angesichts des Ausdrucks von ewigem Heimweh und Sehnsucht nach Liebe, der sich nachts auf Nestors Gesicht legte. Auch damals schon litt er an Schlaflosigkeit; friedlichen Schlaf hatte er nur in den Armen seiner Mutter gekannt, als er noch ein Baby gewesen war: jeder andere Schlaf war todbringend wie der, den er als krankes Kind in jenen Tagen erlebt hatte, als er nicht atmen konnte und auf Bauch und Rücken voller Striemen war, als er die Augen aufschlug und seine Mutter weinend auf einem Stuhl bei seinem Bett sitzen sah und über sich gebeugt einen Priester, der ihm ein Öl, das entfernt nach Zimt roch, auf die Stirn tupfte und über ihn das Kreuz machte, und er als Kind dachte, er müsse jetzt sterben. Der friedliche Schlaf in den Armen seiner Mutter war es, was ihm fehlte, und so ging er durch diese Straßen, lag im Hader mit der Nacht und wünschte, er hätte Las Piñas oder die liebende Umarmung seiner Mutter nie verlassen. Aber er war ein Mann, *coño*! Dazu bestimmt, in der Welt zu leben und seinen Platz einzunehmen unter den anderen Männern, die da überall herumliefen, die die Dinge im Griff hatten und Befehle gaben und sich dem Leben stellten in jedem Augenblick. Warum sollte er anders sein?

Tagträumerisch durchstreifte er diese Straßen, und weil er keine feste Route hatte und gern im Zickzack durch Seitengäßchen ein und aus ging und durch Gänge und über Treppen, wußte er nie, wo er am Ende ankommen würde. Dieses Umherwandern gab ihm manchmal das Gefühl, den Sternen verwandt zu sein. Er saß stundenlang am Hafen und schaute sie an: Sterne, die quer durch den Himmel stürzten, Sterne, die in ihrem rosigen und bläulichen Licht dort oben hingen, vor einem Himmel, der nie und nie ein Ende nahm. Was taten sie dort oben? Murmeln und seufzen und auf die närrische Liebe herabblicken, wie sie es in den Liedern taten? Sehnten sie sich danach, sich von dem Dunkel loszureißen, das sie nährte? Waren sie einsam oder traurig, oder hatten sie eine Welt, in der sie spielten wie die Kinder? Oder waren sie zu himmelweiter Abgeschiedenheit bestimmt, einsam und allezeit auf der Suche nach dem Glück – wie Nestor?

Eines Nachts ging er durch einen Park im Bezirk Marianao, wo die *rumberos* unter den Bäumen an einem Fluß zusammenkamen, um mit ihren unglaublichen *batá*-Trommeln, perlenbesteckten Rassel-Kalebassen und Trompeten Musik zu machen. In dieser Nacht hatte er bei ihnen mitgetan und Trompete gespielt und war, die Straßen durchwandernd, auf dem Weg nach Hause. In einer Eckbar trank er einen Kaffee und sah ein paar Kindern zu, die zur Musik eines Leierkastenmannes tanzten. Danach überlegte er, in einen Cowboy-Film zu gehen, zog aber dann weiter auf einem Weg, der ihn an einem Hauseingang vorbeiführte, aus dem er Tellerklirren, Schreien und einen Kampf auf der Treppe hörte. Wäre der Streit fünf Minuten vor oder nach seinem Eintreffen ausgebrochen, hätte sich die Situation womöglich ohne sein Dazwischentreten gelöst und die Frau in dem zerrissenen Kleid, der die Tränen über das schöne Gesicht rannen, wäre in ihre Wohnung zurückgegangen oder hätte sich wieder mit dem Mann vertragen. Aber er kam durch Zufall gerade vorbei, als er Geschrei hörte, und dann schnelle, trappelnde Schritte auf der Treppe, Schläge, und dann durch die Tür das raufende Paar sah. Der Mann versuchte ihr die Arme festzuhalten, und die schöne Frau, tränenüberströmt, zog ihn an den Haaren. Beide Gesichter schmerzverzerrt, der Mann in gewalttätiger Wut.

Nestor ging dazwischen, heldenhaft, nahm sich den Mann vor und sagte zu ihm: »Hören Sie mal, Schluß damit, Sie sollen ihr nicht weh tun. Sie ist doch nur eine Frau.« Und dann wurde etwas anderes daraus, der Mann brauste auf, weil diese Schwuchtel da den Nerv hatte, sich mit ihm anzulegen, und darum sagte er: »Und wer bist du, daß du mir so kommst?« und gab Nestor einen Stoß, und Nestor stieß zurück, und dann fingen beide an, mit Fäusten aufeinander einzuschlagen, der Kampf endete draußen auf dem Kopfsteinpflaster, beide Männer bluteten und ihre Hemden waren dreckverschmiert. Nachdem er den Kampf aus der Entfernung mitangesehen hatte, während er sein Abendbrot aus Reis und Huhn und Wurst und *tostones* zu Ende aß, kam ein Polizist herüber und zerrte die beiden auseinander.

Als der Mann sich beruhigt hatte, ging er wieder zu seiner Frau hinüber, wechselte wütende Worte mit ihr und stürmte dann mit den Worten davon: »Du brauchst mich nicht? Auch gut, mich siehst du nie wieder.« Sie sah zu, wie er wegging. Alle paar Schritte drehte er sich um und schrie etwas herüber zu ihr: »Schlampe! Hure!« Sie weinte, und Nestor stand an der Ecke und hatte keine Lust mehr, seinen Spaziergang fortzusetzen. Er wollte an ihrer Seite bleiben, und obwohl sie einander nicht viel zu sagen hatten, blieben sie nebeneinander stehen, schweigend.

Dann bot er ihr an, sie in das Café einzuladen. »Danach geht's Ihnen gleich besser«, sagte er.
Sie nur anzusehen, machte Nestor schwach: Sie war schöner als das Meer, als das Morgenlicht, als ein Feld voll wilder Blumen, und ihr ganzer Körper, aufgeregt und verschwitzt von der Anstrengung, verströmte einen weiblichen Duft, der ihm in die Nüstern stieg, ihm in den Körper sickerte wie Quecksilber, sich ihm in den Magen bohrte wie Amors frecher Pfeil. Er war so schüchtern, daß er sie nicht länger ansehen konnte, und das gefiel ihr, weil die Männer sie sonst immer anstarrten.
»Ich heiße Maria«, sagte sie zu ihm.
»Und ich Nestor«, sagte er leise zu ihr.
Sie war zweiundzwanzig Jahre alt und aus ihrem kleinen *pueblo* am Meer nach Havanna gegangen, wo sie die vergangenen paar Jahre gelebt und als Tänzerin in verschiedenen Nachtclubs gearbeitet hatte. Es überraschte ihn nicht zu hören, daß sie Tänzerin war: Sie hatte einen schönen Körper mit kräftigen, muskulösen aber wohlgeformten Beinen. Sie war eine *mulata*-Schönheit mit den hohen Backenknochen der Starlets aus den vierziger Jahren, ein schmollmundiges, verführerisches Double von Rita Hayworth. Und der Mann, mit dem sie sich gestritten hatte?
»Jemand, der einmal gut zu mir war.«
Er verbrachte den Abend mit ihr in dem Café, *paella* essend und Wein trinkend, und erzählte ihr alles aus seinem kurzen Leben, die Krankheiten seiner Kindheit, sein Gefühl, ein unwürdiger Mensch zu sein, seine Ängste, daß er nie ein richtiger Macho in diesem Königreich der Machos würde sein können. Ihr gequälter Zustand und ihre pulsierende Verletzlichkeit gingen beredt auf seinen Schmerz ein. Jede seiner Geschichten heftete sich an Maria, seine neue Vertraute, die einzige Frau, mit der er je so geredet hatte.
An diesem Abend, und noch vielen anderen, war sie höflich, dankbar und liebevoll. An ihrer Tür verbeugte er sich und

wandte sich ab. Sie sah so gut aus, daß er nicht einmal im Traum daran gedacht hätte, er könnte eine Chance bei ihr haben. Aber dann zog sie ihn an sich, und sie küßten sich. Sie schloß in einer Art von Mitgefühl die Augen, ihre Körper drückten sich aneinander, ihre Hand an seinem Hinterkopf. Wie weich und warm ihre Haut unter dem Kleid war. Wie dick ihre Zunge …

»Warum gehen wir morgen nicht in den Luna-Park?« sagte sie zu ihm. »Kannst du am Nachmittag kommen?«

Es war sein freier Tag.

»Ja.«

»Dann ruf zu dem Fenster dort hinauf.« Und sie zeigte auf ein Fenster mit geschlossenen Läden im zweiten Stock, bei einem Balkon, auf dem ein Laken und ein paar Kleider hingen.

In dieser Nacht ging er mit stolzgeschwellter Brust und einer *pinga*, die warm und angeschwollen in seiner Hose lag, durch die Straßen heim. Er ging noch Stunden in seinem Viertel umher und kletterte schließlich die Treppen zu dem *solar* hinauf, das er mit seinem älteren Bruder Cesar teilte. Er traf ihn an, wie er sich gerade ein paar Koteletts auf dem kleinen Herd briet, den sie dort hatten. Er war in Unterhemd und Boxershorts und sah trübe aus. Es ging ihm schlecht, seit er aus der Wohnung ausgezogen war, die er mit Frau und Tochter gehabt hatte. Außerdem trank er; auf dem Fensterbrett stand eine Flasche Tres-Medallas-Rum. Cesar wirkte angeschlagen.

»Was ist denn mit dir passiert?«

»Ich hab jemanden kennengelernt. Ein Mädchen. Sie heißt Maria.«

Cesar nickte, klopfte seinem Bruder auf den Rücken und hoffte, daß diese Frau Nestors düstere Anwandlungen vertreiben würde.

Und Nestor setzte sich zu seinem älteren Bruder an den Tisch, das Blut pulste ihm in den Adern, er war voller Leben und verschlang noch ein Schweinskotelett, obwohl er doch erst vor ein paar Stunden reichlich gegessen hatte. Laut schmatzend wie ein ausgehungerter kleiner Hund. Lebensgeräusche, Verdauungsgeräusche, in seinen Augen ein Ausdruck von Glück und Hoffnung. Obwohl er in dieser Nacht nicht schlafen konnte, war es eine Schlaflosigkeit vor Freude, die seine Lebensgeister weckte, so daß er Lust hatte, sich aus dem Fenster zu beugen und in die Welt hinauszuschreien. Statt dessen lag er wach im Bett, zupfte leise seine Gitarre, einen e-Moll-Akkord, seine liebste Tonart fürs Liederschreiben. Er spielte und träumte sich Melodien zusammen, die in seinem Kopf entstanden wie harte, glänzende Perlenketten. Er behielt das Fenster im Auge, um das erste Tageslicht nicht zu verpassen. Er stellte sich vor, wie er mit dieser Frau auf der Farm in Las Piñas auftauchte, mit ihr über ein Feld lief und seiner Mutter zurief: »Schau, *Mamá*, hier ist Nestor, dein Sohn, von dem du geglaubt hast, er würde niemals glücklich werden! *Pobrecito!* Sieh mich an, ich habe eine wunderschöne Frau gefunden, die mich liebt!«

Er wartete, bis er die ersten Geräusche des Tages hörte und die schattenhaften Umrisse der Balkonbrüstung, ein Schnörkel von Blumen, auf dem zerschlissenen Rouleau ausmachen konnte. Im Hof ein Radio: »Und nun aus dem House of Socks, auf der Welle von CMQ in Havanna…« Männer in Unterhemden, die auf ihren Balkons Würste brieten. Sein älterer Bruder, der sich seufzend im Bett umdrehte. Schritte auf dem Flur, ein kleines Mädchen spielte unten Himmel und Hölle, andere beim Schnurspringen …

An diesem Vormittag und bis in den Nachmittag hinein zermarterte ihn die Erwartung. Und so glücklich er sich auch gefühlt hatte, seine Selbstzweifel krochen immer wieder unter seinen sonnenhellen Gedanken hervor. Unter ihrem Fenster stehend, rief er ungefähr zwanzig Minuten lang ihren Namen, aber sie kam nicht heraus. Bis dahin hatte Nestor die Überzeugung gewonnen, daß Maria gelogen hatte und ihn nun versetzte. Und so wandte er sich zum Gehen, in der Absicht, den Nachmittag

im Kino in der Stadt zu verbringen. Er war sehr niedergeschlagen, als Maria um die Ecke kam, atemlos und hastig.
»Ich mußte etwas zu meiner Cousine bringen und es hat länger gedauert, als ich dachte.«

Der Tag war wunderschön. Seine Zuversicht kehrte zurück, sie verbrachten die Zeit damit, Händchen zu halten und durch die fröhliche Menge im Park zu bummeln. Sie spielten Lotteriespiele. Von Zeit zu Zeit sah er ihr tief in die Augen und dachte bei sich: Ich weiß, wir sind dabei, uns zu verlieben, nicht wahr? Und sie lächelte, doch sie wandte den Kopf ab, als würde es ihr einen schmerzlichen Stich geben. Natürlich hing ihr das mit dem anderen Mann noch nach. Nestor hielt sich auf Distanz, blieb still, aber immer, wenn er den »Vorfall an diesem Tag« erwähnte, sagte sie: »Denk nicht einmal an diesen Kerl, er war so ein *cabrón.*« Warum aber dann der wehmütige Blick in ihren Augen? »Komm«, und sie nahm ihn an der Hand, »wir wollen uns amüsieren.«
Am Abend saßen sie knutschend draußen auf einem Pier am Meer, aus seiner Penisspitze quollen Samentränen. Er fand nichts dabei, daß sie sich ihm so leicht überließ, obwohl alte Damen ihnen scheele Blicke zuwarfen. Er dachte, daß sie mich so wild küßt, kommt daher, daß wir verliebt sind. Warum hielt sie nur die Augen so fest geschlossen, als wäre er gar nicht da?
Zwei Wochen lang sahen sie sich jeden Tag. Er ging zu ihr nach Hause, wo sie ein Zimmer bei einer Frau gemietet hatte, und sie zogen los auf die Straße, er beim Gehen federnd vor Beschwingtheit. Ihre Liebesaffäre war bald bei gegenseitiger Masturbation an Gassenmauern und in Kinos angelangt, und das führte unausweichlich zum Vollzug dieser Liebe in einem Zimmer am Hafen voll blauen Lichts, auf einem Bett weiß wie der Sand am Strand, in der Wohnung eines Freundes.
An diesem Tag dachte er zum ersten Mal daran, einen *canción* über seine Liebe zu ihr zu schreiben. Gesättigt und wie im

Paradies, dachte sich der jüngere Mambo King, der niemals zuvor wirklich eine Frau gekannt hatte, folgende Textzeile aus: »Wenn das Verlangen eines Mannes Seele überkommt, ist er für alles in der Welt verloren, außer für die Liebe …«

Monatelang war die Liebe für ihn und Maria wie ein Gelage. Sie gingen an einen menschenleeren Flecken Strand außerhalb von Havanna oder in die Wohnung von Nestors Freund am Hafen. Er brachte sie nie in das *solar* mit, das er mit seinem älteren Bruder teilte, weil er das Gefühl hatte, daß die Fröhlichkeit seiner Liebe schmerzlich für Cesar sein würde, der Frau und Kind verlassen hatte und darunter litt … Und außerdem: Was, wenn Cesar sie nicht mochte? Sein Bruder, sein Herz, sein Blut.

In jenen Tagen stürmte Nestor die Treppe zu ihrem *solar* hinauf, seine Schuhe mit den Blockabsätzen klapperten über den Boden, vorbei an Bildern von sich und Maria, wie sie sich im Halbdunkel küßten. Sie taten es auf dem Bett und manchmal auf dem Boden oder auf einem Haufen Schmutzwäsche. Sie schienen einander so sehr zu lieben, daß ihre Haut eine lustvolle Hitze ausströmte und einen Geruch, der so stark war, daß er Rudel von verwilderten Kötern anzog, die ihnen auf der Straße nachliefen.

Einmal, als Cesar nicht da war, kam sie in die Wohnung der Brüder und beschloß, für Nestor Abendessen zu machen. Sie kochte einen Topf Hühnerfleisch mit Reis auf dem weißen Emailherd mit den Tierfüßen, und dann, den Schöpflöffel in der Hand, streckte sie ihren großen Rumbahintern heraus, hob den Rock hoch und sagte: »Komm her, Nestor.«

Sie mochte es auf alle Arten: von hinten, in ihrem Mund, zwischen ihren Brüsten und in ihrem engen Hintern. Sie machte seinen Penis qualvoll dick und lang. Er glaubte immer, er würde sie auseinanderreißen, aber je mehr er ihr gab, desto weiter öffnete sie sich ihm.

Er ging mit ihr ins Kino, wo sie auf dem Balkon saßen, und mitten in den entscheidenden Liebesszenen steckte er ihr einen und dann zwei und dann drei und dann vier Finger hinein. Im Foyer eines Hausflurs hob er ihren Rock hoch und leckte ihr die Schenkel. Er stützte sich auf ihr ab wie ein Hund und drückte seine Zunge genau in die Mitte ihres Höschens. An manchen Tagen vergaß er, wer er war und wo er wohnte und arbeitete: tagsüber im Explorer's Club, nachts in einem kleinen Spielclub namens Capri Club. Sie hatte große, feste Brüste. Ihre Brustwarzen waren braun und vierteldollargroß, die Spitzen zuerst ganz klein, aber wenn er daran saugte, schwollen sie an. Winzige Empfindungsknospen blühten auf, und er schmeckte die Süße ihrer Milch. Bläulich und dick wie ihr Handgelenk, glitt sein Penis in ihren Mund, und sie langte nach hinten, zog ihm die Hinterbacken auseinander und steckte ihre Hand dazwischen, drang in ihn ein. Damals lebte er, *coño*! Lebte.

Er liebte sie so sehr, daß er in ihren Armen hätte sterben können. Liebte sie so sehr, daß er sie im Hintern leckte. Sie kam und er kam, und in dem rötlichen Silber und Weiß, das hinter seiner Stirn explodierte und seinen Körper durchschauerte, spürte er die Gegenwart von etwas Leichtem, Durchsichtigem, etwas wie eine Seele, die in seinen Körper eintrat. Er lag neben ihr und hatte das Gefühl, sein Körper sei zu einem Feld geworden und er und sie würden auf den Schwingen der Liebe verzückt darüber hinwegfliegen. Er dachte an sie, während er bei der Arbeit im Club die Haarwasserflecken von den Lehnen der schweren Lederfauteuils schrubbte. Er trug eine kurze, weiße Jacke mit drei Messingknöpfen und eine kleine Kappe wie ein Hotelpage, servierte den Clubmitgliedern auf Tabletts Speisen und Getränke und träumte davon, ihre Nippel zu lecken. Der Geruch von leinölpoliertem Holz, Rasierwasser, blauem Zigarrenrauch, Flatulenzen. Der Geruch von Leder, Fauteuils mit Haarwasserflecken, dicken Teppichen aus Persien und der Türkei. Nestor lachend, Nestor glücklich, Nestor seinem Bruder einen Klaps auf den damals gramgebeugten Rücken gebend. Er arbeitete in der kleinen Küche hinter der Bar, machte Schinkensandwiches ohne Rinde und Drinks. Er pfiff, er lächelte, er sang glücklich vor sich hin. Er sah quer durch den Speisesaal durch offene französische Fenster auf die Veranda in den Garten. Er dachte an die verheerenden Wölbungen ihrer Hinterbacken, die Strähne dicken schwarzen Haares, die, ein ganz klein wenig nur, hinten zwischen ihren gespreizten Schenkeln hervorlugte. Der Duft von violetten Glyzinien, die über die Gartenwände herabhingen, vielblättriger Jasmin und chinesischer Hibiskus. Der Geschmack ihrer weitoffenen Scheide, ganz rot und glänzend vor Nässe, eine offene Orchidee unter seiner Zunge.

Weil er es nicht erwarten konnte, sie wiederzusehen, durchlitt er die Abende, an denen er mit den Havana Melody Boys arbeiten mußte, neben seinem Bruder Trompete spielte und sang. Seine schöne Maria arbeitete im Ballett des Havanna Hilton, als eine von zehn »schönen milchkaffeefarbenen Tänzerinnen«, und dort wollte Nestor sein, den Blick nicht ins Publikum gerichtet, noch auf die Scheinwerfer, sondern in die Ferne. Er konnte nicht anders als an Maria denken. Wenn er nicht mit ihr zusammen sein konnte, war ihm elend zumute, und wenn er bei diesen Engagements fertiggespielt hatte, stürmte er davon, um sie zu treffen.

Das war zu einer Zeit, als sein älterer Bruder Cesar seine eigenen Sorgen hatte, weil seine Ehe mit Luise in die Brüche gegangen war. Aber Cesar war neugierig auf diese schöne Maria, die seinen schwermütigen, stillen Bruder genommen und glücklich gemacht hatte. Also arrangierte Nestor es schließlich, daß sie sich eines Abends kennenlernten. Sie suchten dafür eine Bar aus, in die viele Musiker gingen, oben am Strand von Marianao. *Dios mío!* sein Bruder Cesar war überrascht über Marias Aussehen und bedeutete Nestor seinen Beifall, aber damals tat das jeder. Er stand da und versuchte, wie jeder andere Mann, herauszufinden, wie um alles in der Welt Nestor sie an Land gezogen hatte. Sein jüngerer Bruder war nie ein Frauenheld gewesen. Genaugenommen schien er immer ein bißchen

Angst vor Frauen zu haben. Und da war er nun, mit einer schönen Frau und einem Ausdruck tiefen Glücks auf dem Gesicht. Mit seinem Aussehen, obwohl ganz ansprechend, mit dem langen Gesicht eines Matadors und einem sensiblen, gequälten Ausdruck, weiten dunklen Augen und großen fleischigen Ohren, hatte er sie auch nicht herumgekriegt. Es mußte seines Bruders Ernsthaftigkeit und Unschuld gewesen sein, Eigenschaften, an denen bestimmte Frauen anscheinend Gefallen fanden. Neben seinem Bruder stehend, sah Nestor ihr zu, wie sie vor einer Jukebox tanzte, aus der Beny More plärrte. Ihr Hintern wackelte, und ihr Körper bebte, ihr schönes Gesicht war der Mittelpunkt des Raumes. Nestor fühlte sich als Triumphator, weil er wußte, was die anderen gern gewußt hätten: Ja, ihre Brüste waren so rund und saftig voll, wie sie sich unter ihrem Kleid ausnahmen, und ihre Nippel wurden groß und hart unter seinen Lippen, und, ja, ihr großer Rumbaarsch war brennend heiß und, ja, ihre wunderbaren Schamlippen teilten sich und sangen wie die großen Kußlippen ihres breiten Lippenstiftmundes und, ja, sie hatte dickes schwarzes Schamhaar, und einen Leberfleck auf der rechten Wange und dazu einen zweiten auf der zweiten inneren Fältelung ihrer Schamlippen; er kannte das feine, schwarze Haar, das aus der Furche zwischen ihren Hinterbacken langsam nach oben wuchs, und er wußte, daß sie, wenn sie zum Orgasmus kam, den Kopf zurückwarf, mit den Zähnen knirschte und daß ihr ganzer Körper danach erzitterte. Voll Stolz neben seinem älteren Bruder an der Bar stehend, schlürfte Nestor sein Bier, eine Flasche nach der anderen, bis die Bläue des Meeres draußen vor den Fenstern des Lokals Falten warf wie ein Cape und er die Augen zumachen konnte und wie der dichte Rauch im Raum durch die Menge der Tänzer wogen und sich um die wollüstige Üppigkeit legen, die Maria hieß.

Komisch, daß das auch der Name ihrer Mutter war. Maria. Maria.

Wenn er sich an diese Zeit erinnerte, dachte Nestor nie an die vielen langen Pausen in ihren Gesprächen, wenn sie im Park spazierengingen. Schließlich war er nur ein verschlossener Junge vom Land mit sechs Klassen Volksschule, der über fast nichts außer Musikern und Viehzucht Bescheid wußte. Er hatte ihr alles von sich erzählt, und nun wußte er fast nichts mehr zu sagen. »Wie ist es im Club?«, »Schöner Tag heute, was?« »*Bueno*, was für ein herrlicher Tag?«, »Warum machen wir nicht einen Spaziergang und essen irgendwas Feines?« Was konnte er ihr schon sagen? Sie war über menschliche Konversation erhaben. Sie hatte es gern, wenn er ihr im Park vor der Oper mit seiner Gitarre ein Ständchen brachte und die Leute zusammenliefen, um zuzuhören, und ihm Beifall klatschten. An manchen Tagen schien sie sehr traurig und verloren, und das machte sie noch schöner. Er ging neben ihr her und fragte sich, was sie wohl dachte und was er sagen konnte, um sie wieder froh zu machen.

Nach und nach wurden aus ihren Spaziergängen lange Vigilien, bis sie an jenen Ort gelangten, wo alles gut war: ihr Bett. Aber dann, irgendwie, wurde selbst aus ihrem glücklichen Treiben im Bett etwas anderes. Sie hielt inne und weinte in seinen Armen, weinte so sehr, daß er sich nicht zu helfen wußte.

»Was ist denn, Maria? So sag's mir doch?«

»Du willst einen guten Rat, Bruderherz?« sagte Cesar zu Nestor. »Wenn du eine Frau willst, behandle sie manchmal gut, aber laß sie sich nicht zu sehr dran gewöhnen. Zeig ihr, daß du der Mann bist. Ein bißchen Prügel hat noch keiner Liebe geschadet. Frauen haben's gern, wenn sie wissen, wer der Boss ist.«

»Aber Maria prügeln? Meine Maria?«

»Mein Wort drauf ... Frauen haben's gern, wenn man sie herumkommandiert und ihnen zeigt, wo ihr Platz ist. Dann wird sie schon aufhören mit ihrer Flennerei.«

In dem Versuch zu verstehen, was sein Bruder meinte, fing er an, Maria herumzukommandieren, und während ihrer wortlosen Spaziergänge im Park zeigte er ihr, daß er ein Mann war, packte sie grob an den Handgelenken und sagte zu ihr: »Du weißt, Maria, du kannst wirklich von Glück sagen, daß du mit jemandem wie mir zusammen bist.«
Er sah ihr zu, wie sie sich vor dem Spiegel zurechtmachte, und sagte: »Ich dachte nie, daß du so eitel bist. Das ist nicht gut, Maria, du wirst im Alter häßlich werden, wenn du zu lange in den Spiegel siehst.«
Er tat andere Dinge, über die er später in der Erinnerung vor Scham zusammenzucken sollte. So gutaussehend sie auch war, er begann, seinen älteren Bruder nachzumachen und ging dazu über, sich nach anderen Frauen auf der Straße umzudrehen. Er stellte sich vor, daß sie für immer bei ihm bleiben würde, wenn er sie ein wenig kleiner machte. Als die Dinge nicht besser wurden, wurde das Schweigen zwischen ihnen länger. Je schlimmer die Dinge wurden, desto verwirrter wurde Nestor.
Aber während der Zeit, als es schlecht um sie stand, setzte Nestor sich hin und schrieb seiner Mutter einen Brief, in dem stand: »*Mamá*, ich glaub, ich hab ein Mädchen zum Heiraten gefunden.«
Und sobald er einmal seiner Mutter davon erzählt hatte, bekam seine Liebesromanze etwas Magisches, etwas von Unausweichlichkeit. Schicksal nannte er es. Zunächst machte er ihr einen förmlichen Antrag, auf den Knien, in einem Garten hinter einem Gesellschaftsclub, mit Ring und Blumen. Er senkte den Kopf und wartete auf eine Antwort: Er schloß die Augen und dachte an alles Glück des Himmels, und als er wieder hochsah, um in ihr hübsches Gesicht zu schauen, lief sie gerade aus dem Garten hinaus, sein Ring und die Blumen lagen neben ihm auf dem Boden.
Wenn er mit ihr ins Bett ging, mußte er an den Mann denken, den er an dem Tag gesehen hatte, als sie sich kennenlernten,

und wie sie nachher geweint hatte. Wenn sie sich liebten, hinterließ er blaue Flecke auf ihren Beinen und Brüsten, weil er sie grob anfaßte, um ihr zu zeigen, daß er ein starker Mann war. Er stand von ihrem Bett auf und sagte zu ihr: »Du wirst mich verlassen, nicht?« Er hatte das üble Gefühl im Magen, daß irgend etwas in ihm sie abstieß. In diesen Nächten wünschte er sich eine *pinga* so riesig, daß es sie auseinanderriß und ihre neuen Zweifel an ihm herausfielen wie aus einer zerbrochenen *pinata*.

Weil er glaubte, Hartnäckigkeit würde ihn ans Ziel bringen, sagte er zu ihr: »Ich werde dich jeden Tag bitten, mich zu heiraten, bis du ja sagst.«

Sie gingen zusammen spazieren und ins Kino, ihr schönes Gesicht ganz zerquält.

»Da ist etwas, das ich dir sagen will ...«, begann sie immer wieder.

»Ja, Maria, daß wir für immer zusammenbleiben?«

»... Ja, Nestor.«

»Ah, ich hab's gewußt. Ich würde sterben ohne dich.«

Eines Abends wollten sie zusammen in einen Humphrey-Bogart-Film gehen und sich an ihrer üblichen Stelle treffen, vor einer Bäckerei namens De Leon's. Als sie nicht kam, ging er auf der Suche nach ihr bis drei Uhr früh die Straßen ab, und als er ins *solar* heimkam, erzählte er seinem älteren Bruder, was passiert war, und Cesar sagte, daß es vermutlich einen guten Grund gab, warum sie ihre Verabredung nicht eingehalten hatte. Nestor hatte den Rat seines Bruders schon immer sehr profund gefunden und fühlte sich gleich besser. Tags darauf ging er zu Marias Haus, und sie war nicht da, und er ging am nächsten Tag, und sie war nicht da, und dann ging er ins Havanna Hilton, und dort war sie auch nicht. Was, wenn ihr irgend etwas zugestoßen war? Er ging immer wieder zurück zu ihrem *edificio*, aber sie war nie dort, und jeden Abend tröstete ihn Cesar, der selber eine schlimme Zeit durchmachte. Aber am fünften Tag sagte Cesar, der sich eine Lebensphilosophie aus Rum, Rumba und Rumbumsen zurechtgelegt hatte, zu Nestor: »Entweder es ist ihr was passiert, oder sie hat dich verlassen. Wenn ihr was passiert ist, wirst du sie wiedersehen, aber wenn sie fort ist ... mußt du sie vergessen.«

Ein andermal am Morgen klopfte er so lang an die Tür, daß der Besitzer herauskam. »Maria Rivera? Sie ist weggezogen.«

Wieder und wieder ging er zu dem Club, aber dort sagte man ihm, sie habe ihren Job aufgegeben und sei in ihr *pueblo* zurückgegangen.

Durch Wochen hindurch konnte er nichts essen oder trinken und magerte ab, und seine Schlaflosigkeit wurde schlimmer. Er saß auf dem Flachdach ihres *solar* und sah auf die Sterne über dem Hafen, Sterne des Wehklagens, Sterne der Hingabe, Sterne unendlicher Liebe, und fragte sie: »Warum verhöhnt ihr mich so?« Er kam in einem verheerenden Zustand zur Arbeit, erschöpft und düster. Seine Verzweiflung war genauso ekstatisch wie vorher sein Glück.

Selbst dem Chef der Havanna Melody Boys fiel auf, wie niedergedrückt Nestor war. Während die anderen Musiker quer über die Bühne Mambo tanzten, bewegte er sich kaum. Jemand flüsterte: »Sieht aus, als müßte er grad durch eine schlimme Herzenssache durch.«

»Armer Kerl, vielleicht ist jemand gestorben.«

»Laßt ihn in Ruhe. Es gibt nichts, das ihn heilen könnte. Nur die Zeit.«

Schließlich fuhr er in ihr *pueblo*, vier Stunden im Bus von Havanna entfernt. Er ging durch die Straßen und fragte nach einer gewissen Maria Rivera. Er war gefahren, ohne seinem älteren Bruder ein Wort davon zu sagen, und hatte sich in einem Gasthaus ein Zimmer genommen. Er war seit vier Tagen dort und trank gerade *café con leche* in einer Bar, als er aufblickte und den Mann sah, mit dem Maria an dem Tag gestritten hatte, als sie sich kennenlernten. Jetzt, da er ihn genau ansehen konnte ohne die Verzerrung durch die Angst, überraschte es ihn, einen sehr ansehnlichen Mann zu sehen. Er trug eine blaue *guayabera*, weiße Leinen-*pantalones*, gelbe Socken und weiße Schuhe, und er hatte starke und angenehm männliche Züge: dunkle, eindringliche Augen, einen dicken, sehr maskulinen Schnurrbart, einen breiten Nacken. Der Mann hatte in aller Ruhe ausgetrunken und ging dann plötzlich hinaus auf die Straße. Nestor folgte ihm in einiger Entfernung. Er kam in eine sehr hübsche Straße, eine schmale Straße mit Kopfsteinpflaster, die bergauf führte. Alte orangefarbene und hellrosa Mauern, überwachsen von blühendem wilden Wein. Palmen und Akazien, die ihre Schatten auf den Gehsteig warfen. Und aus der Ferne das Leuchten des Meeres.

Da war ein Haus. Ein hübsches Haus mit Blechdach, von dem man aufs Wasser sah. Der Geruch von Ananas und einem Garten. Ein Haus voll Glück und Stimmen. Die Stimme von Maria, lachend und glücklich, glücklich.

Er wartete, lungerte gequält unter den Schatten herum wie ein Gespenst, nur um einen flüchtigen Blick auf sie zu werfen. Und das machte die Sache noch schlimmer. Er sah durch ihr Fenster und hörte Stimmen schnattern und Besteck und Teller und Pfannen, in denen Bananen gebraten wurden, ihr Leben ging fröhlich weiter ohne ihn, und er krümmte sich zusammen. Zunächst hatte er nicht die Courage, an die Tür zu pochen und ihr gegenüberzutreten, er wollte die Wahrheit nicht sehen müssen. Aber er fand seine Stärke in einer Bar wieder, kam in der Dämmerung wieder und stakste bis an die Tür, Bauch rein, Brust raus. Eine lange klagende Trompetenphrase, hochaufsteigend und Schleifen um die Sterne ziehend. Mimosenduft in der Luft. Lachen. Er hämmerte so lange gegen die Tür, bis der Mann herauskam.

»Was wollen Sie?«

»Mein Mädchen.«

»Sie meinen«, sagte er, »meine Frau.«

»Sagen Sie nicht, daß ...«
»Vor einer Woche.«
»Aber sie hat Sie gehaßt.«
Der Mann zuckte die Achseln. »Es war uns bestimmt.«

Oh, Maria, warum warst du so grausam, da ich doch das Sternenlicht sah, wie es dir durchs Haar spülte, und das versunkene Glühen des Mondes in deinen Augen.

Nestor schaffte es den Hügel hinunter bis zu einer Kaimauer, er lehnte sich an ein kleines Denkmal des kubanischen Dichters José Martí und sah auf das Meer aus Dämmerung. Dort malte er sich aus, wie glücklich er hätte mit ihr sein können, wenn er nur nicht so grob gewesen wäre oder mehr geredet hätte, oder ein wenig wirklichen Ehrgeiz besäße. Hätte sie doch nur nicht die Schwäche in seiner Seele gesehen. Wie in einem Traum tauchte Maria hinter ihm auf, und sie lächelte. Als er ihre Hand zu berühren versuchte, war es, als griffe er nach Luft. Da war nichts. Aber Maria war da. Sie sprach so sanft und so zärtlich zu ihm über ihre Herzens- und Seelenqualen, daß er, als sie verschwand, merkwürdig beruhigt war.
Was war es, das sie zu ihm gesagt hatte?
»Was auch geschieht, ich werde dich ewig lieben.«
Immer und ewig bis in den Tod.
Er verbrachte die Nacht vor ihrer Tür im Freien. Am Morgen entdeckte er, daß sie ihm einen Teller mit Schinken und Brot hinaus aufs Pflaster gestellt hatte, wo er geschlafen hatte, aber eine Armee von glutroten Ameisen war darüber hergefallen.
Er kehrte nach Havanna zurück und erzählte Cesar, was Maria ihm gesagt hatte.
Um seinen Hals hing das Kruzifix, das seine Mutter ihm zur Erstkommunion geschenkt hatte und das oft die fülligen Brüste der schönen Maria gestreift hatte. Und um seine Brust lag das drückende Gefühl von Steinen und Erde, das schwache, pulsie-

rende Gefühl in den Gelenken, die zu Wachs wurden, als müßte er jede Sekunde zusammenbrechen.

»Sie sagte, sie liebt mich noch immer. Sie sagte, sie denkt die ganze Zeit an mich. Sie sagte, sie wollte mich niemals verletzen. Sie sagte, manchmal, wenn sie nachts im Bett liegt, muß sie an mich denken und kann mich in sich fühlen. Sie sagte ...«

»Nestor, hör auf damit.«

»Sie sagte, sie hätte mich geheiratet, wenn da nicht diese eine Sache gewesen wäre, dieser andere Mann in ihrem Leben, ein alter *prometido* aus der Stadt, wo sie herkommt. Daß er einfach jemand ist, den sie vergessen wollte. Ein Provinzler, der sich nicht um sie kümmerte, als sie zusammen waren, und der herkam, um sie zurückzuholen, und –«, er bedeckte sein Gesicht mit den Händen, »– sie fühlte, daß sie zu ihm zurückgehen mußte und ...«

»Nestor, hör auf.«

»Sie sagte, sie wird sich immer an unsere schönen Zeiten zusammen erinnern, aber er war vor mir da, und, na ja, jetzt ist unser Schicksal besiegelt. Sie sagte, daß sie ihn aus innerem Schmerz geheiratet hat. Sie sagte, sie wollte mich nie hintergehen, und daß sie mich wirklich geliebt hat. Sie sagte, es würde ihr das Herz brechen, daß wir uns nicht schon viel früher getroffen haben, aber dieser Mann war immer schon der, den sie liebte ...«

»Nestor, sie war wie eine *puta*!«

»Sie sagte, ihre wahre Liebe bin ich, aber ...«

»Nestor, hör auf. Mann, hast du keine Eier mehr? Du bist besser dran ohne sie.«

»Ja, besser.«

Catherine Texier
Johnny im Glück (wenn du es wagst)

Johnnys Wohnung ist eine dunkle Dachmansarde mit einer Matratze auf einem Podest in einer Ecke und einem Gewirr von Laken, das auf den Fußboden quillt, einem Kamin, unbeholfen in die Mauer gehauen und einer Tonanlage, die den verbleibenden Raum ausfüllt. Die Drähte laufen über den Fußboden, bilden dicke Knäuel an den Steckdosen, und Hunderte von Tonbändern und Plattenalben kämpfen darum, nicht aus den Regalen zu fallen.

Nachts knipsen sie die elektrischen Birnen aus, zünden Kerzen an und lauschen dem Sound von New York. Verzerrte Schatten strecken sich auf den unverputzten Wänden.

Wir sind die Letzten, sagt Johnny, die letzte Generation. Wir hausen in Löchern wie die Ratten. Hinter ein paar Steinen, die von der Straße geholt wurden.

Du hast Glück, sagte Eva. Du kannst aus New York wegziehen.

Und wohin?

Sie zeigt aus dem Fenster, Richtung Westen.

Nach Jersey.

Niemals.

Ach, erzähl mir doch nichts.

Ich sage dir: niemals.

Die Nächte bei Johnny sind dunkelrot, nicht wie am Times Square, wo sie rot sind. Die Winternächte sind verkrustet und still, ein eisiger Nebel wird gegen die Fensterscheiben gepreßt. Die Handflächen bleiben am Glas kleben, auf den Mustern des Frosts. Die Nächte sind scharf wie Kristall.
Sie liegen in Pullovern und Socken auf der Matratze und beobachten, wie die letzte Glut erlischt.
Eines Tages wird das Haus in Flammen aufgehen, sagt Eva. So, wie die Lower East Side abbrannte, Harlem abbrannte, die South Bronx abbrannte.
Johnny drehte sich zur Seite, um sich eine Zigarette anzuzünden. Die Streichholzflamme erhellt seine Augen und zeichnet tiefe Furchen in seine Wangen.
Nein, wir sind vorsichtig, sagt er und wirft das Streichholz quer durch das Zimmer in die Glut.

Sie versteckt sich in Johnnys Wohnung. Niemand auf der Welt kann sie hier erreichen. Du bist so weit weg von New York wie nur irgend möglich und trotzdem mitten in der Stadt. Wie im Niemandsland. Ein Nomadenland. Aber Johnny ist ein Nomade, der Manhattan nicht verläßt. Er ist ein Herumtreiber mit Wurzeln, ein Typ, der sich im Fernsehen ansieht, wie die Yankees die Red Sox schlagen. Er hat einen Joint in der Hand und eine Dose Bud zu seinen Füßen, liegt an zwei Kissen gelehnt, zwischen wirren Drähten und dreckigen Klamotten, genauso, wie er es bei seiner Mom in Jersey machen würde, während um ihn herum der stumme Kampf der Stadt tobt.
Eva kommt. Sie trägt eine braune Papiertüte, steigt über die Drähte der Tonanlage, kickt einen Haufen mit Klamotten aus dem Weg, schiebt auf dem Tisch ein paar schmutzige Becher und herumliegende Zeitschriften beiseite und stellt die Einkaufstüte neben der Kaffeemaschine ab, die ständig in Betrieb ist.
Johnny sitzt da, hat den Kopf in die Hände gestützt, starrt auf

den Bildschirm mit den Baseballspielern. Winzige Figuren in Weiß und Blau bewegen sich auf einer großen grünen Fläche. Er bewegt sich nicht, hebt nicht den Kopf. Sein Körper ist verkrampft, in sich versunken wie in hypnotischer Trance, vielleicht haben ein paar Joints dabei geholfen, ein süßlich-beißender Geruch wird vom Ventilator herumgewirbelt. Er badet seinen Blues in dem milchigen Licht des Fernsehers, zu seinen Füßen eine Flasche Whisky.
Du machst mich verrückt, hör auf, so herumzugehen, sagt er und reagiert damit endlich auf ihre Anwesenheit. Wie du deinen Arsch bewegst.
Willst du ihn?
Wen?
Meinen Arsch.
Nein. Das ist es ja. Ich will ihn nicht. Du streckst ihn mir ins Gesicht. Ärgerst mich.
Gar nicht. Das ist meine Art, mich zu bewegen. Du hast schmutzige Gedanken.

Warum bist du nach New York gekommen? hat Johnny mich einmal gefragt, als ich ihm erzählte, daß ich nicht hier geboren bin, daß ich aus Frankreich komme. Man hört es manchmal am Ende eines Satzes, an dem sanfteren Umgang mit den Konsonanten statt des Schnalzens oder Knallens der geborenen Amerikaner bei t, d, m, etc. Nicht am r, an meinem r kann man es nicht erkennen, das ist selten, ich weiß. Denn das r verrät die französische Zunge. Vielleicht hat Johnny deshalb nicht schon früher gefragt. Das Schicksal hat mich hierher verschlagen, antwortete ich. Ich war dreizehn, vierzehn, ich hatte knospende Brüste und trug Bermudas im ersten Sommer. Ich kann mich an meine Brüste erinnern, sie waren so hoch oben. Fast unter den Schultern. Er fragte, ob sie sehr schnell groß geworden sind. So groß sind sie gar nicht, sagte ich. Ich meine voll, sagte er. Er mag ihre Fülle, wenn sie über seinem Mund hängen. Er möchte sie runterschlucken, möchte sich vollstopfen. Ich sagte nein, daß sie winzig waren, mit harten kleinen Brustwarzen. Er lachte. Wir sprachen nicht mehr über meine französische Herkunft. Was gibt es dazu auch noch zu sagen? Es ist Vergangenheit. Es ist wie ein Geheimnis, das tief in mir vergraben ist. Wie eine unsichtbare Schicht unter meiner amerikanischen Existenz. Eines Tages wird es nur noch ein Fossil sein. Die Muster meines früheren Selbst werden sich in meinem amerikanischen Erscheinungsbild aufgelöst haben.

Johnny trinkt einen Schluck Bourbon und deutet auf die Tüte auf dem Tisch. Was ist da für Zeug drin? Hast du Eis mitgebracht?
Und Kekse, sage ich.
Gibt es einen Anlaß?
Ich arbeite heute abend nicht. Ich dachte, wir könnten hier etwas essen und ... Ich habe Sachen mitgebracht, die dir schmecken. Eine Mango.
Er streckt sich auf dem Bett aus, hat die Beine weit geöffnet, die Arme über dem Kopf.
Ich kniee zwischen seinen Beinen, öffne seinen Ledergürtel, spüre die Schnalle unter meinen Handflächen. Manchmal frage ich mich, ob ich die amerikanischen Männer nur wegen ihrer Jeans liebe, wie sie darin aussehen. Eine Fetischistin.
Es waren also gar nicht meine schmutzigen Gedanken, sagt er, hebt die Hüften, damit ich ihm die Hosen ausziehen kann, er behält nur das T-Shirt an. Er ist rötlich-rosa, groß. Er riecht nach Pisse und Schweiß, erinnert mich an eine heiße feuchte Höhle. Sein Haar ist klebrig und struppig, wie nasses Gras am Ufer eines Sees. Ich stecke mein Gesicht hinein. Ich möchte mich in seinem Fleisch vergraben. In seinem primitiven, rohen Fleisch. Es ist wie damals, als Mimi aus mir herauskam, das Blut klebte auf meinem Busch, sie war mit Blut bedeckt, ihre Haut streifig blau wie Mondstein, die Farbe der Felsen, der Reptilien, Gerü-

che der Erde, Verwesung, der Beginn neuen Lebens. Ich beiße vorsichtig in seine Eier. Ich nehme eins ganz in den Mund. Er stöhnt. Ich will, daß er stöhnt. Ich will, daß er sich in meinem Mund verliert. Ich will, daß sich sein Körper unter meinen Händen windet, daß er süchtig wird nach dieser Berührung, danach verlangt wie nach Wasser, wie nach frischer süßer Sahne. Ich will, daß er unter mir vergeht. Ich will, daß er sich in ein Band aus Seide verwandelt. Ich stoße meinen längsten Finger, den Mittelfinger, in sein Loch und bewege ihn leicht. Ich warte, bis er zuckt und wimmert. Dann ziehe ich ihn raus. Ich will, daß er sich danach sehnt, ich will, daß er vor Sehnsucht schreit. Er rollt sich auf den Bauch und streckt mir seinen Arsch ins Gesicht. Ich lege meine Hände darauf. Er paßt schnucklig in die Handfläche der einen und in die gebogenen Finger der anderen Hand. Er paßt sich an, egal wo und wie ich ihn anfasse. Er würde in meinen Ellenbogen passen, meine Kniekehlen, meine Kehle, meine Achselhöhlen. Wie ich mich auch biege und ihn umschlinge. Ich halte seine Zehen in der Hand, seine Zunge ist in meinem Mund, ich rolle seinen Schwanz zwischen meinen Fußsohlen. Er seufzt. Dann nimmt er mich in die Hände, er greift mir fest zwischen die Beine. Ich schwelle in seinen Händen. Ich werde zu einer Kurve, einer Sinuskurve. Wir gleiten umeinander. Wir werden zu Schlangen. Ich tanzte auf der Spitze seiner Zunge. Damit hat er mich gefangen, und er weiß es. Er läßt mich tanzen, bis ich zusammenbreche.
Ehe ich komme, sehe ich ihm in die Augen, und ich kann die Abgründe sehen. Ich sehe seine nackten Augen. Sie sind hell, fast durchsichtig. Als habe grelles Licht ihre Farbe ausgeblichen, oder vielleicht sind sie zu Spiegeln geworden, und was ich sehe, ist meine eigene Begierde.
Wenn ich bei Johnny bin, verschwimmen die Tage. Tag und Nacht sind eins. Wir waschen uns nicht, wir essen auf der Matratze, wir starren auf das Feuer in dem primitiven Kamin. Die Vorhänge bleiben zugezogen. Unser einziger Zeuge, unser

Spiegel, ist der Fernseher, den wir ohne Ton laufen lassen, damit wir nachmittags keine Spiele verpassen. Aus den Augenwinkeln sehen wir die Bilder, sie flackern wie unsere eigenen Schatten. Manchmal ist es, als machten sie sich hinter unserem Rücken über uns lustig. Ich hasse diesen ständig flackernden Bildschirm. Ich habe deswegen einen Kampf geführt, habe aber nur beim Ton gewonnen. Johnny hat bei den Bildern gewonnen. Er sagt, er könne vielleicht ohne den Ton auskommen, brauche aber die niedrige Frequenz des Fernsehtons, den unsere Ohren wahrnehmen, auch wenn wir ihn nicht bewußt »hören«. Ich habe Angst vor der Strahlung des Fernsehers. Manchmal vermeide ich es demonstrativ, vor dem Fernseher vorbeizugehen. Ich gehe hintenherum, oder ich meide überhaupt diese Ecke des Zimmers. Manchmal sieht er aus wie der Körper eines kranken Insekts, das sich kaum noch regen kann. Warum eines Insekts, frage ich mich. Ich kann mir nicht vorstellen, daß er aufsteht und weggeht, aber er sieht auch nicht wie eine Katze aus oder wie ein kleiner Bär. Er ist fremder und bedrohlicher mit seinem Flackern. Sein riesiges einziges Auge starrt uns an und spiegelt Bilder wie eine Iris in der Sonne.
Wenn ich zwei, drei Tage hintereinander Pause habe zwischen meinen Gigs, dann gehe ich zu Johnny, und die Zeit steht still. Und wenn ich wieder auf die Straße trete, stürzen Licht und Lärm auf mich ein, als käme ich aus der Unterwelt. Selbst das diesige Sonnenlicht brennt in den Augen.
Auf dem Weg nach Hause gehe ich bei Albertine vorbei, ich habe Angst, so stark zu riechen, daß Mimi fragt, was das ist. Aber sie wendet sich vom Küchentisch mir zu und gibt mir eine Zeichnung. Es ist eine Prinzessin mit einer üppigen Frisur, viel Haar und Ornamente mit Federn und Blumen und ein ausladender Hut, der vage an das Mittelalter erinnert und wie eine dreizakkige Krone auf einer höchst kippligen Konstruktion sitzt. Langes braunes Haar fällt ihr bis zu den Ellenbogen, und ein weiter Rock bauscht sich bis zu den Füßen. Das Besondere an der Zeichnung

ist, daß die Prinzessin sich eine Schlange um den Hals gelegt hat, die ihr über die Brust bis zum Rock reicht. Ich weiß, daß es eine Schlange ist, weil ich gefragt habe, und Mimi sagte, das ist natürlich eine Schlange. Mom, das sieht man doch, und das stimmt. Ich frage mich nur, woher diese Idee kommt, ich hoffe, daß sie das Bild irgendwo abgemalt hat oder daß sie einfach Bilder von Schlangen gesehen hat, vielleicht einen Dokumentarfilm über Schlangen; denn sonst wäre es ziemlich beunruhigend, darüber nachzudenken, warum Mimis Prinzessin eine Schlange als Symbol trägt. Es ist ihre Lieblingsschlange, erklärt Mimi, eine Boa, sie nimmt sie überallhin mit. Sie schläft sogar bei ihr. Nein! Doch, Mom, wirklich. Jetzt kichert Mimi wie verrückt. Würdest du mit einer Schlange schlafen? Ich? O nein, wie eklig! Ich hätte viel zuviel Angst. Und deine Prinzessin hat keine Angst? Sie kommt zu mir, kommt mit dem Mund ganz nah an mein Ohr und haucht mehr, als daß sie flüstert: Mommy, sie wird sich in einen Prinzen verwandeln. Ich dachte eigentlich, daß sich Frösche in Prinzen verwandeln, sage ich. Mommy! sagt Mimi. Doch nicht bei meiner Prinzessin. Sie haßt Frösche.
Sie hat also nicht gemerkt, wie ich rieche. Aber manchmal merkt sie es, und ich sage dann: Das ist der Geruch der Liebe. Das klingt so abgedroschen, daß ich es sofort wieder zurücknehmen möchte. Aber sie schluckt es, genauso wie die Tatsache, daß ich drei, vier Tage lang verschwinde. Aber wenn sie mich in den Bauch boxt oder versucht, mich zu erwürgen, dann denke ich, daß sie alles weiß, daß sie es zwar schluckt, aber nicht hinunterschluckt, daß es sich aufstaut. Jetzt aber atme ich auf, daß das Leben während meiner Abwesenheit nicht auseinandergefallen ist, und ich sehe mir sogar die Nachrichten an, während ich etwas Eintopf mit Rindfleisch esse, der übriggeblieben ist, und ich sehe mir an, wie sich Aids weiter ausbreitet, genau wie das Wettrüsten, und ich frage mich, was von beiden uns zuerst umbringen wird.

Noch immer in Parkington. Schließlich wurde mir doch noch eine Stunde Schlaf zuteil – aus dem mich der sinnlose und schrecklich erschöpfende Verkehr mit einem kleinen, behaarten, mir völlig fremden Hermaphroditen weckte. Mittlerweile war es sechs Uhr morgens, und mir kam plötzlich der Gedanke, es könne ratsam sein, früher als angekündigt im Camp anzukommen. Ich hatte von Parkington aus noch hundert Meilen zu fahren, und bis zu den Hazy Hills und nach Briceland wären es noch mehr. Wenn ich gesagt hatte, ich würde Dolly nachmittags abholen, so nur, weil meine Phantasie darauf bestand, daß so bald wie möglich die barmherzige Nacht über meine Ungeduld herabsank. Doch jetzt sah ich Mißverständnisse aller Art voraus und zitterte bei dem Gedanken, daß eine Verzögerung ihr Gelegenheit zu einem Telefonanruf in Ramsdale gäbe. Als ich aber um 9 Uhr 30 zu starten versuchte, stellte ich fest, daß die Batterie leer war, und es war nahezu Mittag, als ich Parkington endlich verließ.

Ich erreichte meinen Bestimmungsort gegen halb drei; parkte meinen Wagen in einem Fichtenwäldchen, wo ein grünbehemdeter, rothaariger Lümmel stand und in griesgrämiger Einsamkeit Hufeisen auf einen in die Erde gerammten Pfeil warf; wurde von ihm wortlos zum Büro in einem weißen Stuckhäuschen gewiesen; mußte mehrere Minuten mehr tot als lebendig das neugierige Mitgefühl der Camp-Leiterin über mich ergehen lassen, eines schlampigen, abgekämpften Weibsbildes mit rostrotem Haar. Dolly, sagte sie, habe schon gepackt und sei reisefertig. Daß die Mutter krank sei, wisse sie, aber nicht, daß es etwas Ernstes sei. Ob Mr. Haze, ich meine Mr. Humbert, gern das pädagogische Personal des Camps kennenlernen möchte? Oder die Hütten besichtigen, in denen die Mädchen untergebracht waren? Jede einem Disney-Geschöpf gewidmet? Oder das Haupthaus besichtigen? Oder solle Charlie gehen und sie holen? Die Mädchen legten für einen Tanzabend gerade letzte Hand an den Schmuck des Eßsaals. (Und später würde sie vielleicht zu diesem oder jenem sagen: »Der arme Kerl sah aus wie sein eigenes Gespenst.«)

Es sei mir erlaubt, diese Szene mit all ihren trivialen und schicksalhaften Einzelheiten einen Augenblick lang festzuhalten: die Hexe Holmes, die eine Quittung ausstellt, sich am Kopf kratzt, ein Schreibtischschubfach aufzieht, Wechselgeld in meine ungeduldige Hand schüttet und dann säuberlich einen Schein mit den fröhlichen Worten: »... und fünf!« darüber breitet; Photos von kleinen Mädchen; einen noch lebendigen, prächtig bunten Nachtfalter oder Schmetterling, der fest an die Wand gespießt ist (»Naturkunde«); das gerahmte Diplom der Diätistin des Camps; meine zitternden Hände; eine Karteikarte, die die tüchtige Holmes hervorzieht und die einen Bericht über Dolly Hazes Betragen im Juli enthält (»befriedigend bis gut; Vorliebe für Rudern und Schwimmen«); rauschende Bäume, zwitschernde Vögel und mein hämmerndes Herz ... Ich stand mit dem Rükken zur offenen Tür und fühlte plötzlich das Blut zu Kopfe schießen, als ich ihren Atem und ihre Stimme neben mir hörte. Sie schleifte ihren schweren Koffer bumsend neben sich her. »Hei!« sagte sie, blieb stehen und sah mich aus schlauen, frohen Augen an, die weichen Lippen zu einem etwas törichten, aber wunderbar liebenswerten Lächeln geöffnet.

Sie war dünner und größer geworden, und eine Sekunde lang kam mir ihr Gesicht weniger hübsch vor als das Bild, das ich länger als einen Monat in mir bewahrt hatte: Ihre Wangen sahen hohler aus, und zu viele Sommersprossen tarnten ihre ländlich rosigen Züge; und aus diesem ersten Eindruck (einem sehr schmalen menschlichen Intervall zwischen zwei Tigerherzschlägen) ging unausgesprochen, aber klar hervor, daß Witwer Humbert alles tun müsse, alles tun wollte und tun würde, um dieser abgemagerten, wenn auch sonnengebräunten kleinen Waise *aux yeux battus* (und sogar dieser bleierne Schatten unter den Augen war voller Sommersprossen) eine solide Erziehung zu geben und eine gesunde, glückliche Jugend, ein reinliches Heim, nette gleichaltrige Freundinnen, unter denen ich (wenn die Parzen mich zu belohnen geruhten) vielleicht ein hübsches kleines Mägdlein für den Herrn Doktor Humbert allein finden würde. Doch im nächsten Augenblick war meine wohltäterhafte Verhaltensstrategie ausradiert, hatte ich meine Beute eingeholt (die Zeit läuft unseren Phantasievorstellungen voraus!), und sie war wieder meine Lolita – und sogar mehr denn je meine Lolita. Ich ließ meine Hand auf ihrem warmen, kastanienbraunen Kopf ruhen und ergriff ihren Koffer. Sie war ganz Rose und Honig in ihrem buntesten, mit roten Äpfelchen bedruckten Kattunkleid, und ihre Arme und Beine waren von tiefem Goldbraun; darauf waren Kratzer wie winzige Punktlinien aus geronnenen Rubinen, und die gerippten Stulpen ihrer weißen Wollsocken waren genau so weit umgeschlagen, wie ich es in Erinnerung hatte; und ihrer kindlichen Tracht wegen oder weil ich sie in Gedanken immer in flachen Schuhen gesehen hatte, schienen mir ihre weißbraunen Lederhalbschuhe irgendwie zu groß und zu hochhackig für sie. Leb wohl, Camp Q. Leb wohl, einfaches, ungesundes Essen, leb wohl, Freund Charlie. Sie setzte sich neben mich in den heißen Wagen, erschlug eine flinke Fliege auf ihrem entzückenden Knie; dann kurbelte sie, während ihr Mund energisch einen Kaugummi bearbeitete, rasch das Fenster an ihrer Seite herunter und lehnte sich wieder zurück. Wir fuhren durch den sonnengestreiften und gefleckten Wald.

»Wie geht's Mama?« fragte sie höflich.

Ich sagte, die Ärzte wüßten noch nicht recht, was ihr fehle. Jedenfalls etwas Gastrointestinales. Was garstig Infernalisches? Nein, Intestinales. Wir müßten eine Weile in der Nähe bleiben. Die Klinik sei auf dem Lande, nahe der fröhlichen Stadt Lepingville, wo ein großer Dichter des frühen neunzehnten Jahrhunderts gelebt habe und wo wir uns alle Filme ansehen würden. Sie fand, das sei ein toller Plan, und fragte, ob wir noch vor neun Uhr abends in Lepingville wären.

»Wir werden wohl zur Abendessenszeit in Briceland ankommen«, sagte ich, »und morgen sehen wir uns dann Lepingville an. Wie war die Tour? War's schön im Camp?«

»Mhm.«

»Traurig, daß du weg mußt?«

»N-n.«

»Sprich, Lo ... grunz nicht so. Erzähl mir was.«

»Was denn, Papi?« (Sie dehnte das Wort mit ironischer Vorsätzlichkeit.)

»Irgendwas.«

»Ist es okay, wenn ich Papi zu dir sage?« (Augen zusammengekniffen und auf die Straße gerichtet.)

»Aber ja.«

»Ist doch zum Schießen, nicht? Wann hast du dich denn in meine Mami verknallt?«

»Eines Tages, Lo, wirst du so manche Empfindung und Situation begreifen, zum Beispiel die Harmonie und Schönheit geistiger Verwandtschaft.«

»Kack!« sagte das zynische Nymphchen.

Kleine Flaute im Dialog, ausgefüllt mit etwas Landschaft.

»Sieh nur, Lo, all die Kühe da auf dem Hang.«

»Ich glaube, ich muß kotzen, wenn ich je wieder eine Kuh zu sehen kriege.«

»Ich habe dich nämlich schrecklich vermißt, Lo.«

»Ich dich nicht. Stimmt, ich war dir haarsträubend untreu, aber das macht nichts, weil du ja doch aufgehört hast, dich für mich zu interessieren. Du fährst viel schneller als Mami, junger Mann.«

Ich ging von blinden 110 Stundenkilometern auf halbblinde 75 herunter.

»Wie kommst du darauf, daß ich aufgehört habe, mich für dich zu interessieren, Lo?«

»Na, du hast mir noch keinen Kuß gegeben, oder?«

Innerlich vergehend, innerlich stöhnend, bemerkte ich vor mir einen angemessen breiten Seitenstreifen und holperte und schwankte hinein ins hohe Gras. Vergiß nicht, sie ist ein Kind, vergiß nicht, sie ist nur ...

Der Wagen war kaum zum Stehen gekommen, das floß Lolita geradezu in meine Arme. Weil ich nicht wagte, nicht wagte, mich gehenzulassen, nicht einmal wagte, mir klarzuwerden, daß *dies* (süße Feuchtigkeit und zitterndes Feuer) der Anfang des unsagbaren Lebens war, das meine Willenskraft, vom kupplerischen Schicksal kompetent unterstützt, hatte Wirklichkeit werden lassen – weil ich nicht wagte, sie richtig zu küssen, berührte ich ihre heißen, sich öffnenden Lippen mit äußerster Ehrfurcht – ein winziges Nippen, nichts Lüsternes; sie aber preßte mit einem ungeduldigen Zappeln ihren Mund so fest gegen den meinen, daß ich ihre starken Schneidezähne fühlte und an dem Pfefferminzgeschmack ihres Speichels teilhatte. Ich wußte natürlich, daß es ihrerseits nur ein unschuldiges Spiel war, eine Backfischschäkerei, die Imitation irgendeines Abklatsches gespielter Liebesleidenschaft, und da (wie der Psychoschinder und der Mädchenschänder bestätigen können) die Grenzen und Regeln solcher kindlichen Spiele fließend sind oder wenigstens zu kindlich subtil, als daß der erwachsene Partner sie begreifen könnte, hatte ich furchtbare Angst, ich könnte zu weit gehen und sie dazu bringen, angewidert und erschreckt zurückzufahren. Und weil mir vor allem qualvoll viel daran lag, sie in die hermetische Abgeschlossenheit der Verzauberten Jäger zu schmuggeln, und wir noch achtzig Meilen vor uns hatten, unterbrach meine

glückliche Intuition unsere Umarmung – einen Sekundenbruchteil, bevor ein Patrouillenwagen neben uns hielt.
Mit rotem Gesicht und bauschigen Augenbrauen starrte der Fahrer mich an:
»Haben Sie vielleicht eine blaue Limousine gesehen, die Sie vor der Kreuzung überholt hat, selbe Marke wie Ihre?«
»Ich wüßte nicht.«
»Haben wir nicht«, sagte Lo und beugte sich, ihre unschuldige Hand auf meinen Beinen, diensteifrig über mich hinweg, »aber sind Sie auch sicher, daß sie blau war, denn ...«
Der Polyp (welchen Schatten von uns verfolgte er?) schenkte dem Maidelein sein schönstes Lächeln und machte eine Kehrtwende.
Wir fuhren weiter.
»Der Esel!« bemerkte Lo. *»Dich* hätte er schnappen sollen!«
»Wieso um Himmels willen mich?«
»Weil die Höchstgeschwindigkeit in diesem dämlichen Staat achtzig ist und ... Nein, jetzt brauchst du nicht langsamer zu fahren, du Dussel. Er ist ja weg.«
»Wir haben noch eine ziemliche Strecke vor uns«, sagte ich, »und ich möchte ankommen, bevor es dunkel wird. Also sei ein liebes Mädchen!«
»Böses, böses Mädchen«, sagte Lo genüßlich. »Jugendliche Delickwentin, aber offen und gewinnend. Das war ein Rotlicht. Ich habe noch nie so eine Fahrerei erlebt!«
Wir rollten stumm durch eine stumme Kleinstadt.
»Was meinst du, würde Mama nicht ziemlich toben, wenn sie herausbekäme, daß wir ein Liebespaar sind?«
»Um Gottes willen, Lo, so etwas dürfen wir nicht sagen.«
»Also ein Liebespaar sind wir doch, oder?«
»Nicht daß ich wüßte. Ich glaube, wir werden wieder Regen bekommen. Willst du mir nicht von den Streichen erzählen, die du im Camp ausgeheckt hast?«
»Du redest wie ein Buch, *Papi.*«

»Was habt ihr so getrieben? Erzähle, ich will's wissen.«
»Bist du leicht geschockt?«
»Nein. Mach schon.«
»Bieg in einen einsamen Seitenweg, und ich erzähl's dir.«
»Lo, ich muß dich ernstlich bitten, nicht den Clown zu spielen. Also?«
»Also ... ich hab alles mitgemacht, was so an Aktivitäten geboten wurde.«
»Ensuite?«
»Angswiht lernte ich ein glückliches und ausgefülltes Gemeinschaftsleben zu führen und dabei eine harmonische eigene Persönlichkeit zu entwickeln. Also eine reizende junge Dame zu sein.«
»Ja. So was habe ich in dem Prospekt gelesen.«
»Begeistert nahmen wir am gemeinschaftlichen Singen ums Feuer im großen Steinkamin oder draußen im Mondenscheiß teil, wo jedes Mädchen den Klang ihres eigenen Glücksempfindens mit der Stimme der Gruppe verschmelzen ließ.«
»Dein Gedächtnis ist hervorragend, Lo, aber ich muß dich ersuchen, die Schimpfwörter wegzulassen. Sonst noch was?«
»Das Motto der Pfadfinderinnen ist auch das meine«, sagte Lo verzückt. »Ich erfülle mein Leben mit lohnenden Taten, wie zum Beispiel ... Na egal was. Es ist meine Pflicht ... mich nützlich zu machen. Ich bin allen männlichen Tieren ein Freund. Ich gehorche. Ich bin wohlgemut. Das war wieder ein Polizeiwagen. Ich bin sparsam und total dreckig in Gedanken, Worten und Taten.«
»Jetzt bist du hoffentlich fertig, du witziges Kind.«
»Jawoll. Das war's. Nein ... Moment noch. Wir haben in einem Sonnenherd mit Reflektor gebacken. Ist das nicht aufregend?«
»Hört sich schon besser an.«
»Wir haben Zillionen Teller gewaschen. ›Zillionen‹ ist ein Wort dieser Zwirnzicke und soll viele-viele-viele heißen. O ja, das Beste kommt zuletzt, wie Mutter sagt. Warte mal ... Was war es

doch? Ah ich weiß: Wir haben Röntgenaufnahmen gemacht. Ein toller Spaß!«

»*C'est bien tout?*«

»*C'est.* Außer einer Kleinigkeit, die ich dir einfach nicht sagen kann, ohne über und über rot zu werden.«

»Sagst du mir's später?«

»Wenn wir im Dunkeln sitzen und ich es dir ins Ohr flüstern kann, dann ja. Schläfst du in deinem alten Zimmer oder auf einem Haufen mit Mutter?«

»Im alten Zimmer. Deine Mutter muß sich vielleicht einer sehr schweren Operation unterziehen, Lo.«

»Halte doch bitte an der Milchbar da«, sagte Lo.

Indes sie auf einem hohen Hocker saß und ein Streifen Sonne über ihren nackten braunen Unterarm fiel, wurde Lolita ein Turm aus verschiedenen Eissorten mit Kunstsirup obendrauf serviert. Errichtet und gebracht wurde der Bau von einem kräftigen, pickligen jungen Kerl mit speckiger Fliege, der mein zerbrechliches Kind im dünnen Kattunkleid mit wollüstiger Schamlosigkeit beäugte. Meine Ungeduld, Briceland und die Verzauberten Jäger zu erreichen, wuchs ins Unerträgliche. Glücklicherweise vertilgte sie das Zeug wie immer in Null Komma nichts.

»Wieviel Geld hast du bei dir?« fragte ich.

»Keinen Cent«, sagte sie traurig, zog die Augenbrauen hoch und zeigte mir das leere Innere ihres Portemonnaies.

»Das ist etwas, dem wir zu gebührender Zeit abhelfen werden«, sagte ich schwülstig. »Kommst du?«

»Glaubst du, daß es hier eine Toilette gibt?«

»Da gehst du nicht hin«, sagte ich bestimmt. »Es ist sicher ein Dreckloch. Komm jetzt.«

Sie war im großen und ganzen ein folgsames kleines Mädchen und ich küßte sie auf den Hals, als wir wieder im Wagen waren.

»Laß das«, sagte sie und sah mich mit ungeheuchelter Überra-

schung an. »Ich mag nicht, wenn man mich besabbert. Du Lüstling.«
Sie rieb die Stelle an ihrer hochgezogenen Schulter.
»Entschuldige«, murmelte ich. »Ich habe dich einfach ziemlich gern.«
Unter einem düsteren Himmel fuhren wir eine gewundene Straße hinauf und dann wieder hinunter.
»Na, irgendwie hab ich dich auch gern«, sagte Lolita mit zögernder weicher Stimme, stieß irgendwie einen leichten Seufzer aus und rückte irgendwie näher an mich heran.
(O meine Lolita, wir werden nie ankommen!)
Das hübsche kleine Briceland mit seiner unechten Kolonialarchitektur, seinen Andenkenläden und importierten Schattenbäumen durchtränkte schon die Dämmerung, als wir auf der Suche nach den Verzauberten Jägern durch die schwach beleuchteten Straßen fuhren. Die Luft perlte vom gleichmäßigen Geniesel, war aber trotzdem warm und grün, und eine Menschenschlange – hauptsächlich Kinder und Greise – wartete bereits vor der Kasse eines Kinos, das von feurigen Edelsteinen triefte.
»Den Film will ich unbedingt sehen. Wir wollen gleich nach dem Essen hingehen. Ach, bitte!«
»Vielleicht«, stimmte Humbert zu – der schlaue, brünstige Teufel, der genau wußte, daß sie um neun, wenn *seine* Vorstellung anfinge, wie eine Tote in seinen Armen läge.
»Paß auf!« schrie Lo und fiel vornüber, weil vor uns ein verfluchter Lastwagen mit pulsierenden rückwärtigen Karbunkeln an einer Straßenkreuzung bremste.
Mir schwante, daß ich die Herrschaft über die Hazesche Kiste mit ihren wirkungslosen Scheibenwischern und launischen Bremsen verlieren würde, wenn wir nicht bald, sofort, durch ein Wunder im allernächsten Häuserblock schon bei dem Hotel ankämen; aber die Passanten, die ich um Auskunft anging, waren entweder selber ortsfremd, oder sie fragten stirnrunzelnd

»Verzauberte was?«, als wäre ich ein Verrückter; oder aber sie verloren sich mit geometrischen Handbewegungen, allgemeinen geographischen Erörterungen und rein lokalen Anhaltspunkten in so umständliche Erklärungen (»... wenn Sie auf das Gerichtsgebäude stoßen, fahren Sie Richtung Süden ...«), daß ich mich im Labyrinth ihres wohlgemeinten Kauderwelschs verirren *mußte*. Lo, deren entzückende, verschiedenfarbige Eingeweide das süße Zeug bereits verdaut hatten, verlangte nach einer richtigen Mahlzeit und wurde zapplig. Was mich betrifft, so hatte ich mich zwar längst daran gewöhnt, daß eine Art von subalternem Schicksal (McFatums unzulänglicher Sekretär sozusagen) kleinlich dem großzügigen, großartigen Plan des Bosses in die Quere kam, aber dennoch war dies Herumsuchen und Herumkurven in den Alleen von Briceland vielleicht die schlimmste Nervenprüfung, der ich je ausgesetzt war. Wenn ich später an die jungenhaft dickköpfige Weise zurückdachte, mit der ich mich auf diesen bestimmten Gasthof mit dem Märchennamen versteift hatte, mußte ich über meine Unerfahrenheit lachen; denn auf dem ganzen Weg verkündeten unzählige Motels in Neonlettern ihre Vakanz, bereit, Handlungsreisende, entsprungene Zuchthäusler, Impotente, ganze Sippschaften sowie die verderbtesten und leistungsfähigsten Paare zu beherbergen. O friedliche Automobilisten, die ihr durch des Sommers dunkle Nächte gleitet, welcher Ausschweifungen, welcher Lustverrenkungen würdet ihr von euren tadellosen Autostraßen aus ansichtig, wären die Kumfy Kabins plötzlich ihres Pigments beraubt und so durchsichtig wie Glaskästen!
Das Wunder, das ich so herbeisehnte, trat dann doch noch ein. Ein Mann und ein Mädchen, in einem dunklen Auto unter tropfenden Bäumen mehr oder weniger ineinander verschlungen, sagten uns, wir seien »im Herzen des Stadtparks«, brauchten aber nur bei der nächsten Verkehrsampel links abzubiegen, und schon wären wir da. Wir sahen zwar keine nächste Verkehrsampel – der Park war so schwarz wie die Sünden, die er

barg –, aber bald nachdem die Reisenden in den sanften Bann einer angenehm abgeschrägten Kurve geraten waren, bemerkten sie durch den Nebel hindurch ein diamantenes Glitzern, dann den Schimmer eines Sees – und da war er, unter gespenstischen Bäumen, oben am Ende einer kiesbestreuten Auffahrt, wunderbar und unabwendbar – der bleiche Palast der Verzauberten Jäger.

Eine Reihe parkender Autos, wie Schweine am Trog, schien auf den ersten Blick die Zufahrt zu verwehren, aber dann setzte sich, im erleuchteten Regen glänzend und kirschrot, wie durch Zauber ein riesiges Cabriolet in Bewegung – von einem breitschultrigen Fahrer energisch im Rückwärtsgang herausgesteuert –, und wir schlüpften dankbar in die Lücke, die es gelassen hatte. Sogleich bedauerte ich meine Eile, denn ich bemerkte, daß mein Vorgänger sich einen nahen, garagenartigen Unterstand zunutze machte, wo es reichlich Platz für einen zweiten Wagen gab; aber ich war zu ungeduldig, seinem Beispiel zu folgen.

»Oha! Sieht ja schick aus«, bemerkte mein ordinäres Liebchen und schielte auf die Stuckfassade, als es in den hörbaren Nieselregen hinauskroch und mit kindlicher Hand eine Rockfalte herauszupfte, die sich – um Robert Browning zu zitieren – im Pfirsichspalt festgeklemmt hatte. Unter den Bogenlampen plätscherten die vergrößerten Reproduktionen von Kastanienblättern spielerisch über weiße Pfeiler. Ich schloß den Kofferraum auf. Ein buckliger, altersgrauer Neger in einem angedeuteten Livree nahm unser Gepäck und karrte es langsam in die Hotelhalle. Sie war voll von alten Damen und Geistlichen. Lolita hockte sich auf die Fersen, um einen blaßschnäuzigen, blaugesprenkelten, schwarzohrigen Spaniel zu streicheln, der auf dem geblümten Teppich unter ihrer Hand dahinschmolz – wer täte es nicht, mein Herz –, und ich räusperte mich durch das Gedränge zum Empfangsbüro vor. Höflich lächelnd unterzog dort ein kahler, schweinehafter Alter – in diesem alten Hotel war alles alt – mein Gesicht einer Prüfung, kramte dann gemächlich mein

(verstümmeltes) Telegramm hervor, kämpfte mit irgendwelchen dunklen Zweifeln, wandte den Kopf zur Uhr und sagte schließlich, es tue ihm sehr leid, er habe das Zimmer mit den beiden Einzelbetten bis halb sieben zurückgehalten, und jetzt sei es vergeben. Eine kirchliche Tagung, sagte er, sei mit einer Blumenausstellung in Briceland zusammengefallen, und ...
»Der Name«, sagte ich kalt, »ist nicht Humberg und nicht Humburg, sondern Herbert, ich meine Humbert, und jedes Zimmer ist mir recht, Sie brauchen nur für meine kleine Tochter ein Klappbett hineinzustellen. Sie ist zehn und sehr müde.«
Der rosige alte Knabe sah gutmütig zu Lo hinüber, die noch dahockte und sich im Profil mit halboffenen Lippen anhörte, was die Besitzerin des Hundes, eine uralte, in violette Schleier gewickelte Dame, ihr aus den Tiefen eines Kretonnesessels hervor erzählte. Welche Zweifel der Widerling auch haben mochte, sie wurden durch dieses blütenhafte Bild gelöscht. Er sagte, vielleicht habe er doch noch ein Zimmer, habe wirklich noch eines, allerdings mit Doppelbett. Was das Klappbett betreffe ...
»Mr. Flapp, haben wir noch Klappbetten?« Flapp, auch er rosa und kahl, ein Mann, dem weißes Haar aus den Ohren und anderen Löchern wucherte, wollte sehen, was sich machen ließe. Er kam und redete, während ich meinen Füllfederhalter aufschraubte. Ungeduldiger Humbert!
»Unsere Doppelbetten sind breit genug für drei«, sagte Flapp gemütlich und bettete mich und meine Kleine gedanklich in die Heia. »Als es einmal überfüllt war, mußten wir drei Damen und ein Kind wie Ihres zusammenlegen. Ich glaube, eine der Damen war ein verkleideter Mann [*meine* Einfügung]. Immerhin ... ist in 49 nicht noch ein Klappbett übrig, Mr. Swine?«
»Ich glaube, die Swoons haben es bekommen«, sagte Swine, der erste alte Clown.
»Es wird schon irgendwie gehen«, sagte ich. »Meine Frau kommt vielleicht später nach ... aber auch dann, denke ich, wird es gehen.«

Die beiden rosa Schweine zählten jetzt zu meinen besten Freunden. In der bedachtsamen, überdeutlichen Schrift des Verbrechens schrieb ich: Dr. Edgar H. Humbert und Tochter, 342 Lawn Street, Ramsdale. Ein Schlüssel (342!) wurde mir flüchtig gezeigt (Zauberkünstler zeigt Gegenstand, den er gleich verschwinden lassen wird) und Onkel Tom ausgehändigt. Lo erhob sich vom Boden und verließ den Hund, wie sie eines Tages mich verlassen würde; ein Regentropfen fiel auf Charlottes Grab; eine hübsche junge Negerin schob die Fahrstuhltür auf, das dem Untergang geweihte Kind trat hinein, hinter ihm sein sich räuspernder Vater und Tom mit dem Gepäck, einem Krebs ähnlich, der alle Glieder von sich streckt. Parodie eines Hotelkorridors! Parodie der Stille und des Todes!

»Mensch, das ist doch unsere Hausnummer«, sagte die vergnügte Lo.

Ein Doppelbett, ein Spiegel, ein Doppelbett im Spiegel, ein Wandschrank mit Spiegel, eine Badezimmertür dito, ein blaudunkles Fenster, ein Bett, das sich darin spiegelte, im Spiegel der Wandschranktür desgleichen, zwei Stühle, ein Tisch mit Glasplatte, zwei Nachttischchen, ein Doppelbett: ein großes Bett aus poliertem Holz, um genau zu sein, mit einer rötlich braunen Chenilledecke und Nachttischlampen mit rüschenbesetzten rosa Schirmen links und rechts.

Ich war versucht, einen Fünfdollarschein in die Sepiahand zu stecken, überlegte aber, daß solche Freigebigkeit falsch ausgelegt werden könnte; tat also einen Vierteldollar hinein. Fügte einen zweiten hinzu. Er zog sich zurück. *Enfin seuls.*

»Schlafen wir etwa in *einem* Zimmer?« fragte Lo und schnitt die dynamischen Grimassen, die sie immer schnitt, wenn sie einer Frage brutale Bedeutung verleihen wollte – nicht unmutig, nicht angewidert (obwohl offenbar am Rand); dynamisch eben.

»Ich habe verlangt, daß sie ein Klappbett hereinstellen. Das ich nehmen werde, wenn du willst.«

»Du bist verrückt«, sagte Lo.

»Warum, meine Liebe?«
»Weil, mein Liiieber, wenn die liiiebe Mama es herauskriegt, läßt sie sich von dir scheiden und erwürgt mich.«
Dynamisch eben. Nimmt die Sache nicht allzu ernst.
»Hör mal zu«, sagte ich und setzte mich, während sie zwei Schritt von mir entfernt stand, sich zufrieden betrachtete, von ihrer eigenen Erscheinung nicht unangenehm überrascht, und mit ihrem rosigen Sonnenschein den überraschten und erfreuten Spiegel des Wandschranks füllte.
»Paß auf, Lo. Laß uns das ein für allemal klarstellen. Im rein praktischen Sinn bin ich dein Vater. Ich bin voller Zärtlichkeit für dich. In Abwesenheit deiner Mutter bin ich für dein Wohlergehen verantwortlich. Wir sind nicht reich, und solange wir unterwegs sind, werden wir gezwungen sein ... werden wir ziemlich eng miteinander zu tun haben. Zwei Menschen, die ein Zimmer teilen, geraten unweigerlich in eine Art von ... wie soll ich sagen ... eine Art ...«
»Das Wort lautet Inzest«, sagte Lo – und ging in den Wandschrank, kam mit einem jungen, goldenen Gekicher wieder heraus, öffnete die Tür daneben, und nachdem sie mit ihren merkwürdig rauchfarbenen Augen vorsichtig hineingelinst hatte, um sich nicht ein zweites Mal zu irren, verschwand sie im Badezimmer.
Ich öffnete das Fenster, riß mir das schweißgetränkte Hemd vom Leib, zog ein frisches an, vergewisserte mich, daß die Phiole mit den Pillen in meiner Jackentasche war, und schloß den ...
Sie tauchte aus dem Bad auf. Ich versuchte, sie zu umarmen: so nebenher, ein bißchen beherrschte Zärtlichkeit vor Tisch.
Sie sagte: »Hör mal, die Küsserei lassen wir jetzt und gehen lieber was essen.«
In diesem Augenblick rückte ich mit meiner Überraschung heraus.
Oh, Traum meiner Träume! Sie ging auf den offenen Koffer zu,

als ob sie in einer Art Zeitlupenschritt von weitem eine Beute beschleiche, und lugte nach der fernen Schatzkiste auf dem Kofferbock. (Stimmte etwas nicht mit den großen grauen Augen meiner Lolita, fragte ich mich, oder waren wir beide in den gleichen verzauberten Nebel getaucht?) Sie trat auf den Koffer zu, hob ihre Füße mit den ziemlichen hohen Absätzen ziemlich hoch und beugte ihre schönen Knabenknie beim Durchschreiten des sich magisch weitenden Raumes mit der Langsamkeit eines Wesens, das sich unter Wasser oder in einem Levitationstraum bewegt. Dann hob sie ein kupferrotes, entzückendes und ziemlich teures Jäckchen an den Ärmeln hoch, spannte es sehr langsam zwischen ihren schweigenden Händen, als wäre sie ein verzückter Vogeljäger, der einen unglaublichen Vogel an den Spitzen seiner flammenden Schwingen spreitet und dem es bei seinem Anblick den Atem verschlägt. Dann (während ich dastand und auf sie wartete) zog sie die träge Schlange eines glänzenden Gürtels heraus und legte sie sich um.
Und dann kroch sie in meine wartenden Arme, strahlend, gelöst und streichelte mich mit ihren zärtlichen, geheimnisvollen, unkeuschen, gleichgültigen Zwielichtaugen – wie das billigste aller billigen Hürchen! Denn die machen sie nach, diese Nymphchen – während wir stöhnen und sterben.
»Was hat mein Katz gegen das Schüssen?« stammelte ich in ihr Haar (keine Gewalt mehr über die Sprache).
»Wenn du's wissen willst«, sagte sie, »du machst es falsch.«
»Zeig mir, wie man's richtig macht.«
»Alles zu seiner Zeit«, gab die Urheberin meiner Buchstabenvertauschungen zurück.
Seva ascendes, pulsata, brulans, kitzelans, dementissima. Elevator clatterans, pausa, clatterans, populus in corridoro. Hanc nisi mors mihi adimet nemo! Juncea puellula, jo pensavo fondissime, nobserva nihil quidquam; aber natürlich hätte ich im nächsten Augenblick eine furchtbare Dummheit begehen können; glücklicherweise ging sie zur Schatztruhe zurück.

Vom Badezimmer aus, wo ich ziemlich lange brauchte, auf ein plattes Körperbedürfnis herunterzuschalten, hörte ich, stehend, daneben treffend, den Atem anhaltend, die kindlich hingerissenen Oh's und Ah's meiner Lolita.

Die Seife hatte sie nur benutzt, weil es eine Gratisprobe war.

»Na, komm jetzt, meine Liebe, wenn du ebenso hungrig bist wie ich.«

Also hin zum Fahrstuhl, Tochter ihr altes weißes Handtäschchen schlenkernd, Vater voran (notabene: niemals hinter ihr, sie ist keine Dame). Als wir (nunmehr Seite an Seite) darauf warteten, abwärts befördert zu werden, warf sie den Kopf zurück, gähnte aus vollem Hals und schüttelte ihre Locken.

»Wann seid ihr im Camp geweckt worden?«

»Halb ...«, sie unterdrückte ein zweites Gähnen, »... sieben.« Mächtiges Gähnen, bei dem ihr ganzer Körper erzitterte. »Halb«, wiederholte sie, und ihre Kehle füllte sich von neuem.

Der Speisesaal empfing uns mit dem Geruch von gebratenem Fett und einem verblichenen Lächeln. Es war ein weitläufiger und prätentiöser Raum mit affektierten Wandmalereien, die verzauberte Jäger in verschiedenen Stellungen und Stadien der Verzauberung inmitten eines Sammelsuriums uninteressanter Tiere, Dryaden und Bäume darstellten. Ein paar vereinzelte alte Damen, zwei Geistliche und ein Mann im Sportsakko beendeten gerade schweigend ihre Mahlzeit. Der Speisesaal wurde um neun geschlossen; und die grüngekleideten Serviermädchen mit den steinernen Gesichtern hatten es glücklicherweise verzweifelt eilig, uns loszuwerden.

»Sieht er nicht genau, aber ganz genau wie Quilty aus?« sagte Lo leise, und ihr spitzer brauner Ellbogen zeigte nicht direkt auf den einzelnen Esser mit den auffallenden Karos, der uns gegenüber saß, brannte aber sichtlich darauf, auf ihn zu zeigen.

»Wie unser dicker Zahnarzt in Ramsdale?«

Lo hielt den Schluck Wasser, den sie gerade trinken wollte, im Mund zurück und stellte ihr tanzendes Glas hin.

»Ach was«, sagte sie mit sprudelndem Lachen, »ich meine den Schriftsteller auf den Drom-Reklamen.«

O Fama! O Femina!

Als uns der Nachtisch hingeknallt wurde – ein mächtiges Stück Kirsch-Pie für die junge Dame und für ihren Beschützer Vanilleeis, dessen größten Teil sie umgehend ihrer Pie hinzufügte –, zog ich die Phiole mit Papas Purpurpillen aus der Tasche. Wenn ich an jene seekranken Fresken zurückdenke, an jenen seltsamen und ungeheuerlichen Augenblick, kann ich mein damaliges Verhalten nur durch den Mechanismus jenes Traumvakuums erklären, in dem ein gestörter Greis kreiselt; aber in jenem Augenblick selber kam mir alles ganz einfach und zwangsläufig vor. Ich blickte umher, stellte befriedigt fest, daß der letzte Gast gegangen war, nahm den Stöpsel ab und kippte mit äußerster Bedächtigkeit das Zaubermittel in meinen Handteller. Ich hatte vor dem Spiegel gewissenhaft die Gebärde geübt, meine leere Hand gegen den offenen Mund zu klappen und eine (vorgetäuschte) Pille zu schlucken. Wie ich erwartet hatte, stürzte sie sich auf das Fläschchen mit seinen rundlichen, farbenprächtigen Kapseln voller Dornröschenschlaf.

»Blau!« rief sie aus. »Violettblau. Woraus sind sie?«

»Aus Sommerhimmel«, sagte ich, »und aus Pflaumen und Feigen und dem Traubenblut der Kaiser.«

»Nein, im Ernst ... bitte.«

»Bloß Purpillchen. Vitamin Ix. Machen einen stark wie Ochs oder Axt. Möchtest du eine?«

Lolita streckte die Hand aus und nickte eifrig.

Ich hatte gehofft, daß das Mittel schnell wirken würde. Es wirkte blitzartig. Sie hatte einen langen, langen Tag hinter sich, war am Morgen mit Barbara rudern gegangen, deren Schwester die Wassersportgruppe leitete, wie das anbetungswürdige, griffbereite Nymphchen mir jetzt zwischen unterdrückten, den Gaumen aufbuckelnden, immer lauteren Gähnanfällen erzählte – oh, wie schnell der Zaubertrank wirkte! –, und war auch noch sonst

aktiv gewesen. Das Kino, das ihr vage im Sinn gelegen hatte, war natürlich vergessen, als wir wassertretend den Speisesaal verließen. Im Fahrstuhl neben mir stehend, lehnte sie sich matt lächelnd an mich – soll ich dir nicht doch erzählen? – und senkte die dunklen Augenlider. »Müde, hm?« sagte Onkel Tom, der den stillen franko-irischen Herrn und seine Tochter zusammen mit zwei verwelkten Rosenexpertinnen nach oben fuhr. Alle sahen sie wohlgefällig mein zartes, sonnengebräuntes, taumelndes, betäubtes Rosenliebchen an. Fast mußte ich sie in unser Zimmer tragen. Dort setzte sie sich auf den Bettrand, schwankte ein wenig, sprach in langgezogenen, gurrenden Taubentönen.
»Wenn ich dir's erzähle ... wenn ich dir's erzähle ... versprichst du mir« (schläfrig, so schläfrig – Köpfchen pendelt, Äuglein fallen zu), »versprichst du mir, daß du dich nicht beschwerst?«
»Später, Lo. Leg dich jetzt hin. Ich lasse dich hier, und du legst dich hin. Ich gebe dir zehn Minuten.«
»Ach, ich hab ekelhafte Sachen gemacht«, fuhr sie fort, warf ihr Haar zurück, zog mit langsamen Fingern eine Samtschleife auf. »Ich will's dir erzählen ...«
»Morgen, Lo. Leg dich hin, leg dich hin ... um Himmels willen, leg dich jetzt hin.«
Ich steckte den Schlüssel in die Tasche und ging hinunter.

Meine Damen Geschworene! Haben Sie Geduld mit mir! Gestatten Sie mir, ein winziges bißchen Ihrer kostbaren Zeit zu stehlen! Dies also war er, *le grand moment*. Als ich meine Lolita verließ, saß sie immer noch auf dem Rand des abgründigen Bettes, hob benommen den Fuß, zerrte an den Schnürsenkeln und ließ dabei die Innenseite ihres Schenkels bis zum Dreieck des Höschens sehen – was Beinezeigen angeht, war sie immer merkwürdig unachtsam oder schamlos oder beides gewesen. Dies war das geheime Bild von ihr, das ich eingeschlossen hatte – nicht ohne mich zu vergewissern, daß die Tür keinen Innenriegel hatte. Der Schlüssel mit seinem Anhängsel aus geschnitztem Holz war fortan das gewichtige Sesam-öffne-dich zu einer wonnevollen, unerhörten Zukunft. Er war mein, Teil meiner heißen, behaarten Faust. In ein paar Minuten – sagen wir zwanzig, sagen wir eine halbe Stunde – »sicher ist sicher«, wie mein Onkel Gustave zu sagen pflegte – würde er mich in »342« einlassen, wo ich mein Nymphchen, meine Schöne in bräutlicher Pracht, gefangen in ihrem gläsernen Schlaf vorfände. Geschworene! Wäre meiner Glückseligkeit Sprache gegeben gewesen, so hätte sie das gutbürgerliche Hotel mit einem ohrenbetäubenden Gebrüll erfüllt. Und heute bedauere ich nur, daß ich Schlüssel »342« nicht schweigend am Büro hinterlegt und die Stadt, das Land, den Kontinent, die Hemisphäre – ja, den Globus – noch in der gleichen Nacht verlassen habe.

Lassen Sie es mich erklären. Ihre selbstanklägerischen Andeutungen beunruhigten mich nicht übermäßig. Ich hatte noch immer die feste Absicht, bei meinem Entschluß zu bleiben und ihre Reinheit zu respektieren, indem ich nur in der Verschwiegenheit der Nacht und an einer völlig anästhesierten kleinen Nackten operierte. »Selbstbeherrschung und Ehrfurcht« war noch immer meine Devise – sogar wenn diese (im übrigen von der modernen Wissenschaft gründlich ihres Nimbus entkleidete) »Reinheit« durch irgendein jugendlich erotisches Erlebnis, zweifellos lesbischer Art, in ihrem verdammten Camp ein wenig gelitten haben sollte. Als ich sie kennenlernte, hatte ich, Jean-Jacques Humbert, es aufgrund meiner altmodischen europäischen Vorstellungen natürlich erst einmal für selbstverständlich gehalten, daß sie so unberührt sei, wie es seit dem beklagenswerten Ende der vorchristlichen antiken Welt mit ihren hochinteressanten Bräuchen dem Stereotyp des »normalen Kindes« entsprach. In unserem aufgeklärten Zeitalter sind wir nicht mehr von kleinen Sklavenblumen umgeben, die nebenher, zwischen Termin und Therme, gepflückt werden können, wie es in den Tagen der Römer an der Tagesordnung war; und anders als würdevolle Orientalen in noch üppigeren Zeiten liebkosen wir zwischen Hammel und Rosensorbet keine dienstbaren Kinder von vorn und von hinten. Es ist doch so, daß neue Sitten und neue Gesetze die alte Verbindung zwischen der Erwachsenen- und der Kinderwelt vollständig zerrissen haben. Obwohl ich mich, wenn auch nur auf amateurhafte Art, eine Zeitlang mit Psychiatrie und Sozialpädagogik befaßt hatte, wußte ich von Kindern so gut wie nichts. Schließlich war Lolita erst zwölf, und welche Zugeständnisse ich auch an den Ort und die Zeit machte – selbst wenn ich das zügellose Benehmen amerikanischer Schulkinder in Rechnung stellte –, blieb ich doch dem Eindruck verhaftet, daß das, was sich unter diesen ungestümen Gören abspielen mochte, einem späteren Alter und einer anderen Umwelt vorbehalten war. Indem er an konventionellen Begriffen von dem festhielt, was ein zwölfjähriges Mädchen zu sein hätte, verfehlte daher der Moralist in mir den springenden Punkt (um den Faden dieser Erklärung wieder aufzunehmen). Der Kindertherapeut in mir (ein Scharlatan wie die meisten – aber egal) käute neofreudianisches Gesums wieder und erfand eine träumende und exaltierte Dolly in der »Latenz«-Periode ihres Mädchentums. Schließlich hätte der Sensualist in mir (ein großes und wahnsinniges Monstrum) nichts gegen eine gewisse Verderbtheit seiner Beute gehabt. Aber irgendwo hinter der rasenden Seligkeit berieten sich bestürzte Schatten – und daß ich sie nicht beachtet habe, das ist es, was ich jetzt bedauere. Menschen, hört mich an! Ich hätte wissen müssen, daß Lolita bereits bewiesen hatte, wie sehr sie sich von der unschuldigen Annabel unterschied und wie sehr das nymphisch Böse, das aus jeder Pore dieses von mir für meinen geheimen Genuß präparierten Koboldkindes atmete, die Geheimhaltung unmöglich und den Genuß tödlich machen würde. Ich hätte wissen müssen (durch Zeichen, die mir etwas in Lolita hatte zukommen lassen – das wirkliche Kind Lolita oder ein sorgenvoller Engel hinter seinem Rücken), daß aus der erwarteten Selig-

keit nichts als Schmerz und Grauen entstehen würden. O geflügelte Herren Geschworene!
Und sie war mein, sie war mein, der Schlüssel war in meiner Faust, meine Faust war in meiner Tasche, Lolita war mein. Im Laufe all der Beschwörungen und Berechnungen, denen ich so viele Schlaflosigkeiten gewidmet hatte, hatte ich allmählich all die überflüssigen Trübungen beseitigt, eine durchsichtige Farbschicht über die andere gelegt und so ein endgültiges Bild erhalten. Bis auf eine Socke und ein Talismanarmband nackt auf dem Bett ausgebreitet, wo mein Zaubertrank sie zu Fall gebracht hatte – so sah ich sie liegen; sie hielt noch ein Samthaarband zwischen den Fingern; ihr honigbrauner Körper, auf dessen Teint sich das weiße Negativ eines kurzen Badetrikots abzeichnete, wies mir seine blassen Brustknospen; im rosigen Lampenlicht glänzte ein kleines Schamvlies auf seinem rundlichen Hügel. Der kalte Schlüssel mit seinem warmen Holzanhänger war in meiner Tasche.
Ich schlenderte durch verschiedene Gesellschaftsräume, innerlich strahlend, äußerlich düster: Denn Wollust sieht immer düster drein; Wollust ist nie ganz sicher – selbst wenn man das samthäutige Opfer im Verlies eingeschlossen hat –, daß nicht doch ein nebenbuhlerischer Teufel oder ein einflußmächtiger Gott darauf aus ist, den bevorstehenden Triumph im letzten Augenblick zu vereiteln. In schlichten Worten: Ich mußte etwas trinken; aber an dieser ehrwürdigen Stätte voller schwitzender Philister und Stilmöbel gab es keine Bar.
Ich geriet in die Herrentoilette. Ein Mann in klerikalem Schwarz – ein aufgeknöpfter Typ, *comme on dit* –, der mit Wiener Hilfe untersuchte, ob noch alles da war, wandte sich dortselbst mit der Frage an mich, wie ich Doktor Knabes Vortrag gefunden habe, und machte ein befremdetes Gesicht, als ich (König Sigmund der Zweite) sagte, Knabe sei ein toller Knabe. Woraufhin ich das Papierhandtuch, mit dem ich meine empfindsamen Fingerspitzen abgetrocknet hatte, geschickt in das dafür vorge-

sehene Behältnis warf und lobbywärts aufbrach. Mit lässig aufgestütztem Ellbogen lehnte ich mich über den Empfangstisch und fragte Mr. Flapp, ob er sicher sei, daß meine Frau nicht durchgeläutet habe und wie es mit dem Klappbett stehe. Er antwortete, sie habe nicht angerufen (sie war ja auch tot), und das Klappbett würde morgen aufgestellt, sollten wir uns denn zum Bleiben entschließen. Aus einem großen, überfüllten Raum, über dessen Tür »Jägersaal« stand, quoll der Klang von vielen Stimmen, die über Gartenbau oder die Ewigkeit diskutierten. Ein anderer Raum, »Himbeerstube« geheißen, der in hellem Licht erstrahlte und in dem glitzernde kleine Tische und ein langer mit »Erfrischungen« standen, war noch leer, abgesehen von einer Gastgeberin (vom Typ erschöpfte Frau mit glasigem Lächeln und Charlottes Sprechweise); sie driftete mit der Frage auf mich zu, ob ich Mr. Braddock sei, weil nämlich in diesem Falle Miss Bart nach mir gesucht habe. »Welch ein Name für eine Frau«, sagte ich und spazierte weiter.

In meinem Herzen flutete mein Regenbogenblut ein und aus. Ich würde ihr bis um halb zehn Zeit geben. Als ich in die Halle zurückkam, war eine Veränderung eingetreten: Eine Anzahl Leute in geblümten Kleidern oder schwarzem Tuch bildeten hier und da kleine Gruppen, und ein elfischer Zufall schenkte mir den Anblick eines entzückenden Kindes in Lolitas Alter, in Lolitas Kittelkleid, jedoch in reinem Weiß und mit einer weißen Schleife im schwarzen Haar. Sie war nicht hübsch, aber sie war ein Nymphchen, und ihre elfenbeinblassen Beine und der Lilienhals bildeten einen unvergeßlichen Augenblick lang eine ungemein wohltuende Antiphonie (wenn sich ein das Rückgrat entlanglaufendes Gefühl mit einem musikalischen Begriff ausdrücken läßt) zu meinem Verlangen nach Lolita, der braunen, rosigen, erhitzten und verderbten. Das bleiche Kind bemerkte meinen Blick (der wirklich ganz flüchtig und charmant war), und da sie lächerlich schüchtern war, wurde sie schrecklich verlegen, rollte mit den Augen, legte den Handrücken an die

Wange, zupfte an ihrem Rocksaum und kehrte mir schließlich, scheinbar um mit ihrer Mutterkuh zu plaudern, die dünnen beweglichen Schulterblätter zu.
Ich verließ die laute Halle, stand draußen auf den weißen Stufen und schaute den Hunderten von bemehlten Insekten zu, die in der feuchten Schwärze der nicht geheuren, unruhigen Nacht um die Lampen kreisten. Alles, was ich zu tun beabsichtigte, alles, was ich zu tun wagte, wäre eine bloße Kleinigkeit …
Plötzlich bemerkte ich, daß in der Dunkelheit neben mir jemand auf einem Sessel zwischen den Säulen der Veranda saß. Ich konnte ihn nicht richtig sehen, aber das knirschende Aufschrauben eines Flachmanns, ein diskreter Schlucklaut und als Schlußnote dann ein gemächliches Zuschrauben verrieten ihn. Ich war im Begriff wegzugehen, als seine Stimme mich ansprach.
»Donnerwetter, wo hast du die denn her?«
»Wie bitte?«
»Ich sagte: Mit dem Sommerwetter ist es diesmal nicht weit her.«
»Allerdings.«
»Wer ist die Kleine?«
»Meine Tochter.«
»Das machst du mir nicht weis.«
»Wie bitte?«
»Ich sagte: Aber abends ziemlich heiß. Wo ist die Mutter?«
»Tot.«
»Aha. Traurig. Übrigens, wie wär's, wenn Sie beide morgen mit mir zu Mittag essen? Diese grausliche Horde ist dann weg.«
»Wir auch. Gute Nacht.«
»Schade. Bin wohl ziemlich blau. Gute Nacht. Ihr Kindchen braucht eine Menge Schlaf. Schlaf ist eine Rose, wie die Perser sagen. Zigarette?«
»Nicht jetzt.«
Er zündete ein Streichholz an, doch weil er oder der Wind betrunken war, beleuchtete die Flamme nicht ihn, sondern

jemand anderen, einen sehr alten Mann, einen dieser Dauergäste alter Hotels – und seinen weißen Schaukelstuhl. Niemand sagte etwas, und die Dunkelheit strömte dahin zurück, wo sie gewesen war. Dann hörte ich den Greis husten und etwas Grabesschleim von sich geben.

Ich verließ die Terrasse. Alles in allem war mindestens eine halbe Stunde vergangen. Ich hätte ihn um einen Schluck bitten sollen. Die Anspannung machte sich bemerkbar. Wenn eine Violinsaite schmerzen kann, dann war ich eine. Es wäre indessen ungehörig gewesen, Eile an den Tag zu legen. Während ich mir den Weg durch eine Konstellation von Fixmenschen in einer Ecke der Halle bahnte, blitzte es plötzlich grell auf – und der breit lächelnde Dr. Braddock, zwei orchideengeschmückte Matronen, das kleine Mädchen in Weiß und vermutlich die gefletschten Zähne des sich seitlich zwischen der bräutlichen Kleinen und dem verzauberten Kleriker hindurchzwängenden Humbert Humbert waren verewigt – soweit bei Kleinstadtzeitungen in puncto Papierbeschaffenheit und Druck von Ewigkeit die Rede sein kann. Eine zwitschernde Gruppe umlagerte den Fahrstuhl. Ich zog wieder die Treppe vor. 342 lag dicht bei der Feuerleiter. Noch könnte man … Aber da steckte der Schlüssel schon im Schloß, und dann war ich im Zimmer.

Die Tür des erleuchteten Badezimmers stand halb offen; dazu kam von den Bogenlampen draußen ein skeletthaft gerippter Lichtschimmer durch die Jalousien; überkreuz drangen diese Strahlen in das Dunkel des Schlafzimmers und ließen folgende Situation erkennen.

In einem ihrer alten Nachthemden lag meine Lolita in der Mitte des Bettes auf der Seite, den Rücken mir zugekehrt. Ihr leicht verhüllter Körper und die nackten Glieder bildeten ein Z. Sie hatte beide Kissen unter ihren dunklen, zerzausten Kopf gesteckt; ein blasser Lichtstreif fiel über ihren obersten Halswirbel.

Mit jener phantastischen Plötzlichkeit, die einem suggeriert wird, wenn in einer Filmszene die Prozedur des Aus- und Anziehens geschnitten ist, muß ich meine Sachen von mir geworfen haben und in den Pyjama geschlüpft sein; und ich hatte bereits mein Knie auf dem Bettrand, als Lolita den Kopf wandte und mich durch die gestreiften Schatten anstarrte.
Das war nun allerdings etwas, das der Eindringling nicht erwartet hatte. Das ganze Pillchenspielchen (eine ziemlich schmutzige Sache, *entre nous soit dit*) hatte auf einen so festen Schlaf abgezielt, daß ein ganzes Regiment ihn nicht hätte stören können, und da lag sie nun, richtete den Blick auf mich und nannte mich mit schwerer Zunge »Barbara«. In meinem Schlafanzug, der ihr viel zu eng war, erstarrte Barbara über der kleinen Somniloquentin. Weich, mit einem hoffnungslosen Seufzer, drehte sich Dolly wieder in ihre ursprüngliche Lage zurück. Ich wartete mindestens zwei Minuten gespannt am Rand des Abgrunds, wie vor vierzig Jahren jener Schneider mit dem selbstgemachten Fallschirm, als er im Begriff stand, vom Eiffelturm zu springen. Ihr sanfter Atem hatte den Rhythmus des Schlafs. Endlich wuchtete ich mich auf meine schmale Bettkante, zog verstohlen an den diversen Bettuchenden, die südlich von meinen eiskalten Fersen aufgehäuft waren – da hob Lolita den Kopf und starrte mich an.
Wie ich von einem hilfsbereiten Pharmazeuten später erfuhr, gehörten die Purpurpillen nicht einmal zu der großen und edlen Familie der Barbiturate, und obschon sie einem Neurotiker, der sie für ein wirksames Mittel hielt, Schlaf hätten bringen können, waren sie doch ein zu schwaches Beruhigungsmittel, um ein alertes, wenn auch übermüdetes Nymphchen für längere Zeit auszuschalten. Ob der Arzt in Ramsdale ein Scharlatan war oder ein durchtriebener alter Gauner, fällt und fiel nicht ins Gewicht. Ins Gewicht fiel lediglich, daß ich betrogen worden war. Als Lolita zum zweiten Mal die Augen öffnete, wurde mir klar, daß

selbst dann, wenn die Wirkung später in der Nacht doch noch eintreten sollte, die Sicherheit, auf die ich gebaut hatte, eine trügerische war. Langsam wandte sich ihr Kopf weg und sank auf ihre unfair üppige Kissenportion zurück. Ich lag ganz still am Rand meines Abgrunds, spähte nach ihrem verwuschelten Haar, nach dem Schimmer von Nymphchennacktheit, wo undeutlich ein halber Schenkel und eine halbe Schulter zu erkennen waren, und versuchte, aus ihrer Atemrate die Tiefe ihres Schlafes abzuschätzen. Einige Zeit verging, nichts änderte sich, und ich beschloß, das Risiko auf mich zu nehmen und diesem lockenden, verrücktmachenden Schimmer etwas näher zu rücken; kaum aber war ich in seinen warmen Umkreis vorgedrungen, da stockte ihr Atem, und ich hatte das abscheuliche Gefühl, daß die kleine Dolores hellwach sei und losschriee, wenn ich sie mit irgendeinem Teil meines armseligen, jammervollen Körpers berührte. Bitte, Leser: Wie sehr Sie auch über den zartfühlenden, krankhaft empfindsamen, unendlich vorsichtigen Helden meines Buches außer sich sein mögen, überschlagen Sie diese wesentlichen Seiten nicht! Stellen Sie sich mich vor; sonst existiere ich nicht. Versuchen Sie, in mir den Damhirsch zu erkennen, der im Wald seines eigenen Frevels zittert; lächeln wir sogar ein wenig. Ein Lächeln kann schließlich nicht schaden. Beispielsweise hatte ich nichts, worauf ich meinen Kopf betten konnte, und ein Anfall von Sodbrennen (sie nennen ihre Fritten »französisch«, *grand Dieu!*) kam zu meinem Unbehagen noch hinzu.

Es schlief wieder fest, mein Nymphchen, und doch wagte ich nicht, mich auf meine verzauberte Reise zu begeben. *La Petite Dormeuse ou l'Amant Ridicule.* Morgen würde ich sie mit jenen früheren Pillen vollstopfen, die ihre Mami so gründlich betäubt hatten. Im Handschuhfach – oder in der zweiteiligen Reisetasche? Sollte ich eine gute Stunde warten und dann wieder heranktiechen? Nympholepsie ist eine exakte Wissenschaft. Die direkte Berührung würde es in knapp einer Sekunde schaf-

fen. Ein Zwischenraum von einem Millimeter in zehn. Warten wir ab.
Nichts ist lauter als ein amerikanisches Hotel; und dabei, bitte schön, sollte dieses hier eine besonders ruhige, behagliche, altmodische, gemütliche Herberge sein – »stilvolles Wohnen« etcetera. Das Gerassel des Fahrstuhlgitters – knappe zwanzig Meter nordöstlich von meinem Kopf, aber so deutlich vernommen, als wäre es in meiner linken Schläfe – wechselte mit dem Bummern und Rattern der verschiedenen Manöver dieser Maschine und hielt bis lange nach Mitternacht an. Direkt im Osten meines linken Ohrs (ich lag ja auf dem Rücken und wagte nicht, meine gemeinere Seite dem undeutlich sichtbaren Gesäß meiner Bettgenossin zuzuwenden) war der Korridor randvoll von fröhlichen, schallenden, albernen Rufen, die mit einem Hagel von Gute-Nacht-Wünschen endeten. Als das endlich aufhörte, meldete sich nördlich von meinem Kleinhirn eine Toilette; es war eine männliche, energische, rauhkehlige Toilette, und sie wurde oft benutzt. Ihr Gegurgel und Gerausche und der langanhaltende Nachfluß ließen die Wand hinter mir erzittern. Dann war jemandem in südlicher Richtung speiübel, er würgte mit dem Alkohol fast seine ganze Seele aus, und sein Wasserschwall kam dicht hinter unserm Badezimmer wie ein regelrechter Niagara heruntergestürzt. Und als die Verzauberten Jäger endlichen in tiefem Schlaf lagen, artete der Boulevard unter dem Fenster meiner Schlaflosigkeit, westlich meiner Rückseite – ein gesetzter, ganz und gar dem Wohnen vorbehaltener, würdevoller Boulevard mit riesigen Bäumen – zum verächtlichen Tummelplatz riesiger Lastwagen aus, die durch die nasse und windige Nacht röhrten.
Und knapp fünfzehn Zentimeter von mir und meinem brennenden Leben befand sich, nebelhaft, Lolita! Nach einer langen, regungslosen Wache bewegten sich meine Tentakel wieder auf sie zu, und diesmal weckte das Knarren der Matratze sie nicht. Es gelang mir, ihr mein gieriges Fleisch so nahe zu bringen, daß

ich die Aura ihrer nackten Schulter wie einen warmen Atem an meiner Wange spürte. Und dann setzte sie sich auf, rang nach Luft, murmelte mit irrsinniger Geschwindigkeit etwas von Booten, zerrte an den Laken und fiel in ihre blühende, dunkle, junge Unbewußtheit zurück. Als sie sich in diesem überquellenden Schlafstrom hin und her warf, schlug ihr Arm – eben noch kastanienbraun, jetzt mondblaß – über mein Gesicht. Einen Augenblick lang hielt ich sie. Sie befreite sich aus meiner kaum merklichen Umarmung – unbewußt, ohne Heftigkeit, ohne persönlichen Widerwillen, sondern mit dem neutralen, klagenden Gemurmel eines Kindes, das seine legitime Ruhe will. Und wieder war die Lage die gleiche: Lolita, ihr gekrümmtes Rückgrat Humbert zugewandt, Humbert, den Kopf auf die Hand gestützt, brennend vor Verlangen und Magensäure.

Letztere erforderte einen Gang ins Badezimmer, um dort einige Schluck Wasser zu trinken, in meinem Fall das beste mir bekannte Mittel, außer vielleicht Milch mit Radieschen; und als ich den seltsamen, strahlengegitterten Kerker wieder betrat, wo Lolitas alte und neue Kleidungsstücke in verschiedenen Posen der Verzauberung über den Möbeln hingen, die vage zu schweben schienen, setzte sich meine unmögliche Tochter auf und verlangte mit klarer Stimme ebenfalls etwas zu trinken. Sie nahm den nachgiebigen, kalten Pappbecher in ihre schattenhafte Hand und goß seinen Inhalt dankbar hinunter, die langen Wimpern becherwärts geneigt; und mit einer kindlichen Bewegung, die reizender war als jede sinnliche Liebkosung, wischte die kleine Lolita ihre Lippen an meiner Schulter ab. Sie fiel auf ihr Kissen zurück (ich hatte ihr meines weggezogen, während sie trank) und schlief sofort wieder ein.

Ich hatte nicht gewagt, ihr eine zweite Portion des Schlafmittels zu verabreichen, und die Hoffnung nicht aufgegeben, daß die erste ihren Schlaf doch noch festigen würde. Auf jederlei Enttäuschung gefaßt, wohl wissend, daß Warten besser wäre, aber unfähig zu warten, begann ich wieder, mich ihr zu nähern. Mein

Kopfkissen roch nach ihrem Haar. Ich rückte auf meine schimmernde Liebste zu und hielt inne oder zog mich zurück, sooft ich meinte, daß sie sich rege oder im Begriff sei, sich zu regen. Ein leichter Wind aus Wunderland wirkte auf meine Gedanken, so daß sie wie in Kursivschrift abgefaßt waren, als wäre die Oberfläche, die sie spiegelte, vom Trugbild dieser Brise gekräuselt. Hin und wieder schlug mein Bewußtsein falsch um, geriet mein sich schwerfällig voranarbeitender Körper in die Schlafsphäre, arbeitete sich wieder heraus, und ein- oder zweimal ertappte ich mich beim Abrutschen in ein melancholisches Schnarchen. Nebel der Zärtlichkeit umfingen Berge der Sehnsucht. Ab und zu wollte es mir scheinen, als komme die verzauberte Beute dem verzauberten Jäger auf halbem Wege entgegen, als bahne sich ihr Gesäß unter dem weichen Sand des fernen und märchenhaften Strandes seinen Weg auf mich zu; und dann regte sich das Trübchen mit den Grübchen, und ich wußte, sie war mir entrückter denn je.

Wenn ich so ausgiebig bei dem Zittern und Tasten jener fernen Nacht verweile, so weil ich unbedingt beweisen will, daß ich kein brutaler Schurke bin, noch es je war, noch es jemals hätte sein können. Die milden und träumerischen Regionen, durch die ich kroch, waren die Gefilde der Poesie – nicht die Jagdgründe des Verbrechens. Hätte ich mein Ziel erreicht, so wäre meine Ekstase ganz sanft gewesen, ein Fall innerer Verbrennung, dessen Hitze sie selbst dann kaum gespürt hätte, wenn sie hell wach gewesen wäre. Aber ich hoffte immer noch, daß sie nach und nach in eine völlige Betäubung sänke, die es mir erlauben würde, nicht nur einen Schimmer von ihr zu genießen. Und so, zwischen versuchsweisen Annäherungen und verwirrten Wahrnehmungen, die sie entweder in Augenflecken aus Mondschein oder in ein flauschig blühendes Gebüsch verwandelten, träumte ich, ich wäre wieder wach, träumte, ich läge auf der Lauer.

In den Stunden vor dem Morgengrauen trat Stille in der ruhelosen Hotelnacht ein. Etwa um vier dann rauschte die Kaskade der

Korridortoilette, und ihre Tür knallte zu. Kurz nach fünf trat in mehreren Folgen ein hallender Monolog ein, der von einem Hof oder einem Parkplatz herkam. In Wahrheit war es kein Monolog, denn der Sprecher schwieg alle paar Sekunden, vermutlich, um einen anderen Kerl anzuhören, aber die zweite Stimme erreichte mich nicht, und so ergab das, was an mein Ohr drang, keinen richtigen Sinn. Der sachliche Tonfall jedoch tat ein übriges, der Dämmerung den Weg freizumachen, und das Zimmer lag bereits in lilagrauem Zwielicht, als etliche eifrige Toiletten sich eine nach der anderen an die Arbeit machten, und klappernd und wimmernd begann der Fahrstuhl auf- und niederzusteigen, um Frühaufsteher und Frühniederfahrer nach unten zu befördern, und ein paar Minuten lang döste ich elendiglich vor mich hin, und Charlotte war eine Nixe in einem grünlichen Aquarium, und draußen auf dem Korridor sagte Dr. Knabe mit frischgepreßter Stimme: »Ich wünsche einen schönen guten Morgen«, und Vögel waren in den Bäumen zugange, und dann gähnte Lolita.

Frigide Damen Geschworene! Ich hatte gedacht, es würden Monate, vielleicht Jahre vergehen, ehe ich den Mut aufbrächte, mich Dolores Haze zu entdecken; doch um sechs war sie hellwach, und um Viertel nach sechs waren wir im Wortsinn ein Liebespaar. Ich werde Ihnen etwas sehr Sonderbares verraten. Es war sie, die mich verführte.

Als ich ihr erstes Morgengähnen hörte, spielte ich den Schlafenden, der ihr sein gutaussehendes Profil zuwandte. Ich wußte einfach nicht, was ich tun sollte. Wäre sie schockiert, mich an ihrer Seite vorzufinden und nicht in einem Extrabett? Nähme sie ihre Sachen und schlösse sich im Badezimmer ein? Würde sie verlangen, sofort nach Ramsdale gebracht zu werden? Ans Krankenbett ihrer Mutter? Zurück ins Camp? Aber meine Lo war ein mutwilliges Mädchen. Ich fühlte ihre Augen auf mir, und als sie endlich den geliebten Glucksslaut ausstieß, wußte ich, daß ihre Augen gelacht hatten. Sie rollte sich zu mir herüber, und ihr warmes braunes Haar berührte mein Schlüsselbein. Mittelmäßig mimte ich Erwachen. Wir lagen still da. Ich streichelte sanft ihr Haar, und wir küßten uns sanft. Ihrem Kuß war zu meiner ekstatischen Verlegenheit eine recht komische flatternde und forschende Kunstfertigkeit zu eigen, aus der ich entnahm, daß sie in sehr jungen Jahren von einer kleinen Lesbierin in die Lehre genommen worden war. Kein Charlie hätte ihr *das* beibringen können. Als wollte sie sehen, ob ich zufrieden sei und meine Lektion gelernt hätte, bog sie sich zurück und musterte mich. Ihre Wangen waren gerötet, ihre volle Unterlippe glänzte, und ich war nah am Verströmen. Plötzlich legte sie in einem Ausbruch rüpelhafter Lustigkeit (Kennzeichen des Nymphchens!) den Mund an mein Ohr – aber eine ganze Weile konnte mein Verstand den heißen Donner ihres Geflüsters nicht in Worte gliedern, und sie lachte, strich sich das Haar aus dem Gesicht und versuchte es wieder, und als mir klar wurde, was sie vorschlug, überkam mich allmählich das seltsame Gefühl, in einer absolut neuen, verrückt neuen Traumwelt zu leben, in der alles erlaubt ist. Ich sagte, ich wisse nicht, welches Spiel sie und Charlie gespielt hätten. »Willst du etwa behaupten, du hast nie…?« Ihr Gesicht verzog sich zu einer Grimasse angewiderter Ungläubigkeit. »Du hast nie …«, begann sie von neuem. Um Zeit zu gewinnen, beschnüffelte ich sie ein bißchen. »Laß das gefälligst«, winselte sie näselnd und entzog ihre braune Schulter hastig meinen Lippen. (Es war sehr merkwürdig, wie sie – und das noch lange Zeit hindurch – alle Liebkosungen außer Küssen auf den Mund und dem schlichten Liebesakt – für »romantischen Quatsch« oder »anomal« hielt.)

»Du behauptest«, beharrte sie und kniete sich über mich, »du hast es als Junge nie gemacht?«

»Nie«, antwortete ich ganz wahrheitsgetreu.

»Na gut«, sagte Lolita, »dann fangen wir mal an.«

Indessen werde ich meine gebildeten Leser nicht mit einem ausführlichen Bericht über Lolitas Dünkel langweilen. Es genügt zu sagen, daß ich in diesem schönen, eben erst reifenden jungen Mädchen, das von der modernen Koedukation, den jugendlichen Sitten, dem Lagerfeuerschwindel und so fort total und unrettbar verdorben worden war, keine Spur von Schamhaftigkeit entdeckte. Sie betrachtete den schlichten Akt als festen Bestandteil der heimlichen Jugendwelt, von der Erwachsene nichts wissen. Was die Erwachsenen zum Zweck der Zeugung trieben, war nicht ihre Sache. Das Szepter meines Lebens wurde von Lolitalein auf so energische, sachliche Weise gehandhabt, als sei es ein fühlloser Mechanismus ohne Beziehung zu mir. So bemüht sie auch war, mir mit den Umgangsformen abgebrühter Jugendlicher zu imponieren, so war sie doch auf gewisse Unterschiede zwischen den Maßen eines Knaben und meinen nicht gefaßt. Nur Stolz hinderte sie, es aufzugeben; denn in meiner sonderbar heiklen Lage spielte ich den absolut Dummen und ließ sie gewähren – wenigstens solange ich es noch aushalten konnte. Das jedoch sind Belanglosigkeiten; was man so »Sex« nennt, ist überhaupt nicht mein Thema. Jene Elemente des Animalischen kann jeder sich vorstellen. Mich lockt eine größere Aufgabe: ein für allemal den verderblichen Zauber des Nymphchens festzuhalten.

Julie Burchill

Fast so klebrig süß wie die zerlaufene Schlagsahne auf dem Baiser, das unbeachtet in Susans Suite liegengeblieben war, wehte die laue Abendbrise vom Atlantik über die Strände von Leme und Leblon, über den Hotelpatio und durch Tobias Popes hohe Schlafzimmerfenster; wie verträumt hinterdreinziehende Brautjungfern brachte sie ein Gemisch sanft gedämpfter Klänge mit – das weiche Wellenplätschern am Strand von Copacabana, das ferne Summen des Sambawettbewerbs im Stadion der Rua Maquis Sapucai, mit dem alljährlich die Karnevalssaison eröffnet wurde.

Pope saß mit dem Rücken zum Fenster in einem tiefen Ledersessel. Er blickte von der Zeitschrift auf, in der er gerade einen Artikel über sich las, und sah zu Susan Street hinüber, die in einem hellgrünen, schulterfreien Rifat-Ozbek-Strickensemble bäuchlings auf seinem Bett lag und einen Kathy-Acker-Roman las.

»Lauter Lügen«, bemerkte er.

»Wie bitte?«

»Ach, unwichtig. Sie waren also nicht sonderlich angetan von Rio?«

»Nicht von dem, was ich bisher davon gesehen habe.«

»Aber vielleicht würde der Karneval Ihnen gefallen?«

»Vielleicht.«

»Oder brauchen Sie nicht doch einen stärkeren Anreiz als die Sinnlosigkeitsrituale all dieser armen Schweine, die sich da auf

Teufel komm raus für die voyeuristischen Polaroids der Touristen aufdonnern?«
»Kann sein.«
»Wie wär's mit einem wohlsortierten Aufgebot an Mösen und Schwänzen?«
Sie drehte sich herum und setzte sich langsam auf. »Was?«
»Sie haben mich schon richtig verstanden.«
Es klopfte. Pope lächelte sie breit an. »Ah, sehr gut. Die Vorstellung kann gleich losgehen.«
Er öffnete die Tür. Sechs junge Brasilianer, drei Männer und drei Mädchen, kamen nacheinander herein. Obwohl keiner von ihnen über zwanzig war, schienen sie von der luxuriösen Umgebung nicht im geringsten eingeschüchtert. Sie lehnten sich lässig an die Wand und blickten abwartend zwischen Pope und Susan hin und her. Einer der Jungen flüsterte seinem Nachbarn etwas ins Ohr, worauf der sie kurz ansah und zustimmend nickte.
Tobias Pope klatschte gebieterisch in die Hände. »Meine Damen und Herren, ich bitte um Ihre Aufmerksamkeit. Danke. Also, was ich wünsche, ist folgendes: Jeder von Ihnen möchte bitte der Reihe nach vortreten und in nicht mehr als drei – ich sagte *drei, tres* – Sätzen klipp und klar erklären, warum er oder sie eine Hure ist. Jawohl, HURE. Ich will keine hasenherzigen Beschönigungen hören wie Freudenmädchen, Gigolo oder armes ausgebeutetes Opfer des Systems.« Er klatsche wieder in die Hände. »Die Damen haben den Vortritt.«
Ein zierliches Mädchen im weißen Bikini trat vor. »Ich heiße Maria. Ich bin eine Hure, weil ich keine Ausbildung habe.« Sie sah ihn unsicher an.
»Der übliche Vorwand, aber immerhin überzeugend. Vielleicht lernen Sie ja noch was draus. Die nächste.«
Ein hochgewachsenes Mädchen im weißen Strandkleid trat vor. »Ich heiße Rosana, und ich bin eine ... Hure, weil ich eine kranke Mutter und viele kleine Geschwister habe.«

Tobias Pope pfiff sie gellend aus.
Das dritte Mädchen trat vor. Sie trug hochhackige schwarze Pumps, enge schwarze Radfahrerhosen, ein weitausgeschnittenes schwarzes T-Shirt und sah finster drein. »Wie ich heiße, geht niemanden was an, und ich bin eine Hure, weil es sich auszahlt. Genau wie die anderen, die nur Schiß haben, es zuzugeben, damit man sie nicht wegschickt.«
Pope warf den Kopf zurück und brach in beifälliges Lachen aus. »Bravo, *senhorita*! Das lasse ich mir gefallen! Zufällig weiß ich von Ihrem ehrenwerten Vermittler, daß Sie Thalia heißen, aber das will ich Ihnen noch mal durchgehen lassen.«
Thalias Miene verfinsterte sich noch mehr.
Er grinste immer noch über ihren Auftritt, während er mit einer abwinkenden Geste zu den Jungen hin fortfuhr: »Ihr Kerle seid alle gleich und könnt meinetwegen anonym bleiben. Ich werde euch Eins, Zwei und Drei nennen, das genügt. Und weshalb ihr Huren seid, ist sowieso klar: aus Faulheit und Dummheit, wie all eure *compadres*.«
Die Jungen stießen sich feixend mit den Ellbogen an.
Susan beobachtete Thalia fasziniert. Wenn sie das Pech gehabt hätte, als arme Brasilianerin auf die Welt zu kommen, wäre es ihr wahrscheinlich nicht anders ergangen als diesem Mädchen; Thalia hatte nicht nur eindrucksvolle Kurven, sondern auch Charakter, und ihre mürrischen Züge zeugten von beachtlicher Intelligenz. Ihr Blick schweifte abschätzend durch den Raum und registrierte blitzschnell alle tragbaren Wertgegenstände – Lampen, Radios, Vasen –, um sich dann plötzlich auf Susan zu heften und sie wie mit drei Messerstichen in Gesicht, Brust und Unterleib zu durchbohren. Susan errötete. Thalia verzog höhnisch das Gesicht.
»Dies ist meine Freundin Susan, die von Ihnen gefickt zu werden wünscht. Nacheinander, versteht sich, und dann vielleicht *uma tortilla* als grandioses Finale. Bilden Sie jetzt eine Schlange, ohne zu drängeln, wenn ich bitten darf.«

Die Brasilianer stellten sich unbeholfen hintereinander auf. An ihrem albernen Gekicher und Geschubse merkte man gleich, daß sie keine Übung im Schlangestehen hatten. Die Jungen standen vorne, voller Eifer und Ungeduld, und die Mädchen dahinter. Maria und Rosana verglichen unbekümmert ihren billigen Modeschmuck und ihren Nagellack, gerade so, als warteten sie an einer Bushaltestelle.

Thalia bildete das Schlußlicht. Schweigend, mit unbewegter, verächtlicher Miene starrte sie vor sich hin. Bei ihrem Anblick wurde Susan plötzlich angst und bange zumute.

Pope ging die Reihe entlang und händigte den Jungen Kondome aus. »Jeder kommt nur einmal dran, also macht das Beste draus. Nächste Woche müßt ihr wieder die alten Schachteln aus Florida bedienen. Die große Lover-Show könnte ihr euch allerdings schenken. Hier gibt's keine versteckte Kamera – *no maquina*–, also wird auch kein Regisseur heute abend euer verborgenes Talent entdecken.« Er warf einen Blick auf seine Patek Phillipe. »Es ist jetzt kurz nach sieben. Um acht will ich zu Abend essen. Ich bin ein alter Mann und brauche meinen Schlaf.« Er setzte sich in den Ledersessel und sah noch einmal auf die Uhr. »Achtung, fertig, los!«

Der erste Junge kam auf sie zu und zog eilig den Reißverschluß seiner Jeans auf. Erleichtert stellte sie fest, daß er bereits eine Erektion hatte, die zum Glück keine beängstigenden Ausmaße aufwies. Die Vorstellung, einen dieser Fremden erst noch stimulieren zu müssen und dann womöglich mit einem Riesenpenis konfrontiert zu sein, hatte sie insgeheim schon mit Gruseln erfüllt. Der Junge war hübsch, aber nicht auf die Art, die ihr gefiel; zu glatt, zu jung.

Er stieg auf das Bett, kniete sich über sie und beugte sich hinunter, um sie zu küssen. Ihre Zähne stießen mit peinlichem Klicken aneinander, und sie wandte verlegen den Kopf zur Seite. Pope war an die Bettkante getreten und blickte mit verschränkten Armen auf sie hinab. »Schluß mit dem Kitsch!

Zur Sache!« bellte er ungehalten, wie ein gestrenger Schiedsrichter.

Der Junge richtete sich auf und streifte sich das Kondom über. Susan ließ ergeben den Kopf auf die Kissen sinken und schloß die Augen. Er schob ihr die Schenkel auseinander und rutschte auf den Knien weiter vor, faßte unter ihren Rock und zog ihr mit schnellem Griff die Unterhose aus. Als er ihr den Rock hochschob, schienen alle Anwesenden sich wie auf Kommando neugierig vorzubeugen: wie Fachleute beim Begutachten einer neuen Ware, aber auch wie geile Gaffer bei einem Unfall.

Sieben Augenpaare waren auf ihre entblößte Vagina gerichtet. Vor lauter Peinlichkeit wäre sie am liebsten unters Bett gekrochen, doch gleichzeitig machte es sie auch mordsmäßig scharf.

Der Junge fummelte prüfend an ihrer Öffnung, brachte sich in die richtige Stellung und stieß in sie hinein. Instinktiv spannte sie die Muskeln an, und er stöhnte lustvoll auf. Ein leiser Seufzer der Erregung ging durch die Warteschlange, und Susan öffnete die Augen. Pope hatte ihr den Rücken zugekehrt und blickte ihr direkt zwischen die Beine hinab. Maria stand auf den Zehenspitzen und hatte die Hände auf Rosanas Schultern gestützt. Die Jungen starrten gebannt auf das Bett und spannten in ihren Levis um die Wette. Nur Thalia hatte ein abfälliges Grinsen aufgesetzt und klopfte gelangweilt mit ihrem Stilettoabsatz auf den Boden. Susan legte die Arme fest um den schmalen Jungenrücken, der sich rhythmisch auf und ab bewegte. Er war so jung und eifrig, roch nicht unangenehm, erdrückte sie nicht mit seinem Gewicht und war der Macht der Yankee-Dollar ebenso wehrlos ausgeliefert wie ein Mädchen: Mochte er also ruhig seinen Spaß haben. Wie leicht es im Grunde doch war, mit einem Fremden zu vögeln. Viel leichter, als ihn zu küssen oder gar mit ihm zu reden. Sie fing gerade an, die ersten pulsierenden Lustempfindungen zu spüren, als er sich plötzlich aufbäumte und schwer atmend wie ein erschöpfter Sprinter auf ihr zusammensank.

Tobias Pope machte seinem Unmut mit einem schrillen Pfeifen Luft. »Jämmerlich! Der nächste!«

Nummer zwei kletterte auf das Bett und wälzte seinen Freund gutmütig zur Seite. Er hatte das Kondom schon im Gehen übergestreift und glitt wie ein gut geölter Bolzen in sie hinein. Er war etwas älter und viel größer als sein Vorgänger; sie war gefährlich nah daran, auf den Geschmack zu kommen, genauer gesagt, nah dran zu kommen. Sie schloß die Augen und schlang ihm die Arme um den Hals.

Er lachte ihr leise ins Ohr – *Ola!* – und begann, sanft und kraftvoll zuzustoßen. Jeder neue Stoß fühlte sich an wie ein fleischgewordenes Fragezeichen.

»LAHM!« entschied Pope laut und ungeduldig. Sie hätte ihn erschlagen können. »*Mach* doch mal was, Junge! *Mach irgendwas mit ihr!* Würg sie, beiß sie, schlag sie, pfeif meinetwegen ein Lied, wenn's sein muß – aber sorg endlich für Abwechslung!«

Der Junge setzte sich auf, faßte sie bei den Knöcheln und legte sich ihre Beine über die Schultern. Sie schob sich dichter an ihn heran und ächzte, als er noch tiefer in sie eindrang. Sie kam sich vor wie ein weiches rotes Plüschsofa, das den Jungen für immer und ewig in seinen schwelgerischen, samtenen Tiefen begrub. Die dunkle Mähne über das Kopfkissen gebreitet, bog sie den schlanken Körper zu ihm hoch und klammerte sich an seinen Hüften fest. Ihre Lippen spannten sich in einem lautlosen Schrei über die Zähne und befleckten sie mit Lancôme-Brun-Majeur-Lippenstift.

Durch die ungewohnte Stellung und die rückhaltlose Hingabe seiner Klientin aufgepeitscht, ergoß der Junge sich innerhalb weniger Sekunden.

Im Raum blieb es vollkommen still.

»Como se chama?« wisperte er ihr zu.

»Ich kann kein Portugiesisch«, antwortete sie und hob sich noch ein wenig an, um ihre Klitoris gegen seinen hageren Körper zu pressen, nur noch von dem verzweifelten Verlangen erfüllt, endlich den Höhepunkt zu erreichen. Der Druck verfehlte nicht seine Wirkung; sie war beinah am Ziel, als Tobias Pope unvermittelt der Kragen platzte.

»Herrgott noch mal!« Er hob einen überraschend zierlichen Fuß in einem Schuh, der mehr gekostet hatte, als der brasilianische Junge in einem Jahr verdiente, und verpaßte ihm einen wohlgezielten Tritt. Der heftige Stoß ließ sie auseinanderfahren und vor Schreck aufschreien. »Ich habe ja sogar Karnickel schon länger durchhalten sehen! Und zwar Karnickel mit Präcox-Problemen! Macht, daß ihr rauskommt, ihr Versager! RAUS!« Er riß die Tür auf und schubste die beiden Jungen in den Flur. »Die Rechnung begleiche ich morgen bei Rodriguez – mehr als zehn *centavos* war das nicht wert! Los, verduftet!« Er schlug die Tür zu und tupfte sich mit dem Taschentuch über die Stirn. »Heutzutage kriegt man einfach kein ordentliches Personal mehr, das ist ja nicht zum Aushalten!« Er schnippte mit den Fingern. »Maria, Rosana, ich wette, ihr habt mehr Mumm in den Knochen als diese Hampelmänner. Seht zu, was ihr mit ihr anfangen könnt.«

Die beiden Mädchen sprangen auf das Bett und musterten Susan voller Neugier und Unternehmungslust.

»Que quer?« fragte Maria höflich.

»Sie will wissen, wie Sie's gern hätten«, übersetzte das größere Mädchen.

»Wie?« Susan richtete sich auf dem Ellbogen auf und sah die beiden hungrig an. »Ach, irgendwie, ich weiß auch nicht so genau. Was würdet ihr denn gerne machen?«

»Himmel Herrgott Donnerwetter noch einmal!« brüllte Pope dazwischen. Maria und Rosana bekreuzigten sich. »Nun fangt schon an, sonst kann ich's ja gleich vom Zimmerkellner erledigen lassen!«

Rosana ergriff die Initiative und schob Susan ein Kissen unter. »Beine hoch, *por favor*.« Blitzschnell drehte sie sich herum und kniete sich rittlings über Susan, mit dem Unterleib über ihrem Gesicht.

Maria rutschte ans Fußende hinunter. »Bitte Beine auseinander.«
Mit V-förmig gespreizten Schenkeln – wahrlich ein seltsamer Sieg – überließ Susan sich den heißen, gierigen Mündern der beiden Mädchen. Rosana zupfte und saugte mit den Zähnen und Lippen an ihrer Klitoris, bis sie zur dreifachen Größe angeschwollen war, während Maria ihre lange, geschickte Zunge rhythmisch ein und aus schnellen ließ. Schwitzend und unerträglich erregt schlang Susan die Arme um Rosanas Taille. »Bitte, bitte«, keuchte sie, »zieht euch aus!«
Wie perfekt eingespielte Formationsstripperinnen richteten die drei sich kurz auf und streiften hastig die Kleidungsstücke ab – Maria ihren Bikini, Rosana ihr Strandkleid und Susan ihr Ozbek-Top –, um sogleich wieder in den saugenden, züngelnden Sumpf einzutauchen. Susan fühlte sich haltlos in einen weichen, vielmündigen Treibsandstrudel hinabgezogen. Die beiden Mädchen waren jetzt richtig in Fahrt und gingen mit einer Begeisterung zu Werk, die das Niveau rein professioneller Anforderungen weit überstieg, in vollkommenem Einklang, wie ein Körper mit zwei Köpfen. Die schmatzenden Geräusche der drei feuchten Öffnungen hallten in dem großen Zimmer wider wie über eine aufgedrehte Stereoanlage.
Der blasierte Überdruß des Publikums war mittlerweile einer atemlosen Spannung gewichen. Pope stand immer noch am Bettrand, doch er hatte sich jetzt vornübergebeugt, die Handflächen auf die Daunendecke gestützt, und beobachtete hingerissen das einträchtige Zusammenspiel der Münder. Thalia und der dritte Junge waren vorgetreten und spähten interessiert über seine Schultern, wie in der grotesken Perversion eines biederen Familienbildes.
»Bitte«, stöhnte Susan und verbarg das Gesicht in Rosanas Bauch. »Bitte laßt mich – bitte helft mir – ich komme ...«
Erschöpft und blind vom Schweiß, der ihnen in die Augen rann, blieben die Mädchen regungslos liegen, zwei braune und ein

weißer Körper ineinander verschlungen. An Tobias Popes Schläfe machte sich ein unheilverkündendes Zucken bemerkbar.

»Runter da, wird's bald, ihr Hurenpack! Ich bin noch nicht auf meine Kosten gekommen.« Er wandte sich zu dem Jungen um. »He, du, besorg es der Lesbe da noch mal richtig!«

Der Junge sah aus wie Marlon Brando mit einem Anflug von Aknenarben im Gesicht, die seine Schönheit nur noch mehr hervorhoben. Er drehte Tobias Pope und Thalia den Rücken zu und stieg aus seinen Jeans. Dann sprang er auf das Bett und versetzte Rosana und Maria ein paar wohlwollende Klapse, wie eine Löwin, die ihre lästigen Jungen mit sanften Prankenhieben vertreibt. Er beugte sich über Susan, die schnaufend auf dem Bauch lag, hob sie an den Hüften hoch und zog ihr den Rock aus. *»Desculpe«*, murmelte er und stopfte ihr ein, zwei, drei Kissen vom Kopfende unter den Körper.

»Was soll das?«

Statt einer Antwort kniete er sich hinter sie, legte ihr die Hände auf die Hinterbacken und stieß heftig in sie hinein. *»Nicht sprechen Ingles«*, entschuldigte er sich höflich.

»Bitte, aufhören!« schrie sie mit schmerzerstickter Stimme. Er machte unverdrossen weiter. Sie blickte sich über die Schulter zu ihm um. Er schaute so zufrieden und unschuldig drein wie ein Dreijähriger bei einer Kindersendung. Unaufhaltsam bewegten seine Hüften sich vor und zurück, unerbittlich durchbohrte sein überdimensionaler Rammbock sie bis zum Anschlag.

»He, ihr beiden, keine Müdigkeit vorschützen!« scheuchte Pope die wie betäubt daliegenden Mädchen auf. »Los, saugt ihr die Titten! PRONTO!«

Schwerfällig krochen sie zu dem kopulierenden Paar hin und schoben sich unter Susans ausgestreckten Armen durch, legten sich auf den Rücken und fummelten an ihren Brüsten, um sich dann fast gleichzeitig daran festzusaugen.

Susan blickte auf die beiden hinab, während der Junge sie mit unverminderter Härte fickte. Die Mädchen hatten die Augen geschlossen und sahen beinahe glücklich aus. Sie fühlte auf einmal eine Welle von Zärtlichkeit für diese Fremden, von denen die eine noch im selben Jahr an Aids sterben sollte, während die andere einen häßlichen, menschenfreundlichen kanadischen Chiropraktiker heiraten, viele Kinder bekommen und bis ans Ende ihrer Tage ein sorgloses Leben führen würde.

Das Kitzeln in den Brustwarzen strahlte in kribbelnden Schauern bis in ihre Vagina aus. Sie sah noch einmal über die Schulter und lächelte dem Jungen zu. Er lächelte mit bescheidenem Stolz zurück, ein echter Profi. Sie berührte ihre Klitoris, und kurz darauf entlud der Junge hinter ihr sich in einem letzten ekstatischen Stoß, während die Mädchen unter ihr gleichzeitig aufseufzten. Sie warf den Kopf zurück und brüllte.

Als sie sich voneinander lösten, glänzten ihre Körper vor Schweiß. Sie lächelten verlegen und vermieden es, sich anzusehen.

»O. K.«, ließ Pope sich in sachlichem Ton vernehmen. »Bestellt euch Champagner oder was ihr wollt, wascht euch und verschwindet. Ich bin in zehn Minuten zurück, und dann will ich keinen Eingeborenen mehr hier vorfinden.«

Rosana, Maria und der Junge sahen Susan fragend an. »Bitte, wo ist das Bad?«

»Da hinten.«

Als die Tür sich hinter den dreien geschlossen hatte, trat Thalia an die Bettkante. Sie verschränkte die Arme und klopfte unwirsch mit dem Fuß auf den Boden. »*Desculpe* – Entschuldigung. Haben Sie nicht was vergessen?«

»Wie bitte?« In ihrem wehrlosen Zustand jagte das schöne, düstere Mädchen in Schwarz Susan Angst ein.

»Na, *mich*. Sie haben *mich* vergessen.« In Thalias niedergeschlagenem Tonfall schwang eine unverhohlene Drohung mit. »Die

anderen haben Sie alle gefickt, aber die arme kleine Thalia, die haben Sie vergessen.« Sie seufzte. »So geht's immer.«
»Entschuldigen Sie, aber ich blicke im Moment nicht ganz durch. Ich weiß nicht, was Sie wollen, aber wenn es ums Geld geht, da brauchen Sie sich sicher ...«
»*Geld!*« Das Mädchen war aufs Bett gestiegen; sie beugte sich dicht über Susans nackten Körper und hielt ihr die Faust vors Gesicht. Susan wich erschrocken zurück. »Siehst du das hier?« Sie lachte kurz auf. »Keine Angst, Baby, ich will dir nicht weh tun. Ich will dich *lieben*. Und zwar *so*.«
Später überlegte sich Susan, daß ein Mann, der als Fliege an der Wand hätte miterleben können, was sich dann in dem Hotelzimmer an der Avenida Atlantica abspielte, nie wieder dummdreist zu spekulieren bräuchte, was Lesbierinnen eigentlich im Bett trieben. Das überhebliche Grinsen wäre ihm da nämlich gründlich vergangen. Zwischen Marias und Rosanas zartem Gezüngel und Thalias unbändiger Wildheit lagen Welten.
Von den drei Jungen schon wundgerieben, bog und wand sie sich, zwischen Schmerz und Lust hin- und hergerissen, drückte das Mädchen eng an sich und küßte sie leidenschaftlich – Thalia spie ihr aus Bosheit in den Mund – und stammelte abgerissene Liebesworte hervor, bis Thalia sich angewidert zurückzog.
»Du! *Du* bist hier die Hure, nicht ich! Weißt du auch, warum? Weil du es *gern* machst. Du mußt es ja nicht tun. Ich schon. Mit deinen Möglichkeiten hätte ich – *alles* hätte ich da werden können! Du ekelst mich an. Du Hure!« Sie stand breitbeinig über Susan und spuckte sie an. »Und das Schlimmste ist – ich könnte mich glatt in so eine Hure wie dich verlieben.«

Sie lag immer noch ganz genommen auf dem Bett, als Pope zurückkam. Es war noch vor neun; draußen auf den Straßen schwoll der ausgelassene Karnevalslärm immer mehr an.
»Hat's Ihnen Spaß gemacht?«
»Danke, ja.« Sie fühlte sich vollkommen zerschlagen, aber sie

hätte sich eher vom Balkon gestürzt, als es ihm gegenüber zuzugeben.
»Um so besser für Sie.« Er öffnete die Schranktür.
»Gehen wir uns den Karneval ansehen?«
»Was gibt's denn da zu sehen?« lachte er. »Massenbesäufnis, Drogenmißbrauch, Straßenkriminalität, lächerlich aufgeputzte Proleten – wenn ich will, kann ich das jederzeit in der Bronx oder in Brixton haben.« Er warf einen Blick auf die Uhr. »Nein, wir haben unser Touristensoll schon erfüllt – wir haben die Eingeborenen gefickt und die Wirtschaft unterstützt. Ziehen Sie sich an, wir fliegen nach Hause.«

Sie saß im Flugzeug über London und fühlte sich schäbig und ausgenutzt, als sie an das Wochenende zurückdachte. Da hatte sie nun also mit verschiedenen dunkelhäutigen Exemplaren beider Geschlechter geschlafen und war dabei ziemlich brutal durchgewalkt worden – na und? Eigentlich war es doch bloß ein lateinamerikanischer Aufguß ihrer düsteren Vergangenheit. Wie konnte es ihr dann trotzdem soviel ausmachen?
Sie ließ sich ein Glas Sekt bringen und bemühte sich, das bedrückende Gefühl abzuschütteln. Wirklich bemerkenswert war nur die Montes-Episode; was hatte *die* wohl zu bedeuten?
Zur Sicherheit übertrug sie schnell die Telefonnummer von seiner Visitenkarte in ihr Adreßbuch und schrieb LOUISA MOUNT dazu. Dann zerriß sie die Karte und ließ die Schnipsel unter ihren Sitz verschwinden. Sie wußte, daß Pope in ihren Privatsachen herumschnüffelte, während sie schlief, und mißtrauisch, wie er war, würde der Name Louis Montes ihn sicher auf irgendein Verwandtschaftsverhältnis zu Cristina schließen lassen.
Sie war sich selbst nicht recht darüber im klaren, warum sie die Nummer aufbewahrte. Aber nach all dem, was sie in Rio erlebt hatte, war ein Mann mit dem Wunsch, Tobias Pope den Garaus zu machen, vielleicht genau das Accessoire, das ein aufgewecktes Mädchen dieses Jahr am besten brauchen konnte.

Gerhard Zwerenz
Großer Gott Eifersucht
(Bea)

Louis Wern war zumute, als fielen Weihnachten und Ostern auf diesen Mittwoch. Das seinen Augen sich darbietende Bild beschleunigte seinen Puls und erfüllte seinen Geist mit frischen Gedanken.
Mit einer mechanischen und unbewußten Bewegung schaute er auf seine Uhr. Danach blickte er wieder auf die Köstlichkeit gegenüber.

Entfernungen über vierhundert Kilometer legte Louis Wern mit dem Flugzeug zurück. Ansonsten nahm er den Intercity. Es sei denn, das Reiseziel lag abseits, dann wählte er den Wagen.
Louis Wern war oft unterwegs. Sein Beruf stand in keinem der einschlägigen Verzeichnisse, ja, es gab eigentlich gar keine feste Berufsbezeichnung für das, was er tat und das er selbst nicht ohne einen Anflug von Verlegenheit als prinzipielle freie Mitarbeiterschaft charakterisierte.
Mit etwas loseren Worten pflegte Louis mitzuteilen, daß er für viele Herren arbeite. Da sei ein großes Architekturbüro gewesen, eine internationale Werbeagentur, eine Detektei. Auch führende Bankhäuser wandten sich an ihn. Zur Zeit war er meist für eine Firma unterwegs, die sich mit der Rettung bankrottbedrohter Unternehmen beschäftigte, aber auch den Aufkauf interessanter Objekte betrieb. Allerdings geschahen die Aufkäufe

für andere Kunden, große Konzerne meist, die ihre marktbeherrschende Stellung auf die heimliche Weise weiter auszubauen suchten.
Louis Wern jonglierte mit Computern und Rechenmaschinen, er kannte sich in allen Geschäftszweigen aus und besaß eine teils angeborene, teils durch jahrelanges Training ausgebaute Sensibilität für Zahlen.
Es gab Fälle, die in der ganzen Branche berühmt wurden. Die besten Fachleute der Welt hatten sich bemüht und waren nicht weitergekommen.
Louis Wern reiste an, vergrub sich mehrere Tage und Nächte in den Aktenbergen und tauchte danach wieder daraus hervor mit einem knappen Rat und einem stichhaltigen Papier. Noch nie war einer seiner Klienten aufgelaufen, wenn er seinem Rat folgte. Wenn Louis abriet, kaufte man nicht. Riet er zu, wurde gekauft. Die traumhafte Sicherheit der Analysen und Prognosen dieses Fachmanns stand hundertprozentig fest. Sie erhöhte das Einkommen des Mannes mit dem Durchblick in jene abenteuerliche Dimension, wo das Geld den Kapital-Charakter gar nicht mehr abstreift. Mit einem Wort: Louis war das absolute As. Bis zu diesem Mittwoch morgen, wo er abwich vom Pfade der geschäftlichen Tugend.

Von Köln über Bonn und Koblenz bis Frankfurt hatte er allein in seinem Abteil Erster Klasse gesessen.
In der Bundeshauptstadt war es ihm gelungen, ein paar Herren durch ungnädige Blicke davon abzuschrecken, das Abteil zu betreten. Als geübter Intercity-Benutzer besaß Louis ein ganzes Repertoire abschreckender und abweisender Blicke und Gesten. Schon die Haltung, die er einnahm, signalisierte nach draußen auf den Gang, daß es nicht genehm sei zu stören.
Diese Art sich mitzuteilen wirkte um so besser, als die meisten Intercity-Benutzer ebenfalls gern ein Abteil allein besitzen.
Wer oft und teuer mit diesen Zügen reist, legt es nicht auf

Unterhaltung und Austausch von Höflichkeiten an. Nein, die Mehrzahl der TEE- und IC-Reisenden besteht aus hartarbeitenden Managern, die ihre Unterlagen mit sich führen, um während der Bahnfahrt darin zu lesen und sich Notizen zu machen. Die Bahnfahrt ist für sie eine Spanne Arbeitszeit, auch dies ein Grund, weshalb sie nicht fliegen.
Louis Wern war an diesem Morgen allerdings sehr wie Fliegen zumute.
Obwohl das Abenteuer mit einer Niederlage begann – war es dem deutlich abweisenden Herrn doch nicht gelungen, die Dame davon abzuschrecken, ins Abteil einzudringen.
Ja, sie setzte sich direkt gegenüber, was die Beinfreiheit beengte.
Erst als der Ärger ein wenig abgetaut war, nahm Louis das Bild seines Gegenübers in sich auf.
Seine Nerven begannen zu vibrieren.

Hinter Aschaffenburg, als es in den Spessart hineinging und die Höhen ringsum belaubte Mützen zu zeigen begannen, legte Louis seine Akte beiseite und beschloß mit einem seelischen Ruck, sich dem Leben zu widmen. Was den geschäftlichen und finanziellen Erfolg anging, so hatte er alles bereits erreicht, und seine tief im Herzen verschlossen gehaltene Unzufriedenheit nahm von Tag zu Tag mehr die Konsistenz jenes Sprengstoffs an, der bereits bei kleineren Erschütterungen explodierte.
Auch Berührungen können dazu führen, daß alles in Stücke gerissen wird.
Bea ging manchmal einfach auf den Hauptbahnhof. Oder sie fuhr mit dem Wagen zum Flughafen, parkte in der Abflugebene und schlenderte gemächlich durch die Hallen in der Erwartung, daß etwas geschehen würde.
Bea war jung genug, die Elastizität ihrer Wünsche und Freuden hielt mit der ihres in vielen ekstatischen Lieben durchtrainierten

Leibes Schritt, die lustvolle Biegsamkeit teilte sich in optischen Signalen mit.
Bea war vollkommen unerfahren in den Schmerzen der Liebe und eisern entschlossen, sich ihnen zu verschließen. Dafür hatte sie ihre eigene Methode entwickelt.
An diesem Morgen hatte sie in Frankfurt auf dem Bahnhof gestanden, als der IC von Köln langsam heranrollte. Das Profil eines Gesichts, das Bea sekundenlang erblickte, wurde zum Grund der Reise, die sie antrat, wenn auch ohne Fahrkarte.
Als der Zug hielt, stieg sie ein, zwei Waggons hinter dem Wagen, auf den sie es abgesehen hatte.
Sie wartete geduldig die fünf Minuten, bis der Zug sich erneut in Bewegung setzte.
Jetzt setzte die Frau sich ebenfalls in Bewegung.
Als sie das gesuchte Profil erkannte, ließ sie sich durch die feindselige Haltung des Mannes nicht abschrecken. Ohne ein Wort zu sagen, betrat sie das Abteil und nahm direkt gegenüber Platz.
Bea stand auf Gesichter. Sie waren ihre Schwäche, ihre Stärke, ihre Leidenschaft. In der Jagd nach Gesichtern entwickelte Bea alle jene Kühnheiten, die die Klassen der Männer der Klasse der Frauen untersagt haben, es sei denn, die Frau erkühne sich zum bezahlten Dasein der Prostitution.
Den Huren war von allen Ordnungen erlaubt worden, sich den offenen und verborgenen Wünschen der Männer anzugleichen und dem Geld mit abgestufter Schamlosigkeit zu begegnen. Geschäft ist Geschäft und Moral Form zu wahren.
Bea lächelte Louis Wern zu. Die Klugheit, die seine Züge ausdrückten, und die Anstrengung, die sich mit ihnen verband, weil es sich um eine fleißig angewandte Klugheit handelte, gefielen Bea, denn das Gesicht des über seinen Akten sitzenden Mannes verriet noch jene unterdrückte Sehnsucht, an deren Entfesselung der Frau gelegen war, seit sie entdeckt hatte, was sie damit bewirkte. In den Gesichtern der Männer las Bea alles über ihren

Körper, den Geist und die Seele, und sie erkannte den dankbaren Liebhaber auf Anhieb. Ihr lag weniger an den Männern, die sich offerierten und forsch darauf aus waren, ihr lag mehr an den andern, die sich verbarrikadiert und verpanzert hatten im Kampf um Erfolg und Macht und Geld.

Bea lächelte und gefiel sich in einigen ästhetisch ineinanderfließenden Bewegungen, denen zufolge ihr Kleid höherrutschte, ihre Knie beinahe unanständig auseinanderspreizten und die Augen des Herrn gegenüber das dunkle Grün eines tiefen Bergsees annahmen. Die einander widerstreitenden Parteien fochten ihre Kämpfe in Louis Werns Brust aus, und das wiegende Hin und Her von Sieg und Niederlage prägte sein schönes Männergesicht, das jetzt ein wenig an den Betrachter eines Kriegsfilms oder Fußballspiels erinnerte.

Bea saß lächelnd still und hielt ihre Schönheit dem Betrachter feil.

Der Intercity schlängelte sich durch gewundene Spessarttäler und rüttelte abgebremst übers verschlungene Gleisgewirr eines mittelstädtischen Bahnhofs, wo nicht gehalten wurde und ein paar wartende Fahrgäste standen, die von kleineren Zügen bedient würden und mit kaum verhohlener Sehnsucht dem Fernzug nachblickten. Verdrehte Bewegungen, abschrägende Blickwinkel, und schon war der Intercity am Stadtrand und legte erneut an Geschwindigkeit zu.

Als der Fahrkartenkontrolleur erschien, gab es die ängstliche Verwunderung, den gestockten Augenblick, und keiner der Anwesenden wußte, wie es enden würde. Bea nahm lässig die Knie zusammen, hielt die Ledertasche darauf, zahlte einmal Würzburg, steckte noch achtlos einen Schein dazu, winkte ab und lächelte andeutend.

Dreißig Minuten später, als der IC in Würzburg hielt, erhoben Bea und Louis sich, als handelten sie im offenen Einverständnis, dabei war kein einziges Wort gewechselt worden zwischen ihnen.

Ich, Bea Berondill, 24 Jahre alt, Tochter eines Berliners und einer Frau aus Lyon, aber der Berliner hatte einen Französisch-Schweizer zum Vater und die Mutter eine spanische Mutter.
Ich, Bea, mit neunzehn verheiratet, mit zweiundzwanzig geschieden, Besitzerin eines Mietshauses in Mannheim sowie eines Bankkontos mit fast einer Viertelmillion.
Ich, Bea, abgebrochenes Jurastudium, seither ununterbrochenes Studium der Welt, in der ich lebe. Mein Wagen: Golf GTI, knapp angebraucht gekauft beim Tachostand von 22 000 km, jetziger Stand 95 000 km. Ich fahre viel und weiß bei Antritt einer Fahrt selten, wo ich ankommen werde.
Ich, Bea, von Zeit zu Zeit jobbend, meist unterwegs, befreundet mit manchen, unzuverlässig, zugvogelhaft, im Frühjahr aus dem winterlichen Tiefschlaf aufwachend. »Wissen Sie was? So mieten Sie doch einen Wagen!«

Louis Wern mietete den größten, den sie da hatten, einen Audi 100, die Gänge ruckten und knackten ein wenig, doch fuhr es sich ansonst gut. Bea setzte sich von Anfang an hinters Lenkrad.
»Kennen Sie den Spessart im Herbst?«
»Nicht im Frühling und nicht im Herbst.«
»Im Sommer?«
»Nicht im Sommer, nicht im Winter.«
»Damit Sie Bescheid wissen, ich bin geizig«, sagte Bea zu ihm.
Da befanden sie sich schon auf der Autobahn Richtung Westen zum Spessart.
»Sie kommen auf für die Unkosten.«
Bea blickte ihn von der Seite an. Er nickte.
»Was haben Sie vor?« erkundigte er sich.
»Und Sie? Können Sie verkraften, daß Ihre wichtigen Termine ins Wasser fallen?«
»Nein. Kann ich nicht.«
»Und trotzdem?«

»Verdammt!« sagte er. »Und was ist, wenn wir immer schneller altern?«
»So schnell!« sagte die Frau und trat das Gaspedal bis unten durch.
»Wir gehen auf die Jagd«, sagte Bea, reichlich nebensächlich.
»Sie bekommen alles, nur eines nicht.«
»Was ist das eine?«
»Ich bin das, was Sie nicht kriegen.«
»Und wenn ich kaufe?«
»Geld besitze ich selbst. Ich brauche keins und nehme keines. Nicht dafür.«
»Was nehmen Sie denn?«
»Sie!«

Mit achtzehn Jahren hatte Bea sich das erste Mal verliebt. Bis dahin war sie jemand mit einem Ziel vor Augen gewesen. Ohne sich darüber im klaren zu sein, war sie die Sklavin ihrer Eltern, der Familie und Schule gewesen. Den Blick fest aufs Abitur gerichtet, lebte sie in einer ewigen Dämmerung dahin.
Die Gesichter der anderen nahm sie schattenhaft wahr. Erst das Gesicht Berrys hellte sich zu jener Deutlichkeit auf, die ihr zusetzte und keine Ruhe ließ. Sie wußte noch nichts von ihrer besonderen Art und Weise zu lieben. Sie kannte sich zu wenig aus. Vielleicht war es eine Form von jugendlichem Selbstschutz gewesen, daß sie die Gesichter der anderen nicht deutlich genug wahrnahm. Denn jetzt, als sie es tat, trat Berry mit einem solchen Nachdruck in ihr Leben, daß es sich von einem zum anderen Tag änderte.
Ihre Entjungferung ertrug sie mit Gleichmut. Es war, als gehöre das lediglich dazu. Sie mußte aufgeschlossen werden für Berry. Ihre Sinnlichkeit war auf sein Gesicht gerichtet. Sie ahnte noch nichts von ihrem Fetischismus. Sie wußte nicht, das es dies gab, diese optische Verfallenheit. Doch sie spürte eine nicht zurück-

dämmbare Leidenschaft, einen Ansturm wilder Gefühle, näherte Berry sich ihr.

Ein Jahr später heirateten sie. Drei Jahre später ließen sie sich scheiden. Nein, Bea ließ sich von Berry scheiden. Dabei war es mit ihr noch immer wie zu Beginn. Sobald sie ihn sah, verfiel sie ihm in einer Liebe, die sie zugleich hinriß und erschreckte.

Das war damals die Zeit ihrer langen Vormittagsspaziergänge gewesen.

Bea verließ die gemeinsame Wohnung und trieb durch die Straßen der Stadt, ziellos, absichtslos, die Eindrücke genießend wie eine von fern herandringende lockende Musik.

Oft kam sie mittags nach Hause und wachte erst auf, wenn sie durch die Tür in die Wohnung trat.

Ein ganzer Vormittag nutzlos vertan. Sie hatte nicht das Notwendige eingekauft und mußte nochmals los. Sie verbrachte die Vormittagsstunden, als wäre es auf andere Weise ein Schlaf. Sie träumte gehend.

Später, als sie darüber nachdachte, stellte sie verwundert fest, kaum jemand ging so wie sie ohne Absicht und Ziel. Wer überhaupt zu Fuß ging, hatte immer etwas vor, war in Eile, wußte, was er wollte.

Vielleicht bin ich irre, dachte Bea, und sie begann Bücher zu lesen über Seelenkranke. Sie erfuhr, diese Kranken gefielen sich oft im ziellosen Umherschweifen. Konnten tagelang unterwegs sein und kamen nie irgendwo an. Irgendwann wurden sie aufgelesen und in geschlossene Häuser gesteckt.

Bea fühlte sich nicht krank. Weder psychisch noch physisch. Es war auch so, daß sie sich wohl fühlte bei ihren Streifzügen. Doch die Kranken fühlten sich ebenfalls wohl dabei, das war der Grund dafür, daß sie sich in Bewegung setzten.

Als Bea mit ihren Überlegungen so weit gekommen war, begann sie sich Gedanken über ihre junge Ehe zu machen. Obwohl sie in diesen Jahren mit Berry nur Glück und Liebe und keinen Schmerz empfand, begann sie sich davor zu fürchten. Mit zu-

nehmender Dringlichkeit befragte sie sich, was es denn sei, das sie Berry gegenüber dahinschmelzen lasse und wehrlos mache. Obwohl ihr dieser Zustand behagte, erfüllte er sie auch mit einem Gefühl des Widerstrebens und endlich des Widerwillens. Ihr Gefühl und ihre Liebe kamen, sobald Berry sich näherte, mit einer, wie ihr schien, zu ausschließlichen Macht über sie, die Willenlosigkeit ihres Zustandes machte sie betroffen, und sie begann erst Berry und dann sich selbst zu beargwöhnen.
Sie liebte Berry heftig, doch die Art und Weise, in der dies geschah und wie sie dadurch in den Zustand der Sklaverei versetzt wurde, erfüllte ihre Seele mit Unruhe. Berry, der selbstsichere junge Mann, bemerkte ihre Veränderung erst spät, was Bea ein weiteres Mal unsicher werden ließ, denn sie argwöhnte nun, Berry sei ein wenig dumm. Berry also gab sich doppelte Mühe, was indessen nicht viel hieß, denn bis dahin hatte er sich nur wenig anzustrengen brauchen, schmolz seine kleine Frau doch schon hin, wenn er ihr nur nahekam. Ja, er hatte von den ausgesprochen männlichen Linien seines Gesichts profitiert, in dieser Liebe und Ehe, und er konnte gar nichts dafür, denn in seinen jungen Jahren war ihm das deutliche Ebenmaß geschenkt worden, das er, um es zu behalten, erst noch würde verdienen müssen. Berry profitierte vom Glück der Natur, weshalb er es auch kaum beachtete und noch weniger bedachte, er nahm Beas Liebe einfach hin. Erst als sie damit zu zögern begann, wachte er ein wenig aus dem Dämmerschlaf auf, diesem Normalzustand seines Lebens, und suchte ein aufmerksamer Liebhaber für Bea zu sein.
Da war es schon spät. Zu spät, wie sich bald darauf zeigte. Bea verfiel ihrem Mann zwar jedesmal neu, wenn er es darauf anlegte, doch während seiner Abwesenheit bohrten die Gedanken in ihr, und sie schuf sich die Kraft einer Distanz, die neu war für sie.
Eines Nachts, als sie sich geliebt hatten, sprach Bea den Wunsch nach Scheidung aus.

»Liebst du mich nicht mehr, Bea?« erkundigte sich Berry.
»Ich liebe dich, wenn wir zusammen sind, Berry, aber ich kann dich nicht mehr ertragen. Verstehst du das?«
»Nein.«
»Wenn ich dich erblicke, wirkst du auf mich wie eine Droge. Begreifst du es jetzt?«
»Ich begreife nicht, was daran schlimm sein soll.«
»Für dich ist es nicht schlimm, für mich ist es eine Unfreiheit, die ich nicht dulden darf.«
»Du bist dir vollkommen sicher?«
Sie versuchte Berry die ganze Nacht hindurch verständlich zu machen, worum es ihr ging. Sie sprach, und je mehr sie sprach und argumentierte, um so weniger begriff Berry.
Das war die Stunde, da sie sich endgültig von ihm löste. Und es war die Stunde, in der sie begriff, daß Worte nichts erklären können, wenn sie nur dem Mund entstammen und nicht dem Herzen.

Nach der Scheidung gab es ihr jedesmal einen Stich, wenn sie Berry erblickte. Sie brauchte nur sein Bild zu sehen, und es geschah. Manchmal trafen sie einander in Hotels, wo sie miteinander schliefen. Bea kostete es aus, doch blieb sie stark genug, am Morgen danach heiter und unbeschwert fortzugehen. Im Gegensatz zu Berry, den ihre Scheidung tief verletzt hatte und der diese Niederlage nicht verwinden konnte, weshalb er sich in den Nächten, die sie wieder zusammenkamen, auch ganz besondere Mühe gab. So wenig verstand er seine junge geschiedene Frau, daß er sie mit jeder anderen insgeheim gleichsetzte und meinte, er müsse nur ein ganz besonders fleißiger, einfallsreicher und phantastisch guter Liebhaber sein, und sie werde zu ihm zurückkehren.
Berry hatte Bea nie begreifen können.
Sie behandelte ihn wie ein nettes kleines Kind. Sie war ihm auch als geschiedene Frau noch eine besorgte, gute und tüchtige

Liebhaberin. Für die eine Nacht, die sie im Hotelbett zusammenlagen.
Am Morgen aber vergaß sie Berry in dem Moment, in dem sie ihn nicht mehr vor Augen hatte.
Bea hatte endlich ganz begriffen, wie sehr sie ein Augenmensch war, von ihren Augen sklavisch abhängig. Ihre Blicke waren ihre Schwäche. Was sie sah, ließ sie in Abwehrstellung gehen oder in wilder, leidenschaftlicher Liebe entbrennen.

»Wissen Sie, was Gesichtsfetischismus ist?« fragte Bea ihren Begleiter Louis Wern auf der Fahrt in den Spessart. »Es gibt Maler, die den Gesichtern ihrer Modelle verfallen sind«, antwortete Louis.
»Sind Sie wirklich der Meinung, daß es lediglich die Gesichter sind?«
Die Bereitwilligkeit, mit der Louis auf ihre Worte eingegangen war, verblüffte Bea. Es schien fast, als hege dieser Mann ähnliche Gedanken wie sie selbst. Das konnte aber auch ein bloßes höfliches Entgegenkommen sein, wie es solche Männer manchmal als Trick anwandten, um die Distanz zu verringern.
Louis hatte aber offenbar tatsächlich darüber nachgedacht. »Es gibt viele Gründe für Anziehung und Abstoßung, doch der stärkste Grund ist das Gesicht. Mich wundert, daß noch nie jemand eine Geschichte der Gesichter geschrieben hat. Ich meine, in den Gesichtern der Menschen steht alles geschrieben, ihre eigene persönliche Geschichte und dazu die Geschichte der Zeit.«
»Und die Körper?« warf Bea ein.
Louis lächelte. »Körper bereiten die meisten Täuschungen, denen wir unterliegen.«
»Nein!« sagte Bea schnell. »Es gibt schöne und häßliche Körper, genau wie bei den Gesichtern. Es gibt Körper, nach denen es uns leidenschaftlich verlangt, und nach anderen verlangt es uns nicht im geringsten.«

»Das ist eine Täuschung!« beharrte Louis und lächelte noch immer mit jener Nachsicht, die Bea nicht leiden mochte. Sie kam sich zum Kind degradiert vor. So wie Louis jetzt hatten die Eltern oft gelächelt.
»Mag sein, wenn wir sehr jung sind, faszinieren uns die Körper«, erklärte Louis, plötzlich ernst geworden und nicht im geringsten mehr lächelnd. Er sprach wie einer, der dabei nachdenken muß und Wert darauf legt, sich knapp und exakt auszudrücken. Keine Spur von Herablassung und keine Andeutung von Überlegenheit mehr. Louis dachte genau nach, während er sprach, und Bea empfand seinen Ernst als Zuwendung. Das freute sie. Zum ersten Male bei diesem Abenteuer fühlte sie sich bestärkt. Sie bemühte sich um keinen Unwürdigen. Mit nachtwandlerischer Sicherheit hatte sei einen Typen herausgegriffen, der es lohnte. Die Erkenntnis verschärfte das Gefühl, dem sie folgte, weil sie beherrscht werden wollte von dieser erotischen Leidenschaftlichkeit.
»Wenn wir den Kinderschuhen entwachsen sind«, fuhr Louis fort, »erkennen wir bald, daß uns die Körper bloße Zeichen von Nacktheit sind, die nur wenig bedeuten. Nacktheit ist noch keine Liebe und noch nicht einmal sexuelle Erregung. Nacktheit ist nur einfach die Abwesenheit von Verkleidung. Erst in Verbindung mit einem Gesicht beginnt uns das Nackte zu erregen.«
»Sie geben ein individuelles Psychogramm!« sagte Bea.
»Mag sein, daß ich nur von mir selbst rede. Übrigens, vielleicht verstehen Sie jetzt, daß ich nie zu Prostituierten gehen kann. Es erregt mich nicht. Es sei denn, ich fände das Gesicht der Hure interessant.«
»Ich bin eine Hure.«
»Wirklich?«
»Könnten Sie sich für mich interessieren?«
»Ich muß annehmen, Sie beabsichtigen irgendein Abenteuer. Leider gelang mir noch nicht, herauszukriegen, welch ein Abenteuer Sie vorhaben.«

»Sie kneifen vor meiner Frage, lieber Freund.«
»Ich muß Ihnen nicht erst sagen, daß Ihr Gesicht anziehend ist. Obwohl Sie offensichtlich nicht allein darauf vertrauten und mir eine andere Schönheit vorwiesen.«
»Ich wollte Sie unbedingt dazu bewegen, mitzukommen.«
»Und ich tat Ihnen den Gefallen.«
»Sie werden es nicht bereuen.«
»Falls Sie mich ermorden lassen wollen, erbitte ich mir die Gnade, in meinem letzten Augenblick Ihr Gesicht anblicken zu dürfen.«
»Das sind die Worte eines Romantikers, der Sie nicht sind.«
»Immerhin war ich romantisch genug, Ihnen zu folgen und mich in Ihre Hände zu begeben. Darf ich jetzt erfahren, was Sie vorhaben mit meiner Wenigkeit?«
»Ganz einfach, ich möchte Sie beobachten!«
»Wie meinen Sie das – mich beobachten?«
»Wie ich es sagte – mir gefällt Ihr Gesicht. Ich möchte es beobachten, wenn es in Bewegung gerät.«
»In Bewegung –«
»In Erregung!«
»In Erregung?« Louis dämmerte, was gemeint war, und er lächelte wieder, doch ganz anders als vorher. Seine Eitelkeit, nicht überstark, doch auch nicht gerade sehr schwach, begann sich zu regen.
»Ich möchte Sie genau beobachten, wenn Sie lieben.« Bea gab die Erklärung bewußt beiläufig ab. So hielt sie es gern, wenn es um das Wichtigste ging, um ihre Herzensangelegenheit. Je mehr sie sich dem Ziel der Fahrt näherten, um so geiler fühlte sie sich. Es war eine wunderbare und ausschwingend freie Freude in ihr.
Bea steuerte den Wagen eine schmale pappelbestandene Allee entlang, die in ein Rondell mündete, das von einem hohen eisernen Tor begrenzt wurde.
Sie ließ den Wagen nahe ans Gitter heranrollen. Das Tor öffnete

sich lautlos. Die beiden Flügel schoben sich beiseite, Bea fuhr in das parkartige Grundstück ein.
Der Weg war jetzt so schmal, daß nur ein Wagen darauf Platz fand, und es ging in langen Biegungen unter mächtigen Kiefern und Tannen hindurch.
Die Zufahrt mündete auf einen großen Platz, wo viele Wagen geparkt standen. Man befand sich jetzt vor einem schloßartigen Gebäude mit unverputzten Backsteinfronten.
Louis erkannte auf den ersten Blick, es handelte sich nicht um ein historisches Bauwerk. Offenbar hatte Anfang des Jahrhunderts ein schwerreicher Glückspilz hier seinen Wunschtraum verwirklicht und eine Mischung von altem Schloß und Fabrikantenvilla hinstellen lassen. Es paßte alles nur grob zusammen. Beim genauen Hinsehen paßte wiederum nichts zusammen. Jemand hatte seine Wünsche in Wohnarchitektur überführt, das große Geld eines erfolgreichen Unternehmers war zu einem schloßartigen Wohnsitz umgeformt worden.
Sie näherten sich einer kleinen hölzernen Pforte. Es dauerte kaum länger als einen Augenblick, und die Pforte wurde nach außen geöffnet. Zuerst erblickte Louis nur die schmale Hand der Dame, die die Tür aufhielt.
»Willkommen Bea!« sagte eine rauchige Stimme.
Louis war nicht überrascht von der Tatsache, daß seine Begleiterin hier bekannt war. Es hätte ihn überrascht, wäre es anders gewesen. Er verspürte eine anwachsende Neugier, eine Anspannung seiner Nerven. Die prickelnde Nervosität, die sich bemerkbar machte, erhöhte seine Lebenskraft und seine Bereitschaft zur Freude.
Es war doch richtig, daß ich nachgab und mitkam, dachte er.
Die Empfangsdame, in ein langes weißes Seidengewand gehüllt, das vorn einen riesigen Ausschnitt hatte, in dem eine schwere goldene Kette schwang und die prallen, gänzlich freien Brüste sich wölbten, hatte Bea wie eine gute Freundin begrüßt und hielt

ihrem Begleiter die schmale Hand hin. Louis antwortete mit einem Handkuß.
»Bitte unterlassen Sie es, Ihren Namen zu nennen«, hörte er die Dame sagen. »Der Umstand, daß Bea Sie mitbringt, ist uns Empfehlung genug.«
Sie gingen ein paar Schritte durch die kleine Halle und traten in eine größere Halle hinaus, die in eine noch größere mündete. Die zweite Halle war ohne jedes Mobiliar und mit einem blauen chinesischen Teppich ausgelegt, der so offensichtlich auf Maß gearbeitet war, daß er auf den Zentimeter paßte.
Die dritte Halle enthielt viele Sitz- und Liegemöbel. In ihrer Mitte war ein großes Schwimmbecken eingelassen, dessen Wasser von bunten Scheinwerfern gemustert wurde. Hier befanden sich viele Menschen. Manche trugen lange weiße Tücher, mehr oder weniger lässig umgeworfen. Die meisten waren nackt, und manche gruppierten sich zu zweit oder zu mehreren und waren damit beschäftigt, einander zu lieben. Am hinteren Ende des Schwimmbeckens ragten zwei verspiegelte Säulen aus dem Wasser, Springbrunnen, und das Wasser stürzte in Kaskaden an ihnen herab. Das Geräusch enthielt einen trommelartigen Rhythmus, und dieses Trommelgeräusch übte auf die Anwesenden eine geheimnisvolle anfeuernde Wirkung aus.
Louis empfand die Wirkung schon nach kurzer Zeit.
»Kommen Sie, mein Freund«, hörte er Bea sagen.
Sie traten zur Seite. Louis sah, daß seine Begleiterin sich auszog, und tat es ihr nach. Die Kleider kamen auf einen mattgold schimmernden Bügel, der an einer von oben herabhängenden Kette befestigt war.
»Merken Sie sich Ihre Zahl!« sagte Bea. Als Louis nicht gleich begriff, was sie meinte, nannte sie ihm seine Zahl. Er erkannte jetzt, die Zahl stand auf dem Bügel verzeichnet. Bea drückte einen Knopf, ihre beiden Bügel entschwanden nach oben. Louis blickte hinauf und sah, die Kleider der Besucher der Orgie hingen alle in Reihen oben an der Hallendecke.

»Kommen Sie!« sagte Bea. Louis spürte ihre Hand auf seinem Arm. Die Frau sagte mit einer vor andrängender Erregung vibrierenden Stimme: »Jetzt werde ich Sie beim Lieben beobachten!«
Er befand sich bereits in einem so freudigen Zustand, daß ihm der Gedanke, er könne ihren Erwartungen nicht entsprechen, gar nicht kam. Er wußte nicht genau, was sie von ihm wollte, doch er fühlte sich so stark angeregt, daß er sich dem, was bevorstand, mit einem wohligen Schauer des Entzückens öffnete.

»Sind Sie das erste Mal im Schloß ›Spessartlust‹?« erkundigte sich eine Dame bei Louis, während er sich bei ihr mit geschmeidigen Bewegungen einschmeichelte.
Louis schätzte die Frau auf Anfang Dreißig. Ihre Haut und der Tonus ihres Fleisches signalisierten zwar weniger Jahre, doch Louis glaubte seinen Blicken mehr als seinen tastenden Fingern und den wohligen Signalen seiner eigenen Haut. Die Frau unter ihm bewegte sich mit der Gelassenheit einer jungen, durchtriebenen Hure. Louis kannte sich bei Huren zwar nicht aus, doch wußte er Bescheid. Er paarte sich mit einer Frau, deren Liebesvermögen auf langes und intensives Training schließen ließ. Die Reaktionen ihres Gesichts unterschieden sich um Bruchteile von denen ihres Körpers, es war, als bleibe das Gesicht bewußt hinter den körperlichen Aufforderungen zurück. Louis erkannte, seine Partnerin trug eine Perücke. Unter dem langen, aufgesetzten Schwarzhaar schimmerten kleine blonde Strähnen. Louis stützte sich mit den Armen ab, richtete sich auf und warf einen Blick nach unten. Kein Zweifel, seine Partnerin war eine Blondine.
»Weshalb tarnen Sie sich?« fragte er.
»Wir wohnen in einer Kleinstadt ganz in der Nähe.«
Er begriff, sie fürchtete, von Nachbarn erkannt zu werden.
»Und Sie haben eine Beobachterin mit?« fragte die Frau.

Er hatte sich ihr jetzt wieder angenähert. Sie lagen eng übereinander und schickten langsame Wellen durch ihre Körper.
»Es gefällt ihr, mich zu beobachten«, stimmte Louis zu. Er spürte, wie die Frau drängte. Sie drehten sich zur Seite, die Frau schwang weiter und lag jetzt auf Louis. Sie zog die Beine in Sitzstellung an, richtete den Oberkörper auf und stieß ungescheut einen schamlos gellenden Schrei aus.
Auf den Schrei hin wandten sich andere Anwesende den beiden zu. Manche kamen herbei und bildeten eine kleine Gruppe. Die Frau, auf Louis sitzend, lächelte ihm zu, beugte sich nach vorn und flüsterte etwas in sein Ohr. Louis war sich nicht sicher, ob er genau verstanden hatte, was sie flüsterte. Es klang wie: Ich möchte gern, daß mein Mann aufmerksam wird.
Ihm war, als suchte die Frau wiederum sein Einverständnis. Sie saß auf ihm und ritt ihn in einem nicht zu schnellen und heftigen Rhythmus. Ihr Gesicht, dessen feine Züge sich ihm jetzt in der anders einfallenden Beleuchtung enthüllten, wies die ersten erregten Spannungen auf. Jetzt befanden sich Gesicht und Körper im Gleichklang. In den Augen der Frau saß ganz deutlich sichtbar der Wille, sich nicht gehenzulassen, sondern zu zögern und abzuwarten. Ach ja, durchfuhr es Louis, sie möchte doch, daß ihr Mann aufmerksam wird. Er warf einen forschenden Blick in die Runde. Unter denen, die nahebei standen und ihnen zusahen, waren einige Männer, keiner allerdings ließ erkennen, daß er zu der Frau gehörte.
Während er von einem zum andern blickte, steigerte die Frau ihre Bewegungen, ihre Reize wurden kräftiger, ihr Atem keuchte, in ihren Pupillen gingen kleine Sterne auf, mit kreisenden Bewegungen. Ich habe ein Feuerrad-Mädchen aufgerissen, dachte er freudig bewegt, das war ein Wort aus seiner frühen Jugendzeit, Feuerrad-Mädchen nannten sie damals die Leidenschaftlichen. Wieder blickte er zur Seite und erkannte Bea. Sie stand Arm in Arm mit einem Mann und beobachtete mit großen, vor Erregung ganz runden Augen, was geschah. Er erkannte

deutlich, sie hatte ihren Beobachterposten bezogen, es war ihre erklärte Absicht, ihm zuzusehen. Ach ja, dachte er, vor allen Dingen will sie mir ins Gesicht blicken. Er lachte freudig, doch indem er lachte, spürte er, wie sein Gesicht ihm den Gehorsam verweigerte, sein Gesicht lachte nicht, es wurde von anderen Kräften gefangengehalten und war seinem eigenen Willen entzogen. Sein Gesicht wurde, ganz wie sein Geschlecht, von dieser Frau regiert, seiner Partnerin, die auf ihm saß und sich mit allem Raffinement um ihn bemühte.

Oder aber bemühte sich diese Frau weniger um ihn und mehr um ihren eigenen Mann, mit dem sie hergekommen war und von dem sie hoffte, daß er nun in der Nähe sei und sie beobachtete? Ein kurzer Seitenblick verriet Louis, Bea stand noch immer an ihrem Ort, und der Mann, mit dem sie Arm in Arm dort stand, streichelte sanft ihre Hüften. Bea schien aus Erz gegossen zu sein und völlig ohne Bewegung. Nur ihre Augen, geweitet, rund, unnatürlich groß, enthielten Energien.

Louis wurde das Tempo der Partnerin zu heftig. Ihm schien es einfach zu früh, sich mitreißen zu lassen. Außerdem wollte er sich nicht zu schnell verausgaben. Er besaß keine Übung in solchen Veranstaltungen, ein stets vorhandenes Mißtrauen warnte ihn. So setzte er sich sachte zur Wehr, verzögerte und distanzierte, richtete sich endlich in einem passenden Moment auf, seine Partnerin umfassend, an sich drückend mit dem Oberkörper, und jetzt, da die Brüste der Frau infolge der aufrechten Sitzstellung ihre Normalform einnahmen, senkte Louis den Kopf und bedeckte sie mit leichten, kosenden Küssen. »He!« sagte die Frau, und es klang fast, als wäre darin ein Schluchzen enthalten: »Sie sind ja ein Zärtlicher!«

Louis nutzte die Gelegenheit dazu, sich zu lösen, doch indem er sich befreite, umschlang er die Frau zugleich mit seinen Armen und legte sie lang auf den Rücken. Mit einer Zärtlichkeit und einem Geschick, die ihn beide selbst überraschten, streichelte und umschmeichelte er den Leib der Frau, und seine Hände und

Finger, seine Lippen, sein Kinn, seine Stirn und seine Zunge waren zugleich hier und dort und überall, so daß ihm ein langes, glückliches Stöhnen antwortete.
Louis führte währenddessen Regie selbst bei seinen heimlichen Gedanken. Er hörte sich innen lachen, argwöhnisch darauf achtend, daß es kein äußeres, sichtbares und hörbares Lachen würde, was die Frau gewiß mißverstünde und verübelte. Nein, er lachte nicht über sie, sondern über sich. Er hatte um diese Stunde längst über seiner Arbeit hocken sollen, um Geld zu verdienen – auch für andere Geld zu verdienen. Statt dessen war er, in seinem vierundvierzigsten Lebensjahr, abtrünnig geworden. Die Intensität seines unterdrückten inneren Lachens schlug durch bis ins Zwerchfell. Louis schmiegte sich an die Frau, die unter seinen Händen noch immer erschauerte. Sie spürte seine Begierde und bedrängte ihn dankbar.
»Und Ihr Mann, sieht er Ihnen jetzt zu?« flüsterte er.
»Ach, mein Mann, was kümmert mich mein Mann!« antwortete sie, unbedacht und unvorsichtig laut. Und Bea, dachte Louis, was ist mit Bea? Er hob den Kopf und blickte zu der Stelle, wo sie gestanden hatte. Doch da war sie nicht mehr, und Louis verspürte einen winzigen, bohrenden Schmerz. Großer Gott, dachte er, das ist die Eifersucht.
Später entdeckte er Bea, die zusammen mit einem riesenhaften Neger den umschwärmten Mittelpunkt einer Gruppe bildete. Louis, der schon an mehreren kleineren Gruppen vorübergekommen war, trat erst aufmerksam näher, als er eine Stimme vernahm.
Es war die Stimme der jungen Frau, die ihn hergelockt hatte. Sie klang ganz anders als beim Sprechen, und dennoch erkannte er sie sofort.
Wieder verspürte er das Bohren der Eifersucht, die er aber nicht wahrhaben wollte, denn sie signalisierte ihm die Unfreiheit seines Gefühls. Er mochte diese vielen Abhängigkeiten nicht. Ja, er bestand mit unbezähmbarer und willentlicher Wildheit auf

seiner Freiheit und Autarkie. Nie in seinem Leben, abgesehen von der Schulzeit, hatte er Gefühlen gestattet, seine Gedanken und Entscheidungen zu dominieren.
Er trat näher an die Gruppe heran und schob sich zwischen die starren Leiber. Männer wie Frauen standen da und blickten fasziniert auf die Darbietung des Paares in ihrer Mitte.
Louis schob sich weiter nach vorn, und er stellte fest, es waren mehr Frauen als Männer, die die Paarung beobachteten. Frauen sind die besseren Voyeure, dachte er ironisch. Im allgemeinen galten Frauen als untauglich zum Voyeurismus. Man billigte ihnen einen starken Trieb zur Entblößung zu, nahm aber an, daß sie selbst kaum voyeuristische Bedürfnisse besäßen. Ihre Sexualität galt als zu ichbezogen. Auch nahm man an, ihr optischer Sinn, ja ihre optische Leidenschaftlichkeit seien unterentwickelt.
Die gebannt dastehenden und die Vorführung des Paares in ihrer Mitte verfolgenden Frauen straften diese Vorstellungen Lügen. Mindestens verrieten ihre angespannten Gesichter, wie angestrengt und interessiert sie die Darbietung verfolgten. Während Louis sich zwischen ihnen nach vorn schmuggelte, wobei er sich mit artistisch-tänzelnder Leichtigkeit durch die einzelnen Leiber fädelte und darauf acht gab, keine Person zu berühren, weil es die gesteigerte Situation geschwächt hätte, erfaßte er genauer als je zuvor den Charakter des weiblichen Voyeurismus.
Die Frauen um ihn herum unterschieden sich von den männlichen Spannern. Es war exakt der Unterschied wie bei Modenschauen. Die Männer starrten durch die vorgeführten Kleider hindurch auf die Haut und die Gestalten der Mannequins. Ihre Blicke waren entblätternd, die modischen Kreationen dienten als Vorwand. Die Frauen hingegen schätzten die gezeigten neuen Moden auf ihre Wirkung hin ein. In Gedanken führte jede der anwesenden Frauen die Mode selbst vor, und wenn etwas gefiel, dann deshalb, weil es eine stärkere Wirkung versprach.

Louis achtete schon aus beruflichem Interesse auf psychologische Feinheiten, denn er war in seinem Beruf darauf angewiesen. Ein Großteil seiner Stärke und seines Erfolgs bestand in seinem Vermögen, menschliche Verhaltensweisen zu dechiffrieren. Jedesmal erfüllte ihn die Entschlüsselung mit jener bittersüßen Freude, die einesteils Vorgeschmack eines neuen Erfolgs war, andernteils die eigene Eitelkeit hochreizte.
Was bin ich doch für ein kluges Haus! sprach Louis dann spöttisch zu sich selbst; der Spott steigerte sein Wohlbefinden.
Indessen war er durch die erstarrten Leiber der beobachtenden Gäste fast ganz nach vorn gedrungen.
In der Mitte der Gruppe befand sich ein großer Eichentisch, der eine Last trug.
Bea lag mit dem Rücken auf der Tischplatte. Ihr Kopf ragte ein wenig darüber hinaus und knickte im Genick leicht nach unten ab. Ihr langes Haar fiel in Kaskaden nach unten, wo die Spitzen den Teppich berührten und auf ihm hin- und herschlugen.
Die Wellen, die durch Beas Leib rollten, liefen, sich verjüngend, in ihren Haarschweif aus. Die Ähnlichkeit des fallenden Haares mit dem buschigen Schweif eines stolzen, rassigen Pferdes drängte sich Louis so stark auf, daß er den Vergleich mit einem Pferd mühelos noch weitertrieb. Beas Gesicht, auf das er von der Seite her blickte, verlängerte sich in der Perspektive über die sowieso schon vorhandene Länge hinaus, und auch hier stellte der Beobachter die rassige Schönheit fest, die ihn bei edlen Vollblütern faszinierte. Am meisten faszinierte ihn Beas Blick, der unter den etwas zu weit hervordrängenden Lidern mit einer irren Leuchtkraft hervorschoß.
Sie hat Drogen genommen! dachte Louis, verwarf den Gedanken jedoch sofort wieder.
Über Bea lag der riesige Leib eines athletisch gebauten Negers. Trotz seiner Größe und Stärke strahlte sein Körper eine grazil anmutende Formschönheit aus, wie wenn ein durchtrainierter Boxer die Meisterschaft im Ballett erreichte.

Die schmale Gestalt Beas verschwand fast unter dem Körper des Mannes, der sie bedeckte und ihr in einem rhythmischen Tanz Stöße versetzte.
Lange Zeit verharrte das Paar in der einfachen Missionarsstellung, der schwarze, schweißglänzende Arsch des Mannes hob und senkte sich wie ein maschinell getriebener Hammer, und wenn er gegen die Oberschenkel und den Unterleib der Frau stieß, sandte er eine Welle der Erschütterung durch die Frau hinauf bis in ihre Stirn und den Fall des langen, losen Haares hinab auf den Teppich.
Aus den leicht geöffneten Lippen Beas drang ein vibrierendes »Ah – ah –«, unter den Lidern drängten die Pupillen hervor, in unendlichen Kreiselbewegungen verfangen, diese Augen nahmen nichts Äußeres wahr und wandten ihre Aufmerksamkeit nach innen, von wo auch die Laute kamen.
Jetzt lockerte der junge Schwarze seinen Griff, erleichterte sein auf der Frau lastendes, niederdrückendes Gewicht. Bea hob ihre Schenkel an, ihre Beine streckten sich steil nach oben, als wolle sie eine Kerze schlagen, der Schwarze ging auf die Bewegung ein, und im nächsten Moment warf Bea ihre Beine, in den Knien einknickend, über die Schultern des Partners, dessen Leib sich nun gegen die Unterseiten von Beas Schenkel preßte, und wieder begann er mit seinen mächtigen Stößen.
Wenn er auf Bea niederfuhr, drängte sein Körpergewicht die Schenkel der Frau gegen ihren Leib, daß sich ein spitzer Winkel bildete, und erreichte er seine optimale Spitze, entrang sich Beas Lippen der Lustschmerzenslaut. Danach, im Zurückfedern des kopulierenden Mannes, lockerte sich der gepreßte Zustand der Frau, und im Moment der größten Lockerung entrang sich ihren Lippen ein kaum hörbarer, leichter Seufzer.
Das Gleichmaß von Lust und weltabgewandtem Schlaf war es, das die Umstehenden festbannte. Louis hatte noch nie ein so selbstvergessen liebendes Paar gesehen, und die überraschende Wahrnehmung verbannte für eine kurze Zeit jede Regung

von Neid und Eifersucht aus seinem Herzen. Er war Bea dankbar dafür, daß sie ihn hierher mitgenommen hatte. Seine tiefe Befriedigung resultierte weniger aus dem Akt, den er sah, sondern aus dem, wie das geschah, was er jetzt beobachten durfte. Er begriff es zwar noch nicht restlos, seine Dankbarkeit speiste sich aus dem Glücksgefühl jener tiefen Seelenruhe, die ihn erfüllte, während er unter den andern stand und zusah. Auf eine seltsame Weise fühlte Louis sich gesteigert in seiner Lust und zugleich entlastet, es war ein wenig wie bei einem großen Boxkampf, nur weniger brutal und auf alle Fälle sehr viel intelligenter, schöner, leichtfüßiger, kurzum: betörender.
Als er so weit gekommen war mit seinen Überlegungen, verschlang sich die Zweiergruppe auf dem Liebestisch zu einem einzigen Gliederknoten, die fließenden Bewegungen gingen in die Starre des gebannten Augenblicks über, die rotglühenden Lippen Beas rissen auseinander zu einem lackglänzenden O, aus der Kehle der Frau entrang sich ein langgezogener, schmerzlich-jauchzender Schrei, dem der Schwarze, der reglos über der Frau lag, ein tiefes, kehliges Brummen folgen ließ.
Gemächlich begann das Paar sich wieder zu bewegen. Mit einer abgestimmten Wendung drehten die beiden sich, Bea lag auf dem Rücken, der Schwarze über ihr, die Schenkel der Frau spreizten sich weit, der stechenden Gier der Zuschauer Einblick gewährend. Alles drängte nahe herbei. Louis fühlte sich vorgeschoben, er roch die Liebe des Paares, der Duft von Schweiß, Parfüm, Sperma hüllte ihn ein, gebannt gingen die Augen der Beobachter vor und zurück, den Stößen des prächtigen schwarzen Körper folgend, der die unter ihm liegende, gegenhaltende Frau immer weiter ins Delirium trieb, aus dem sie lallende Signale gab, bis sie den Kopf hob und schrie: »Ja – mehr – stoß zu ...« Der Ansporn setzte den schwarzen Hammer unter Druck, mit keuchendem Pochen sauste er auf und nieder, knallende Geräusche hervorrufend, der leuchtende Leib der Frau entschwand unter der drückenden Last, im rasenden Rhythmus

peitschte der Mann die Frau voran, eine weiße Hand schlug gegen den rotierenden Arsch des Schwarzen, die Bewegungen ließen nach und verlangsamten sich, bis ein gemächliches Stampfen entstand. Es war, als gingen die beiden nebeneinander her, ihre Züge entspannten sich, der Schwarze nahm die verkrampften Hände von Beas Brüsten, deren Warzen steil aufgerichtet blieben, Mandelkerne, die sich abhoben, die Warzenhöfe, geweitet und gekörnt, unterstrichen die harte, gespannte Elastizität des Gewebes, das ganz und gar Empfindung wurde, und die genäßten Lippen der Frau bewegten sich, »Küß mich, Bob!« Der Schwarze bedeckte den verlangenden Mund mit der Fülle seiner vorgewölbten Lippen, und während sie einander beatmeten, zeigten ihre schneller ineinanderstoßenden Leiber an, daß sie sich entschlossen hatten, den Akt mit einem doppelten Höhepunkt zu beschließen.
In die Heftigkeiten ihres Ficks mischten sich die Vorläufer der Entladung, die sich mit zuckenden Muskelkontraktionen abzeichneten und eine Vielzahl keuchender Explosionen bewirkten. Es sah aus, als erschüttere ein Erdbeben die einander verschlingenden Leiber, sie hoben, stampften und prallten ineinander, der Kuß ihrer Lippen riß, beide Lippenpaare blieben durch eine erigierte Zunge verbunden, die lackglanzrot aufleuchtete, den aus Beas Kehle kommenden Schrei erstickend; die Lippen verknoteten sich erneut, die Übergabe des Samens geschah, der schweißnasse Arsch des Negers verlangsamte die Gangart, und wenn er sich vom Schoß der Frau abhob, federte die Möse nicht nach, der schwarze Schaft zog fast zur ganzen Länge heraus, die Wulste der Schamlippen aufspreizend, ein letztes Mal nahm das Glied des Mannes von der gesättigten Möse Besitz, aus der es rann und tropfte, dann brach der Liebhaber auf der Frau zusammen, und beide verharrten eng ineinandergeflochten, kaum daß sie atmeten.
Es herrschte vollkommene Stille um sie herum. Ihnen allen war, als erstürbe mit der Bewegung der beiden eine jede andere

Bewegung in der Welt. Sie verhielten, als seien sie ein Bild. Der Bann des Geschehens hatte sich mit dem Bann des Zuschauens vereinigt. Gemeinsam kosteten sie die junge Schönheit des Schocks aus, den sie verweigerten und von dem sie dennoch wußten, daß er zum kulturellen Folterwerkzeug gehörte. In ihren Handlungen und mit ihnen als Darsteller und Publikum kehrte die Gesellschaft zu den Ursprüngen des Theaters zurück, zum Kult der Entfesselung.

Als einige Zeit vergangen war, löste sich der Bann, indem sich die gestockte Energie freisetzte: kaum endenwollender Applaus, glänzende Augen, knisternde Berührungen zwischen den Umstehenden, in die das eigene Leben zurückkehrte, aufgeladen durch die Energien des genossenen optischen Abenteuers.

Ein wenig später schob Bea sich im Vorübergehen kurz an Louis und fragte:

»Hat es Ihnen gefallen?«

»Sie waren wunderbar!« antwortete er mit naiver Ehrlichkeit.

Sie blickte ihm forschend und sehr ernst in die Augen und schien zu finden, wonach sie suchte.

»Wir sind uns nähergekommen, mein Freund.«

»Was heißt das?« Er hielt sie, die sich schon wieder entfernen wollte, zurück.

»Ich weiß nicht, wonach Sie fragen –«

»Wozu wollen wir uns näherkommen?«

Sie nahm seine Hand von ihrer Schulter, wohin er sie besitzergreifend gelegt hatte.

»Das Ziel ist die Autarkie der Gefühle!« sagte sie, jetzt ein wenig lächelnd, und verschwand im Gewühl.

Da fühlte er sich zurückgestoßen und gab seiner Eifersucht wieder Raum.

Die Autarkie der Gefühle, dachte er bitter, besteht offenbar darin, mit einem Neger öffentlich zu bumsen.

Er war sehr unzufrieden mit sich. Auch mit seinen dummen Gedanken und feindseligen Empfindungen.

Immerhin hatte er einiges empfunden, das nicht nur feindselig gewesen war, nein, einige seiner aufrührenden Gefühle signalisierten Sympathie und Hingabe. Er war sich zwar gewiß, daß sein erster Impuls gewesen war, den Neger von Bea loszureißen und sich selbst an dessen Stelle über sie zu werfen. Da Louis aber ein Mann von nicht unbeträchtlicher Intelligenz war, überdies mit einem nie ganz unterdrückbaren Hang zur Ehrlichkeit, gelang ihm immerhin so viel an Selbstanalyse, daß er sich vor sich selbst zu schämen begann.

Es muß möglich sein, eine Liebe zu erlangen, ohne die Feindschaft eines anderen Menschen zu entfachen, sagte er sich.

Indem er sich derart weniger zur Ordnung als zur Befreiung aufrief, fühlte er sich auch viel befreiter, und die Feststellung, daß es so sei, beglückte ihn geradezu.

Um jemanden zu lieben, bedarf es nicht der vorangehenden Panzerung und des Feldzugs gegen Konkurrenten, stellte er fest. Und fügte hinzu: Neu ist meine Einsicht nicht, nur geht sie zum erstenmal unter die Haut. Bislang war sie lediglich nachgeplapperte Theorie gewesen. Welch ein riesiger Unterschied, welch klafterweite Differenz trennte das eine vom andern.

Als fiele es ihm wie Schuppen von den Augen, so sah er die Paarung wieder vor sich, und gänzlich ohne Haß und Feindseligkeit, bar aller mörderischen Eifersuchtsqualen. Was geschehen war, was er beobachtet hatte, zählte zu den köstlichsten Schönheiten, die einer genießen durfte, wenn er sich traute. Die Schönheit des optischen Genusses war an die Voraussetzung innerer Freiheit gebunden. Die Sklaven des Vorurteils reagierten mit Schreck, Haß und Feindschaft. Er würde ihnen künftig nicht mehr zugehören.

Louis traf Bea wieder an der kleinen, ein wenig ausgegrenzten Bar, hinter der ein asiatisches Mädchen im hochgeschlossenen Seidenkleid bediente. Das Mädchen lächelte höflich, und seine Maske hielt die Gäste auf Distanz.

»Sie wurde extra wegen ihrer strengen Unnahbarkeit ausge-

wählt«, erläuterte Bea, die mit den Besitzern des Privatklubs gut bekannt war.
»Jetzt weiß ich, weshalb die Bardame hier ist«, entgegnete Louis. »Und nun möchte ich gern wissen, weshalb Sie hier sind!«
Sie warf ihm einen forschenden Blick zu.
»Wissen Sie das nicht?«
»Nein.«
»Aber Sie haben es vorhin beobachtet!«
Er wußte bisher nicht, ob sie ihn gesehen hatte. Eigentlich war er davon ausgegangen, daß sie ihn nicht bemerkt haben konnte. Hingegeben, wie sie war, bei dem artistischen Akt.
»Ich bewunderte Ihre Vorführung, doch beantwortet sie nicht den Grund, weshalb es geschieht.«
»Weil ich es gern habe, und weil ich meine, die Kopulation müßte etwas von dem fatalen Charakter der Notdurft verlieren. Ich betrachte sie als das schönste Spiel des Lebens. Es gibt kein schöneres und aufregenderes. Ich weiß, nicht alle Menschen denken und fühlen so. Ja, ich fürchte, nur sehr wenige besitzen Mut und Charakter genug, dies zu bekennen. Lieber töten sie einander und lassen töten, um alles in der Welt möchten sie nicht in den Ruch der Geilheit und Sinnlichkeit kommen. Es sei denn, sie sind unter sich, und dann bilden sie eine Bande verschworener kleiner biertrinkender Übeltäter. Sage mir, wie du die Kopulation bewertest, und ich sage dir, was für ein Mensch du bist.«
Bea blickte Louis über ihr Glas hinweg wieder nachdenklich prüfend an.
»Es fällt mir schwer, so wie Sie darüber zu sprechen«, antwortete er nach einer Weile des Überlegens. Er war besten Willens, genau das zu sagen, was er dachte und fühlte, doch fiel es ihm sehr schwer, sich ein genügend sicheres Urteil zu bilden. Zwar neigte er dazu, Bea zuzustimmen, und ihre Ansichten gefielen ihm, doch argwöhnte er, unter den betörenden Eindrücken des

Ortes zu stehen, an dem er sich befand. Überdies beeindruckte ihn Bea.

»Wenn ich es recht verstehe, möchten Sie jetzt, daß wir es miteinander tun?« fragte sie.

»Ich weiß nicht, ob ich Ihnen so viel bieten kann, und ich muß gestehen, ich bin nach dem, was ich sah, meiner nicht sicher genug.«

»Gehen wir davon aus, daß ich Sie schon im Eisenbahnabteil von meinen Absichten in Kenntnis setzte. Beruhigt Sie das nicht?«

»Im Abteil wußte ich noch nicht, was ich jetzt weiß. Ich war um eine Erfahrung ärmer, die ich nun keinesfalls missen möchte. Doch wer sagt mir, ob sich an dieses sympathische Erlebnis nicht ein weniger schönes anschließt, wenn ich Ihre freundliche Aufforderung annehme?«

»Meine Liebe zu Ihnen sollte Sie ermutigen.«

»Woher nehmen Sie die Sicherheit, von Liebe zu sprechen?«

»Ich fuhr nie mit jemandem hierher, den ich nicht auf eine unbezähmbare Weise mochte.«

»Sie holen sich öfter jemanden nach hier?«

»Sooft ich jemanden finden kann, der mich weder abstößt noch ängstigt. Und sein Gesicht muß mir versprechen, es wird sich öffnen wie eine Blume am Morgen, wenn die Sonne über den Horizont tritt.«

Bea lächelte auf eine ermutigende Weise, und so mochte Louis nicht mehr widerstehen. Seine Zweifel waren nicht beseitigt, doch sein Lebensmut war angestachelt worden. Vor Feinden oder auch nur neutralen Beobachtern hätte er es nicht über sich gebracht.

Beas Worte und Blicke jedoch waren von einer so bestärkenden Art gewesen, daß er sich geschämt hätte, den Antrag weiterhin abzuschlagen.

Er folgte Bea zurück in den großen Saal, und nach einigen Schritten hielt er sich mit ihr gleichauf. Zwar merkte er, wie sie

ihn auf ein Ziel lenkte, doch wurde es ihm erst bewußt, als sie beide einhielten und vor dem großen Eichentisch standen, auf dem der riesige schwarze Supermann und Bea gelegen hatten.
»Keine Bange«, flüsterte Bea und hauchte ihm einen Kuß auf die Lippen, bevor sie sich zurücklegte und öffnete.
Louis warf einen scheuen Blick zur Seite. Beruhigt registrierte er, die anderen Gäste hatten sich miteinander verbrüdert und verschwestert, sie bildeten kleinere und größere Gruppen, innerhalb derer sie ihre Liebesvorstellungen mit Eifer zu verwirklichen trachteten.
Er legte sich, noch ein wenig befangen und ungeschickt, auf Bea, die ihn in ihren sanften Anfangsrhythmus einbezog, als wolle sie ihn in Schlaf wiegen. Da besann er sich und legte eine härtere Gangart vor.
Nichts von dem, was um sie herum geschah, drang noch zu ihm durch, während sie sich paarten.
Ganz zu Anfang erinnerte er ein paar angelesene Sätze: »Da der notierende Naturalismus des Geschlechtsverkehrs keinerlei Sensationen mehr zu bieten hat, ist es an der Zeit, die in jedem Fick enthaltene Poesie zu entdecken und zu befreien. Auch auf die Gefahr hin, daß die Maschinenficker ratlos die Schultern heben: Derlei widerfährt uns nie.
In der Tat, es gibt Millionäre, die so arm sind, daß sie vor lauter Trübsal und Langeweile zu Vogelscheuchen erstarren. Und wir kennen windige Typen mit leeren Taschen, die vergnügt ihren Steifen vor sich her tragen. Weshalb aber sollte es nicht möglich sein, weder arme Sau noch kastrierter Millionär zu sein? Wer maßt sich die alte dumme Einteilung und Hierarchie an, die den einen Geld und Ekel zumißt und den andern Armut und Vitalität? Warum darf ich kein vitaler, sympathischer, kämpfender und gern auf diesem verdammten Erdboden weilender Millionär sein?«
Ihm fiel nicht ein, von welchem humoristischen Romanschriftsteller diese Sätze stammten, die ihm durchs Gehirn sprangen

und zuckten. Er war auch nicht mehr ganz Herr seiner Gefühle, nicht ruhig genug fürs Erinnern und für die Wonnen der Zitatmaschine. Er lag inmitten der andern und versuchte sich den Griffen Beas zu öffnen, was ihm schwer genug fiel, denn der Mann ist mehr noch als die Frau eine Rinde am Baum – ein Schutz nach außen, also rauh und verwittert. Er lag und experimentierte mit der Weichheit seines Herzens und versuchte arglos zu sein, freundlich, also ganz und gar ohne Arg und Hinterlist. So bemühte er sich, gegen alle zurückliegenden Lebenserfahrungen anzuleben, gegen die Kriegsmaschine Mensch.

Ganz am Anfang leistete der Rest Außenwelt in seinem Inneren hinhaltenden Widerstand. Ein wenig Erinnerung an die Pflichtverletzung, die er sich zuschulden kommen ließ, war da, und ein Schatten Unbehagens, weil er sich's so leicht machte, dann dachte er daran, daß er sich in einem Zustand gänzlich ohne Haß und Feindschaft und Konkurrenzkampf befand. Seine Gegner verloren an Schwerkraft, seine Bekannten entschwanden in die tiefen Täler des Vergessens, er besaß Zeit, viel Zeit, und die Ruhe des Genusses umgab ihn als eine zurückgewonnene Natur. Er wußte, er hatte sich schon lange danach gesehnt, dorthin zurückkehren zu können, von wo er vor langen Zeiten ausgesandt und ausgestoßen worden war.

Sein Blick senkte sich und traf auf den Blick der unter ihm ruhenden Frau, die ihn aufnahm und mit speichelfeuchten Lippen murmelte: »Komm!«

Er tat weder eine Pflicht, noch beglich er angelaufene Schulden, noch tat er es, weil er es zu tun hatte und es von ihm verlangt wurde. Es war ganz anders und auf eine erfrischende, umstürzende Art und Weise neu.

Aus den letzten erkennbaren Tiefen seines Gewissens rief ein verborgener Mund die Worte heraus, die Bea vordem gesprochen hatte. Ja ja, dachte er und sprach es wohl auch aus, rauben wir dem Leben etwas von seinem tödlichen Gewicht und dem

Coitus die schwere Gewichtigkeit der Notdurft. Er fühlte sich leicht und beschwingt und wie jemand, der fliegen kann.

Am Morgen frühstückten sie zu dritt. Er, Bea und der schweigsame Schwarze. Louis Wern betrachtete das seltsame Paar, das ihm gegenübersaß, die Stühle eng aneinandergerückt und die Berührung mit Armen und Schultern suchend.
Louis fühlte sich leicht und fröhlich und wohl wie seit langem nicht mehr. Seine Pflichtvergessenheit berührte ihn nicht im geringsten. Das ließe sich ausbügeln oder auch nicht. Er mochte diese Nacht in seinem späten Leben nicht missen. Er beugte sich ein wenig vor und betrachtete das Gesicht des schweigsamen Schwarzen.
Es war ein großes, ausgeglichenes und sehr sympathisch wirkendes Gesicht. Louis verstand Beas Vorliebe für diesen Schwarzen. Ihre Liebe. Erstaunt erblickte er die glimmenden Punkte in den Pupillen seines Gegenübers.
»Geben Sie sich keine Mühe, Bob ist stumm!« erläuterte Bea.
»War er schon von Geburt stumm?«
»Seine Stummheit ist die Folge einer schweren Kopfverletzung. Eine junge Gewerkschafterin, die ihn liebte, nahm ihn zu Demonstrationen mit. Einmal kam es zu schweren Auseinandersetzungen. Junge Anarchisten prügelten sich mit der Polizei. Die Gewerkschafter verließen den Platz. Die Anarchos liefen davon. Bob allein blieb stehen. Ein ganzes Jahr lang lag er in der Klinik. Sein Mädchen, die Frau von der Gewerkschaft, sorgte für ihn, er hat viele Frauen, die für ihn sorgen, und alle kommen von Zeit zu Zeit hierher, um Bob zu besuchen.«
»Aber er sagt doch kein einziges Wort –«
Bea antwortete auf diese Dummheit nicht. Sie glich sich ihrem Freunde, dem Schwarzen, an.
»Was sind das für Frauen, die Bob hier aufsuchen?« gab er dem Gespräch eine andere Wende.
»Sie würden sie als Aussteigerinnen bezeichnen.«

»Wo steigen sie aus? Was verlassen sie?« Er hielt nicht viel von Aussteigern. Es kam ihm vor wie Davonlaufen. Obwohl er verunsichert genug war. Doch wollte er nicht ein Extrem durch das entgegengesetzte auswechseln. Er war selbst verändert, einer, der aufbrach und sich löste und nicht recht wußte, wohin es ihn führen würde. Was Bea über Bobs Freundinnen andeutete, begann ihn zu interessieren. Er dachte an die Frauen in seinem Verwandten- und Freundeskreis. Ihm schien, als deutete sich da auch manches an. Aber was war es, das sich andeutete? Was bereitete sich vor? Es gab Frauen, die plötzlich nicht mehr wie vordem alles taten und akzeptierten. Doch was wollten sie eigentlich?

Als kenne Bea seine Gedanken, antwortete sie: »Die Frauen beginnen das Abenteuer des Lebens zu entdecken. Ich könnte dir Bobs Freundinnen schildern, und du würdest staunen, wie unterschiedlich die Typen sind, du würdest dich wundern, weil sie in nichts zueinander passen, ausgenommen in dem einen –«

»Ausgenommen in dem einen?«

»Frauen besaßen nie einen eigenen Willen.«

»Doch, den Willen ihres Mannes. Und blieben sie ohne Mann, wagten sie nicht, einen eigenen Willen zu entdecken und zu behaupten.«

»Das wird jetzt anders.« Bea lächelte ihm zu und wandte sich zu Bob an ihrer Seite. Ihn mit der Schulter zart berührend.

Es wirkte nicht wie – es war wirklich und wahrhaftig eine durch und durch liebevolle und ebenso glücklich-obszöne Berührung. Tatsächlich erhielten unter Beas Griffen die Berührungen ihre alte gute Bedeutung des Obszönen zurück. Die Muskeln zuckten. Die Haut ist keine Wüste. Aller Anfang alles Lebens ist das Leben. Louis begriff, daß Bea versuchte, ihn für sich und Bob und ihre Freunde und Freundinnen zu gewinnen, und er überlegte, ob er es fertigbrächte, so ohne Mordgedanken zu existieren, wie sie es verlangten.

»Sie verstehen, was wir erwarten, Louis?«

Er zögerte mit der Antwort.
»Bisher wurde zwischen Leben und Kunst getrennt, wir aber versuchen, das Leben zum Kunstwerk zu gestalten. Das bedeutet nichts Geringeres, als daß wir uns bemühen, jede unserer Handlungen dem Ziel des Gestaltens unterzuordnen.«
Bea hielt Bob umschlungen und küßte ihn mit vorgewölbten Lippen. Sie griff Bob hinter den Gürtel.
Louis beobachtete die beiden und fragte sich unsicher, ob er es fertigbrächte, so zu sein wie sie. Er war aber weder eine Frau noch ein von seinem Gedächtnis befreiter schwarzamerikanischer Liebesheld. Nein, in ihm überdauerte das alte, mörderische Erbe des weißen Eroberers, und ihm fiel die verbale und akustische Nähe der beiden Genitive auf: des Eroberers – des Europäers.
Wollte einer wie er, Louis, die Nähe, die Freundschaft und Zärtlichkeit gewinnen, mußte er sich weit von seinem alten Adam entfernen, von seinen eingetrichterten Schulweisheiten, von der Kasernenhofdisziplin, von den Techniken der Inbesitznahme. Die Gefühle, die ihn bewegten und durch und durch pflügten, drangen so weit vor, daß sie die leuchtende Klarheit begriffener Worte annahmen, und unter den weiten Mänteln der Worte zeichneten sich die scharfen Begriffe ab.
Louis war dankbar.
Er beachtete, wie Bea Bob entblößte.
Vor Louis' geweiteten Augen spielte ein Film, er sah sich aufwachsen in seiner Familie, sah die offenen und die verborgenen Handlungen, ja, so war sein Leben verlaufen, immer abgetarnt und verlogen, stets auf der Hut vor Entdeckung: die Liebe war, wenn es sehr weit kam, ein argloser Kuß. Er hatte ein Leben der andauernden Verleugnungen geführt.
Was Bea ihn lehrte, war das Gegenteil, war eben, und jetzt wußte er, wie sie es gemeint hatte, die Suche nach neuen Formen und Darstellungen, die Expedition zu neuen Erfahrungen, neuen Höhen und Tiefen.

Er glaubte nun, etwas von dem, was Bea tat, zu begreifen. Sie arrangierte ihr Leben als Kunstwerk, nicht wie ein Kunstwerk, sondern als wirkliches Kunstwerk, und sie benötigte Publikum dazu, denn die Kunst verlangt nach Öffentlichkeit. Außerdem tat der Künstler das Ungewohnte, Revolutionäre, eben das andere, und indem er die Schale des Eingefahrenen und Gewohnten durchbrach, drang er zu einer neuen Kunsterfahrung durch und schuf ein neues Werk der Kunst.
Louis, indem er es so genau durchdachte, erschrak vor der Schwierigkeit der Aufgabe, ihn schwindelte vor der Kühnheit. Er argwöhnte, jemand, der sich so viel vornähme, habe sich zu viel vorgenommen. Weshalb aber nicht wenigstens einen Versuch wagen? Louis beugte sich erneut weit über den Tisch vor und beobachtete die winzigen Irrlichter und sich drehenden Feuerräder in den großen kastanienbraunen Augen des Schwarzen, dessen Blick in die Weite gerichtet schien.
Er beugte sich noch weiter nach vorn, denn er wollte alles sehen und erkennen. Und er erkannte ein kaum merkliches Zucken, eine winzige Veränderung im Blick des Schwarzen, die sich fortsetzte, die Pupille verließ, über die Lidfalte in die ruhigen Züge eindrang. Es war wie die erste Andeutung eines lächelnden Signals, eines erahnbaren Einverständnisses, ein gehauchtes Signal und Versprechen: Wozu auf Worte warten, wenn wir uns begreifen.
Louis beugte sich vor zu den beiden anderen und sprach, ihnen über das Haar streichend, mit einer ihn selbst überraschenden vollkommenen Zärtlichkeit: »Ich begehre euch.« Er wußte, er würde diesen Ort als ein Verwandelter verlassen. Er verspürte eine ungekannte Lust, so als berührten ihn liebevoll tastende Finger unter der Haut, und es war ihm wie Samt auf Samt. So schritt er über diese Aschehalde, ein leuchtendes Glitzern in den Augen.

Almudena Grandes

Mein Griechischprofessor lehnte an einer der mächtigen Säulen im Foyer und musterte mich mit ironischem Blick.
»Wohin willst du denn, in dieser Aufmachung?«
Ich grinste und suchte nach einer glaubwürdig klingenden Erklärung, die mein Äußeres gerechtfertigt hätte, aber mir fiel nichts ein. Ich merkte, wie mir die Hände zitterten. Darum steckte ich sie in die Manteltaschen. Meine Lippen zitterten ebenfalls, also beschloß ich, etwas zu sagen.
»Komm, Félix, lad mich zu einem Kaffee ein …«
»Da bist du auf dem Holzweg, wenn du glaubst, ich setze meinen mühsam erarbeiteten Ruf aufs Spiel und lasse mich mit einem so angezogenen Mädchen sehen.«
»Von was für einem Ruf sprichst du eigentlich? Los komm, lad mich zu einem Kaffee ein.« Ich hakte ihn unter, und wir machten uns auf den Weg zur Bar im Keller.
Félix war ein ausgezeichneter Griechischprofessor, ein äußerst intelligenter Mensch mit feinsinnigem Humor und ein alter Freund von mir. Ich war drei- oder viermal mit ihm ins Bett gegangen, es hatte mir durchaus gefallen. Aber er besaß einen Fehler. Er war ein schreckliches Klatschmaul und deshalb die letzte Person, die ich an jenem Nachmittag treffen wollte.
Die Sache entwickelte sich nicht gerade günstig.
Das Warten zu Hause hatte mich so nervös gemacht, daß ich schließlich beschlossen hatte, eine halbe Stunde eher als vorgesehen aufzubrechen. Da ich mir vorgenommen hatte, eine halbe

Stunde früher an der Fakultät zu sein, damit ich mich in die Mitte der ersten Reihe setzen konnte, hatte ich in dem Augenblick, als ich Félix traf, noch eine ganze Stunde Zeit. Zu lange, um vor der verschlossenen Hörsaaltür auf und ab zu gehen.
Ich hatte natürlich nicht daran gedacht, daß die Tür möglicherweise verschlossen sein könnte. Ich war auch nicht auf den Gedanken gekommen, das zu überprüfen, obwohl ich doch jeden verdammten Vormittag daran vorbeikam.
Das beste war, in die Bar hinunterzugehen, sich ein wenig abseits an einen Tisch zu setzen und ein Weilchen zu klatschen. Ich war in der Stimmung, in allem günstige Vorzeichen zu entdecken. Also beschloß ich, auch meine Begegnung mit Félix als ein gutes Omen zu betrachten.
»Trägst du etwas unter dem Mantel?« Er starrte mich mit unverhohlener Neugier an.
»Natürlich habe ich etwas an! Kleidung. Ich bin komplett angezogen.« Ich versuchte, beleidigt zu erscheinen. »Aber ich verstehe nicht, warum du so viel Aufhebens um meine Aufmachung machst, nicht einmal, wenn ich mich verkleidet hätte.«
»Du bist verkleidet. Unglückseligerweise weiß ich nur nicht als was, aber selbstverständlich bist du verkleidet.«
Ich würde ihm nichts vormachen können, deshalb wechselte ich lieber das Thema.
Als ich zum Tresen ging, um Kaffee zu bestellen, kicherten an den vorderen Tischen ein paar Erstsemesterstudenten und stießen sich mit den Ellbogen an.
Ich fragte mich ernsthaft, ob ich nicht doch zu dick aufgetragen hatte.
Der Mantel machte mir weiter keine Sorgen. Ein weißer Wollmantel ist ohnehin schon auffallend. Genau aus diesem Grund hatte ich ihn mir ja ausgeliehen, ich wollte ja um jeden Preis Aufmerksamkeit auf mich ziehen.
Das Schlimmste waren die Kniestrümpfe in undefinierbarem Beige. Sie rutschten mir ständig auf die Knöchel runter. Die

Gummibänder hatten sich als äußerst widerstandsfähig erwiesen. Erst nachdem ich sie dreimal gekocht und anschließend einige Tage auf dickbauchige Sektflaschen gespannt hatte, rutschten sie mit überzeugender Natürlichkeit die Beine runter, obwohl ich sie gerade erst gekauft hatte und zum ersten Mal trug.

Selbst wenn vielleicht die Strümpfe allein noch nicht so lächerlich wirkten, sahen sie natürlich zusammen mit den Schuhen schauderhaft aus. Ich mußte an den Kreis von Verkäuferinnen denken, der sich im Schuhgeschäft um mich gebildet hatte. Ich hatte gebeten, man möge mir das braune Modell mit dem höchsten Absatz in Größe neununddreißig bringen. Dann holte ich einen Strumpf aus der Tasche, zog ihn mir über den Fuß und probierte reihenweise Schuhe, wobei ich gründlich die Wirkung in den kleinen, an Säulen gelehnten Spiegeln studierte. Ich entschied mich für ein paar sehr schlichte Pumps, die mich neun Zentimeter größer machten.

Aber an dem Tag im Schuhgeschäft hatte ich normale Nylonstrümpfe getragen. An diesem Nachmittag im Februar hatte ich keine an, meine Beine waren nackt, den Mantel dagegen hatte ich bis unters Kinn zugeknöpft.

Wahrscheinlich hatte ich zu dick aufgetragen, aber jetzt gab es kein Zurück mehr. Ich setzte mich neben Félix und wartete ab. Der Pedell hatte mir gesagt, daß die Türen gewöhnlich ungefähr zehn Minuten vor Beginn der Veranstaltung geöffnet wurden. Ich verdrückte mich fünf Minuten früher, indem ich vorgab, ich müßte mal zur Toilette. Langsam stieg ich die Treppe hoch, gelangte ins Foyer und schlich mich durch die offene Tür. Ich setzte mich genau in die Mitte er ersten Reihe.

Eine ganze Weile war ich die einzige Person in dem großen Hörsaal.

Rein zufällig hatte ich von der Veranstaltung erfahren. Die Fakultät für spanische Philologie organisierte andauernd solchen Zauber. Die Zettel und Plakate am Schwarzen Brett hatten

mich nie besonders interessiert. Jetzt aber suchte ich Nachhilfeschüler, ich brauchte Geld, weil ich im Sommer auf jeden Fall nach Sizilien fahren wollte, und man hatte mir erzählt, daß dort ein paar neue Zettel aushingen, zwei dumme Erstsemester, die höchstwahrscheinlich Probleme mit dem Gebrauch des Dativs hatten.
Und so entdeckte ich seinen Namen, winzig klein gedruckt, inmitten vieler anderer Namen.
Angst, Horror vor der Wirklichkeit, vor der endgültigen Enttäuschung, denn danach würde ich ihn nie zurückgewinnen, ihn mir nicht mehr in das große, leere Haus hineinphantasieren können, wo wir uns geliebt hatten. Angst, ihn für immer zu verlieren.
So viel Zeit war vergangen.
Ihn in meinem Gedächtnis zu bewahren war für mich einfach gewesen. Ich lebte ein langweiliges, arbeitsames Leben. Ich war allein, vor allem nachdem Marcelo ausgezogen war. Meine Tage verliefen alle gleich, grau, der ewige Kampf, um mir einen eigenen Raum in dem überfüllten Haus zu erobern, die ständige Einsamkeit inmitten all der Menschen, die ständigen Diskussionen – ich denke nicht daran, Jura zu studieren. Papa, da kannst du dich auf den Kopf stellen – die ständige Fragerei, die darauf abzielte zu testen, wie gefestigt mein Glaube war. Ich war in die Partei eingetreten, mehr aus Sentimentalität denn aus anderen Motiven, und das, obwohl die beiden bereits wieder ausgetreten waren. Marcelo hatte mich merkwürdig angegrinst, als ich ihm davon erzählte. Das ständige Drängeln, meine jeweiligen Freunde zum Abendessen einzuladen – meine Mutter verstieg sich zu dem Glauben, daß all die Typen, mit denen ich im Lauf der Jahre ins Bett ging, auch meine festen Freunde waren. Und ständig das einsame Praktizieren einer tristen und ernüchternden Liebe, jeden Tag das gleiche.
Vielleicht wäre ich glücklich gewesen, wenn es ihn in meinem Leben nie gegeben hätte, aber es hatte ihn gegeben. Dreiund-

zwanzig Tage bevor er nach Philadelphia ging, hatte er mich an sich gebunden. All die seitdem verstrichenen Jahre zählten nicht, sie waren nichts weiter als eine Überbrückung, unbedeutend, ein Ersatz der wirklichen Zeit, des Lebens, das erst beginnen würde, wenn er zurückkäme.

Und er war zurückgekommen.

Ich entdeckte seinen Namen am Schwarzen Brett, kleingedruckt, und seitdem war mein Körper wie ausgebrannt.

Ich verzehrte mich vor Begehren.

An dem, was ich mir eigentlich gewünscht hatte, machte ich von Tag zu Tag alarmierende Abstriche. Indessen bereitete ich meinen Auftritt gründlich vor. Ich ging zu Chelo, um die Plastiktüte zurückzuholen, die sie in den letzten drei Jahren für mich in ihrem Kleiderschrank aufbewahrt hatte, und zwar seit jenem Nachmittag, an dem meine Mutter mir erzählt hatte, daß das gelbe Kleid, das Patricia gerade trug, jenes war, das Amelia erstmalig ausgeführt hatte, jenes, das meine Großmutter mir einst geschenkt hatte. Wie das Kind doch gewachsen ist, sie ist nun fast schon so groß wie du. Ich wartete nicht darauf, daß Patricia auch noch die Uniform in Besitz nahm, ich brachte sie einfach in Sicherheit und lief den ganzen Sommer mit Unschuldsmiene herum, betonte immer wieder, das mit der verschwundenen Uniform sei ja wie verhext.

Ich beging den Fehler, Chelo zu fragen, ob sie mir einen großen Gefallen erweisen könne. Aber natürlich, weißt du doch. Rasier mir die Möse. Was? Ich trau mich nicht so recht, es allein zu machen. Was? Ob du mich rasierst, zu zweit ist es einfacher. Sie weigerte sich, natürlich weigerte sie sich. Das hatte ich schon erwartet, weil ich ihr die Geschichte mit Pablo erzählt hatte. Sie wußte, daß es für ihn war, und meine Bitte beleidigte sie ziemlich. Nie, niemals würde sie ihm seine Fahrlässigkeit in puncto Verhütung verzeihen, sie warf sie ihm in zweifacher Hinsicht vor. Zu jener Zeit hatte Chelo noch nicht die Wonnen des geschundenen Fleisches entdeckt, ihr gefielen nur die ganz,

ganz fortschrittlichen Jungen, sie schätzte den *Koitus interruptus* als eine Mischung aus höflicher Geste und Durchsetzung von Gleichheitsprinzipien. Am Ende mußte ich es in aller Heimlichkeit, im Badezimmer, allein hinkriegen. Vorsichtig nahm ich den Spiegel von der Wand, um drei Uhr morgens, damit nur ja niemand an die Tür klopfte. Ich brauchte fast zwei Stunden, ich machte sehr langsam, weil ich doch so tolpatschig bin, aber schließlich war ich mit dem Ergebnis einigermaßen zufrieden. Als ich dort saß, in der Mitte der ersten Reihe, fühlte ich meine nackte, glatte Haut. Inständig flehte ich zu den Göttern, sie mögen sich meiner erbarmen, er sollte mich nehmen, mich nicht zurückweisen. Ich wagte nicht, um mehr zu bitten, er sollte mich nur nicht abweisen, mich wenigstens einmal nehmen, bevor er wieder verschwand.

Nach und nach begann sich der Saal mit Menschen zu füllen. Ein kleingewachsener Mann mit Glatze und Backenbart war der erste, der auf dem Podium Platz nahm. Pablo kam mit einem Mann herein, der einen Bart nach der Mode des vorherigen Jahrhunderts trug. Sie unterhielten sich, und am Fuß der kleinen Treppe umarmte ihn der Bärtige stürmisch. Pablo nahm als letzter ganz außen auf dem Podium Platz.

Fünf Jahre, zwei Monate und elf Tage waren vergangen, seit ich ihn das letzte Mal gesehen hatte. Sein Gesicht, die ziemlich große Nase und der kantige Kiefer, hatte sich kaum verändert. Wesentlich mehr weiße Strähnen hatte er auch nicht bekommen, sein Haar war immer noch überwiegend schwarz. Seine Figur dagegen war um einiges schlanker geworden. Das wunderte mich, denn Marcelo erzählte immer, daß in Philadelphia gut und viel gegessen wurde. Pablo aber hatte abgenommen, und dadurch wirkte er noch größer und schlaksiger. Das hatte mir schon immer am meisten an ihm gefallen, ständig wirkte er, als würde er gleich auseinanderfallen, zu viele Knochen für so wenig Fleisch.

Sein Alter stand ihm gut.

Während der Typ mit dem Backenbart die Teilnehmer mit schier unerträglicher Langsamkeit vorstellte, zündete Pablo sich eine Zigarre an und ließ seinen Blick durch den Saal schweifen. Er blickte in alle Richtungen, nur nicht in meine.
Ich ertrug es kaum noch.
Ich schwitzte. Und ich hatte Angst.
Ich wagte nicht, ihm direkt ins Gesicht zu sehen, aber ich spürte, daß er stockte.
Er sah mich fest an, mit halb geschlossenen Augen. Ein merkwürdiger Gesichtsausdruck. Dann lächelte er mich an, und erst danach bewegte er stumm seine Lippen, zwei Silben, so als sage er meinen Namen.
Er hatte mich erkannt.
Ich handelte genau nach Plan. Unendlich langsam knöpfte ich meinen Mantel auf. Darunter kam die entsetzliche braune Schuluniform zum Vorschein. Ich versuchte, sicher zu wirken, aber innerlich fühlte ich mich wie ein alter und schlechter Gaukler, der mit äußerster Mühe den Schein wahrt, während er nur noch darauf wartet, daß die acht Holzflaschen, mit denen er jongliert, ihm gleichzeitig auf den Kopf fallen.
Pablo bedeckte sich mit einer Hand das Gesicht. So saß er ein paar Sekunden lang, dann blickte er mich wieder an. Er lächelte noch immer.
Er sprach wenig an jenem Nachmittag, und er sprach schlecht, ein paarmal verlor er den Faden, stotterte und vermittelte den Eindruck, als könne er nur mit Müh und Not Sätze von mehr als drei Worten bilden. Unverwandt starrte er mich an, meine Nachbarn sahen neugierig zu mir hin.
Als der Alte mit dem Backenbart die Diskussionsrunde eröffnete, erhob ich mich von meinem Sitz.
Erstaunlicherweise trugen mich meine Beine.
Ohne zu stolpern, stolzierte ich gemächlich aus dem Saal. Ich durchquerte das Foyer, sah mich nicht um und ging durch die Glastüren nach draußen. Ich war höchstens acht oder neun

Schritte auf und ab gegangen, da hatte er mich bereits eingeholt. Er legte seinen Arm auf meinen, faßte mich am Ellbogen und drehte mich zu sich herum. Nachdem er mich eingehend von Kopf bis Fuß gemustert hatte, berührte er mich mit seinem Zauberstab.
»Wie schön, Lulú! Du bist gar nicht erwachsen geworden ...«

Er nahm mein Geschenk mit vornehmer Zurückhaltung an. Er hatte meine Aufmachung verstanden und enthielt sich jeglichen Kommentars. Er sprach wenig, nur das Notwendigste. Freiwillig lief er in meine Fallen. So ließ er mich wissen, was ich wissen wollte.
Er nahm mich mit zu sich nach Hause, in ein geräumiges Studio, vollgestellt mit Sachen, mitten im Stadtzentrum.
»Was ist mit Moreto passiert?«
»Meine Mutter hat das Haus vor ein paar Jahren verkauft.« Er schien das zu bedauern. »Sie hat sich ein protziges Landhaus in Majadahonda gekauft.«
Dann ließ er schweigend seinen Blick über mich hingleiten, musterte mich von Kopf bis Fuß. Er hob meine Arme hoch und hielt sie so, während er mir den Pullover über den Kopf zog. Er knöpfte mir die Bluse auf, zog sie mir aus, blickte mir ins Gesicht und lächelte. Ich trug keinen Büstenhalter. Er erinnerte sich noch an alles. Er bückte sich, packte mich an den Knöcheln und hob mich brüsk hoch, so daß ich das Gleichgewicht verlor. Er zog meine Beine zu sich heran, bis er sie über seine gelegt hatte. Ich lag quer auf dem Sofa. Er hakte mir die Ösen am Rock auf. Bevor er ihn mir auszog, nahm er meine Hände, führte sie an sein Gesicht und betrachtete sie aufmerksam, besonders meine kurzen und stumpfen Fingernägel. Dieses Detail hatte ich vollkommen übersehen. Auch wenn ich nur zu gut wußte, daß ich es besser nicht tun sollte, brach ich das Schweigen.
»Magst du lange rotlackierte Fingernägel?«
Er ließ meine Finger nicht los und grinste mich ironisch an.

»Ist das so wichtig?«
Ich konnte ihm nicht antworten, ja, es ist wichtig, ziemlich wichtig, deshalb zuckte ich nur gleichgültig mit den Achseln.
»Nein, mag ich nicht«, sagte er schließlich. Zum Glück, dachte ich.
Langsam kleidete er mich aus, streifte mir die Schuhe ab, zog mir die Strümpfe aus und streifte mir die Schuhe wieder über. Er sah mich einen Augenblick an, ohne etwas zu tun. Dann streckte er eine Hand aus und ließ sie mehrmals sanft über mich gleiten, vom Spann bis zum Hals. Er wirkte so ruhig, so gelassen, so gleichgültig, daß ich einen Moment lang fürchtete, er begehre mich in Wirklichkeit gar nicht, sein Verhalten sei nur ein Reflex einer alten, unwiederbringlichen Lust. Vielleicht war ich ihm in all den Jahren doch zu groß geworden.
Er faßte mich unter den Achseln und richtete mich auf. Nun saß ich aufrecht auf seinen Knien. Dann schlang er seine Arme um mich und küßte mich. Allein schon bei dem Kontakt mit seiner Zunge durchströmte es meinen Körper. Mein Rücken streckte sich. Er ist der Sinn meines Lebens, dachte ich. Ein altbekannter und abgedroschener Gedanke, Hunderte von Malen während seiner Abwesenheit gedacht, in der letzten Zeit dann heftig verworfen, weil es so erbärmlich, so armselig und so pathetisch klang. Es gab und gibt nach wie vor so vielerlei Wichtiges auf der Welt, aber als er mich küßte und ich mich in seinen Armen wiegte, war das die Wahrheit, die reine und einfache Wahrheit, er war der Sinn meines Lebens.
Ich faßte nach seiner Hand und führte sie an mein Gesicht, bedeckte es mit ihr, hielt sie einen Moment lang still. Ich spürte den Druck seiner Fingerkuppen, ich gab ihm einen langen und feuchten Kuß auf die Handfläche, dann bog ich seine Finger, einen nach dem anderen, schob den Daumen unter die anderen vier Finger, umfaßte seine Faust mit meiner Hand und preßte meine Wangen und Lippen an seine Fingerknöchel.

Ich wollte ihm zu verstehen geben, daß ich ihn liebte.

»Ich habe etwas für dich ...«

Sanft schob er mich beiseite, stand auf und ging durchs Zimmer. Aus einer der Schreibtischschubladen zog er eine lange, schmale Schachtel hervor.

»Das habe ich vor ungefähr drei Jahren in einem Anfall von Schwäche für dich gekauft ...« Er grinste mich an. »Erzähl aber keinem davon, jetzt schäme ich mich fast schon, aber damals hatte ich manchmal so verrückte Einfälle, vor allem, wenn ich mich allein fühlte. In solchen Situationen habe ich den Wagen genommen und bin nach New York gefahren, zur Vierzehnten Straße, Ecke Achte, ein ziemlich irrer Ort. Wie soll ich ihn dir beschreiben, damit du eine Vorstellung hast?« Er verstummte nachdenklich, dann erhellte sich sein Gesicht. »Ja, so, die Vierzehnte Straße ist in etwa so wie Bravo Murillo, aber noch viel verrückter, es wimmelt da nur so von Leuten, Bars und Läden. Ich brauchte über zwei Stunden für die Strecke, nur um Thunfischempanadas zu essen und ›Asturias, patria querida‹ zu singen in einer Bar, die einem Typen aus Langreo gehörte. Ich habe getrunken bis zum Umfallen, und dann ging es mir besser. Bei einem dieser blödsinnigen nostalgischen Anfälle habe ich dir das hier gekauft.« Er setzte sich neben mich und überreichte mir die Schachtel. »Auch wenn man so etwas vielleicht nicht sagt, es hat mich eine Stange Geld gekostet, und damals hatte ich nicht viel. Ich habe es dir trotzdem gekauft, weil ich es versprochen hatte. Auf eine merkwürdige Weise habe ich mich all die Jahre über für dich verantwortlich gefühlt. Aber ich traute mich nie, dir das hier zu schicken. Um die Wahrheit zu sagen, ich fürchtete, aus dir wäre inzwischen eine erwachsene Frau geworden, und Frauen wissen solche Spielsachen nicht immer zu schätzen ...«

Die sorgfältig in durchsichtiges Zellophan eingewickelte Schachtel enthielt ein Dutzend Objekte aus weißem, beigem und rotem Plastik, einen elektrischen Vibrator mit gerillter

Oberfläche, dazu eine Reihe von Überzügen und anderem passenden Zubehör. In einer Tüte steckten zwei kleine Batterien. Es kostete mich nicht die geringste Mühe, mich erfreut zu zeigen. Ich war überaus zufrieden, und das nicht nur, weil er an mich gedacht hatte.
»Vielen Dank, das gefällt mir sehr.« Ich grinste ihn breit an. »Aber du hättest es mir schicken sollen, ich hätte es gut brauchen können. Es ist doch meine Größe ...«
Er sah mich an und lachte.
»Wenn du möchtest, kann ich es ja mal ausprobieren ..., jetzt.« Ich riß das Zellophan ab und studierte den Inhalt eingehend. Ohne größere Schwierigkeiten fand ich den Speicher für die Batterien und lud den Vibrator auf. Ich drehte an einem winzigen Rädchen, und er begann zu zittern. Dann drehte ich stärker auf, bis er in meiner Handfläche tanzte. Es war lustig. Es war genauso wie früher am Morgen des Dreikönigstages. Da fing auch eine ganz normale, leblose Puppe an, zu sprechen und den Kopf zu bewegen, nachdem ich zwei Batterien in ihren Rücken gesteckt hatte. Ich merkte, daß ich lächelte. Ich sah Pablo an, er lächelte ebenfalls.
»Welcher, glaubst du, ist der beste von allen?«
Er antwortete nicht, er stand einfach auf und setzte sich in einen Sessel an der gegenüberliegenden Wand, ungefähr dreieinhalb Meter von mir entfernt, mir direkt gegenüber.
Jetzt wirst du sehen, dachte ich, jetzt wirst du sehen, ob ich erwachsen geworden bin oder nicht. Ich fühlte mich gut, sicher, ich ahnte, daß dies mein einziger Trumpf war, denn daran hatte ich in den letzten Tagen oft gedacht. Eine Strategie, eine genaue Taktik hatte ich mir nicht zurechtgelegt. Aber er hatte mir alles sehr einfach gemacht. Ich gefiel ihm, er dachte immer noch an mich, und er stand auf verdorbene kleine Mädchen. Also gut, ich würde ihm zeigen, wie verdorben ich sein konnte. Mir fielen wieder die Worte der Internatsdirektorin ein, ich machte mir selber Mut. Das einzige, was mir Sorgen bereitete, war, daß

mein Auftreten übertrieben theatralisch anmuten könnte, oder auch leicht hysterisch, wenig überzeugend jedenfalls. Alles andere war mir egal. Mein Schamgefühl ist anders geartet. Eine Dame, die vor dem Stühlchen eines behinderten Kindes ›oh, wie reizend er doch ist!‹ ausruft, ein Neureicher, der dem fünfzehnjährigen Kellner am Fischimbiß einen Skandal vom Zaun bricht, nur weil er kein dunkles Brot hat, ein wohlbeleibtes und gut gekleidetes Ehepaar, das Pfennige als Almosen verteilt, das sind die Dinge, die mein Schamgefühl hervorrufen; das andere Schamgefühl, diese konventionelle Scham, habe ich nie besessen.
Langsam spreizte ich meine Beine und strich mit einem Finger über mein Geschlecht, nur einmal, dann fing ich zu plaudern an.
»Ich glaube, ich werde mit diesem hier anfangen.« Ich zog eine Art fleischfarbenen Vibrator hervor, eine ziemlich getreue Nachbildung des Originals, mit Nerven und allem. »Weißt du was? Jetzt finde ich es nicht mehr so gut, daß ich so groß bin. Früher war ich darauf stolz, aber jetzt wäre ich gern zwanzig Zentimeter kleiner, wie Susana, erinnerst du dich noch an Susana ...?«
»Die mit der Flöte?« So wie er mich jetzt anblickte, weise und heiter zugleich, genauso hatte ich ihn mir all die Jahre über im Gedächtnis zu bewahren versucht.
»Ja, die mit der Flöte, du hast ein gutes Gedächtnis ...« Ich sah ihm unentwegt in die Augen, ich versuchte kaltblütig zu wirken, so wie eine laszive und erfahrene Frau, aber mein Geschlecht, noch unausgefüllt, wuchs und wurde unaufhaltsam nasser. Und dieses Gefühl hat bei mir noch nie mit Untätigkeit harmoniert.
»So, oh, wie riesig der jetzt ist! ... Ich hoffe, es beschämt dich nicht, wenn ich ihn mir jetzt reinstecke, oder?«
Er schüttelte den Kopf.
Ich rieb das neue Spielzeug ein paarmal an mir, bevor ich es mir langsam einführte. Obwohl ich Pablo auf keinen Fall aus den Augen lassen wollte, nahm mich dieser Vibrator dermaßen gefangen, daß ich seine Reaktion nicht mehr beobachten konn-

te. Es war das erste Mal, daß ich so ein Gerät benutzte, und meine eigenen Reaktionen darauf absorbierten meine Aufmerksamkeit voll und ganz.
»Gefällt es dir?«
Seine Frage störte mich in meiner Konzentration.
»Ja, es gefällt mir…« Ich schwieg und blickte ihn an, dann redete ich weiter. »Aber es fühlt sich doch nicht an wie ein richtiger Schwanz, wie ich zuerst gedacht hatte. Zum einen ist er nicht heiß, und da ich ihn selbst bewegen muß, gibt es auch keinen Überraschungsfaktor, verstehst du? Es gibt keinen Wechsel im Rhythmus, kein Anhalten, und auch keine schnellen Stöße. Das gefällt mir immer am besten, dieses schnelle Stoßen …«
»Du hast in diesen Jahren wohl viel gevögelt, oder?«
»Na ja, ich hab mich so durchgeschlagen …« Jetzt bewegte ich meine Hand schneller, stieß gewaltsam dieses Trugbild eines Mannes gegen meine Wände. Es gefiel mir immer besser, es begann mir außerordentlich gut zu gefallen, deshalb hörte ich abrupt auf und beschloß, einen anderen Überzug zu nehmen, ich wollte die Sache nicht überstürzen. »Dieser mit den Stacheln, ist der zum Wehtun?«
»Keine Ahnung, aber ich glaube nicht.«
»Na gut, schauen wir mal …, aber ich hatte dir gerade was erzählt, ach ja, das von Susana, die mißt ja nur eineinhalb Meter, und darum kommen ihr alle Typen riesig vor. Das ist richtig verrückt, immer wenn ich sie frage, antwortet sie das gleiche, der hatte so einen.« Ich hielt meine Hände übertrieben weit auseinander. »Tierisch groß, aber sie – immer am Klagen, ich verstehe das nicht, ständig jammert sie rum. Mir würde das gefallen, aber da ich nun mal selbst so groß bin, na ja, da füllen die mich nie ganz aus. Es ist von Nachteil, so groß zu sein, alles ist viel zu lang …«
»Aha …«, er lachte schallend und betrachtete mich. All das gefiel ihm, ich war sicher, daß es ihm gefiel. Und dann beschloß ich, eine Geschichte ganz anderer Herkunft einzuflechten. Nie

hätte ich es für möglich gehalten, daß ich ihm das einmal erzählen würde, aber in dieser Situation spielte es keine Rolle. »Hör mal, bist du sicher, daß die Stacheln nicht weh tun? Ich stülpe die jetzt drüber, mal sehen, was dann passiert.« Ich nahm so eine Art kurze, rote Mütze, die von kleinen Knubbeln überzogen war, und zog sie über den Vibrator. »Oh, das sieht lustig aus. Wo wir gerade von Susana reden, vor ein paar Monaten habe ich eines Nachts von dir geträumt, und die Tröster hier haben eine Menge mit dem Traum zu tun.« Ich hielt einen Moment inne, ich wollte erst mal seinen Gesichtsausdruck deuten, konnte aber nichts Besonderes darin lesen. »Die Sache ist die, Susana ist so richtig brav und bieder geworden, früher war sie die Schweinischste unserer Klasse, aber vor ein paar Jahren hat sie sich einen stinklangweiligen, korrekten Freund zugelegt, einen total verknöcherten Typ von neunundzwanzig Jahren ...«
»Ich bin zweiunddreißig ...« Erst sah Pablo mich mit demselben Lächeln an, das meine Mutter mir zu schenken pflegte, wenn sie mich beim Schnüffeln in der Vorratskammer erwischt hatte, dann ging sein Lächeln in schallendes Gelächter über.
»Ja, aber du bist nicht verknöchert.«
»Warum?«
»Darum, genauso wie Marcelo, der ist auch nicht verknöchert, auch wenn er jetzt ein Kind hat und so, ist ja auch egal. Susanas Freund besitzt viel Geld, er hat eine Agentur, aber nicht ein Fünkchen Sinn für Humor. Neulich gingen wir abends zum Essen aus, die beiden, Chelo kam mit einem sehr witzigen Typen und ich, ich hatte keinen zum Mitbringen, ehrlich, sieh mal, wenn ich so was gehabt hätte, wäre ich womöglich mit dem hier drin gekommen ...« Ich zog den Tröster aus mir heraus und nahm ihm das rote Mützchen ab. Ich wollte ihn ohne etwas drumherum ausprobieren, bestimmt war das nicht so wirkungsvoll, die Stacheln begannen nämlich langsam, mich zu heftig zu erregen. »Wir haben uns ziemlich besoffen, Susana auch, und wir haben ihrem Typ die Geschichte mit der Flöte erzählt.

Chelos Freund hat viel gelacht, er fand das köstlich, aber der Typ von Susana reagierte richtig säuerlich. Er meinte, er verstünde gar nicht, was daran so witzig wäre, ihn würden solche Albernheiten überhaupt nicht heiß machen. Ich sagte dann, ich fände das merkwürdig, als du es erfahren hättest, wärst du ziemlich geil geworden, stimmt doch, oder?«
Er bestätigte das mit einem Nicken.
»Hast du mir aus New York auch eine Flöte mitgebracht?«
»Nein.«
»Wie schade!« An dieser Stelle konnte ich ein Lachen nicht unterdrücken, aber gleich darauf fing ich mich wieder und sprach weiter. »Jedenfalls habe ich in der Nacht geträumt, daß wir beide in einer Luxuslimousine fuhren, mit einem schwarzen, gutaussehenden Chauffeur, der dich mit Señor anredete und einen ziemlich großen hatte. Ich weiß nicht warum, aber ich wußte, daß er einen großen hatte.«
Der Ausdruck seines Lächelns hatte sich unmerklich verändert. Ich fürchtete, er könnte bereits ahnen, zu welcher Kategorie mein Traum wirklich gehörte. Also begann ich drauflloszuquatschen und versuchte dem Ganzen einen Anstrich von Glaubwürdigkeit zu geben.
»Ich trug ein langes perlgraues Kleid, im Stil des sechzehnten Jahrhunderts, mit riesigem Ausschnitt, weißer Halskrause und einem Reifrock mit einem Wulst aus Tüll über dem Hintern und eine Menge Juwelen überall. Du hattest Hosen und einen dikken, roten, ganz normalen Pullover an. Wir hielten in der Fuencarral-Straße, die war in Berlin, auch wenn alle Plakate spanisch beschriftet waren, genauso wie jetzt, alles war wie in Wirklichkeit. Wir betraten ein Schuhgeschäft mit Schaufenstern voller Schuhe, logisch … Sag mal, macht es dir was aus, wenn ich mit dem Finger weitermache, nur einen Augenblick? Ich brauche eine Pause.«
»Wie du möchtest …«
»Danke, sehr freundlich, wo war ich stehengeblieben? Ach ja,

in dem Schuhgeschäft war ein Verkäufer, der wie ein Page angezogen war, so wie früher. Aber seine Kleidung paßte nicht so gut zu meiner, er trug einen Anzug, der so französisch aussah, wie Louis XIV., mit viel Spitzenbesatz und gepuderter Perücke, du weißt schon. Ich setzte mich also ganz gesittet auf eine Bank, du standest neben mir, und der Verkäufer kam auf dich zu und sagte, Sie wünschen? Denn am lustigsten von allem war, du wirst nicht darauf kommen, in welchem Verhältnis wir zueinander standen, darauf kommst du nie ...«

»Vater und Tochter?«

»Ja ...«, stotterte ich. »Wie bist du darauf gekommen?«

»Bah, ich hab nur gesagt, was mir als erstes in den Sinn kam.«

»Kommt dir das nicht sehr unglaubhaft vor?« Entsetzen, Erstarren, in das sich Anzeichen von Scham mischten, wirkliche Scham, trotz meines sprichwörtlichen Mangels an Schamgefühl. Es drohte, mich augenblicklich zu lähmen.

»Nein. Das hat was.« Seine Worte zerstreuten meine Zweifel. »Und, wie ging es weiter? Ich nehme mal an, ich habe dich da nicht gerade für das kommende Schuljahr ausgestattet.«

»Nein, was denkst du denn.« Ich lachte, das unangenehme Gefühl hatte sich aufgelöst, ich fühlte mich zunehmend besser, überzeugender, und ich streichelte mich wieder, damit er mich sah. Ich rekelte mich genüßlich auf der Auslegeware, machte ihn aus der Entfernung heiß, das erregte mich sehr. Aber ich verspürte auch ein schreckliches Verlangen, zu ihm zu gehen, ihn anzufassen.

»Du sagtest dem Verkäufer, daß du für einige Wochen nach Philadelphia gehen würdest, um eine Veranstaltung über San Juan de la Cruz für diese armen Wilden, die Indianer, meine ich, abzuhalten und daß du Angst hättest, mich so ohne weiteres allein zurückzulassen, weil ich so läufig und zu jeder Sache fähig sei. Deshalb hättest du daran gedacht, mir eine Prothese einsetzen zu lassen, die mich während deiner Abwesenheit trösten und mir Gesellschaft leisten sollte. Der Verkäufer bestärkte dich darin. Diese Mädchen heutzutage, das kennt man ja, sagte er, Ihre Bedenken scheinen mir nur allzu berechtigt. Dann begab sich dieser Mensch in den Hinterraum und kam mit zwei Kleiderständern wieder, na ja, es waren nicht direkt Kleiderständer, ich weiß nicht, wie ich sie dir beschreiben soll, so eine Art Metallstangen, die an den Enden abgerundet waren. Er stellte sie vor mich hin, und ich, ich wußte, was ich zu tun hatte. Ich hob meinen Rock, spreizte die Beine und steckte meine Absätze in die Öffnungen der Stangen. Ich lag in einer ähnlichen Stellung, wie sie normalerweise dem Blick der Frauenärzte vorbehalten ist. Ich trug weiße Pluderhosen, die mir bis zu den Knien reichten, aber im Schritt offen waren und einen mit kleinen Blumen umstickten Schlitz hatten. Der Verkäufer steckte mir einen Finger rein, sah dich an und sagte: So kann ich nichts anprobieren, sie ist vollkommen trocken, wenn Sie einverstanden sind, kann ich dem Abhilfe schaffen. Du hast genickt, und dann hat er sich vor mich hingekniet und angefangen, meine Möse zu lecken. Er machte das ausgesprochen gut, es war wahnsinnig, aber als ich gerade am Kommen war, sagtest du ihm, es sei gut jetzt, und er hörte auf ...«

»Wie gemein von mir!« Er lächelte und trommelte mit den Fingern auf seinen Hosenschlitz.

»Ja, das stimmt«, antwortete ich. »Du warst gemein. Jedenfalls fing der Typ an, mir große, vergoldete Tröster reinzustecken, immer dickere, und weil ich schon ziemlich heiß war, kam es mir mitten bei der Anprobe. Dir gefiel das, dem Verkäufer anscheinend nicht, aber er sagte nichts. Am Schluß steckte er mir einen schrecklichen rein, er tat mir ziemlich weh, aber du warst begeistert und sagtest: dieser, dieser. Also stieß er noch ein bißchen mehr, und das Ding blieb in mir stecken, und zwar ganz. Ich konnte es nicht rausziehen, ich heulte und protestierte. Den will ich nicht, sagte ich zu dir, aber du bist einfach zur Kasse gegangen, hast bezahlt, hast mir beim Aufstehen geholfen und mich nach draußen gebracht. Dabei sagtest du, du würdest noch

das Flugzeug verpassen, du wolltest nach Philadelphia fliegen, von Paris aus, uih! ich meine Berlin. Und ich konnte nicht laufen, es ging nicht, ich mußte furchtbar breitbeinig gehen, ich spürte das Ding bei jedem Schritt. Als wir in den Wagen stiegen, war der Chauffeur neugierig, und du hast mir den Rock hochgeschoben, damit er es sehen konnte. Der Chauffeur steckte mir einen Finger rein und rief, Größe sechsundfünfzig, wie herrlich, das ist die beste. Ich heulte nur und sagte: Wie wollen wir uns denn voneinander verabschieden, wenn ich das da drin habe? Und du antwortetest nur: Mach dir keine Sorgen, es gibt da andere Mittel und Wege, zwangst mich, mich auf den Rücksitz zu knien, schobst mir den Rock hoch, stecktest mir einen Finger in den Hintern ... und dann bin ich aufgewacht, ich war tropfnaß und dachte an dich.«
Ich sah ihn eine Weile an, er sagte nichts, lächelte mich an, nur das, dann sprach ich weiter. »Hat dir der Traum gefallen?«
»Ja, sehr, ich wäre überglücklich, wenn ich eine Tochter wie dich hätte.«
»Hör mal, Pablo ...« Seine Worte, seine Augen überzeugten mich davon, daß ich Erfolg gehabt hatte, jetzt wußte er es, wußte, wie verdorben ich sein konnte, und sicherlich wußte er auch noch ein paar Dinge mehr, aber es reichte mir noch immer nicht, ich mußte aufs Ganze gehen. »Ich möchte ihn dir blasen. Kann ich?«
Er zog sich den Reißverschluß herunter, holte sein Geschlecht hervor und begann, es zu streicheln.
»Ich warte auf dich ...«
Auf den Knien rutschte ich zu ihm hin, beugte mich über seinen Schwanz und nahm ihn in den Mund. Nun fing es allmählich an, nach einer wirklichen Wiederbegegnung auszusehen.
»Lulú ...«
»Hmmmm«, mir war nicht nach Sprechen zumute.
»Ich würde dich gern in den Arsch ficken.«
Ich machte die Augen nicht auf und wollte auch nicht wahr-

haben, was er gerade gesagt hatte. Dennoch schwirrten seine Worte in meinem Kopf herum.
»Ich würde dich gern in den Arsch ficken«, sagte er noch einmal. »Kann ich?«
Ich löste meine Lippen von ihrer absorbierenden Beschäftigung und blickte zu ihm auf, dabei drückte ich sein Geschlecht sanft gegen meine Hand.
»So war es nun auch wieder nicht gemeint ...« Ich wollte ihn ja nur beeindrucken, dachte ich, das bestimmt, ich wollte ihn beeindrucken, aber so nun auch wieder nicht. »Außerdem sollte man Träume nicht unbedingt für bare Münze nehmen. Aber ich habe dir ja schon gesagt, ich bin daran gewöhnt, daß mich nie einer ganz ausfüllt, du brauchst dir also keine Umstände zu machen ...«
»Das tue ich keineswegs.« Er sah mich an und lachte; er hatte mich ertappt, er hatte mich richtig ertappt. Ich wußte, daß ich niemals eine femme fatale, eine richtige femme fatale sein würde. Meine Strategie hatte sich als Eigentor erwiesen, und jetzt fielen mir keine neuen Schweinereien, keine witzigen Bemerkungen mehr ein.
»Aus dem, was ich gehört und verstanden habe, schließe ich, daß es nicht das erste Mal wäre ...«
»Ja, also, ich glaube doch ...« An dieser Stelle verstummte ich, blickte ihn an und hielt es für das beste, zur Ausgangssituation zurückzukehren. Darum nahm ich sein Geschlecht wieder in meinen Mund und spulte hastig die ganze Bandbreite meiner Kenntnisse ab, eins nach dem anderen. Ich hoffte, er käme so vielleicht auf andere Gedanken, aber nach wenigen Minuten zwang mich der Druck seiner Hand aufzuhören.
»Und was ist jetzt?« fragte er in höflichem, aber beharrlichem Tonfall nach.
»Ich weiß nicht, Pablo, es ist nur...« Ich versuchte, an sein Mitleid zu appellieren und sah ihn mit dem Blick eines Opferlamms an, was mich nicht einmal besondere Anstrengung

kostete, denn ich war durcheinander. Ich konnte ja nun schlecht nein sagen, bei ihm konnte ich nicht nein sagen, aber ich wollte es nicht, das war mir ziemlich klar, ich wollte das nicht. »Warum fragst du mich so etwas?«
»Wäre es dir lieber, ich hätte dich nicht gefragt?«
»Nein, das ist es nicht, ich will damit nicht sagen, daß mir deine Frage abwegig erscheint, aber ich, ich weiß nicht, ich ...«
»Egal, macht nichts, war nur so eine Idee.«
Er schob mir seine Arme unter die Achseln, um mir zu bedeuten, daß ich aufstehen sollte. Als ich wieder auf den Füßen stand, mit dem Gesicht zu ihm, grub er seine Zunge in meinen Nabel, nur kurz, dann erhob er sich ebenfalls, umarmte mich und gab mir einen langen Zungenkuß. Seine Hände glitten langsam von meiner Taille an den Rücken hoch, bis sie auf meinen Schultern lagen. Dann drehte er mich brüsk um, stellte mir mit dem rechten Fuß ein Bein, warf mich auf den Teppich und ließ sich auf mich fallen. Er klemmte meine Schenkel zwischen seine Knie, damit ich mich nicht rühren konnte. Dann stemmte er mit seinem ganzen Körpergewicht die linke Hand zwischen meine Schulterblätter und drückte mich auf den Boden. Ich spürte etwas Weiches und Kaltes, dann einen Finger, erschreckend eindeutig einen Finger, der sich in mich bohrte und wieder herauskam und die Haut um die Öffnung rieb.
»Du Hurensohn ...« Ich schnalzte wiederholte Male mit der Zunge gegen die Zähne.
»Komm, Lulú, du weißt, daß ich es nicht mag, wenn du solche Sachen sagst.«
Ich winkelte die Beine an. Ich schaffte es, ihm ein paarmal auf den Rücken zu schlagen. Dasselbe versuchte ich auch mit den Armen zu tun, als ich spürte, wie sein Geschlecht mich abtastete.
»Halt still, Lulú, es nützt dir gar nichts, ernsthaft ... Du wirst dir nur ein paar Ohrfeigen einfangen, wenn du dich weiterhin wie eine Verrückte gebärdest.» Er war nicht böse auf mich, seine Stimme klang trotz der Drohung warm, sogar beruhigend. »Sei

artig, es geht gleich vorüber, und so schlimm ist es auch nicht.« Er öffnete mich mit der rechten Hand, ich spürte den Druck seines Daumens, der mir das Fleisch auseinanderzog, meine Pobacken teilte ... »Außerdem bist du selbst an allem schuld, du fängst immer an, du guckst mich immer mit diesen hungrigen Augen an, und ich kann nichts dafür, daß du mir so gefällst ...«

Mit seiner rechten Hand – vor meinem inneren Auge sah ich, wie er mit ihr seinen Schwanz umschloß – preßte er gegen das Loch, das mir unendlich winzig und zart vorkam.

»Du Hurensohn, du Hurensohn ...«

Dann konnte ich nicht mehr sprechen, der Schmerz machte mich stumm, blind, starr, lähmte mich völlig. Nie zuvor in meinem Leben hatte ich eine vergleichbare Folter erlebt. Ich schrie, schrie wie ein sterbendes Tier auf der Schlachtbank, spitze und tiefe Schreie, bis das Weinen in meiner Kehle erstickte und der Schmerz mich sogar der tröstlichen Schreie beraubte, ich nur noch erstickte, schwache Seufzer von mir geben konnte, die mich noch mehr erniedrigten, noch deutlicher meine Schwäche bekundeten, meine vollkommene Ohnmacht gegenüber diesem Ungeheuer, das sich auf mir streckte, an meinem Hals keuchte und stöhnte, sich einer schnöden, beleidigenden Lust hingab, mich benutzte, genauso wie ich vorher jenes Spielzeug aus weißem Plastik benutzt hatte. Er benutzte mich. Gewaltsam verschaffte er sich eine Lust, an der ich keinen Anteil hatte.

Obwohl ich schon glaubte, es sei unmöglich, verstärkte sich auf einmal der Schmerz. Seine Stöße wurden immer heftiger, er ließ sich auf mich fallen, penetrierte mich mit aller Macht, um gleich darauf wieder aus mir herauszukommen und mit ihm die Hälfte meiner Eingeweide. Mein Kopf begann, von selbst hin und her zu zucken. Als ich glaubte, ich würde gleich ohnmächtig werden, und nicht mehr die Kraft hatte, das auch nur noch eine Minute länger zu ertragen, fing er an zu stöhnen. Wahrschein-

lich kam es ihm, ich dagegen konnte nichts mehr fühlen. Der Schmerz hatte mich betäubt.
Dann blieb er regungslos auf mir liegen, immer noch in mir. Er knabberte an meinem Ohrläppchen und sagte meinen Namen. Ich weinte stumm in mich hinein.
Ich fühlte, wie er sich vorsichtig von mir löste, aber gleichzeitig war er immer noch in mir, das Loch, das er sich gewaltsam geöffnet hatte, weigerte sich, sich zu schließen.
Er drehte mich sanft um. Ich half ihm nicht, mein Körper fühlte sich wie ein schwerer, lebloser Stein an. Ich rührte mich nicht, blieb still liegen und weinte mit geschlossenen Augen.
Er wischte mir die Tränen aus den Augen und streichelte mein Gesicht. Er beugte sich über mich und küßte mich auf den Mund. Ich erwiderte seinen Kuß nicht. Er küßte mich wieder.
»Ich liebe dich.«
Seine Lippen fuhren über mein Kinn, glitten hinunter zu meinem Hals, schlossen sich um meine Brustwarzen, seine Zunge glitt weiter hinab, glitt über meinen Körper, streifte den Nabel und leckte über meinen Bauch. Seine Hände legten meine Beine übereinander und spreizten sie gleich darauf wieder.
Ich schämte mich und war unglücklich. Mein Geschlecht war naß.
Seine Finger legten sich auf meine Schamlippen und preßten sie zusammen, linderten den Druck ein wenig, um sie erneut gegeneinander zu drücken. Wie eine Pinzette, die sich immer weiter vortastete und ein leises, gurgelndes Geräusch produzierte. Als er oben angekommen war, zog er die Lippen auseinander und entblößte mein Geschlecht, legte die pralle rosa Haut frei, die sich nun wie eine halb verheilte Wunde rötete.
Er behandelte sie mit der Zunge, leckte von oben nach unten und vertiefte sich dann in die winzig kleine Fleischknospe, auf die sich nun mein ganzer Körper reduzierte. Seine Zungenspitze glitt in mich, stieß und liebkoste mich, mein Fleisch schwoll an,

schwoll unanständig an und zuckte. Dann umschloß er meinen Kitzler mit seinem Mund und saugte, immer wieder, saugte kräftig, behielt ihn in seinem Mund und leckte mich weiter. Ich konnte nicht anders, ich mußte mich bewegen, mich krümmen, meinen Körper ihm entgegenrecken, mich anbieten, um mir nicht die kleinste Nuance entgehen zu lassen.
Er führte mir zwei Finger ein und begann, in demselben Rhythmus zu stoßen, mit dem ich mich an seiner Zunge bewegte. Kurz darauf ließ er zwei weitere Finger den Damm entlanggleiten, bis zu dem Loch, das er sich kurz zuvor geöffnet hatte.
Die Erinnerung an die Gewalt verlieh meiner Lust eine unwiderstehliche Nuance, die mich überwältigte und ein furioses Ende auslöste.
Seine Zunge blieb dort ruhen, bis auch die letzten kleinen Erschütterungen abklangen. Seine Finger steckten immer noch in mir, als er seinen Kopf auf meinen Bauch legte.
Jetzt sind wir quitt, dachte ich, wir haben individuelle Lüste ausgetauscht. Er hat mir zurückgegeben, war er mir zuvor geraubt hatte.
Dieser Gedanke gab mir neue Kraft.
So konnte man es betrachten, es war zwar durchaus fragwürdig, aber trotzdem konnte man es so betrachten.
»Ich liebe dich.«
Da fiel mir ein, daß er das schon einmal gesagt hatte, ich liebe dich, und ich fragte mich, was genau das zu bedeuten hatte.
Er legte sich neben mich, küßte mich und drehte sich auf den Bauch. Umständlich kletterte ich auf ihn hinauf, mein ganzer Körper schmerzte. Ich legte meine Beine auf seine, bedeckte seine Arme mit meinen und drückte meinen Kopf in seinen Nacken.
Er grunzte lustvoll.
»Weißt du, Pablo, allmählich wirst du ein gefährliches Wesen.«
Ich grinste in mich hinein. »Immer wenn ich mit dir zusammen war, kann ich mich eine Woche lang nicht hinsetzen ...«

Sein Körper bewegte sich unter mir. Es war schön. Er lachte immer noch, als er meinen Namen sagte.
»Lulú ...«
Ich gab einen vagen Laut von mir. Meine Gefühle nahmen mich viel zu sehr gefangen. Das hatte ich noch nie gemacht, mich so auf einen Mann gelegt, aber es fühlte sich herrlich an, seine Haut war kühl, und seinen Körper unter dem meinen zu spüren, die Kehrseite zu dem Gewohnten, war ein vollkommen neues Gefühl.
»Lulú ...« Ich begriff, daß er es jetzt ernst meinte. Es überraschte mich nicht, ich hatte es sogar erwartet, trotz meiner anfänglichen Schau, ich war darauf gefaßt, einen neuen Abschied verkraften zu müssen, es war wohl unvermeidlich.
Trotzdem schob ich meinen Mund an sein Ohr. Ich war nicht sicher, ob meine Stimme mich nicht doch im Stich lassen würde.
»Ja?«
»Willst du mich heiraten?«
Wir hatten vor vielen Jahren oft zusammen Muß gespielt. Er war der beste Lügner, den ich jemals kennengelernt hatte. Ich war sicher, fast sicher, daß er auch jetzt bluffte, aber ich nahm sein Angebot für alle Fälle an.

Brigitte Blobel
Die Baronessa

Früher wäre es eine Nacht der Seufzer und der heftigsten Leidenschaft gewesen. Eine Nacht, in der die Hitze des versunkenen Tages noch auf den Terrakottasteinen der Terrasse lag und sich in den rasch verwelkenden Blüten des Jasmin verströmte. Früher hätte die Baronessa Battoldi Mondbäder genommen auf der Mooswiese, die wie ein Sommerbett war, über dem die Schirmakazien einen Baldachin bildeten. Früher wäre ein Liebhaber an ihrer Seite gewesen, und all ihre Begierden, ihre Sehnsüchte wären gestillt worden, sie hätten Champagner getrunken und sich geliebt. So stark wurden die Erinnerungen an die Zärtlichkeiten jener Nächte, daß sie fühlte, wie sich auf ihrer Oberlippe Schweißperlen bildeten und es sie in den Schenkeln schmerzte. Immer unruhiger wanderte die Baronessa auf den kiesbestreuten Wegen ihres Parks hin und her, das Kleid, das aus vielen dünnen, in Streifen gerissenen Seidenstoffen bestand, wehte wie Libellenflügel um ihre Beine. Die Baronessa war zornig über sich, über ihr Leben und besonders über Fabio, der sie in der vergangenen Woche für immer verlassen hatte. Nie war ihr das früher geschehen, daß ein Mann sie verlassen hatte. Immer war sie der Männer überdrüssig geworden, hatte ihre Gesellschaft auf einmal langweilig gefunden, der Anblick ihrer Körper hatte sie plötzlich kaltgelassen, die Liebesschwüre sie nicht mehr beeindruckt, und manches Mal hatte sie die Hände eines Liebhabers, der wie selbstverständlich ihren Bu-

sen, ihre Hüften, ihre Schenkel berühren wollte, mit einer ungeduldigen Geste abgewehrt.
So war es immer gewesen, so hatten Männer mit Tränen der Verzweiflung, der Enttäuschung und der Qual von ihr Abschied genommen, hatten die Geschenke der Baronessa wie Reliquien in ihrem Koffer verstaut, waren in den Wagen gestiegen und hatten sich von Filippo, dem Gärtner, zum Bahnhof fahren lassen, während die Baronessa oben auf dem kleinen steinernen Balkon ihres Schlafzimmers stand und ihnen nachsah, ohne zu winken.
Aber Fabio hatte sie nicht fortgeschickt. Fabio hätte sie behalten, lange, vielleicht für immer behalten, keine Sekunde hatte sein Körper sie gelangweilt, kein einziger Kuß hatte sie gleichgültig gelassen, jede Nacht mit ihm war eine Liebesnacht gewesen, jeden Morgen war sie hungriger nach seiner Jugend, nach seiner Kraft gewesen, und jeden Abend hatte sie ungeduldig auf den Augenblick gewartet, wenn das Mädchen sich zurückzog und sie in dem alten, von hohen Kandelabern erleuchteten Eßzimmer allein ließ.
Aber Fabio hat kein Herz. Fabio ist nicht besser als all die anderen Kerle, die sie ernährt, denen sie gute Manieren und süße Liebesspiele beigebracht hat. Sie alle haben die Baronessa ausgenutzt, haben ein sattes Leben geführt, jeden Tag Wachteln und Parmaschinken, jeden Morgen ein silbernes Frühstückstablett auf dem mit feinem Damast bezogenen Bett, jeden Tag Champagner, Picknicks, Ausflüge nach Rom, nach Monte Carlo, Paris, Venedig, und dazwischen Liebe für die Baronessa, die das so dringend brauchte, Liebesschwüre, die allesamt falsch waren, allesamt verlogen. Ach, die Baronessa hatte sie längst durchschaut, die Baronessa hatte längst gewußt, daß eines Tages, wenn ihr Vermögen verbraucht, ihre Gelder verpraßt waren, niemand mehr da wäre für ihr einsames Herz und ihren Körper, der sich fürchtete vor der Einsamkeit, vor der Kälte und dem Alter.

Fabio war einer der Schlimmsten gewesen. Fabio hatte die Begierde so perfekt geheuchelt, daß sie ihm glaubte; er hatte ihren Körper so dirigiert, daß es sie an den Rand des Wahnsinns brachte, um den Verstand beinahe, nichts hatte sie geahnt von seinen heimlichen Machenschaften, niemals hätte sie geglaubt, daß er ihre Schätze aus dem Haus trug, die silbernen Leuchter aus dem Quattrocento versetzte, ebenso den venezianischen Spiegel, das Eßbesteck mit den Schildplattgriffen – alles zum Antiquitätenhändler getragen und dort zu einem Bruchteil seines Wertes verschleudert, ins Leihhaus gebracht, wo die Zeit verstrich, in der man es hätte wieder einlösen können, ja, Fabio hatte sich nicht einmal geschämt, Bares aus ihrer Geldkassette zu nehmen, etwas, das sie dem Personal vielleicht verziehen hätte; mit lächerlichen fünf Millionen Lire, die sie morgens von der Bank abgeholt hatte, war er abends auf und davon, auf Nimmerwiedersehen, der Schuft.

Die Baronessa seufzte, während sie unter den herabhängenden Zweigen der Tollkirsche hindurchging, eine Blütendolde abriß und sie an ihr Gesicht hielt. Der süße Duft, den die Blüten verströmten, rührte ihr Herz, und beinahe hätte sie vor Mitleid mit sich selbst eine Träne vergossen, wäre da nicht plötzlich vor ihr auf dem Weg ein Geräusch gewesen und hätte sie nicht einen Schatten wahrgenommen auf den vom Mondlicht beleuchteten Steinen. Die Baronessa, die sich nicht fürchtete, hielt die Luft an und lief auf Zehenspitzen dem Geräusch der knackenden Zweige nach, sie hörte unterdrücktes Atmen. Als sie die Hand ausstreckte, hatte sie den Arm eines jungen Mannes berührt, der den Kopf von ihr abwandte, und erst, als sie ihn am Haarschopf packte und das Gesicht ins Mondlicht drehte, erkannte sie ihn. »Luigi!« rief die Baronessa erstaunt. »Was treibst du denn um diese Zeit?«
Luigi war der Sohn des Gärtners, ein hochaufgeschossener sechzehnjähriger Junge, der mit seinen langen, schlaksigen

Gliedern, den großen Füßen und schmalen Händen so gar keine Ähnlichkeit mit dem stämmigen, gedrungenen Vater hatte, der für die Baronessa außer den Pflichten des Gärtners auch noch die des Chauffeurs und Dieners erfüllte. Luigi stammelte etwas Unverständliches, er wollte sich aus dem festen Griff der Baronessa befreien, aber das gelang ihm nicht.

»Sag mir, warum du hier herumschleichst«, sagte die Baronessa. »Und lüg mich nicht an! Du weißt, ich merke immer, wenn einer lügt.«

Luigi fuhr sich mit der Zunge über die Lippe. Er preßte die Handflächen aneinander, er schaute hilfesuchend nach rechts und links, aber die Baronessa ließ nicht locker. »Sag es mir, sonst werde ich deinem Vater berichten, daß du nachts wie ein Dieb durch meinen Park strolchst. Und du weißt, wie streng dein Vater ist.«

Filippo behandelte seinen Sohn, der doch fast erwachsen war, immer noch wie damals, als er einen Schulranzen trug.

»Es ist wegen der Grotte«, sagte Luigi trotzig.

»Der Grotte?« fragte die Baronessa stirnrunzelnd. »Du meinst die Grotte der Jungfrau Maria, oben am Felsen?«

Luigi nickte, er brachte kein weiteres Wort heraus. Er preßte die Lippen zusammen, als wolle er für immer stumm bleiben, aber die Baronessa faßte seine Schultern und schüttelte die Sätze einzeln aus ihm heraus. »Da oben ... Renata und der Student aus Turin ... Jede Nacht sind sie da ...«

»Renata?« Es lag mehr als nur ein Erstaunen in dieser Frage, es war ein Aufhorchen, eine erwartungsvolle Spannung. War da vielleicht eine Geschichte? Gab es da vielleicht einen kleinen Skandal? Ach, wenn nur irgend etwas passierte in diesem langweiligen Dorf!

»Die Renata Gabboni. Die Frau von Carlo, dem Bäcker.«

»Renata Gabboni! Das ist nicht wahr! Du schwindelst! Du belügst mich, du kleiner Nichtsnutz! Ich glaube dir nicht! Renata Gabboni ist eine ehrbare Frau, sie geht jeden Tag in die Kirche

und verläßt das Haus nie ohne schwarzen Schleier, seit der Herrgott ihre Mutter heimgeholt hat.«
Luigis Augen zogen sich zornig zusammen. »Aber sie ist es doch«, sagte er. »Und sie hat sich mit dem Studenten von Anfang an getroffen. Seit er nach Azzuro gekommen ist.«
»Seit er nach Azzuro gekommen ist? Von Anfang an, sagst du?« Die Baronessa war fasziniert. Abgründe taten sich auf! Wenn Renata, die züchtige, sanfte Ehefrau des Esels Carlo, derart sündige Gedanken hegte, was verbarg sich wohl sonst noch hinter den verschlossenen und auch einfältigen Stirnen der Bewohner von Azzuro?
Luigi verfolgte das Mienenspiel der Baronessa. Als er spürte, daß ihre Neugier den Zorn besiegt hatte und daß er sie vielleicht sogar zur Komplizin machen konnte, raunte er der Baronessa ins Ohr. »Ich hab sie gesehen, Baronessa. Ich schwöre es. Sie legen sich auf den Altar der Grotte. Sie zünden alle Kerzen an, und der Student setzt sich den getrockneten Myrtenkranz auf, der immer um den Hals der Madonna hängt, und dann ziehen sie sich aus, und Renata säugt den Studenten an ihrer Brust wie ein Kind.«
»Wie ein Kind, sagst du? An ihrer Brust?« Die Augen der Baronessa leuchteten. »Sei ganz still!« zischte sie, während sie ihn am Arm hinter sich herzog. »Mach keinen Lärm! Weißt du eine Stelle, von wo aus man sie ungestört beobachten kann?«
»Der Ginster ist hoch genug, man kann sich bequem dahinter verstecken. Soll ich Ihnen die Stelle zeigen?«
»Natürlich! Was fragst du! Mach schnell, sonst kommen wir womöglich zu spät.«

Die Grotte der Madonna gehörte eigentlich nicht mehr zum Park der Baronessa Laura Battoldi, aber es gab auch keinen Zaun, der die Grundstücke voneinander trennte. Es war das obere Ende des Parks, dort, wo das von Ginster und Holundersträuchern, von Lavendel und Thymian bewachsene wilde Ge-

lände jäh an eine glatte, etwa fünfzig Meter hohe Felswand stieß, die aus dem hügeligen Gelände herausragte, wie eine Granitplatte, so als sei sie ein Abbild der Gesetzestafeln Moses. Die Platte hatte etwas Heiliges, Ehrfurchtheischendes, und vielleicht war man deshalb auf die Idee gekommen, in die Grotte unterhalb der Platte einen Altar einzubauen und dort eine Marienstatue aufzustellen. Es war der Teil des Parks, den die Baronessa nur selten besuchte, sie liebte mehr den sonnigen, gepflegten Teil ihres Gartens, die Seerosenteiche, die Pavillons, die Rabatten aus wuchernden Rosen und das Holzspalier, an dem sich Clematis und Kletterrosen emporrankten. Hier jedoch, im Schatten des Felsens, war es merklich kühler, die Kräuter dufteten stärker, und das Mondlicht bleichte die Farben zu einem silbernen, verwunschenen Grau.
Luigi legte die Finger an die Lippen und deutete auf einen Lichtschein, den man plötzlich zwischen den Ginstersträuchern aufflackern sah. Dann deutete er in die Richtung der Grotte, und jetzt hörte auch die Baronessa kleine spitze Schreie. In ihrer Eile, näher heranzukommen, verfing sich ein Streifen ihres Kleides in den Büschen, und sie zerrte so heftig daran, daß der Stoff zerriß. Aber was kümmerte sie dieses lächerliche Kleid, konnte sie doch eine Szene belauschen, wie sie sie nur aus gewissen Filmen kannte, wo man schamlos Liebende zeigte, in allen Stellungen, in ihrer nackten, wilden Begierde.
Die Baronessa war gern in diese Filme gegangen, aber was sie hier sah, war schöner als ein Film. Das konnte man nicht erfinden, diesen Altar, auf dem die keusche Renata lag, die Beine gespreizt, die Arme ausgestreckt nach ihrem Geliebten, die Brüste schwer und wohlgeformt, das Schamhaar ein pechschwarzes Dreieck auf dem weißen, vom Mondlicht beschienenen Körper. Wie ein Opferlamm lag sie da, bereit zur Hinrichtung, bereit zur Hingabe, zitternd vor Begierde.
Wie erstarrt blickte die Baronessa auf dieses Bild, und dann sah sie den Mann, der sich vor Renata hinstellte wie zum Beginn

einer heiligen Handlung, so ernst und feierlich und so stolz. Bei Gott, dachte die Baronessa, er ist schön, viel schöner noch als Fabio. Und so stark. Wie stolz er auf seine Kraft ist, wie er dasteht, breitbeinig, vor seiner Geliebten, und sich bewundern, sich anschauen läßt von Renata, die wie fasziniert auf sein großes, steil aufgerichtetes Glied blickt, wie er den Augenblick, auf den Renata zitternd wartet, hinauszögert, und zu Füßen der Madonna flackern die Kerzen, und der Weihrauch verströmt seinen berauschenden Duft, und nun spricht er zu ihr, die Baronessa kann es nicht hören, nur das Wort »Madonna« versteht sie, »Madonna, meine Madonna«.

Der Myrtenkranz ist ihm in die Stirn gerutscht, und nun sieht er aus wie ein olympischer Krieger, ihm ist das Lager bereitet, das dem Sieger zukommt, und so beugt er sich über die Frau im Mondlicht, ihre Arme ziehen ihn zu sich herunter, langsam neigen sich seine Lippen über ihre, die Baronessa sieht, wie Renata ihm entgegenkommt, sich an ihm festsaugt, die Baronessa kann hören, wie Renata zu stöhnen beginnt, und die Baronessa muß achtgeben, daß nicht auch sie aufstöhnt, weil sie so erregt ist. Jetzt spreizt Renata die Schenkel, die Hand des Mannes gleitet an ihrem Körper herunter, seine Fingerspitzen teilen die krausen Haare, für einen Augenblick halten beide den Atem an. Es ist, als hörten die Kerzen auf zu flackern, und aus dem Mund der Baronessa kommt nun doch ein leises Wimmern, weil das so schön ist und weil ihr Körper sich sehnt …

»Heute«, flüsterte Luigi, den die Baronessa bei dem Schauspiel ganz vergessen hatte, »heute säugt sie ihn nicht.« Er strahlte die Baronessa an. »Aber sonst macht sie es jeden Abend.«

»Sei still, Bub! Siehst du nicht, wie schön das ist?«

»Schön?« Luigi schaute die Liebenden stirnrunzelnd an. War das schön? Es beunruhigte und faszinierte ihn, es machte ihm fiebrige Träume und ließ ihn morgens mit Ringen unter den Augen aufwachen. Es hatte ihm einen neuen Blick gegeben, einen Blick für die Mädchen von Azzuro, mit dem er sie entkleidete, ihnen die kurzen Röcke auszog und die kleinen weißen Höschen, Blicke, mit denen er die Blusen von ihren flachen Brüsten streifte und sich vorstellte, wie das wäre, wenn sein Mund ... wenn seine Lippen ...

Schön? Luigi war sechzehn Jahre alt, aber daß die Lust schön war, das wußte er noch nicht, das ahnte er nur manchmal in seinen Träumen.

Obwohl der frühe Morgen etwas Kühlung brachte, fand die Baronessa keinen Schlaf. Sie lag unter dem Baldachin ihres hohen Bettes, das auch für zwei noch zu groß gewesen wäre, ganz allein, sie hatte die Arme unter dem Kopf verschränkt und blickte auf das geöffnete Fenster, hinter dem der Himmel sich allmählich mit Helligkeit füllte.

Die Bilder wollten nicht aus ihrem Kopf, Renatas weißer Körper ließ sich nicht aus ihrem Gehirn verdrängen, das helle Fleisch, die roten Lippen, die Haare, die in roten Wellen vom steinernen Altar herunterfielen wie ein Tuch. Sie hörte das Stöhnen aus ihrem Mund, spürte das Zittern ihrer Haut, als wäre es die eigene, und lag erschöpft, als sie daran dachte, wie selig ermüdet die beiden dagelegen hatten, verschlungene Arme, eng aneinandergepreßte, heiße Leiber, und immer wieder dieses Stöhnen, dieses lustvolle Stöhnen, das ging ihr nicht aus dem Kopf.

Die Baronessa gönnte doch wohl Renata das kurze, gestohlene Glück? Oder war da etwa der Stachel der Eifersucht? Warum plagte sie immer wieder der Gedanke an dieses Liebesglück? Hatte sie nicht in ihrem Leben oft genug diesen Rausch genossen? Hatte sie nicht mehr Männer in ihrem Bett gehabt als alle Frauen von Azzuro zusammen?

Renata hatte dieses Glück verdient, Renatas Körper fieberte in diesem Sommer voller Unruhe, voller Lust und Begierde. Sie war so schön mit ihrem festen weißen Fleisch und den hennagefärbten Haaren, die sie, wenn sie tagsüber durch Azzuro ging, unter dem schwarzen Schleier versteckte ...

Ob ihr Mann etwas ahnte? Ob Carlo ahnte, wie schamlos sie ihn betrog, im ersten Jahr ihrer Ehe? Ob er sich vorstellen konnte, wie der Körper seiner Frau sich einem anderen entgegenbäumte, einen anderen zu sich rief, herbeiflehte?
Was wohl passierte, wenn er das erfuhr? Der rasende, zornige, unbeherrschte Carlo. Ob er seine Renata schlagen würde, so wie Filippo seinen Sohn schlug? Oder würde er sie anders strafen, mit wilderer Liebe, leidenschaftlicheren Umarmungen, brutalen Griffen? Die Baronessa lag in dem hohen Bett, das viel zu groß für ihren kleinen, weichen, verlebten Körper war, und in ihrem Kopf formte sich ein Plan. Ein vorsichtiger, schemenhafter Plan, vielleicht nur eine Idee, diesen langweiligen Sommer mit Leben zu füllen, ihrem öden Leben einen Sinn zu geben, daß die Tage nicht mehr so belanglos einander abwechselten und sie aus lauter Langeweile womöglich begann, wunderlich zu werden und den kleinen mageren Luigi in dieses Bett zu holen, nur um nicht mehr allein zu sein, nur als Schutz gegen die Öde dieses Ortes, die träge Hitze dieses Sommers. Ach, ihr einsamer, armer Körper!
Ach, Fabio, warum bist du gegangen? Hättest du nicht mit mir das Spiel der Madonna spielen können? Hätten wir nicht auch da liegen können im betäubenden Geruch von Weihrauch? Weißt du eigentlich, Fabio, wie Weihrauch die Begierde steigert? Weißt du eigentlich, wie schon immer das Heilige, Feierliche einer kirchlichen Zeremonie in meinem Körper schmerzliches Ziehen, Sehnsucht verursacht hat, ein Auflehnen gegen die Gebote der Keuschheit? Ich wollte nie die Braut Christi sein, Fabio, ich wollte deine Braut sein, ich wollte die Braut von vielen Männern sein, vielen jungen, starken, sehnigen Körpern, und du wärst auch ein Held gewesen mit einem Myrtenkranz um die Stirn. Warum bist du gegangen, warum liebst du mich nicht mehr? Warum muß ich allein in meinem großen Bett liegen, unter diesem Baldachin, dessen gesticktes Muster ich auswendig kenne, warum nur?

Am nächsten Morgen sagte die Baronessa zu der kleinen Vera, die den Haushalt besorgte: »Müssen wir nicht hinunter ins Dorf? Müssen wir nicht Vorräte einkaufen? Salat, Fisch, Fleisch und Schinken?«

Vera, die gerade in der alten Küche den Fußboden scheuerte, der aus roten und weißen Marmorquadraten bestand, schaute erstaunt auf, wischte die Hände an ihrem Baumwollkleid und sagte: »Das werde ich später erledigen, Baronessa. Ich wollte nur erst die Küche ...«

»Laß nur.« Die Baronessa lächelte so milde, daß Vera erschrak. »Ich will dich nicht hetzen. Du hast so viel zu tun, mein Kind. Eines Tages werden wir uns eine Frau aus dem Dorf holen für die grobe Arbeit. Aber einstweilen ...« Sie zuckte die Schultern und schwieg.

Auch Vera sagte nichts, denn sie wußte sehr wohl, daß die Baronessa sich keine Frau aus dem Dorf holen würde, weil ihr Geld knapp geworden war, weil keine Zahlungen mehr aus Rom kamen, seit sie die Mietshäuser verkauft hatte, die ihr einst gehörten. Es kam auch kein Geld aus Neapel, wo ihr Vater sein Vermögen durch waghalsige Spekulationen verloren hatte.

»Ich dachte«, sagte die Baronessa, die schon den Sonnenschirm in der Hand hielt und das Täschchen am Arm trug, »ich werde heute die Einkäufe selber erledigen. Ich gehe gern einmal hinunter ins Dorf.«

»Aber es ist sehr heiß heute, Baronessa! Lassen Sie sich von Filippo fahren! Er muß ohnehin mit dem Wagen ins Dorf. Das ist zu anstrengend für Sie, der weite Weg hinunter.«

»Ich bin noch nicht so alt und schwach, wie man in diesem Haus zu denken scheint«, sagte die Baronessa nunmehr ein wenig ungeduldig. »Früher, mein Kind, bin ich fünf-, ja zehnmal am Tag die Treppen hinauf- und hinuntergelaufen. Das ist noch nicht so lange her ...«

»Entschuldigen Sie, Baronessa«, sagte Vera und senkte den Kopf. »Es war nur aus Fürsorge. Es war ... dumm.«

Die Baronessa entschuldigte alles, sie hatte heute ihren milden Tag. »Schon gut, Kleine. Also, was benötigen wir?«
Vera sagte ihr, was sie brauchten, einen frischen Mozzarella, mit dem sie die Ravioli füllen wollte, dann zwei dünne Scheiben Kalbsfilet für das Saltimbocca, Schinken und Speck war ja immer im Haus, die Speisekammern waren wohlgefüllt, aber ein Stückchen Taleggio wäre nicht schlecht, die Baronessa mochte ihn doch so gern zu dem frischen Brot, das Carlo jetzt immer buk...
»Ach ja!« Die Baronessa lachte. »Carlos Brot! Natürlich! Das ist das Wichtigste. Ich werde ein frisches Brot von Carlo mitbringen! Sag, arbeitet Renata eigentlich auch in der Bäckerei?«
»Seine Frau? Ich glaube, sie verkauft, wenn viel Betrieb ist. Sonst ist sie wohl mehr im Haus. Sie muß sich um die Schwiegermutter kümmern, die krank ist und im Bett liegt.«
»Die Arme«, sagte die Baronessa. »Da hat Carlo nichts Gutes mit in die Ehe gebracht. Das ist kein Hochzeitsgeschenk nach meinem Herzen. Diese Alte ist böse und grob. Ich kenne sie von früher. Sie hat uns Kindern immer das alte Brot verkauft, und wenn wir uns beschweren wollten, warf sie einen Stock nach uns.«
Die Baronessa nahm ihren Korb, der auf dem Regal stand, und ging zur Tür. »Für mich«, sagte sie, als sie den erstaunten Blick von Vera bemerkte, »ist es eine Abwechslung, hinunterzugehen und ein bißchen vom Dorfklatsch zu hören. Hier in der Villa passiert ja nichts mehr.«
»Ja«, antwortete Vera, »schade, daß der junge Herr nach Rom zurück mußte. Es war sehr lustig, als er hier war.« Sie wurde rot, wandte sich ab und scheuerte heftig weiter den Boden.
Die Baronessa schaute kopfschüttelnd auf das Mädchen hinunter. War es möglich, daß Fabio sie mit diesem kleinen, flachbrüstigen Ding betrogen hatte? War es möglich, daß er es gewagt hatte ... in ihrem eigenen Haus ... unter ihrem Dach ... mit einem Dienstmädchen ... mit einer Magd ... und womöglich in ihrem, der Baronessa, eigenem Bett?

Wie schlecht die Männer waren! Alle miteinander! Wie sie es verdienten, daß man sie hinterging! Voller Sympathie dachte die Baronessa, während sie die schmalen Treppen zwischen den Weinbergen ins Dorf hinunterstieg, an Renatas heimliche Liebe. Eine Frau sollte die gleichen Rechte haben wie die Männer. Eine Frau sollte die kurzen, schnellen Jahre genießen, in denen ihr Körper schön und begehrenswert war, in denen die Männer wild nach ihr waren, eine Frau sollte ihren süßen Körper nicht für einen einzigen Mann aufheben. Und womöglich für einen, der gar nicht ermessen konnte, welch ein Juwel er da in seinem Bett hatte. Der es womöglich nicht einmal verstand, die heimlichen Lüste in ihrem Körper zu wecken, ihr die Seligkeit zu verschaffen, von der sie träumte, seit sie ein Kind war …

Es hatte sich wie ein Lauffeuer herumgesprochen, daß die Baronessa sich dem Dorf näherte.

Die Frauen standen wie zufällig in den Haustüren, wischten an den Fensterrahmen herum, begossen den Oleander, der in alten Weinfässern rechts und links der Treppen stand, oder fanden sonst einen Vorwand, um die Baronessa zu betrachten.

»Es ist wahr«, flüsterte Francesca ihrer Schwägerin zu, »sie sieht immer noch gut aus. Wie eine Frau mit Fünfzig noch so einen Gang haben kann! Schau dir an, wie sie die Hüften schwingt, die alte Hure! Sie will wohl immer noch unsere Männer verführen!«

»Glaubst du, daß sie sich für unsere Männer interessiert?« meinte die Schwägerin. »Die sucht doch ganz was anderes. Hast du nicht ihren letzten Liebhaber gesehen, diesen Gigolo? So ein kleines Bürschchen. Wenn mir ein Mann gefallen soll, muß er stark sein und breite Schultern haben, und immer muß ich Angst haben, daß er mich unter sich zerquetscht wie eine Fliege, das finde ich gut.«

Francesca schaute ihre Schwägerin an. »Du bist verrückt«, sagte sie nur. Sie hob die Hände über die Augen und verfolgte die Baronessa, die über den sonnendurchglühten Platz ging.

»Was glaubst du, hat das Kleid gekostet, das sie trägt? Weiße Spitze! So etwas hat unsereins nicht einmal zur Hochzeit an!«
»Und nicht viel drunter, wenn du mich fragst. Gegen das Licht sieht man ihren geilen Hintern. Wahrscheinlich will sie uns allen zeigen, wie fest ihr Fleisch noch ist.«
»Ist ja auch kein Wunder! Wenn sie seit ihrer Jugend in den Weinbergen gearbeitet hätte wie wir, dann sähe sie auch nicht mehr so aus, das kannst du mir glauben. Weiß der Himmel, wie oft sie ihre Falten schon hat massieren lassen! Und nicht nur die Falten im Gesicht, meine Liebe.«
»Sie hat immer einen Sonnenschirm dabei, als wenn sie etwas Besonderes wäre, wahrscheinlich glaubt sie, das ganze Dorf gehöre ihr, weil sie die Baronessa ist. Dabei hat ihre Mutter mit jedem geschlafen, der ihr in den Weg lief. Kein einziges ihrer Kinder war das Kind vom Baron, das kannst du mir glauben.«

»Buon giorno, Sandra, buon giorno, Lisa, wie geht es euch?« fragte die Baronessa. »Ein schöner Tag, nicht wahr? Nur ein bißchen heiß. Ich wünschte, es würde einmal wieder einen Regen geben, so einen kurzen, heftigen wie letzte Woche, das hat alles so wunderbar frisch gemacht, nicht wahr? Da konnte man endlich mal wieder richtig atmen! Ist das deine kleine Tochter, Sandra, mein Gott, ist sie süß! Seit wann kann sie laufen?«
»Erst seit ein paar Tagen, Baronessa. Sie mag so gerne Schokolade, und da lege ich die Schokolade immer auf das Bett und stelle die Kleine ans Fenster und sage: ›Wenn du Schokolade willst, dann hol sie dir.‹«
Die Baronessa lachte. »Schade«, sagte sie, während sie in den Taschen ihres weiten Kleides wühlte, »ich dachte, ich hätte noch einen Karamelbonbon dabei. Nächstes Mal, Herzchen, da bring ich dir etwas Schönes mit. Wie heißt die Kleine denn?«
»Laura, Baronessa.«
»Oh, Laura, so wie ich!« Die Baronessa lächelte dem kleinen

Mädchen zu und tätschelte seine Wange. »Dann ist es ja kein Wunder, daß sie etwas Süßes mag. Alle Lauras sind ganz wild auf Süßigkeiten.« Sie zwinkerte Sandra zu. »Wenn man jung ist, sind es Bonbons, und später ist es dann etwas anderes!«
Sandra schaute einen Augenblick verblüfft, aber dann verstand sie, was die Baronessa sagen wollte. Sie schrie vor Vergnügen laut auf, preßte aber schnell die Finger auf die Lippen, als ihre Schwiegermutter aus dem Haus kam und ihr einen argwöhnischen Blick zuwarf.

Carlo hatte seine Bäckerei in der schmalen schattigen Gasse, die vom Marktplatz in Richtung zur Trattoria führte, es war ein altes, aus groben braunen Steinen gebautes Haus, das wahrscheinlich zu den ältesten von Azzuro gehörte. Jedes Jahr tünchte Carlo die Wände strahlend weiß und schmierte blauen Lack auf die Fensterläden und die Holzklappen, mit denen man die Eingangstür versperren konnte. Unten aus dem Kellergewölbe, durch die schmalen, vergitterten Fenster, kam morgens der betäubende Geruch frischen, ungesalzenen Brotes, und später, gegen Mittag, wurden hier die Makronen gebacken und das Hefegebäck, das am Nachmittag bei den Frauen auf den Tisch kam, das sie in Mandellikör tauchten und mit geschlossenen Augen hinunterschlürften wie etwas Verbotenes. Im Laden selbst war es kühl und ein wenig feucht. Carlo war sehr zufrieden mit seinem Geschäft; durch die Feuchtigkeit, sagte er, blieben die Brote länger frisch, und außerdem haßte er Staub. Mehlstaub hatte sich schon auf seine Lunge gesetzt, und Carlo hustete eigentlich unentwegt, wenn er unten in der Backstube stand und die Brotmischung in den großen Rührkessel gab.
Carlo trug ein weißes T-Shirt, auf dem »Super Mistral« stand, und darüber eine mehlige gelbliche Bäckerschürze. Seine Unterarme waren stark behaart wie die Arme eines Affen, überhaupt hatte Carlo so viele Haare, sie standen wirr um seinen Kopf, wuchsen ihm aus den Ohren, und wenn er sich vor einer

Stunde rasiert hatte, so sah er doch aus wie manche Leute, die seit Tagen ihre Bartstoppeln mit sich herumtrugen. Seine Augen waren klein, sehr hell und eng beieinanderstehend. Er hatte eine breite Nase und ganz kleine Ohren. Carlo war keine Schönheit. Seine Beine waren kurz und dick, die Muskelpakete an den Oberschenkeln scheuerten beim Gehen aneinander, und der Gang war etwas o-beinig wie bei einem Sportler.

Carlo war einmal die Hoffnung von Azzuro gewesen, als Fünfzehnjähriger war er Kreismeister im Diskuswerfen gewesen, man hatte ihn zu den Leichtathletikkämpfen nach Turin und Mailand geschickt, und einmal hatte es in der »Gazzetta dello Sport« sogar ein Bild von ihm gegeben. Aber das Heimweh hatte ihn aus dem Trainingslager wieder nach Azzuro getrieben, er brauchte sein Dorf, die Trattoria, die Bar neben der Kirche, er brauchte die Freunde, die mit dem Fußball über den Kirchplatz bolzten.

Trotzdem haftete ihm noch etwas an wie der Geruch des Ruhmes, er war herumgekommen in der Welt, er hatte nicht nur Orvieto und Siena kennengelernt, nein, er war sogar in die große verruchte Stadt Mailand gekommen, er hatte Kinos besucht und Bars, in denen die Mädchen barbusig bedienten, das waren Mädchen mit brauner Haut, die ihre Brustwarzen schminkten, manche mit einem perlmuttern schimmernden Stift, andere nahmen nur Vaseline, die ihre Brustwarzen glänzen ließ, und sie schwenkten ihre Brüste vor den Augen der Gäste hin und her wie Weihrauchgefäße.

Eines Tages entdeckte Carlo Renata. Es war das Weinfest im Nachbardorf Santo Stefano, Carlo war mit dem Fahrrad dorthin gefahren, und auf dem Weg hatte er plötzlich Renata überholt, die allein die Landstraße entlanglief. Renata hatte ihren gerüschten Rock hochgebunden, um die Beine frei zu haben, sie hatte den Saum oben in die Taille gesteckt, so daß der bauschige Stoff zwar vorn und hinten ihre Oberschenkel noch einigermaßen schamhaft bedeckte, aber an den Seiten konnte Carlo alles

sehen, sogar das rosa Käntchen ihres Höschens. Er bremste neben Renata und fragte, während er unentwegt auf das rosa Käntchen starrte: »Gehst du ganz allein zum Weinfest?«
»Ich wollte eigentlich mit Rosanna gehen«, sagte Renata, »aber die hat eine Grippe, die Arme. Sie liegt im Bett und hat Fieber und bekommt immerzu kalte Wickel um die Waden. Ich wäre auch gar nicht gegangen, aber ich habe heute so eine Lust zum Tanzen, ich konnte einfach nicht bei ihr bleiben, obwohl sie meine beste Freundin ist.« Als Renata Carlos Blick sah, zerrte sie schnell den Rocksaum aus dem Bündchen und strich den Stoff glatt. Sie war dabei ganz rot geworden, und Carlo hatte verlegen weggeschaut. »Und du?« fragte sie schließlich.
»Ich? Ja«, Carlo räusperte sich, »ich habe auch Lust auf das Fest. Aber nicht so sehr zum Tanzen, mir ist heute mehr nach dem Wein zumute. Ich glaube, ich möchte mich richtig betrinken.«
»Geh, so ein Blödsinn! Was hast du denn davon?«
»Ich weiß nicht«, murmelte Carlo, »die Männer im Dorf sagen, daß so ein richtiger Rausch etwas sehr Schönes ist.«
»Ach Unsinn! Da gibt es wirklich Schöneres.«
Carlo stieg vom Rad, er schob es mit der linken Hand, während seine rechte sich um Renatas Taille legte und dann plötzlich höher rutschte. Er berührte erst zaghaft, dann mutiger ihre Brust, kniff ganz leicht die Brustwarzen, und er lachte dabei. Aber Renata sprang zur Seite, fuhr herum und fauchte ihn an.
»Was unterstehst du dich, Carlo, sind wir vielleicht verlobt? Weißt du nicht, daß man so etwas nur darf, wenn man verlobt ist?«
»Ach, wirklich?« sagte Carlo. Er starrte auf ihren Busen, erst jetzt sah er, daß sie keinen BH trug, daß ihre Brüste ganz nackt unter dieser dünnen Bluse schaukelten, so feste, runde Brüste.
»Und warum verloben wir uns dann jetzt nicht?« fragte er.
Renata tippte sich an die Stirn. »Ich glaube wirklich, was die Leute sagen, ist wahr.«
»Und was sagen sie?«

»Daß du nicht richtig im Kopf bist! Als wenn du nicht genau weißt, wie es zugeht zwischen Mädchen und Jungen.«

»Ich weiß nichts«, murmelte er. Er drängte etwas weiter an den Straßenrand, als ein Wagen an ihnen vorbeifuhr, er spürte Renatas Hüften und einen Geruch, der von ihrem Körper ausging, und das machte ihn ganz heiß und ganz wirr. »Ich wette«, sagte er mit glasigen Augen, »daß du das schönste Mädchen von Azzuro bist. Du hast den größten Busen, nicht wahr?«

»Das weiß ich nicht«, sagte Renata abweisend, »das ist auch egal. Es kommt ja nicht auf die Größe an.«

»Worauf denn sonst?«

»Na ja. Auf ... also auf die Form zum Beispiel. Und ob sie schön fest sind. Und was für Brustwarzen man hat ...« Renata stockte. Sie war dunkelrot geworden. »Also eine Unterhaltung führen wir!« sagte sie. »Wenn das meine Mutter hören würde!«

»Sie hört es ja nicht, und sehen tut uns auch keiner.« Carlos heißer Atem war ganz dicht an ihrem Gesicht. »Ich würde so gern deinen Busen sehen, Renata. Ich habe noch nie einen Mädchenbusen angefaßt!«

»Noch nie? Wirklich?« Renata fragte ungläubig. Sie hatte den Kopf von ihm weggebogen, aber ihr Körper drängte komischerweise immer näher zu seinem Körper, ob sie nun wollte oder nicht.

»Wirklich nicht. Noch bei keinem Mädchen. Ich habe überhaupt noch nie etwas mit einem Mädchen gehabt. Und du?«

»Ich auch nicht.«

»Mit einem Jungen, meine ich.«

»Natürlich mit einem Jungen. Was denkst denn du? Denkst du etwa, daß ich mit meiner Freundin Rosanna solche Sachen mache? Ich schlafe zwar oft mit ihr in einem Bett, aber wir tun nie etwas, außer zufällig ein bißchen streicheln. Wenn eine von uns traurig ist.«

»Das tut ihr?« Carlo hatte sein Rad ins Gras geworfen, seine Lippen suchten ihr Ohrläppchen, er schob ihre Haare hoch, er

küßte sie, er faßte ihre Taille und preßte sie an seinen Körper, gleichzeitig suchten seine Blicke die Landschaft ab. Überall Olivenbäume, überall dieses stachelige Gras ... Aber war da nicht unter dem Olivenhain ein Bach? Lief er nicht durch eine Wiese aus weichem Moos? »Komm«, flüsterte er, »komm mit mir!« Er zog sie zwischen den Bäumen hindurch, ließ ihr keine Zeit, die Schuhe, die sie in der Hand hielt, wieder anzuziehen.
»Wo gehst du hin? Meine Füße! Warte doch einen Augenblick!«
»Ich kann nicht warten!« murmelte Carlo. Er zerrte sie weiter, er war wie von Sinnen, lauter Farben schossen durch seinen Kopf, wie ein Feuerwerk war es vor seinen Augen, und alles pulsierte und klopfte, und sein Kopf dröhnte. »So komm doch!«
Es gab kein Moos, aber Gras, das weicher war. Und einen kleinen Hang zwischen zwei Weidenbäumen, die ihre langen geschmeidigen Äste in den Bach hängen ließen. Carlo blieb stehen, er schaute Renata an, nicht ihr Gesicht, nein, auf ihren Busen starrte er, auf ihren Rock starrte er, er hob den Rock hoch und starrte auf das weiße Höschen mit der rosa Kante.
Er warf Renata ins Gras, zerrte seinen Gürtel auf, streifte die Hosen herunter, eine Hand faßte nach dem Höschen.
»Warte!« schrie Renata voller Angst. »Warte doch!«
Aber Carlo konnte nicht warten, er konnte keine einzige Sekunde warten, er warf sich über sie und war in ihr und hörte nicht ihr Schreien, nicht ihren Schmerz, er stöhnte und keuchte und küßte sie und riß ihre Bluse auseinander und vergrub sein Gesicht zwischen ihren Brüsten.

Jetzt war Renata ein Jahr mit Carlo verheiratet, die Mutter wohnte in ihrem Haus, das Schlafzimmer lag genau neben ihrem Zimmer, die Wände waren, obwohl aus uralten, dicken Steinen, durchlässig für den Lärm; daher fürchtete Carlo, daß seine Mutter etwas hören könne, deshalb preßte er seiner Frau immer die Hand auf den Mund, wenn er zu ihr kam, und sie rollte mit den Augen, und nachher, wenn er fertig war, klopfte Carlo ihr

tolpatschig auf den Rücken und sagte: »Du weißt ja, warum du still sein mußt, es ist nur wegen ihr.«
Und Renata, die keinen Streit wollte, schaute ihren Carlo nur mit einem Blick an, den er nicht deuten konnte, und sie dachte daran, wie sie sich früher die Liebeslust vorgestellt hatte, früher, wenn sie mit ihrer Freundin Rosanna im Bett lag, wenn sie sich zart streichelten und davon träumten, wie es wäre, wenn das erste Mal ein Mann sie so anfaßte, so zart und gleichzeitig begierig, so sanft und doch fordernd, der Mann, der die Frauen kannte, der ihnen ihre Wünsche von den Augen ablesen konnte und an der Reaktion ihrer Haut, der Mann, der die Glut entfachte, die in ihrem Körper schlummerte, und die Flammen auflodern ließ. Jeden Tag ein bißchen schamloser, gieriger, immer mehr verlangte das Fleisch, immer mehr verlangte die Haut, der Bauch, die Schenkel, die Füße, das Ohr, alles, alles sollte geliebt sein, alles war nur dafür geschaffen, gestreichelt und geküßt und geschmeckt zu werden, die Welt war erdacht für die Liebe, wozu sonst?
Ja, so hatte Renata sich ihr Leben vorgestellt, so hatte sie sich ihre Ehe gewünscht, ein Rausch, ein Fest das ganze Leben.
Aber nun war sie mit Carlo, dem Bäcker, verheiratet, nun bewohnten sie zwei Zimmer über dem Laden, und nebenan die Schwiegermutter und ein gemeinsames Bad und eine Küche, in der die Mutter immerzu Kräuter aufdämpfte und Kutteln kochte für den Hund.

»Die Baronessa!« rief Carlo, und er verbeugte sich dabei so tief, daß es eher eine Beleidigung als eine Verehrung war. »Welch seltener Besuch!« Er stieß die Pendeltür auf, die zur Wohnung führte, und rief: »Renata! Kundschaft!«
Die Baronessa hatte ihren Sonnenschirm zusammengefaltet und atmete tief die feuchte, nach Anis und Hefe duftende Luft in der Backstube ein. »Laß dir Zeit, Carlo«, sagte sie, »es eilt nicht, sicherlich ist deine brave Frau bei der Hausarbeit, sicherlich

putzt sie die Fenster und wäscht Gardinen. Du bist ein Glückspilz, Carlo. Eine Frau wie Renata! Treu wie eine Nonne und ein Herz aus Gold.«

Carlo, der gerade wieder hinten in der Bäckerei verschwinden wollte, schaute die Baronessa prüfend an. Er war ein einfältiger Mann, aber nicht so einfältig zu glauben, daß es die Baronessa mit diesem Kompliment ehrlich meinte. »Sie sind sehr freundlich«, sagte er, die Augenbrauen zusammengezogen. »Ja, Renata ist eine gute Frau. Eine andere als sie hätte ich auch nicht genommen, wir sind sehr glücklich, wir beide.«

»Oh, das glaube ich! Davon bin ich vollkommen überzeugt! Gerade gestern, als ich Renata zur Kirche gehen sah, habe ich noch gedacht: Was für ein Glückspilz, dieser Carlo! Renata ist die schönste von allen Frauen aus Azzuro. Wie du das nur geschafft hast, Carlo!«

Diese Hexe! dachte Carlo grimmig. Wie sie redet! Wie sie Süßholz raspelt! Ich frage mich, was sie wirklich will. Den ganzen Winter über haben sie das Brot aus Santo Stefano bezogen, und den Hefeteig lassen sie im Gasthof backen. Und nun plötzlich so viel Freundlichkeit. Renata! Seit wann interessierte sich die Baronessa für Renata? Für einen Augenblick tauchten Bilder in seinem Kopf auf, Bilder aus den Filmen, die er in Mailand gesehen hatte, da spazierte eine Frau im Männeranzug herum, wirbelte ihren Elfenbeinstock wie die Baronessa ihren Regenschirm, die Frau hatte ihre kurzen, schwarzen Haare mit Pomade an den Kopf geklebt. Sie ging wie ein Mann, sie rauchte wie ein Mann, und wenn sie eine Frau anfaßte, dann tat sie das in einer Weise, die man in Italien bisher nur einem Mann erlaubt hatte.

Ob die Baronessa so eine war? Eine Frau, die es mit Frauen trieb? Ob sie ihre gierigen Blicke etwa auf Renata geworfen hatte? Aber das konnte nicht sein, nach allem, was man gehört hatte, holte sich die Baronessa nur Männer ins Haus. Männer, die sehr viel jünger waren als sie selbst. Das wußte jeder im Dorf.

Er sah Hirngespinste. Es war die Hitze, die flimmernd draußen vor der Tür lauerte, es war die Müdigkeit nach dieser Nacht, in der er mit Renata gestritten hatte. Warum hatten sie gestritten? Er erinnerte sich nicht mehr. Eine Kleinigkeit sicherlich. Oder war es vielleicht wichtig gewesen? Er hatte die Erinnerung daran wie eine lästige Fliege verscheucht.

»Renata!« rief er, »hörst du nicht? Es ist Kundschaft im Laden!«

Die Baronessa lächelte und schaute angelegentlich die kleinen Hefekuchen an, die mit Vanillecreme gefüllt auf einem runden Pappteller unter der Glasglocke lagen. »Ich kann warten«, sagte sie leichthin.

Carlo zuckte die Achseln und verschwand.

Einen Augenblick später hörte die Baronessa das Rascheln von Kunstseide, dann klapperten die Absätze von Holzsandaletten auf den Steintreppen, dann sagte jemand: »Oh, die Baronessa! Buon giorno.«

»Buon giorno, Renata. Ein heißer Tag, nicht wahr?« Die Baronessa musterte Renata mit unverhohlenem Interesse. War das die Frau, die sie gestern auf dem Altar der Madonna gesehen hatte? War das die Frau mit dem weißen Fleisch und den flammend roten Haaren? Das Opferlamm auf dem Altar der Lust mit den gespreizten Schenkeln und dem Stöhnen eines brünstigen Tieres?

Die Baronessa trat einen Schritt vor, streckt die Hand aus und fuhr Renata ganz leicht mit den Fingerkuppen über die Wange. »Was für eine schöne Haut du hast«, sagte sie. »So weiß. Und so glatt. Ich beneide dich.«

»Aber Sie haben doch auch eine schöne Haut, Baronessa! Überhaupt sind Sie so schön!« Renata war geschmeichelt. Sie freute sich, daß die Baronessa mit ihr sprach wie mit einer Freundin. Sie errötete sogar ein wenig, und als sie den Kopf herumwarf, löste sich eine der kupferroten Locken aus dem Knoten und ringelte sich über das Ohr in den Nacken. Die Baronessa sah das alles. Sie sah auch die weichen, vollen Lippen, sah auch das verhaltene Leuchten in den Augen, sah auch das Beben der Nasenflügel, die Baronessa mußte mit sich kämpfen, um nicht auf das Geheimnis anzuspielen. Wenn Renata wüßte, wie sehr die Liebe aus ihrem Gesicht leuchtete, das Verlangen! Jeder, der Augen im Kopf hatte, mußte sehen, daß sie einen Liebhaber hatte. Wie sie sich in ihrem Kunstseidenkleid bewegte, wie ihre Schenkel gegeneinander rieben und sie jeden dieser Schritte genoß, weil er sie erinnerte. Ach, die Erinnerung!

Die Baronessa spürte jeden ihrer Gedanken wie ihre eigenen, jedes ihrer Gefühle war ihr nur zu vertraut. Dieser Jüngling aus Turin. Wie sie sich wohl kennengelernt hatten? Vielleicht hatte er hier im Laden sein Brot gekauft. Vielleicht hatten sich die beiden auf einem Spaziergang getroffen, ganz zufällig. Die unruhigen Frauen laufen viel in den Weinbergen herum, schlendern am Fluß entlang, sitzen am Uferrand und lassen die weichen Zweige der Weide im Wasser schleifen. Die unruhigen Frauen sitzen in den Vollmondnächten allein auf den Stufen ihres Hauses wie die Katzen und singen zum Mond. Aber ihr Gesang ist lautlos, ist nicht zu hören für müde, gelangweilte Ehemänner, ist nicht zu hören für giftige Schwiegermütter, für die neugierigen Nachbarn. Es geschieht nur einmal in vielen Jahren, daß ein Mann im rechten Augenblick an so einer Haustür vorbeikommt, daß er stehenbleibt, weil er glaubt, ein Duft habe seine Nasenflügel berührt, ein Schmetterlingsflügel habe seine Lippen gestreift. Und wenn er stehenbleibt und schaut und wartet, dann kommt ihm vielleicht eine Frau entgegen. Ein Gesicht, weiß vom Mondlicht beschienen, mit einem Mund so schwarz und so groß, mit Augen so voller Wollust, mit Füßen, die lautlos über das Kopfsteinpflaster huschen, mit Armen, die sich um seinen Hals legen, und mit einer rauhen, sanften Stimme, die in sein Ohr flüstert: »Ach, Liebster. Ach schau ... der Mond. Ach sieh nur, wie ich zittere ...«

»Brauchen Sie etwas?« fragte Renata, die sich über das lange Schweigen der Baronessa allmählich wunderte und der es peinlich wurde, so betrachtet zu werden, so ohne Scham, mit diesem besonderen Lächeln, das die Baronessa in den Augen hatte.

»Ein Brot«, sagte die Baronessa schnell. Sie deutete auf eines der Brote, die aus ungesalzenem Weizenmehl gebacken waren, aber eine dunkle, fast schwarze, harte Kruste hatten, unter der das Innere um so heller, um so feuchter und lockerer war. »Keiner macht diese Brote wie dein Carlo, Renata. Sein Vater war lange nicht so ein guter Bäcker.«

Renata nickte. »Ein Brot oder zwei?«

»Ich nehme gleich zwei. Gib her. Ich trage sie in diesem Korb. Vera hat heute so viel zu tun, da habe ich gesagt, ich gehe selbst. Es ist schön, einmal wieder ins Dorf zu kommen. Bei uns oben ist es jetzt ein wenig langweilig ...« Sie schaute Renata an und glaubte, für einen Augenblick ein Aufflackern in ihren Augen zu entdecken. »Es passiert so wenig. Den ganzen lieben langen Tag kein Mensch. Kein Fremder verirrt sich zu uns herauf. Höchstens am Abend ein oder zwei Leute. Mal ein Liebespärchen«, die Baronessa lachte leicht, als sie sah, wie Renatas Gesicht bleicher wurde. »Aber das interessiert mich nicht. Was gehen mich die Liebesgeschichten anderer Leute an? Da bleibe ich lieber in meinem Pavillon und zähle die Sterne.« Sie seufzte plötzlich, als sie Renatas großen festen Busen sah. »Obwohl es nicht leicht ist, auf einmal nur Zuschauer zu sein. Nur von der Erinnerung zu leben. Auch wenn sie noch so süß ist, die Erinnerung. Der gelebte Tag ist immer schöner als die schönste Erinnerung.« Sie nahm das Brot und sagte, fast schon im Hinausgehen: »Genieße dein Leben, Renata, genieße deine Jugend. Sei klug.«

Renata wollte etwas erwidern, aber ihr fiel nichts ein. Sie lief hinter der Baronessa her aus dem Laden und blieb, wie geblendet von der gleißenden Sonne, in der Türöffnung stehen, schaute zu, wie die Baronessa ihren Sonnenschirm aufspannte und zwischen den Radfahrern und Mopeds hindurch im Torbogen

verschwand. »Was hat sie nur gewollt?« murmelte Renata. »Was hat das alles zu bedeuten?«
Carlo war auf einmal hinter ihr, legte ihr seine feste Hand auf die Schulter und sagte: »Eine komische Frau, die Baronessa. Wird immer verrückter, je älter sie wird. Kann sie nicht leiden, diese reiche Hure, die glaubt, sich alles kaufen zu können. Ihr Vater, ja, der war noch ein richtiger Grande! Der hatte noch Stil! Vor dem hat man sich noch in Ehrfurcht verbeugt! Aber sie«, er spuckte einmal aus, »sie ist nichts als eine verschrobene alte Frau.«
»So alt«, sagte Renata, »ist sie noch gar nicht. Vielleicht fünfzig, da gibt es Frauen, die sich noch sehr jung fühlen, in den Jahren ...«
»Aber nicht so jung wie du, mein Vögelchen.« Von hinten umfaßte Carlo sie mit seinen großen, festen Händen, preßte ihre Brüste und drückte ihren prallen Hintern an sich. »Weißt du, daß ich jetzt gleich könnte?« Er atmete tief und schwer. »Was ist? Wollen wir nicht schließen? Jetzt kommt ohnehin keiner mehr!«
»Ach Carlo! Was für ein Unsinn! Mitten am Tag! Was soll deine Mutter sagen!«
»Meine Mutter! Meine Mutter! Immerzu kommst du mit meiner Mutter! Sie sitzt in ihrem Zimmer und strickt. Was soll sie sagen! Nichts wird sie sagen! Wir sind schließlich verheiratet, oder?«
Als Carlo sie in den Laden zurückzog, bemerkte Renata, wie gegenüber ein Fensterladen klappte. Wieder einmal wurden sie beobachtet, wieder einmal spürte sie die neugierigen Blicke von Rosetta, ihre hellen, kalten Augen. Renata haßte Rosetta, haßte ihr dummes Geschwätz, mit dem sie die Frauen beim Einkaufen unterhielt, ein klatschsüchtiges Weib, dem nichts entging, was in Azzuro passierte.
Renata streckte die Zunge heraus, und sofort verschwand das Gesicht mit den strohgelben Haaren hinter der Gardine. »Ein schreckliches Dorf«, murmelte Renata, »ein Dorf, das nur aus

Augen besteht, nur aus Spionen, aus Klatsch und Tratsch. Carlo, wenn wir in unser Zimmer gehen, schließe bitte die Fensterläden.«

»Alles, was du willst, cara mia«, flüsterte Carlo, der es eilig hatte. Als sie an der Tür zum Zimmer der Schwiegermutter vorbeigingen, öffnete sich die Tür einen Spaltbreit, ganz lautlos. Die Mutter streckte den Kopf heraus und schaute ihrem Sohn nach, wie er hinter Renata die Treppe zum Schlafzimmer hinaufging, sich bereits die Hose aufknöpfte und es gar nicht mehr erwarten konnte, mit seiner Frau ins Bett zu kommen. Bald würde sie die verräterischen Geräusche der Lust vernehmen, in diesem Haus blieb nichts verborgen. Dieses sich steigernde Keuchen des Sohnes, Renatas Seufzer, das Knarren des Bettes. Eines Tages, dachte sie, werde ich sterben, weil ich ihnen zusehen muß bei dieser Liebe, die mich anwidert, die mich ekelt. Diese gemeine, ordinäre Liebe. Oder vielleicht bringe ich sie um, diese Schlange, die so falsch ist, so falsch mit ihrem Madonnenlächeln und ihren kastanienfarbenen Haaren. Carlo sieht ja nicht, was für schmachtende Blicke sie anderen Männern zuwirft, Carlo weiß ja nicht, wie sie sich von anderen Männern beim Tanzen anfassen läßt, schamlos ist dieses Weib. Keusch und züchtig? Daß ich nicht lache! Nur weil sie sonntags die Messe besucht und einmal im Monat zur Beichte geht? Ich bringe sie um. Eines Tages bringe ich sie um.

Die Baronessa hatte den kleinen metallenen Gartentisch in den Schatten der Pinie geschoben, jetzt saß sie, den gebauschten Spitzenrock weit über die Knie geschoben, mit gespreizten Beinen auf dem Gartenstuhl. Ein Glas Wein in der Hand, schaute sie gedankenverloren in die Baumkrone, in die Sonnenflecken zwischen den spitzen Nadeln, die wie Stacheln von den Ästen abstanden. Große Zapfen entdeckte sie, dicke vorjährige Pinienzapfen, die manchmal, wenn der Wind durch die Zweige rauschte, abgeworfen wurden und dann unten auf der kiesbedeckten

Terrasse liegen blieben; zusammen mit vielen braunen Nadeln wurden sie morgens vom Gärtner zusammengekehrt und einmal im Monat hinter den wilden Rosenhecken verbrannt. Der harzige Geruch, der von den brennenden Nadeln ausging, verströmte sich dann im Garten, stieg auf zu den Fenstern, hinter denen die Baronessa lag und von dem Leben träumte, das früher war, es war ein betörender, berauschender Duft, der die Erinnerung an Kinderträume weckte, an die ersten Sehnsüchte der Jugend.

Dann fiel ihr Renata ein. Konnte man ihr durchgehen lassen, was sie tat? Sollte man das alles auf sich beruhen lassen? Renata, die sich ungeniert auf den Altar der heiligen Madonna legte, in ihrem Park? Renata, die Lust genießend an einem Platz, der nur ihr, der Baronessa vorbehalten sein sollte? Hat sie nicht verdient, ein wenig gestraft zu werden für diesen Frevel?

Das Papier, auf dem die Baronessa gewöhnlich Briefe schrieb, war aus lavendelblauem Bütten mit dem eingestanzten Familienwappen in der rechten oberen Hälfte und ihrem in englischer Schreibschrift gravierten Namen: »Baronessa Laura Graziana Battoldi, Via Virginale, Azzuro.«

Aber dieses Papier benutzte sie heute nicht. Sie hatte einfache, weiße Schreibmaschinenbögen im Schreibtisch gefunden, an dem früher ihr Vater seine wissenschaftlichen Werke schrieb, einfache, weiße Briefumschläge, die keine Schlüsse auf den Absender zuließen, weil es sie in millionenfacher Ausführung in den Haushalten zwischen Triest und Taormina gab. Die kleine Reiseschreibmaschine, die auf dem Gartentisch stand, hatte ein verblichenes Farbband, überhaupt war sie etwas altersschwach, aber für diesen Zweck durchaus geeignet, das spürte die Baronessa schon bei den ersten Anschlägen, eine gebrauchte, abgestumpfte Schreibmaschine, die sich nicht mehr aufregte, die sich nicht mehr weigern würde, bei keinem Satz streiken, auch nicht bei einem Brief wie diesem, den die Baronessa lange in ihrem Kopf herumgetragen hatte und den sie nun, während der

Siesta, als das Personal im Gartenhaus in einen leichten heißen Sommerschlaf gefallen war, auf den weißen Bogen tippte:
»Carlo, wo hast du deine Augen? Was rennst du herum in diesem Dorf wie ein Gockel und weißt nicht, daß deine Frau dich betrügt? Nachts, wenn du Dummkopf das ungesalzene Brot für die Leute von Azzuro knetest, dann läßt auch Renata sich kneten, aber nicht von Bäckerhänden, nicht so grob, wie du mit deinen Broten umgehst. Während du arbeitest, setzt sie dir Hörner auf, du Dummkopf! Eines Tages wird das ganze Dorf darüber reden, alle werden über dich lachen, ihr Gelächter wird bis zum Hahn hinaufschallen, der sich oben auf dem Kirchturm dreht.
Wie lange willst du dir das noch gefallen lassen, Carlo? Bist du kein Mann?
Weißt du nicht, wie man eine Frau behandelt, die ihre Schenkel für einen anderen spreizt?
Einer, der es gut mit dir meint.«
Die Baronessa las den Brief zweimal durch, besserte einen Tippfehler aus, unterschrieb natürlich nicht, sondern faltete den Brief, steckte ihn in den Umschlag, den sie nicht beschriftete, und klebte ihn zu.
Später rief sie Luigi zu sich, den Sohn des Gärtners. Er stand neben ihr, in den ausgefransten Hosen, aus denen er längst herausgewachsen war, Bastsandalen an den nackten Füßen; er trug kein Hemd.
Die Baronessa schaute ihn an, und sie dachte: Er hat ein hübsches Gesicht, der Junge, dunkle Augen unter schweren Lidern und weiche Lippen. Sein Vater sollte ihm erlauben, die Haare wachsen zu lassen wie bei einem Mädchen, Frauen lieben Knaben mit langen, seidigen Haaren. »Wie schön weich deine Haare sind, Luigi«, sagte sie, während sie etwas länger als sonst die einzelnen Strähnen durch ihre Finger gleiten ließ. »Aber du solltest sie etwas länger wachsen lassen. Das würde dir gut stehen.«

»Länger? Aber ich bin doch kein Mädchen! Die anderen werden mich auslachen!«
»Wenn einer lacht, dann ist er dumm, Luigi, glaub mir das. Warte, ich hab was für dich.« Sie holte aus der Basttasche, in der sie ihr Strickzeug verwahrte, den Brief und schob ihn Luigi in den Hosenbund. »Hier«, sagte sie hastig, wobei sie sich umschaute, ob sie auch nicht beobachtet würden, »bring das ins Dorf. Aber sag keinem, von wem der Brief ist. Mach es so, daß dich niemand beobachtet. Hat du verstanden? Ich verlasse mich auf dich.«
Die dunklen Augen von Luigi waren plötzlich so schwarz wie die Weichselkirschen an dem großen Baum, die bald reif sein würden. »Für wen ist der Brief, Baronessa?«
»Für Carlo, den Bäcker. Mach rasch. Ich möchte nicht, daß dich jemand mit dem Brief sieht. Fällt er auch nicht heraus?« Sie fuhr mit dem Finger in seinen Hosenbund, um den Brief etwas weiter hinunterzuschieben.
Luigi wurde rot. Er wand sich verlegen und schob ihre Hand weg. »Scusi, Padrona«, stotterte er verlegen, als er in die aufmerksamen Augen der Baronessa schaute.
Die Baronessa lächelte erfreut. »Aber da mußt du dich doch nicht entschuldigen, Luigi!«
Luigi senkte den Kopf und schwieg.
»Wenn du den Auftrag ausgeführt hast, kannst du zu mir kommen. Dann gebe ich dir zehntausend Lire dafür.«
»Zehntausend Lire? So viel?« rief Luigi erstaunt.
Die Baronessa nickte. »Zehntausend für den Botengang und fünftausend für dein Schweigen.«
Luigi strahlte. »Dann hoffe ich, daß Sie noch viele Briefe schreiben werden, Baronessa. Und Luigi wird schweigen wie die Madonna in der Grotte!«
Die Baronessa zwinkerte ihm zu. »Gut, Luigi. Das ist sehr gut. Aber warten wir erst einmal ab, was mit diesem Brief geschieht. Ich hoffe«, sie seufzte, weil sie plötzlich an Fabio denken mußte,

der sie so schmählich verlassen hatte, »ich hoffe, daß mir diese Sache den langen Sommer ein wenig verkürzt. Also mach rasch, Junge! Lauf zu! Und daß dich keiner sieht!« Sie schaute dem großen Jungen nach, wie er quer über den Rasen lief, mit den nackten Armen die Jasminhecke teilte und hindurchtauchte, wie die Hecke sich hinter ihm schloß, mit leise zitternden Blüten und einem sanften Rascheln der jungen Blätter.

Die Baronessa ging langsam auf die Jasminhecke zu, pflückte einen Zweig mit einer schweren, schneeweißen Blütendolde und ging, die Blüten an ihr Gesicht gepreßt, zu ihrem Stuhl zurück. Sie fragte sich, warum Luigi ihr früher nicht aufgefallen war. Er war doch neben ihrem Haus aufgewachsen, sie hatte ihn gesehen, wie er, nach der Schule seinem Vater helfend, mit dem Rasenmäher unter den Oleanderbüschen herumgekrochen war, hatte ihn später gesehen, mit dem Abschlußzeugnis in der Hand, wie er sie bat, eine Lehrstelle für ihn zu finden, aber wo sollte sie, eine Baronessa aus Rom, hier für ihn eine Lehrstelle finden? Und dann hatte sie ihn nicht mehr gesehen. Filippo hatte nicht von ihm gesprochen, Luigi weigerte sich wohl, seinem Vater bei der Gartenarbeit zu helfen, er tat sicher das, was alle arbeitslosen Jugendlichen von Azzuro taten. Er vertrödelte die Tage mit der Lektüre billiger Heftchen in seiner Kammer, um sich dann, wenn die Sonne hinter den Weinbergen verschwand, stundenlang schön zu machen für den Abendspaziergang auf der Piazza, mit der Spiegelsonnenbrille, die in diesem Jahr jeder haben mußte, mit Öl in den Haaren, die dünnen Barthärchen am Kinn sorgfältig rasiert, während man den Flaum auf der Oberlippe stehen ließ, um leicht, nach jedem Schluck Bier, den man auf der Piazza trank, mit dem Handrücken darüber zu fahren. Eine Geste, die von den Mädchen, die weiter entfernt in einer Gruppe herumstanden und sich kichernd Geschichten zuraunten, mit einer Mischung aus Andacht und Verlegenheit beobachtet wurde.

So einer war Luigi wohl geworden. Ein Junge, der den ganzen

Tag nichts zu tun hatte und dem heiße Gedanken den Körper matt und fiebrig machten.

Auch in dieser Nacht fand die Baronessa keinen Schlaf. Obwohl die hohen Fensterflügel weit geöffnet waren und eine leichte Brise über ihr Bett strich, auf dem sie nackt, nur von einem dünnen Leinentuch bedeckt, den Morgen erwartete, fühlte sich ihr Körper so heiß an wie am Tag. Es war ihr, als heize sich die Matratze unter ihrem Körper auf, und sooft sie sich herumwälzte, einen kühlen, noch unberührten Platz auf ihrem Bett suchend, war es auch dort wenige Augenblicke später so glühend, daß sie aus dem leichten Halbschlummer, in den sie gefallen war, rasch wieder erwachte.
Fledermäuse flatterten um den schlanken Turm, der an der Westseite der Villa erbaut worden war, ihr Großvater hatte den Turm damals bestellt bei dem Architekten Oissaro, der sehr in Mode war. Alle reichen Leute aus Mailand und Rom wollten damals solche Türme an ihren Sommerhäusern haben, wollten sich in dem Gefühl wiegen, ein Schloß zu besitzen, eine Burg, sie träumten wohl von romantischen Spielen im Schloßhof, von schönen Fräulein, die sich oben aus dem Turmfenster beugen würden, ihnen zuwinken würden, ihnen eine Rose zuwerfen würden als Zeichen des Willkommens.
Die Eulen kamen, nisteten sich in den Türmen ein, die nie bewohnt wurden, fraßen die Spinnen, die sich dort zwischen den morschen Balken eingerichtet hatten, jagten die Mäuse, die unter den Treppenabsätzen hausten, und schrien ihre heiseren Rufe in die mondhelle Nacht.
Manchmal strich eine Katze unten im Garten vorbei, und ihre schamlosen Liebesschreie ließen alle anderen Geräusche der Nacht für einen Augenblick verstummen. Die Glühwürmchen hörten auf, ihre kleinen goldenen Lichtpunkte zwischen die Sträucher zu werfen, die Libellen verharrten reglos in der Luft, mit zitternden Pergamentflügeln, das Käuzchen zog seinen Kopf

ein und machte sich unsichtbar in den Zweigen der alten Platane.

Die Baronessa liebte und fürchtete diesen Turm, in manchen Nächten, wenn die Herbststürme einsetzten, plante sie den Umzug in ein anderes, der Turmseite abgewandtes Zimmer, aber dann kamen Abende wie dieser, dann kamen Nächte wie diese, lau und süß und geheimnisvoll, und das Zittern in der Natur setzte sich fort bis in ihren Körper, die Geheimnisse der Luft wurden weitergetragen, und auch der Turm barg ein Geheimnis, das sich der Baronessa offenbarte, manchmal, in diesen Nächten.

Die Baronessa glaubte an das Übernatürliche in den Wesen, glaubte an Kräfte, die kein Physiker messen konnte, an chemische Verbindungen, die man in einem Reagenzglas nicht nachweisen konnte. Sie fühlte alle diese Spannungen und Vibrationen in sich selbst, in ihrem Körper, aber auch in ihrer Seele, wie ein Magnet zog sie alles an, jeden Geruch, jeden Windhauch, jeden Schrei in der Nacht. Und voller Unruhe stand sie dann auf, schlüpfte in eines ihrer wallenden Nachtgewänder, das wohl im Ritz von Paris jeden Zimmerboy beeindruckt hätte, aber hier, auf dem Lande, in der Provinz, wirkte es eher lächerlich und grotesk. Der rubinrote Samtmantel, dessen weitschwingende Glocke um ihre Beine wehte, leuchtete zwischen dem silbrigen Grau der Zypressen, vorbei an den moosbewachsenen Steinbalustraden, auf den weit ausschwingenden Marmortreppen, die hinab in den Garten führten, über den schmalen Weg, vorbei an den Ligusterhecken, dem glühenden Ginster, dessen betörender Geruch sie für einen Augenblick reglos verharren ließ, weiter an dem kleinen Gemüsegarten vorbei, in dem Filippo alle Kräuter zog, Thymian und Liebstöckel, Rosmarin und Basilikum. Der herbe Geruch der Zitronenmelisse mischte sich mit dem frischen Duft der riesigen, alles überwuchernden Pfefferminzstaude, die im Schatten der jungen Bohnenstauden prächtig gedieh.

Der Mond verfolgte das rubinrote Samtwesen, brachte manchmal kleine tückische Äste ins Spiel, die sich in ihrem Kleid verfingen und ein Dreieck in den Stoff rissen; dann fluchte die Baronessa leise, raffte den Samt enger um ihren Körper und hastete weiter, sorgsam darauf achtend, daß ihre Schritte keinen Lärm verursachten.

»Pst! Padrona!«

Die Baronessa blieb stehen. Sie atmete schwer, weil sie schnell gelaufen und an das Laufen nicht gewöhnt war. Sie lauschte.

»Ich bin's, Luigi!« Plötzlich stand der Junge vor ihr, schmal wie immer, sein Gesicht scharf und aufmerksam, die Augen leuchtend vor innerer Spannung. »Sie sind nicht da, Baronessa! Ich war eben bei der Grotte. Der Altar ist leer. Es ist keiner gekommen.«

Die Baronessa holte tief Luft. »Also auch du«, sagte sie, und plötzlich huschte ein Lächeln über ihr Gesicht, »auch du wolltest es dir noch einmal anschauen.«

Luigi nickte, er zwinkerte ihr zu wie ein Komplize. »Schlafen kann ich, wenn ich tot bin.«

»Das ist wahr.« Die Baronessa betrachtete lange den sehnigen Körper des Jungen, der sie an einen gespannten Bogen erinnerte, an eine Weidenrute, die man gebogen hatte und die man jeden Augenblick losschnellen lassen konnte. Eine zum Sprung bereite Katze. Irgend etwas ging von diesem Jungen aus, das die Baronessa faszinierte. Sanft strich sie mit den Fingern über sein Gesicht, das Kinn, den aufrechten Hals mit dem etwas hervorstehenden Adamsapfel. Aber er wich nicht zurück. Und seine Augen, in denen sich der Silbermond spiegelte, schauten sie unentwegt an.

»Wie alt bist du, mein kleiner Luigi?« sagte die Baronessa.

»Sechzehn, Padrona.«

»Oh«, sagte die Baronessa. »Als ich so alt war wie du ...« Sie stockte.

»Was war da?«

»Ach, ich weiß nicht. Dumme Gedanken in dem Kopf der Baronessa, Luigi. Immer diese dummen Gedanken. Ich glaube, das kommt nur von dem Bild, das wir gestern bei der Grotte gesehen haben. Was meinst du?«
Luigi strahlte. »Sie ist sehr schön, die Renata vom Bäcker. Ihr Fleisch leuchtet so weiß wie die Jasminblüten.«
»Du hast sie dir genau angesehen, nicht wahr?« Die Baronessa konnte ihre Hände nicht ruhig halten, sie strich über seine Schultern, seine Brust, spielte mit der Gürtelschnalle.
Luigi bewegte sich nicht. Nur die nackten Zehen krallten sich etwas mehr in den Sand. »Ich schaue mir so etwas gerne an«, sagte er ernst. »Es sieht sehr schön aus. Wie Adam und Eva im Paradies. Der Pfarrer hat uns erzählt, wie es dort früher gewesen ist. Aber er hat es so erzählt, daß ich es nie glauben konnte. Dieses ist das Paradies, das ich mir vorgestellt habe.«
»Ach«, die Baronessa hob amüsiert die Augenbrauen, ihre Hände spielten mit dem Reißverschluß seiner Hose. »Du willst es machen wie dieser Fremde? Glaubst du denn, daß du es kannst?«
»Warum nicht?« sagte Luigi ernst. »Ich habe mir alles sehr genau angesehen.«
»Vor allen Dingen, mein Kleiner, muß man die Frauen lieben. Das ist das große Geheimnis. Man muß ihren Körper lieben, ihre Haut, man muß ihre Sehnsüchte lieben, verstehst du? Alles wird erst schön, auch für dich, wenn du in den Frauen die Flamme entfachst.«
»Ja, ich weiß«, sagte Luigi. Er schaute sie an wie ein Klosterschüler, der seinem Pater zuhört, so voll Eifer, Inbrunst und Wißbegierde.
»Eines Tages«, sagte die Baronessa, »wird eine Frau dir zeigen, worauf es ankommt.« Ihre Finger berührten jetzt seine Lippen, die halb geöffnet und von der Sonne und der Hitze ein wenig aufgesprungen waren und unter ihrer Berührung leise zuckten. Luigi schwieg, ganz steif stand er da, ganz aufrecht, mit den in

den Sand gekrallten Zehen, aber seine Lider zuckten, und die schweren gebogenen Wimpern flatterten wie Schmetterlingsflügel. Seine Brust hob und senkte sich, er bebte, die Baronessa spürte, wie er bebte, wie er versuchte, sich nichts anmerken zu lassen, wie aufgeregt er war, wie er beschämt, aber gleichzeitig auch stolz war über das, was er fühlte.

Er ist ein echter Italiener, dachte die Baronessa mit einem amüsierten Lächeln, er wird später mit hautengen Hosen durch das Dorf spazieren, wird breitbeinig auf einem Kaffeehausstuhl Platz nehmen und wird die Blicke der Frauen auf sein Geschlecht ziehen, als sei dies der Mittelpunkt der Welt.

Aber bevor es so weit ist, bevor er sich fühlt wie ein Papagallo, bevor er als Schürzenjäger herumzieht und mit kleinen, geilen Stubenmädchen ins Bett geht, bevor das alles geschieht, werde ich ihn haben. Oben in meinem Bett. Oben in diesem breiten Bett unter dem Seidenhimmel werde ich ihm erlauben, mir den Samtmantel auszuziehen, werde ich ihm erlauben, meine Brüste zu streicheln, an meinen Brustwarzen zu saugen, mit den Zähnen leicht darauf zu beißen, werde ich seine kleine, schmale, zitternde Hand zwischen meine Beine führen, in das Gewirr der krausen Schamhaare, werde ihm den Eingang zeigen zu meiner Höhle, der feuchten Höhle, in der das Geheimnis schlummert, das jeder Junge ergründen möchte. Die Schatzsuche, mein Kleiner, die beginnt und endet bei mir. Aber nicht heute. Für heute ist es genug.

Sie beugte sich vor, und ihre feuchten, warmen Lippen streiften ganz leicht sein Gesicht, so daß nichts davon blieb als ein bißchen Ahnung von ihrer Haut, von ihrem Geruch, dem süßen Duft eines reifen Körpers, gesteigert durch das Rosenparfüm, mit dem sie sich in solchen Sommernächten betupfte. »Ciao, mein Kleiner«, flüsterte sie, »bis bald.« Und dann raffte sie den rubinroten Mantel und lief zurück zum Haus, die brennenden Blicke des Jungen im Rücken.

Am andern Tag blieben die Fensterläden der Bäckerei geschlossen. Kein Duft frischgebackenen Brotes strömte durch die Eisengitter aus der unterirdischen Backstube, die Frauen versammelten sich vor der Ladentür, schüttelten die Köpfe, ballten die Fäuste und pochten gegen die Tür, daß es innen im Haus und draußen in der schmalen Gasse widerhallte. »He, Carlo! Was ist los, zum Teufel, wieso machst du nicht auf? Unsere Männer wollen ihr Brot! Unsere Männer müssen zur Arbeit! Was ist los, zum Teufel?« Endlich, nachdem der Lärm die Gasse gefüllt hatte und überall die Fenster aufgesprungen waren, Schreie hin und her flogen, das Gerücht, daß Carlos Laden geschlossen war, sich bis zum Marktplatz fortgepflanzt hatte, ging oben im zweiten Stock des schmalen, alten Hauses die Fensterklappe auf.

Carlos Mutter steckte den Kopf heraus, sie war ungekämmt, das Haarnetz, mit dem sie nachts das schwere Gewicht ihrer Haare bändigte, hing an der Seite herunter, und alle im Dorf konnten sehen, daß Carlos Mutter in dieser Nacht ein himmelblaues Nachthemd aus Kunstseide getragen hatte, dessen Träger gerissen und mit rosafarbenem Garn schlampig geflickt waren.

»Heilige Madonna!« schrie Carlos Mutter zu den Leuten herunter. »Was schreit ihr so? Warum schert ihr euch nicht in eure Häuser zurück? Seht ihr nicht, daß der Laden geschlossen ist? Heute gibt es kein Brot! Basta!« Sie knallte den Fensterladen wieder zu.

Die Frauen unten sahen einander ratlos an. »Was soll das heißen, heute gibt es kein Brot?« Eine schrille Stimme erhob sich über das Gemurmel der anderen. »Ist die Bäckerei nicht ein Geschäft wie jedes andere? Haben wir heute etwa einen Feiertag? Wenn Carlo glaubt, er kann sich das leisten, dann werden wir es ihm zeigen! Dann kaufen wir unser Brot eben bei Gerado.«

Gerado war der Fahrer des Lieferwagens, der täglich einmal mit seinen Lebensmitteln auf dem Marktplatz hielt, wo er, eine kleine Messingglocke in der Hand, so lange bimmelte, bis die Frauen mit ihren Körben aus den Häusern kamen, um nachzu-

sehen, was Gerado diesmal anzubieten hatte. Gewöhnlich kaufte man ihm die frischen Muscheln ab, die er frühmorgens von der Küste geholt und zwischen Eisblöcken gelagert hatte, damit sie frisch blieben. Aber Gerado hatte auch Brot, schönes Sesambrot und Weizenbrot, ein bißchen gesalzen, wie es die Fremden gerne aßen. Man würde also das gesalzene Brot von Gerado kaufen, wenn Carlo das Geldverdienen nicht mehr nötig hatte...
»Aber könnte es nicht sein«, sagte die Frau des Arztes, »daß etwas passiert ist? Ich meine, bis jetzt hat uns Carlo doch noch nie im Stich gelassen.«
Die Vorstellung, daß etwas Außergewöhnliches passiert sei, das Carlo dazu gebracht haben konnte, seine Pflichten als Bäcker derart zu vernachlässigen, veranlaßte die Frauen, wild schwadronierend auf der Straße stehenzubleiben. Alle wußten sie, hinter welchen der blauen Fensterläden Carlos Schlafzimmer lag, alle hatten sie schon die mit geblümten Baumwollstoff bezogenen Federbetten aus dem Fenster hängen sehen, dahinter das immer etwas nervöse Gesicht von Renata, und manchmal, wenn Carlo morgens aus der Backstube gekommen war und sie hier beim Bettenmachen überraschte, hatten sie Renata schreien hören: »Nicht, Carlo! Nicht jetzt!« Und dann sein Brummen und dann das Quietschen der Bettfedern und dann Stille.
Aber jetzt waren die Läden verschlossen, und es sah nicht so aus, als ob sich daran so bald etwas ändern würde. Eine merkwürdige Sache.

»Carlo ist fort, Padrona!« Luigi stand in ihrem Salon. Barfüßig, mit ungekämmten Haaren stand er neben dem Steinway-Flügel, auf dem die Baronessa gerade das Zigeunerlied aus »Carmen« spielte, stellte sich einfach neben sie, legte die Hand mit den kurzgeschnittenen, erdfarbenen Nägeln auf den Ebenholzlack des Flügels und sagte: »Carlo ist fort! Und seine Frau hat er mitgenommen.«
Die Baronessa hört auf zu spielen. Sie blieb noch einen Augen-

blick so sitzen, mit geschlossenen Augen, die Finger auf den Tasten, und lauschte dem letzten Akkord nach. Die Liebe vom Zigeuner stammt … Dann öffnete sie die Augen und schaute Luigi an.

Sein Gesicht war so enttäuscht, so traurig.

Sie lächelte gerührt. Sie nahm seine Hand zwischen ihre Handflächen und rieb sie leicht. Sie legte diese Hand ganz nah an ihren Busen und spürte, wie seine Finger sich bewegten, wie seine Finger zuckten. Noch nie war seine Hand ihr so nahe gewesen, so nah an ihrer süßen, gepflegten Haut, die nach französischem Puder roch. »Dann gibt es keine Vorstellung mehr für dich, Luigi«, sagte sie. »Kein Rendezvous an der Grotte. Schade, nicht wahr?«

Luigi preßte die Lippen aufeinander und nickte: »Die Leute reden viel im Dorf. Aber keiner weiß genau, warum die beiden fort sind. Nicht einmal die Mutter. Carlo hat mit Renata geschrien, in der Nacht. Vielleicht hat er sie auch geschlagen, sagen die Leute.« Er schaute die Baronessa an.

»Geschlagen? Pfui! Wie ordinär!« Die Baronessa erregte sich. »Glaubst du das wirklich? Mit seinen Händen geschlagen? Die nackte Renata?«

»Ich weiß nicht«, sagte Luigi kläglich. »Die Renata kann einem leid tun.«

»Luigi, du Kindskopf! Was tut dir denn leid? Nichts muß dir leid tun! Das Leben ist so, ecco! Das Leben besteht aus Küssen und Schlägen, weißt du. Nichts ist schlimmer als immer nur Küsse und Streicheln und süße Worte, wie schnell das langweilig wird! Spannend ist nur die Abwechslung. Spannend ist nur der Anfang, Luigi. Oder stell dir einmal vor, sie hätten sich nun jede Nacht da in der Grotte der Madonna getroffen. Hätten sich jede Nacht geliebt, er hätte jede Nacht wie ein Kind an ihren großen Brüsten getrunken – wäre das nicht schrecklich langweilig gewesen?«

»Ich weiß nicht«, sagte Luigi leise, und die Baronessa wußte, daß er ganz anders darüber dachte. Jemand, der nicht die aufregenden Anfänge einer Liebe erlebt hatte, sondern nur erst davon träumte, von den ersten Küssen, den ersten Liebkosungen, dem ersten Berühren der Haut, dem ersten Zucken, dem ersten Schrei – der konnte nicht an das Ende denken. Das war für Luigi noch so weit weg, wie der Sonnenaufgang vom Sonnenuntergang entfernt ist.

»Du bist nicht böse mit mir, amore?« Die Baronessa streichelte seinen Handrücken, seinen Arm, zog ihn ein wenig weiter zu sich heran, so weit, daß er den Geruch ihres Parfüms noch stärker spürte, daß die Locken ihrer Haare sein Gesicht kitzelten, ein Gefühl, das sich in seinem Körper fortsetzte bis in seinen Bauch.

»Nicht böse, nein«, murmelte Luigi, schon ganz benommen.

»Du weißt, daß ich den Brief geschrieben habe?«

»Ja, ich weiß es«, murmelte Luigi. Dieser Morgenrock aus Seide, den sie trägt. Wie er raschelt, wenn sie die Beine übereinanderschlägt. Wie die Knie glänzen. Wie weiß ihre Haut ist. Wie weich wohl, wie süß …

»Es tut mir leid, amore mio«, sagte die Baronessa, die das Zittern seines Körpers spürte, »wenn ich dich um dein Vergnügen gebracht habe. Aber ich möchte nicht, daß du ein Voyeur wirst.«

»Was ist das, ein Voyeur?«

»Ach, das ist ein Mann, der zuschaut, wenn andere sich lieben. Das ist einer, der Angst hat, es selbst bei einer Frau zu versuchen. Hast du auch Angst davor, mein Kleiner?«

Luigi schluckte. »Ich weiß nicht, Baronessa«, keuchte er. »Ich habe nicht …«

»Das ist auch gut so, mein Kleiner. Der Anfang ist das Allerschönste. Wenn man nichts weiß, wenn man noch gar nichts weiß, dann ist es am aufregendsten. Alles ist neu. Eine Entdekkungsreise. Du hast schöne Lippen, mein Kleiner. So weich. So rund und so voll.« Sie fuhr mit dem Zeigefinger über seine Lippen. Luigi spürte wie seine Knie nachgaben. Er schwankte.

»Und so einen schönen Körper. Dieses Hemd hat deinem Vater gehört, nicht wahr? Es ist zu groß für dich.« Sie fuhr mit der Hand zwischen dem dritten und vierten Knopf unter das Hemd und streichelte seine nackte Brust. »So zart, diese Haut. So jung. Du zitterst so, mein Kleiner. Ist dir kalt?«
»Nein, nicht kalt ...«
»Schau mal, wie warm mir ist, hier, fühl mal.« Sie nahm seine Hand, schob sie in den seidenen Ausschnitt ihres Morgenrocks, und tatsächlich war sie nackt. Er hatte sich immer gedacht, daß sie nackt sein müsse, seine Eltern hatten manchmal darüber gesprochen, flüsternd, abends beim Wein. Er hatte getan, als schaue er in den Fernseher, hatte aber alles gehört. Über die Wäsche der Baronessa hatte seine Mutter gesprochen. Seide und Spitzen, alles hauchdünn und so winzig. »Die Frau hat keine Scham«, hatte seine Mutter flüsternd gesagt, »sie hat keine Moral, das ist immer so bei diesen reichen Leuten, die nicht mehr an Gott glauben. Gott ist für sie etwas anderes, ihr Gott ist der Luxus.« – »Und die Lust«, hatte sein Vater hinzugefügt, »und die Gier.« Und dann hatte er die Flasche mit dem Rotwein an den Mund gesetzt und hastig getrunken, daß der rote Saft über sein Kinn troff, hatte ihn mit dem Handrücken abgewischt, schmatzend, und seine Frau angeschaut, und sie hatte gelächelt, und Luigi wußte: Da ist ein Geheimnis, das wollen sie mir nicht verraten. Aber ich werde es erfahren, eines Tages ... Jetzt würde er es erfahren. Unterwäsche aus Seide und Spitze ... Jetzt war sie nackt ... Wie weich die Haut ... Wie groß diese Brust ... Und die Brustwarzen waren ganz hart ...
»Schließ die Tür, amore«, flüsterte die Baronessa. »Mach schnell! Schließ die Tür! Auch die Terrassentür! Zieh die Gardinen zu! Beeil dich!«
Luigi rannte. Sein Herz raste. Sein Blut pochte. Er riß an den Gardinen, knallte die Tür zu, ihm war so heiß, vor seinen Augen tanzten Sterne, seine Zunge war ganz dick im Mund, seine Beine ganz steif ...

Er kam zu ihr zurück. Die Baronessa war aufgestanden, lehnte an dem Flügel, den seidenen Morgenrock hatte sie wieder zurechtgezupft. Luigi stellte sich vor sie hin, auf einmal wieder verlegen und hilflos. Das ungewisse Licht im Raum. Der schmale Spalt, durch den die Sonne hereindrang und in dem die Staubkörner funkelten.
»Deine Hose ist zu eng«, sagte die Baronessa, »spürst du das nicht?« Sie fuhr mit den Händen wie prüfend über seine Hose, den Reißverschluß, zog ihn auf, schob ihre Hand hinein, diese kühle, zarte Luxushand, plötzlich lag sie an seinen Lenden, so kühl, so schön, so leicht. Die Baronessa zog die Hose herunter, er schloß die Augen, wollte nicht sehen, wie die Hose an seinen Beinen herunterrutschte.
»Ach«, sagte die Baronessa amüsiert. »Ganz nackt, der große Junge. Und so schön.« Sie bückte sich, kniete fast vor ihm, sagte: »Komm, heb deinen Fuß«, und streifte das Hosenbein über seinen Fuß, erst das rechte, dann das linke, er gehorchte, wie gelähmt, ohne eigenen Willen, er bestand nur noch aus Haut, aus dem Pochen zwischen seinen Beinen. Und wie sie sich jetzt erhob, wie seine Knie zufällig ihren Busen berührten, wie sie sich an ihm emporwand, ihr Morgenrock sich wieder öffnete, wie er das alles fühlte, den Seidenstoff und die Haut, und er wußte nicht, was angenehmer war, der Stoff oder die Haut. Wie sie ihren Busen an ihm rieb und ihren Bauch, und wie es in seinem Kopf dröhnte und rauschte, und wie ihre Hände ihn berührten, zwischen seinen Schenkeln verweilten, auf seinem Bauch, an seinem Hintern, wie sie roch und wie sie ihn küßte, seinen Bauch küßte, seine Schenkel küßte! Wie aus weiter Entfernung hörte er sie sagen: »Ja, so ist es gut, amore, zeig mir, wie groß du bist, wie schön du bist. Du bist ja wirklich ein richtiger Mann. Magst du es, wenn ich dich da streichle?«
Luigi stöhnte und biß sich auf die Lippen, bis sie bluteten, schloß die Augen, wankte, spürte, wie es heiß zwischen seinen Schenkeln herausschoß, er konnte nichts dagegen tun, es war ihm

peinlich, aber die Baronessa sagte: »Ja, amore, so ist es gut. Beruhige dich. Leg dich hin. Wie schön du bist. Ein Gesicht wie Raffael. Ein Engel, küß mich, du Engel, sieh mich an. Sieh dir alles an. Hast du gewußt, daß es so ist? Findest du mich schön? Willst du mich anfassen?« Sie nahm seine Hand und legte sie auf das Dreieck zwischen ihren Schenkeln. »Streichle mich hier. Hier, wo es feucht ist. Denk dir, mein Herz schlägt da, wo du mich an der richtigen Stelle berührst. Oder denke dir, es ist mein Mund, meine Lippen. Ja, jetzt hast du diese Stelle gefunden, mein Kleiner. Merke dir diesen Punkt, und die Frauen werden dich dafür lieben. Streichle mich. Schneller, schneller! Stärker! O ja, du kannst es wie ein Gott. Wie ein kleiner Gott der Liebe. Mach weiter, jetzt nicht aufhören, nicht aufhören! Ja, ich schreie, aber hab keine Angst, so schreit eine Frau, die glücklich ist, mein Engel ...«

Emanuelle Arsan

Da Emmanuelle in den Club geht, um zu schwimmen, und nicht, um sich Klatsch anzuhören, beschließt sie, ihre Besuche dort auf morgens zu verlegen. Zehnmal durchschwimmt sie geschmeidig die ganze Länge des Beckens, und sie kümmert sich ebensowenig darum, wieviel Zeit sie dafür braucht, wie um die Blicke der Männer, die sich um diese Stunde hier aufhalten. Durch das ständig wiederholte Anheben der Arme über ihren Kopf haben sich ihre Brüste aus ihrem trägerlosen Badeanzug geschoben, und wenn sie sich auf die Seite legt, hebt das darüber hinrieselnde Wasser ihre wölbenden Linien hervor und verleiht ihnen einen seidigen Glanz. Um die Brustspitzen hat sich eine feine, kreisförmige Brille gebildet, und so scheinen die Ränder des Warzenhofes ein Miniaturatoll zu bilden. Ohne dieses Detail, das zeigt, wie verletzlich sie sind, und zugleich ihren fruchtigen Geschmack erahnen läßt, schiene ihre Rundung vielleicht zu vollkommen, um noch erregen zu können, glichen sie zu sehr den Brüsten einer Statue.

Als Emmanuelle keuchend vor Anstrengung mit beiden Händen das verchromte Geländer der Leiter ergriff, sah sie, daß ihr der Weg verstellt war. Ariane de Saynes stand auf dem Rand des Beckens und beugte sich, aus vollem Halse lachend, zu ihr hinab.

»Durchgang gesperrt!« rief sie. »Ihren Ausweis, bitte!«

Obwohl es Emmanuelle gern vermieden hätte, einer der »dum-

men Gänse« zu begegnen, machte sie gute Miene zum bösen Spiel und lächelte.
Ariane insistierte: »Während die ehrbaren Hausfrauen ihre Einkäufe machen, spielen wir hier also die Najade? Warum so ungesellig?«
»Nun, Sie sind doch auch hier«, wandte Emmanuelle ein und versuchte, aus dem Wasser zu steigen.
Ariane machte keine Anstalten, ihr den Weg freizugeben.
»Ah! Bei mir ist das was anderes«, sagte sie geheimnistuerisch.
Aber Emmanuelle tat ihr nicht den Gefallen, neugierige Fragen zu stellen.
Die Gräfin betrachtete gelassen und ungeniert die Reize ihrer Gefangenen.
»Sie haben eine herrliche Figur!« rief sie bewundernd.
Sie sagte das mit ehrlicher Überzeugung, und Emmanuelle fand, daß sie ja eigentlich auch gar nicht so boshaft aussah, wie sie sie von ihrer ersten Begegnung in Erinnerung hatte. Vielleicht war sie ein bißchen verrückt, aber man mußte auch zugeben, daß sie anregend, *stimulierend* war. Emmanuelle brauchte sich keinen großen Zwang mehr anzutun, um liebenswürdig zu sein.
Endlich gab Ariane den Weg frei. Die Schwimmerin schwang sich auf den Beckenrand. Gelassen schob sie mit den Fingerspitzen ihre Brüste oder vielmehr die untere Hälfte ihrer Brüste in den Badeanzug zurück (die Spitzen blieben noch deutlich sichtbar) und setzte sich neben Ariane. Zwei große, nordisch aussehende junge Männer kamen auf sie zu und begannen eine Unterhaltung auf englisch. Die Gräfin antwortete gutgelaunt. Daß Emmanuelle kein Wort von dem Geplauder verstand, machte ihr wenig aus. Plötzlich wandte sich Ariane ihr zu und fragte: »Interessieren Sie die beiden?«
Emmanuelle verzog den Mund, und Ariane ließ die beiden Kavaliere abblitzen. Die beiden lachten, waren aber offenbar nicht gekränkt und keinesfalls gewillt, zu gehen. Emmanuelle

fand sie unsagbar albern. Nach einer Weile erhob sich Ariane entschlossen und zog Emmanuelle mit sich.

»Die beiden sind langweilig«, erklärte sie. »Kommen Sie mit mir auf das Sprungbrett.«

Die beiden jungen Frauen kletterten auf den Acht-Meter-Turm und ließen sich bäuchlings nebeneinander auf der mit einer Sisalmatte bedeckten Plattform nieder. Ariane entledigte sich im Handumdrehen ihres Bikinioberteils und dann des Slips.

»Sie können sich hier ganz auspellen«, verkündete sie. »Von hier aus sieht man früh genug, wenn jemand kommt.«

Emmanuelle hatte jedoch keine Lust, sich vor Ariane nackt auszuziehen. Wenig überzeugend erklärte sie, es sei ihr zu umständlich, den enganliegenden Badeanzug aus- und wieder anzuziehen, und außerdem sei ihr die Sonne zu stark ...

»Da haben Sie recht«, räumte Ariane ein. »Es ist besser, Sie gewöhnen sich erst langsam daran.«

Still lagen sie da und dösten in der Sonne. Emmanuelle fand die Gräfin gar nicht so übel. Sie mochte Menschen gern, mit denen sie zusammen sein konnte, ohne sprechen zu müssen. Aber dann war sie es selber, die das Schweigen nach einer Weile brach: »Mit was vertreibt man sich hier eigentlich die Zeit? Immer nur schwimmen, Cocktailparties und Diners, langweilt man sich da nicht zu Tode?«

Ariane pfiff durch die Zähne, als habe sie eine Ungeheuerlichkeit vernommen.

»Na, na! An Zeitvertreib fehlt es hier wirklich nicht. Von Kinos, Nachtlokalen und dem ganzen Amüsierbetrieb einmal abgesehen, kann man hier reiten, Golf, Tennis oder Squash spielen, auf dem Fluß Wasserski laufen oder auf den Kanälen romantisch dahinschaukeln. Man kann die Pagoden besichtigen. Immerhin sind sie sehenswert, und es gibt fast tausend davon: besuchen Sie eine pro Tag, und Sie sind für drei Jahre beschäftigt. Schade, daß das Meer ich meine das richtige Meer, wo man baden kann so weit weg ist. Hundertfünfzig Kilometer. Aber die Reise lohnt sich. Die Strände sind herrlich, endlos lang und breit, von Kokospalmen gesäumt, menschenleer und übersät mit Muscheln. Nachts phosphoresziert das Wasser märchenhaft: es wimmelt von Myriaden kleiner leuchtender Lebewesen. Die Korallen kitzeln einem die Fußsohlen, und die Haifische kommen und fressen einem aus der Hand.«

»Das würde ich ja gern mal sehen!« lachte Emmanuelle heraus.

»Sie singen einem sogar Serenaden, sage ich Ihnen, wenn man an diesen Gestaden in den Armen eines Liebhabers liegt. Tagsüber sonnt man sich auf dem Sand, der einen massiert, oder sucht den Schatten der Zuckerpalmen auf. Sie finden immer einen kleinen Jungen, der Ihnen für einen Tikal gern Luft zufächelt, während Ihr Kavalier sich Ihnen widmet. Und wenn man nachts am Strand liegt, dicht am Wasser, liebkosen die Wellen einem züngelnd den Rücken, und wenn ein verliebtes Gesicht einem den Blick auf die Sterne verdeckt, ach!, dann ist man glücklich, eine Frau zu sein!«

»Das scheint also doch noch immer der beliebteste Sport in diesem Land zu sein«, sagte Emmanuelle, aber fern aller moralischer Entrüstung.

Ariane musterte sie mit einem unergründlichen Lächeln. Eine ganze Weile schwieg sie. Dann sagte sie: »Sagen Sie mal, mein Schatz ...«

Sie unterbrach sich, als hemme sie plötzlich ein heimlicher Gedanke.

Emmanuelle drehte sich ihr lachend zu: »Ja? Was soll ich Ihnen denn sagen?«

Ariane überlegte schweigend und entschied dann, in welchem Ausmaß sie der Neuen vertrauen konnte. Der Unterton mondäner Ironie schwand aus ihrer Stimme. Sie schnitt eine lustige Grimasse.

»Ich bin sicher«, sagte sie, »Sie sind temperamentvoll. Sie sind nicht das Unschuldslamm, das Sie zu sein vorgeben. Gott sei

Dank, übrigens. Um Ihnen die Wahrheit zu sagen, Sie haben mich vom ersten Augenblick an interessiert.«
Emmanuelle wußte nicht recht, was sie von dieser Erklärung halten sollte. Fast gegen ihren Willen blieb sie in der Defensive; eher etwas verärgert als geschmeichelt, denn sie mochte es nicht, wenn man ihre Aufrichtigkeit in Zweifel zog. Und was hatten diese Frauen eigentlich, daß sie sie alle für prüde hielten? Anfangs hatte sie darüber gelacht, aber allmählich ging es ihr auf die Nerven.
»Vielleicht wollen Sie nicht, daß es Ihnen hier gefällt?« fuhr Ariane fort, in einem Ton, der mehr sagte als alle Worte.
»Doch«, sagte Emmanuelle. Sie war sich darüber klar, daß sie sich auf ein gefährliches Terrain begab, aber noch mehr fürchtete sie, als tugendhaft verdächtigt zu werden.
Arianes anerkennendes Lächeln entschädigte sie nur halb.
»Also, Sie süßer kleiner Fratz, kommen Sie abends einmal mit mir. Sie können Ihrem Mann ja sagen, Sie hätten ein Damenessen. Sie werden schon sehen, was für ein Betätigungsfeld ich für Sie habe. Fünfzig Lichtjahre in der Runde gibt es keine galanteren und munteren Kavaliere als Arianes Freunde. Geistvoll, jung, stramm, immer auf Eroberungen aus. Sie werden sich bestimmt nicht langweilen. Einverstanden?«
»Aber Sie kennen mich doch kaum«, sagte Emmanuelle, nach Ausflüchten suchend. »Sind Sie denn nicht ...«
Ariane zuckte die Achseln: »Ich kenne Sie gut genug! Ich brauche Sie nicht erst lange zu beobachten, um zu erkennen, daß Ihre Schönheit Frauen wie Männer betört. Und die Freunde, von denen ich sprach, verstehen sich auf Schönheit. Ich käme gar nicht auf die Idee, Sie mit ihnen bekannt zu machen, wenn ich nicht wüßte, wen ich vor mir habe. So stehen die Dinge.«
»Und ...« fragte Emmanuelle zögernd, »Ihr Mann?«
Ariane lachte hellauf. »Ein guter Ehemann weiß es zu schätzen, wenn seine Frau zufrieden ist«, sagte sie.
»Ich weiß nicht, ob Jean das auch so selbstverständlich findet.«

»Dann ziehen Sie ihn eben nicht ins Vertrauen«, sagte Ariane leichthin. Sie rückte dicht an Emmanuelle heran, legte spontan den Arm um ihre Taille und drückte sie an sich: »Schwören Sie mir, daß Sie mir die Wahrheit sagen?«
Emmanuelle blinzelte. Sie ließ sich nicht gerade gern auf so etwas ein. Die festen, warmen Brüste, die sich an ihre Schulter preßten, brachten sie ein wenig aus der Fassung.
»Sie werden mir nun nicht mehr weiszumachen versuchen, daß Sie diesen berauschenden Körper noch niemals einem anderen hingegeben haben als Ihrem Mann, nicht wahr? Gut; haben Sie es ihm etwa gebeichtet?«
Emmanuelles Wangen brannten. Da wollte man schon wieder Geständnisse von ihr erpressen! Aber was nützte es, sich zu wehren? Und sollte man sie denn für naiver halten, als sie in Wirklichkeit war? Sie schüttelte auf Arianes Frage verneinend den Kopf. Und erhielt dafür einen vergnügten Kuß aufs Ohr.
»Siehst du«, sagte Ariane triumphierend und musterte sie stolz. »Ich verspreche dir, daß du es nicht bereuen wirst, nach Bangkok gekommen zu sein!«
Der Ton, in dem sie das sagte, ließ erkennen, daß sie der Meinung war, Emmanuelle habe soeben einen Pakt unterzeichnet.
Emmanuelle versuchte sich den Konsequenzen, die ihr bedrohlich erschienen, zu entziehen: »Nein, bitte! Sie bringen mich in Verlegenheit.« Plötzlich kühner, versicherte sie: »Sie müssen nicht glauben, daß ich prüde wäre oder moralische Bedenken hätte. Absolut nicht. Aber … lassen Sie mir wenigstens etwas Zeit, mich an den Gedanken zu gewöhnen.«
»Natürlich, alles hat Zeit«, sagte Ariane. »Halten Sie es wie mit dem Sonnen …« Ihr schien plötzlich eine Eingebung zu kommen. Sie ließ ein flüchtiges Lächeln über ihre Lippen huschen und setzte sich auf.
»Komm«, befahl sie. »Wir gehen und lassen uns massieren.« Sie zog ihren Bikini wieder an und fügte mit leicht herablassendem

Ton hinzu, als spräche sie mit einem Kind: »Keine Angst, mein Kleines, da gibt's nur Frauen.«
Emmanuelle ließ ihren Wagen im Club stehen und setzte sich zu Ariane in deren offenes Kabriolett. Eine halbe Stunde lang fuhren sie durch das Gewühl der Fahrrad-Rikschas und Motorrad-Taxis. Sie hielten vor einem neuen, einstöckigen Gebäude, das zwischen den Geschäften von Seidenhändlern, Restaurants und Reisebüros lag. Eine Inschrift in Buchstaben, die Emmanuelle nicht lesen konnte, zierte die Fassade. Sie stießen eine dicke Glastür auf und befanden sich im Empfangsraum eines Badehauses, wie man es ähnlich auch in Europa hätte finden können. Eine in einem blumigen Kimono gekleidete Japanerin empfing sie höflich, verbeugte sich mit auf der Brust gekreuzten Händen mehrmals vor ihnen, bevor sie sie durch Gänge, die von Dampf und dem Duft nach Eau de Cologne erfüllt waren, führte. Dann blieb sie vor einer Tür stehen und verbeugte sich erneut ganz tief.
»Du kannst hier hineingehen«, sagte Ariane, »alle Masseusen sind gleich gut. Ich nehme die Kabine nebenan. Wir treffen uns in einer Stunde wieder.«
Emmanuelle war nicht darauf gefaßt gewesen, von Ariane allein gelassen zu werden. Sie fühlte sich etwas hilflos. Die Tür, die die Japanerin halb geöffnet hatte, führte in ein kleines, sauberes Badezimmer mit sehr niedriger Decke, wo eine junge, schmächtige Asiatin im weißen Schwesternkittel zwischen einer Badewanne und einem Massagetisch stand. Sie hatte ein Vogelgesicht, das Erfahrung verriet. Auch sie machte eine Verbeugung, sagte in paar Worte, ohne daß es ihr darauf anzukommen schien, ob sie verstanden wurde oder nicht, ging auf Emmanuelle zu und machte sich daran, ihr die Bluse aufzuknöpfen.
Als sie Emmanuelle entkleidet hatte, bedeutete sie ihr, in die mit bläulichem, duftendem heißem Wasser gefüllte Wanne zu steigen. Sie klopfte das Gesicht der Kundin mit einem feuchten Tuch und seifte ihr dann gründlich Schultern, Rücken, Brust

und Unterleib ein. Emmanuelle überlief ein Beben, als der mit Schaum vollgesogene Schwamm zwischen ihren Beinen kreiste.

Nach dem Bad rieb die Siamesin sie mit einem großen, lauwarmen Badetuch trocken und forderte Emmanuelle auf, sich auf den gepolsterten Tisch zu legen. Zuerst klopfte sie ihren Körper mit kleinen, hastigen Schlägen mit der Handkante, zwickte dann ihre Muskeln, stemmte mit kräftigem Druck die Handflächen auf Waden und Kreuz, zog die Fußzehen in die Länge, knetete lange ihren Nacken und versetzte ihr kleine Klapse auf den Kopf. Emmanuelle, halb betäubt, fühlte sich dennoch entspannt und zufrieden.

Dann holte die Masseuse aus einem Schrank zwei Apparate von der Größe einer Zigarettenschachtel, die sie an ihren beiden Handrücken befestigte und die zu summen anfingen. Langsam bewegten sich ihre vibrierenden Handflächen nun über die Oberfläche von Emmanuelles nacktem Körper, drangen in jede sich ihnen bietende Höhlung oder Hautfalte ein, glitten mit unwiderstehlicher Sachkenntnis in die Halsmulde, unter die Achseln, zwischen die Brüste, in die Spalte zwischen den Hinterbacken. Dann suchten sie auf der Innenseite der Schenkel die sensibelsten Stellen. Emmanuelle, die bis in die Tiefe ihres Fleisches erzitterte, spreizte die Beine, hob ihren Schamhügel etwas an, und mit einer unnachahmlich anmutigen Bewegung, bei der sich ihre Schamlippen wie zu einem kindlichen Kuß öffneten, bot sie sich dar. Aber schon zogen sich die Hände wieder zurück, glitten am Oberkörper hinauf, kamen und gingen mit fachmännischer Routine, fuhren immer wieder über die gleichen Stellen wie ein Bügeleisen. Als Emmanuelle kaum hörbar zu stöhnen begann, stiegen die Hände bis zu den Brustwarzen hinauf und kreisten auf ihnen, wobei sie bald die Spitzen nur streiften, bald die Warzen zusammenpreßten und sich in die schwellende Fülle der Brüste senkten. Wellen der Erregung durchströmten Emmanuelle bis hinab zu den Lenden. Sie bäumte sich auf, brach in ein langanhaltendes Klagen aus. Die Hände bearbeiteten die empfindlichen Brustwarzen so lange, bis der Orgasmus schließlich abklang und Emmanuelle leblos und ermattet freigab.

Sie hatte die Augen geschlossen und fühlte ihr Herz in einem Rhythmus klopfen wie eine afrikanische Trommel, deren straff gespanntes Fell Kuß um Kuß zurückgab. »Wieso eigentlich Küsse?« dachte sie ein wenig ungehalten. »Mein ganzer Körper ist behandelt worden wie eine Vulva, nur nicht meine Vulva selbst! Wozu ist es dann gut, daß sie so schön geformt und so seidig sein soll? Was nützt es dann, daß sie anschwillt bis in die Tiefen? Warum berührt mich dieses Mädchen niemals weiter unten als bis zu meinem Schamhaar? Meine Schamlippen sind genauso groß und schön und gut für eine Zunge wie die Lippen meines Mundes, und trotzdem scheint der festgeschlossene Mund dieser Stummen nicht nach diesen Küssen zu verlangen! Nun gut, wenn sie die Gelegenheit nicht nutzt, werde ich es eben selbst machen. Vor ihren Augen! Ich werde ihr zeigen, was eine Frau erwartet, wenn sie die Augen schließt!«

Bevor sie ihre Absicht noch ausführen kann, wird sie abgelenkt von einer seltsamen Wahrnehmung, die ihr erst allmählich ins Bewußtsein dringt: Der Rhythmus ihres Herzens scheint von einer Art Echo jenseits einer der Trennwände beantwortet zu werden. Es ist kein Klopfen, eher so etwas wie eine Stimme, ein schweres Atmen, ein dumpfes Stöhnen oder Röcheln. Nicht von Ariane, sondern von einem Mann, einem Mann, der eben in diesem Augenblick aufschreit, so laut, daß man es sogar durch die schallisolierten Trennwände hören kann, mit denen die Insassen der einzelnen Kabinen vor unliebsamen Störungen geschützt werden sollen.

Emmanuelle spitzt die Ohren, ist sich jetzt aber nicht mehr sicher, ob es sich wirklich um ein Schreien handelt. Als kundige Autofahrerin erinnert es sie eher an das Hämmern einer Pleuelstange oder an einen schlecht geölten, quietschenden Kolben.

Unsinn! ermahnt sie sich, da drüben wird ja wohl kaum gerade ein Motor heißlaufen; es wird wohl eher ein Mensch sein, der zu ersticken droht.
Ob da jemand erwürgt wird? Wer ist der Täter? Und das Opfer? Ob es ein Kunde dieses Salons ist? Oder ist es womöglich umgekehrt, daß der Kunde – oder die Kundin – gerade einen Masseur vergewaltigt? Ob es hier überhaupt Masseure gibt? Ariane hat doch behauptet, daß hier nur Frauen beschäftigt sind. Aber muß man alles glauben, was sie sagt?
Emmanuelle versuchte, die Siamesin nach diesen Dingen auszufragen, ohne besondere Hoffnung, daß das Mädchen, das sich unterdessen von den Brüsten zu den Schultern und von den Oberschenkeln zu den Knöcheln vorgearbeitet hatte, sie verstehen würde. Tatsächlich beantwortete die Masseuse die Fragen ihrer Kundin nur mit einem etwas einfältigen Lächeln, bis sie schließlich in der Landessprache etwas sagte, das wie eine Frage klang. Gleichzeitig glitten ihre schmalen langen Finger an Emmanuelle herunter, auf ihren Unterleib zu, während sie selbst sie mit hochgezogenen Augenbrauen ansah, als warte sie auf Erlaubnis. Beglückt und erleichtert stimmte Emmanuelle eilends zu und nickte mit dem Kopf. Die von dem Vibro-Massagegerät beschwerte Hand führte auf der Oberfläche und in den Falten ihres Schoßes mit peinlicher Genauigkeit die vielerprobten Bewegungen aus, genau wissend, was zu tun war, um das Höchstmaß an Lust zu schenken. Sie gönnte ihr, des Erfolgs sicher, nicht die kleinste Atempause, während sie die Wirkung der elektrischen Vibratoren mit der Virtuosität ihrer klopfenden und reibenden Hände unterstützte.
Obwohl Emmanuelle sich zu beherrschen suchte, konnte sie nur kurze Zeit widerstehen. Diesmal überkam es sie mit solcher Heftigkeit, daß sich sogar im Gesicht der Masseuse ein leichtes Erschrecken spiegelte. Noch lange danach, als die Hände schon von ihr abgelassen hatten, wand sich Emmanuelle keuchend und krallte ihre Finger in die weiße Tischkante.

»Die Wände sind zwar schalldicht«, sagte Ariane, als sie sich am Ausgang wiedertrafen, »aber deine Stimme dringt trotzdem durch. Jetzt wirst du mir nicht mehr erzählen wollen, daß dir Mathematik lieber ist.«

Marie-Anne kam an vier aufeinanderfolgenden Nachmittagen zu Emmanuelle. Mit jedem Tag wurde ihr Verhör schärfer; sie verlangte und erfuhr auch genauere Einzelheiten darüber, was sich zwischen ihrer Freundin und deren Mann abspielte und alles über ihre ausschweifenden täglichen Wachträume.

»Wenn du dich all den Männern wirklich hingegeben hättest, die deine Gedanken beschäftigt haben«, bemerkte sie eines Tages, »wärst du eine vollkommene Frau.«

»Dann wäre ich tot«, erwiderte lachend Emmanuelle.

»Wieso?«

»Glaubst du, man kann mit Männern genauso oft zusammensein, wie man sich selbst Lust verschafft?«

»Warum nicht?«

»Aber mit einem Mann zusammenzusein kostet doch Kräfte!«

»Strengt es dich denn nie an, wenn du dich selbst streichelst?«

»Nein.«

»Wie oft tust du es eigentlich?«

Emmanuelle lächelte verlegen: »Gestern sehr oft. Ich glaube, mindestens fünfzehnmal.«

»Es gibt Frauen, die tun es genauso oft mit Männern.«

Emmanuelle nickte. »Ich weiß«, sagte sie. Aber es klang, als hätte sie kein Verlangen danach.

»Weißt du«, erklärte sie, »mit den Männern ist es gar nicht immer so aufregend. Sie tun einem mit ihrer Härte manchmal sogar weh und wissen mitunter nicht einmal, wie sie es anstellen müssen, um uns die höchste Lust zu verschaffen ...«

So paradox es war, es gab nur eine Art von Geständnissen, zu denen sich Emmanuelle dem jungen Mädchen gegenüber nicht überwinden konnte. Sie spielte höchstens gelegentlich unge-

schickt darauf an, ohne sich darüber im klaren zu sein, ob Marie-Anne überhaupt verstand. Sie wußte selbst keine Erklärung für ihre Schüchternheit und Zurückhaltung, wozu das Verhalten ihrer Besucherin doch keinerlei Anlaß zu geben schien. Sobald Marie-Anne da war, zog sie sich aus: und als Emmanuelle vorschlug, sie solle doch auch ihre Bluse ausziehen, hatte sie nicht einmal dagegen etwas einzuwenden gehabt, und von nun an verbrachten die beiden Mädchen ihre Rendezvous völlig nackt auf der von Laubwerk umrankten Terrasse. Die Erregung, die Emmanuelle in diesen Stunden empfand, führte jedoch nur dazu, daß sie sich selbst noch häufiger streichelte: denn weder traute sie sich, ihre Freundin zu berühren noch diese aufzufordern, sie zu berühren, und dabei sehnte sie sich so sehr danach, daß es ihr den Schlaf raubte. Seltsame Gefühle, keusche und dann wieder ganz schamlose, stritten in ihr. Schließlich fragte sie sich verwirrt und nicht gewillt, darüber nachzudenken, ob diese ihr ungewohnte Zurückhaltung nicht sogar eine höhere Form der Raffinesse war, die ihre Sinne unbewußt entwickelt hatten, und ob nicht vielleicht der Verzicht auf Marie-Annes Körper, zu dem sie sich gegen jeden Instinkt unsinnigerweise zwang, am Ende einen subtileren und perverseren Reiz besaß als eine körperliche Umarmung, so daß für Emmanuelle eine Situation, unter der sie eigentlich hätte leiden müssen – ein kleines Mädchen verfügte über sie nach Lust und Laune, ohne den Gelüsten ihrer Partnerin auch nur im geringsten entgegenzukommen –, zu einem unerwarteten Quell sinnlicher Lust wurde.
So wie ihr aus der versagten Befriedigung eines sinnlichen Begehrens, das ihr von jeher ganz natürlich erschienen war, eine bisher unbekannte Wollust erwuchs, offenbarte sich ihr durch das tiefe Schweigen ihrer kleinen Freundin über ihr eigenes sexuelles Erleben ein neues Element der Erotik. Als Emmanuelle merkte, wie gelassen sie es hinnahm, nichts – oder fast nichts – von Marie-Anne zu wissen, wurde ihr bewußt, daß

ihr Geist und ihr Körper mehr Lustgewinn daraus zogen, einer andern den Anblick der Unzucht darzubieten, als wenn sie selbst die Zuschauerin gewesen wäre. Und wenn sie mit jedem Tag ungeduldiger auf ihre Freundin wartete, so weniger wegen der Erregung, die sie bei der Betrachtung ihrer Nacktheit oder als Augenzeugin ihrer lasziven Spiele empfand, als wegen der viel köstlicheren, weil obszöneren Erregung, die ihr zuteil wurde, wenn sie sich, unter den aufmerksamen Blicken Marie-Annes, in ihrem Liegestuhl selbst liebkoste. Auch wenn Marie-Anne schon gegangen war, blieb der Zauber ungebrochen: Emmanuelle sah die grünen Augen vor sich, die auf ihr Geschlecht starrten, und so blieb sie, in ihr Spiel mit sich selbst versunken, bis zum Abend liegen.

In der darauffolgenden Woche wurde Emmanuelle von Marie-Annes Mutter zum Tee eingeladen. In dem prätentiösen Salon fand sie ungefähr zehn Damen vor, die ihr alle gleich nichtssagend erschienen. Schon bedauerte sie, mit ihrer Vertrauten nicht allein sein zu können, die auf dem Teppich saß und sich ganz als die wohlerzogene Tochter des Hauses gab, als ihr Interesse durch die Ankunft einer sehr eleganten jungen Frau geweckt wurde, die in dieser Gesellschaft auf den ersten Blick ebenso deplaciert schien wie sie selbst.

Die Hereintretende erinnerte Emmanuelle an die Pariser Mannequins, die sie immer bewundert hatte. Sie war hochgewachsen wie diese. Ihre steinernen Züge zeigten den gleichen undefinierbaren Überdruß, die gleiche gespielte Distanziertheit gegenüber Vertraulichkeiten. Der »gleich einer Rose« halboffene Mund, die bernsteinfarbenen Augenbrauen, die sich über den großen Augen wölbten, die zärtlich geschwungenen Wimpern verliehen diesem Gesicht eine so unwahrscheinliche Arglosigkeit, daß es einer Herausforderung gleichkam. Mit einem gewissen Hochmut sagte sich Emmanuelle, daß sie hier vermutlich die einzige war, die dank ihrer »Erfahrung«, wie sie es nannte, zu begreifen vermochte, welche Bescheidenheit im

Grunde einem so absoluten Streben nach Vollkommenheit innewohnte, wie verdienstvoll eine so anspruchsvolle Auffassung von der Pflicht zur Schönheit, wie bestrickend eine so große, unter dem gleichgültigen Perlmuttblick verborgene Leidenschaft war. Und sie erinnerte sich, auch auf den Masken ihrer Freundinnen, die »den stolzesten Denkmälern nachgebildet« waren, das gesehen zu haben, was Baudelaire mit der Verdammung »der Bewegung, welche die Linien verschiebt«, hatte sagen wollen. Die alabasterhaften Göttinnen sind Fleisch geworden, aber des Menschen Sehnsucht nach Statuen lebt fort – der Mensch glaubt nur an die unerreichbaren Paradiese und an die unbeseelten Götter, und so ist das angebetete Fleisch wieder Stein geworden.

Die Erregung, die sich Emmanuelles bei der Beschwörung dieser Bilder bemächtigte, hatte zwiefachen Ursprung: teil hatten an ihr sowohl die noch nahe Erinnerung an die aufregenden Schwärmereien ihrer Schulzeit als auch die Sinnestaumel später in den Anprobesalons. Sie dachte, daß sie sich selbst gern in ein Kunstwerk verwandeln würde und daß es gut wäre, wenn sie, die bei ihrer Ankunft in Bangkok noch ungeformter Ton war, hier ihre Form finden könnte (sie dachte dabei weniger an die Form eines Körpers – den ändern zu wollen sie keinen Anlaß sah – als an die Formen des Geistes). Und obgleich sie sich nicht konkret vorstellte, worin diese Vollendung bestehen sollte, wünschte sie sich doch, ihr Leben möge eines Tages etwas so Kostbares und Wohlgelungenes werden, wie es die raffinierte Frisur dieser bronzefarbenen Haare war, etwas so Triumphierendes wie diese perlmuttgrau schimmernden Augen, etwas das Urteil der Menge so Geringschätzendes wie dieses Kostüm, dessen Schnitt eine einzige Herausforderung der Linien des Körpers war und das am Hals nur um den Preis einer schwierigen Armbewegung geschlossen bleiben zu können schien, ein Kunstwerk, dessen einzige reizvolle Aufgabe darin gesehen werden mußte, die Niederlage der Elemente und das Scheitern der Konventionen an der selbstherrlichen Phantasie der weiblichen Launen durch eine fröstelnde Bewegung in diesem sengend heißen Klima zu bezeugen.

Bevor Marie-Annes Mutter Zeit gefunden hatte, die Neuangekommene vorzustellen, erhob sich Marie-Anne und zog Emmanuelle in eine Ecke des Salons, wo man sie nicht hören konnte.

»Ich habe einen Mann für dich«, sagte sie mit der befriedigten Miene dessen, der einen Auftrag erfüllt hat.

Emmanuelle lachte hellauf. »Das nenne ich aber eine Neuigkeit! Und du hast eine Art, sie zu verkünden! Was soll ich mir darunter vorstellen – ›ein Mann für mich‹?«

»Er ist Italiener und sehr schön. Ich kenne ihn seit langem, aber ich war mir bisher nicht sicher, ob er das ist, was du brauchst. Ich habe nachgedacht. Er ist genau das richtige für dich. Du mußt ihn so bald wie möglich kennenlernen.«

Die Dringlichkeit, mit der Marie-Anne das vorbrachte, belustigte Emmanuelle von neuem. Sie war sich keineswegs sicher, ob der Kandidat, wer immer er war, wirklich das war, was sie »brauchte«, aber sie wollte ihren kleinen Vormund nicht enttäuschen. Wenn sie schon keine Dankbarkeit für diesen Vorschlag empfand, so wollte sie doch wenigstens ihr Interesse bekunden:

»Wie ist er denn, dein schöner Mann?« fragte sie.

»Ein florentinischer Marquis vom Scheitel bis zur Sohle. Bestimmt hast du noch nie einen so gut aussehenden Mann getroffen. Schmal, groß, Adlernase, schwarze, durchdringende und tiefgründige Augen, dunkler Teint, ein markantes Gesicht ...«

»Na, na!«

»Du brauchst mir ja nicht zu glauben, aber warte nur, bis du ihn gesehen hast, dann wirst du nicht mehr so dumm lachen. Er ist auch im Zeichen des Löwen geboren.«

»Wer denn sonst noch?«

»Ariane und ich.«

»Ah! Und ...«

»Aber er hat schwarzes, glänzendes Haar wie du. Mit leicht silbergrauen Schläfen, sehr schick.«
»Graues Haar! Aber dann ist er ja zu alt für mich!«
»Keineswegs. Er hat genau das richtige Alter für dich: er ist doppelt so alt wie du, achtunddreißig. Deshalb sage ich dir ja, du mußt dich beeilen: nächstes Jahr bist du zu alt. Außerdem ist er nächstes Jahr nicht mehr hier.«
»Was macht er denn in Bangkok?«
»Nichts. Er ist sehr intelligent. Er reist viel, er kennt das ganze Land. Er macht Ausgrabungen in den Ruinen, interessiert sich für das Alter der Buddhastatuen. Im Museum hat er sogar Sachen gefunden, die der gute Mann, der es leitet, noch nie gesehen hatte. Ich glaube, er schreibt ein Buch darüber. Aber, wie ich dir schon sagte, eigentlich tut er nichts.«
Unvermittelt unterbrach Emmanuelle Marie-Anne: »Sag mal, wer ist eigentlich diese tolle Person da?«
»Tolle Person?«
»Die, die gerade gekommen ist.«
»Gekommen, wo?«
»*Hierher*, Marie-Anne! Bist du von allen guten Geistern verlassen? Da, sieh doch, direkt vor dir ...«
»Ach, du meinst Bi.«
»Wie heißt sie?«
»Bi! Was findest du daran so ungewöhnlich?«
»Sie heißt wirklich Bi? Komischer Name!«
»Oh, das ist gar kein Name. Auf englisch bedeutet es Biene. Es schreibt sich mit einem b und zwei e. Ich schreibe es lieber mit einem b und einem i, das ist klarer.«
»Aber sie, wie schreibt sie es denn?«
»Ganz wie ich es verlange.«
»Hör mal, alles was recht ist, Marie-Anne!«
»Du kannst dir doch selbst denken, daß das nicht ihr richtiger Name ist. Ich habe ihn ihr gegeben, und wie sie richtig heißt, haben jetzt alle vergessen.«

»Aber ich würde es gern wissen.«
»Was hast du schon davon? Du würdest ihn ja doch nicht aussprechen können. Es ist einer dieser verrückten, skurrilen englischen Namen.«
»Aber ich kann sie doch nicht mit Bi anreden!«
»Du brauchst sie ja gar nicht anzureden.«
Emmanuelle sah Marie-Anne erstaunt an. Sie zögerte einen Augenblick und begnügte sich dann mit der Frage: »Ist sie Engländerin?«
»Nein, Amerikanerin. Aber sei ganz beruhigt, sie spricht Französisch wie du und ich. Sie hat nicht einmal einen Akzent, gar nichts Exotisches.«
»Du scheinst sie ja nicht besonders zu mögen.«
»Bi? Sie ist meine beste Freundin!«
»Sieh einer an! Warum hast du mir dann nie von ihr erzählt?«
»Ich kann dir doch nicht von allen Mädchen erzählen, die ich kenne.«
»Aber wenn du sie so sehr liebst, wundert es mich, daß du sie nie erwähnt hast.«
»Wie kommst du darauf, daß ich sie liebe? Sie ist meine Freundin, das ist alles. Damit ist nicht gesagt, daß ich sie liebe.«
»Marie-Anne! ... Ich verstehe überhaupt nichts mehr. Du erzählst mir nie etwas von dir. Und du willst auch nicht, daß ich deine Freundinnen kennenlerne. Bist du etwa eifersüchtig? Hast du Angst, ich könnte sie dir ausspannen?«
»Warum willst du unbedingt deine Zeit an eine Mädchenclique verschwenden?«
»Jetzt muß ich aber lachen! So kostbar ist meine Zeit ja nun wirklich nicht. Wenn man dich so hört, möchte man meinen, meine Tage seien gezählt!«
»Na ja.«
Marie-Anne machte ein so ernstes Gesicht dabei, daß Emmanuelle wirklich etwas aus der Fassung geriet. Protestierend sagte

sie: »Ich fühle mich allerdings noch nicht gerade dem Greisenalter nahe.«
»Ach, weißt du, das kommt schnell.«
»Und diese Bi, diese Bee – ich finde übrigens die englische Schreibweise hübscher, das bedeutet wenigstens was –, steht sie nach den Maßstäben, die du anlegst, auch schon mit einem Fuß im Grab?«
»Sie ist zweiundzwanzig Jahre und acht Monate alt.«
»Ist sie verheiratet?«
»Nicht einmal das.«
»Dann ist sie ja wirklich eine alte Jungfer. Was wird sie sich da wohl alles von dir anhören müssen!«
Marie-Anne schwieg.
»Wenn ich recht verstehe, bist du nicht geneigt, sie mir vorzustellen?« begann Emmanuelle wieder.
»Statt so blöd daherzureden, brauchtest du ja nur mit mir zu kommen!«
Marie-Anne machte ein Zeichen, und Bee kam auf sie zu.
»Das ist Emmanuelle«, sagte Marie-Anne, so als stelle sie eine Missetäterin vor.
Aus der Nähe vermittelten die großen perlgrauen Augen den Eindruck von Intelligenz und Souveränität. Augenscheinlich wollte Bee weder andere beherrschen noch duldete sie es, daß andere sie beherrschten. Emmanuelle war sicher, daß sie Marie-Anne allerlei zu schaffen machte. Sie fühlte sich gerächt.
Sie wechselten ein paar belanglose Worte. Bees Stimme paßte zu ihren Augen. Sie drückte sich besonnen aus und zögerte nie. Eine innere Heiterkeit verlieh ihr Wärme. Emmanuelle fand, daß dem Gesicht und der Stimme nach diese junge Frau eine glückliche Natur besitzen mußte.
Sie hätte gern gewußt, womit Bee ihre Tage verbrachte. Anscheinend tat sie nichts weiter, als in der Stadt herumzubummeln. Ob sie allein in Bangkok lebe? Nein, sie sei vor einem Jahr hierhergekommen, um ihren Bruder zu besuchen; er sei Mari-

neattaché bei der amerikanischen Botschaft. Anfangs habe sie nur einen Monat bleiben wollen, aber nun sei sie immer noch da. Es eilt ihr gar nicht, wieder abzureisen.

»Wenn ich von diesen verlängerten Ferien genug habe«, sagte sie, »dann werde ich heiraten und in die Vereinigten Staaten zurückkehren. Zum Arbeiten habe ich keine Lust; ich finde es einfach herrlich, nichts zu tun.«

»Sind Sie verlobt?« fragte Emmanuelle.

Bei dieser Frage sah sie Bee zum erstenmal lachen. Es war ein sehr offenes und sehr hübsches Lachen.

»Wissen Sie, in meinem Land verlobt man sich erst am Tag vor der Hochzeit und zwei Tage vorher weiß man noch nicht, mit wem. Und da ich weder morgen noch übermorgen die Absicht habe, mich zurückzuziehen, wäre ich in großer Verlegenheit, wenn ich Ihnen sagen sollte, wie meine Wahl ausfallen wird.«

»Aber sich verheiraten heißt doch nicht unbedingt, sich zurückzuziehen«, protestierte Emmanuelle.

Bee lächelte nachsichtig. Sie sagte nur: »Oh!« Es klang nach leichtem Zweifel. Dann fügte sie hinzu: »Es ist ja nichts Schlimmes, wenn man sich zurückzieht.«

Emmanuelle war versucht zu fragen: wovon? Aber sie wollte nicht indiskret sein. Und jetzt erkundigte sich Bee: »Sind Sie glücklich, daß Sie so jung geheiratet haben?«

»Oh!« sagte Emmanuelle. »Ich bin überzeugt, es war das Beste, was ich bisher in meinem Leben getan habe.«

Wieder lächelte Bee. Emmanuelle war erstaunt über die Güte, die sie ausstrahlte. Die emailleglatte Schönheit des Gesichts (das völlig ungeschminkt wirkte – aber Emmanuelle wußte, welche Sorgfalt, welche Geduld und wie viele Stunden sachkundiger Handhabung von Pinseln und Cremes es bedurft hatte, um mit solcher Vollkommenheit Natur vorzutäuschen) und alles, was durch ein Übermaß an Perfektion an ihr fast störend wirkte, war vergessen, sobald bei ihr die Heiterkeit durchbrach wie Sonne durch ein Buntglasfenster. Dann fühlte man sich nicht mehr versucht, zu sagen: Wie schön ist diese Frau!, sondern: Wie sympathisch sieht sie aus! Emmanuelle sagte sich jedoch lieber: Wie glücklich scheint sie zu sein! Da sie selber glücklich war, schien dieser Gedanke sie ihr näherzubringen. Das Unglück erschreckte sie derart, daß sie unfähig war, jemanden ernsthaft zu lieben, der seinen Kummer ausbreitete und sich beklagte. Manchmal schämte sie sich dieser Eigenschaft, obwohl sie nicht Ausdruck von Herzenskälte, sondern von einer scheuen, fast quälenden Liebe zur Schönheit war.

Während Marie-Anne mit den Damen plauderte, wich Emmanuelle keinen Schritt von Bees Seite. Sie sprachen zwar nichts Wichtiges, aber sie hatten beide offensichtliches Vergnügen aneinander. Emmanuelle hatte gar nichts dagegen, daß ihre kleine Freundin sie vernachlässigte. Als Jean sie abholte, bedauerte sie es, schon aufbrechen zu müssen. Beim Abschied flüsterte ihr Marie-Anne zu: »Ich rufe dich an!« Emmanuelle dachte zu spät daran, daß sie vergessen hatte, sich Bees Telefonnummer geben zu lassen. Sie war so betroffen darüber, daß sie unfähig war, auf die Fragen ihres Mannes zu antworten.

Unerklärlicherweise fürchtete sich Emmanuelle davor, Ariane wiederzusehen. Lieber verzichtete sie auf ihr morgendliches Schwimmen, als daß sie es riskieren wollte, mit ihr zusammenzutreffen. Sie hatte Jean nach seiner Meinung über die junge Gräfin gefragt, und er hatte geantwortet, daß sie seiner Ansicht nach eine sehr schöne Frau sei, daß er ihre ungestüme Leidenschaftlichkeit und ihre bezwingende Natürlichkeit schätze. Ob er mit ihr geschlafen habe, wollte Emmanuelle wissen. Nein, wenn sich jedoch eine Gelegenheit dazu ergeben hätte, so hätte er nichts lieber getan. Emmanuelle, die sonst eigentlich eher stolz darauf war, wenn ihr Mann bei anderen Frauen Erfolg hatte, empfand diesmal – aller Logik zuwider – eine bohrende Eifersucht; zwar bemühte sie sich, Jean nichts davon merken zu lassen, aber sie war den ganzen Tag über verstimmt.

Kurz nach diesem Gespräch ruft Ariane bei ihr an und sagt, der

Regen in den letzten beiden Tagen habe sie schon ganz stumpfsinnig gemacht, aber eben sei ihr eine »geniale Idee« gekommen. Sie wolle Emmanuelle das Squash-Spiel beibringen. Was das sei? Nun, eine Art Tennis, die man eben gerade dann spielen könne, wenn es regne, weil sie nicht im Freien gespielt werde. Emmanuelle wäre bestimmt begeistert davon. Schläger und Bälle bringe sie selbst mit; Emmanuelle brauche nichts weiter zu tun, als sich Shorts und ein Paar Leinenschuhe anzuziehen und sich in einer halben Stunde mit ihr im Club zu treffen.

Die Gräfin hatte wieder eingehängt, ohne daß Emmanuelle Zeit gehabt hätte, sich eine Entschuldigung auszudenken. Dann aber sagte sie sich, daß dieser Sport, von dem sie bisher noch nichts gehört hatte, vielleicht doch ganz amüsant sei, und sie machte sich bereitwillig fertig.

Als sie sich im Club trafen, stellten die beiden Frauen fest, daß sie gleich angezogen waren: gelbe Baumwollpullover über schwarzen Shorts. Sie mußten beide lachen.

»Tragen Sie einen Büstenhalter?« erkundigte sich Ariane.

»Nie«, erklärte Emmanuelle. »Ich besitze gar keinen.«

»Bravo«, rief die andere begeistert aus, packte die verdutzte Emmanuelle mit beiden Händen um die Taille und hob sie ein paar Zentimenter hoch: daß Ariane so kräftig war, hätte sie nicht gedacht.

Diese verkündete: »Glauben Sie kein Wort von diesem ganzen Geschwätz, daß man von Tennis und Reiten Hängebrüste bekäme, wenn man sich nicht in diese Zaubertüten schnürt. Ganz im Gegenteil, der Sport kräftigt die Brüste, und je mehr man ihnen zumutet, um so fester werden sie. Sehen Sie mich an.«

Mitten auf der erhöhten Terrasse, wo andere Spieler an ihnen vorbeikamen, hob sie ihren Pullover hoch, so daß nicht nur Emmanuelle diese Diana-Brüste bewundern konnte.

Auf den ersten Blick kam ihr der Squash-Platz höchst simpel vor: ein Fußboden, vier Holzwände und ein Dach. Von der Galerie aus, von der sie ihn zuerst sah, glich er einer Grube.

Über eine Leiter, die drehbar an der obersten Sprosse befestigt war und automatisch, durch Federn bewegt, an das Dach hochklappte, sobald sie nicht mehr belastet war, kletterten sie hinunter. Wollte man aus der Grube wieder hinaufsteigen, wurde sie mit einem Strick herabgezogen. Ariane erklärte ihr, bei diesem Spiel käme es darauf an, mit einem langstieligen Schläger geringen Durchmessers abwechselnd einen Ball aus Hartgummi gegen die Wand zu schlagen.
Unter Arianes Schmetterschlägen sauste der kleine schwarze Ball so schnell dahin, daß Emmanuelle von einer Wand zur anderen gehetzt wurde und schallend lachte, während ihr das aufgelöste Haar übers Gesicht wehte. Nach einer halben Stunde schlug sie die Bälle schon sehr gekonnt zurück, aber die Beine versagten ihr den Dienst, und sie bekam keine Luft mehr. Der Schweiß rann ihr am ganzen Körper herab. Ariane gab das Zeichen zur Pause und holte die Leiter wieder herunter. Einer Tasche, die sie an die Sprossen gebunden hatte, entnahm sie zwei Handtücher. Sie zog sich ihr Trikot aus und rieb sich kräftig ab, dann trat sie auf Emmanuelle zu und frottierte ihrer Freundin, die es keuchend geschehen ließ, Brust und Rücken. Emmanuelle hatte dabei den durchnäßten Pullover bis unter die Achseln hochgerollt; die Arme zu heben, um ihn auszuziehen, hatte sie jedoch keine Kraft mehr. Ariane stellte sie gegen die schräg stehende Leiter, an der Emmanuelle in ihrer Ausgelassenheit mit ausgebreiteten Armen und gespreizten Beinen lehnte, als ließe sie sich kreuzigen.
Ihre Partnerin rieb ihr behutsam die Brüste, und sie rieb auch dann noch, als sie längst trocken waren. Zu der Atemlosigkeit, der allgemeinen Erschöpfung und dem Durst, der in Emmanuelles Kehle brannte, kam jetzt ein Blutandrang, der eher ein Wohlgefühl vermittelte. Plötzlich ließ Ariane das Frottiertuch fallen, schob ihre Arme unter die ihrer Schülerin und schmiegte sich mit der ganzen Länge ihres Körpers an sie. Emmanuelle spürte Brustspitzen, die nach den ihren suchten (und als sie sie

gefunden hatten, überließ sie sich der unwiderstehlichen Lust), und fühlte, wie sich ein drängender Schamhügel durch den Stoff der Shorts an sie preßte. Sie stand leicht nach hinten gelehnt da, und so wurden die wenigen Zentimeter, die sie kleiner war als Ariane, ausgeglichen, und ihre Münder fanden sich auf gleicher Höhe. Ariane küßte sie, wie sie noch nie geküßt worden war: abwechselnd wurden ihre Lippen, ihre Zunge, alle Höhlungen ihres Mundes, ihr Gaumen, ihre Zähne, jede kleinste Stelle erkundet. Der Kuß dauerte so lange, daß sie nie erfuhr, ob es Minuten oder Sekunden gewesen waren. Sie empfand den Durst nicht mehr, der eben noch ihre Kehle ausgetrocknet hatte. Sie machte leise Bewegungen, damit ihre Klitoris schwellen, hart werden und in der Festigkeit des anderen Schoßes Zuflucht suchen konnte. Als ihre Erregung so stark war, daß Emmanuelle nur noch eine einzige riesige Knospe kurz vor dem Bersten war, preßte sie, ohne daß es ihr bewußt wurde, einen von Arianes Schenkeln zwischen ihre Beine und begann mit einem geschmeidigen Kreisen ihres ganzen Beckens ihr Geschlecht daran zu reiben. Ariane ließ sie einige Zeit gewähren, da sie wußte, daß Emmanuelle bei der übermäßigen Anspannung ihrer Sinne dieses Ventils bedurfte. Dann ließen ihre Lippen von der Jüngeren ab, und sie betrachtete sie mit jenem Lachen, das so oft von ihr zu hören war und das die Freude über einen gelungenen Streich zu verraten schien. Zwar machte dieser Blick Emmanuelle verlegen, aber er beruhigte sie auch, denn er verriet, wie unsentimental Arianes Umarmungen waren. Emmanuelle wollte gern noch einmal geküßt werden und sehnte sich noch immer nach Arianes Brüsten. Ariane aber packte sie plötzlich oberhalb der Taille wie schon vorher einmal und hob sie mit einem Schwung ihrer Lenden die Leiter hinauf. Emmanuelle klammerte sich mit den Fersen an einer Sprosse fest. Sie glaubte, Ariane wolle ihre Brüste küssen, aber sie kam mit ihrem Kopf nicht näher, und ihre spöttischen Augen blieben unverwandt auf die ihres Opfers gerichtet. Bevor Emmanuelle noch ahnte, was ihr

geschehen sollte, war Arianes Hand schon durch ein Bein ihrer Shorts geschlüpft und hatte sich ihres feuchten Geschlechts bemächtigt.
Arianes Finger bewegten sich ebenso geschickt und geübt wie ihre Zunge. Sie strichen erst leicht über die Klitoris, dann drangen zwei von ihnen eng aneinandergepreßt kraftvoll in die Tiefe des Schoßes ein, dehnten die Wände ihrer Scheide, massierten den festen Wulst der Gebärmutter und entfalteten eine bewundernswert kundige Aktivität. Emmanuelle ließ sich widerstandslos in den Orgasmus reißen, suchte mit aller Kraft ihre Lust so hoch wie möglich zu treiben, öffnete sich und drängte sich der Hand, die in ihrem Innern wühlte, entgegen. Sie hatte das Gefühl, als quelle ein Lavastrom aus ihr hervor und fließe heiß und schwer an Ariane herab. Als sie schließlich bewußtlos die Leiter hinunterglitt, fing ihre Freundin sie in ihren Armen auf und drückte sie an sich. Hätte Emmanuelle in diesem Augenblick Arianes Augen sehen können, es hätte sie vielleicht überrascht, daß darin keine Spur von Spott mehr zu entdecken war. Doch als Emmanuelle wieder zu sich kam, hatte ihre Partnerin schon wieder zu ihrem heiteren Gleichmut zurückgefunden. Sie hielt sie mit ausgestreckten Armen an den Schultern und fragte übermütig: »Stehst du noch fest genug auf den Beinen, um hinaufklettern zu können?«
Emmanuelle ergriff eine heftige Verwirrung, und sie senkte den Kopf wie ein schmollendes Kind. Die andere legte ihr die Hand unter das Kinn und hob es hoch.
»Du«, murmelte sie mit ernster, fast erstickter Stimme, so wie Emmanuelle es noch nie bei ihr erlebt hatte, »haben das andere Frauen auch schon mit dir getan?«
Äußerlich bewahrte Emmanuelle ihren Gleichmut, aber in Wirklichkeit hatte sich ihrer eine Bestürzung bemächtigt, die ihr unerklärlich war. Sie beschloß, sich taub zu stellen. Ariane insistierte gebieterisch und schmeichlerisch zugleich. »Antworte! Hast du es noch nie mit Frauen getan?«

Emmanuelle, ganz Würde und Ablehnung, hüllte sich in beharrliches Schweigen. Ariane kam näher, und ihre Lippen bewegten sich dicht an Emmanuelles Mund.

»Komm zu mir«, hauchte sie. »Möchtest du?«

Aber Emmanuelle schüttelte verneinend den Kopf.

Noch immer hielt Ariane das widerspenstige Kinn in ihrer Hand, sagte aber nichts mehr. Als sie schließlich zurücktrat, ließen ihr heiterer Blick und ihr lausbübisches Lächeln nicht erkennen, ob sie enttäuscht und Emmanuelle deshalb gram war.

»Klettere hinauf«, sagte sie, nachdem sie sie ein bißchen an der Nasenspitze gekitzelt hatte.

Emmanuelle wandte sich ab und kletterte die Sprossen hinauf. Ariane folgte ihr. Emmanuelle zog ihr immer noch durchnäßtes Trikot wieder bis zur Taille herunter.

»O Ariane, du hast deinen Pullover unten gelassen!« bemerkte sie, und sogleich bot sie an: »Soll ich ihn dir holen?«

(Erst nachträglich merkte sie, daß sie Ariane zum erstenmal geduzt hatte.)

Ariane aber winkte ab: »Laß nur! Ist nicht der Mühe wert, er ist sowieso hin.«

Sie warf ein Handtuch über ihre Schultern, ohne darauf zu achten, daß es auch ihre Brust bedeckte. Während sie beide zur Garage gingen, schwang sie mit der einen Hand den bunten Leinensack mit den Schlägern hin und her, mit der anderen hielt sie Emmanuelle bei der Hand. Vorbeigehende winkten ihnen zu, Ariane grüßte fröhlich zurück, wobei sich die Nacktheit ihrer Brüste noch deutlicher zeigte. Emmanuelle hatte plötzlich den Eindruck, als starre alle Welt sie beide an; Scham und Bestürzung überkamen sie. Rasch wollte sie sich von Ariane trennen, wieder einmal entschlossen, sie nie wiederzusehen.

Auf dem Parkplatz ließ Ariane die Hand ihrer Begleiterin los und wandte sich ihr zu, während sie zugleich die Enden ihres Handtuchs vorn zusammenknotete. Der fragende und abwartende Ausdruck, mit dem sie Emmanuelle ansah, war so vielsagend,

daß es keiner Worte bedurfte. Wieder senkte Emmanuelle den Kopf, ihre Verlegenheit, die Verwirrung ihrer Gedanken war nicht geheuchelt. Ariane beugte sich nur vor und küßte ihre Freundin leicht auf die Wange.
»Bis bald, mein Lämmchen«, sagte sie ungezwungen.
Sie sprang ins Auto und winkte Emmanuelle, als sie losfuhr, noch einmal zu.
Emmanuelle bedauerte, daß sie nichts unternommen hatte, sie zurückzuhalten. Sie hätte ihre Brüste gern noch einmal gesehen. Vor allem hätte sie gern wieder gespürt, wie sie sich an sie preßten. Plötzlich sehnte sie sich danach, nackt zu sein, und Ariane sollte nackt sein und auf ihr liegen, beide ganz nackt, nackter, als sie je gewesen waren. Sie sehnte sich danach, Arianes Brüste an ihren Brüsten, ihr Geschlecht an ihrem Geschlecht zu fühlen. Und sie sehnte sich danach, von Frauenhänden liebkost zu werden, von Frauenbeinen, Frauenlippen, einem Frauenleib ... Wenn Ariane jetzt zurückgekehrt wäre, wie hätte sich Emmanuelle ihr hingegeben!

Am gleichen Tag kam Christopher an. Er sah viel besser aus als auf den Fotos und hatte den Gang und das offene Lächeln eines angelsächsischen Rugby-Spielers; seine straff nach hinten gekämmten blonden Haare schienen mit einem ständigen Sturm zu kämpfen. Emmanuelle hatte sofort Vertrauen zu ihm wie zu jemandem, den sie schon lange kannte. Während sie ihrem Gast den Garten zeigte, hakte sie sich bei ihrem Mann und bei Christopher ein. Gleich zu Anfang stritt sie mit Jean darum, wem von ihnen der Neuankömmling Gesellschaft leisten sollte. »Du wirst Christopher doch nicht etwa die ganze Zeit für dich mit Beschlag belegen! Ich will ihn auf die *khlongs* mitnehmen, ihm den Markt der Diebe zeigen ...«
»Hören Sie, ich bin hier aber nicht nur auf Urlaub«, wehrte Christopher lächelnd ab.
Es bereitete ihm Vergnügen, Jean wiederzusehen und festzu-

stellen, daß er so glücklich verheiratet war. Unverhohlen zeigte er die Bewunderung, die er für Emmanuelle empfand: »Jean, dieser Gauner, hat wirklich mehr als Glück!« rief er, während er einen hingerissenen Blick auf seine Gastgeberin warf. »Welche Tugend hat ihm das verschafft?«
»Keine, Gott sei Dank«, scherzte sie. »Ein tugendhafter Ehemann, wie entsetzlich!«
Sie blieben bis spät in die Nacht hinein auf, fröhlich und lärmend, und gingen erst zu Bett, als Emmanuelle der Schlaf übermannte in dem Sessel, in den sie sich gekuschelt hatte, unter der Bougainvillea, die sich über die Terrasse des Erdgeschosses spannte. Es regnete nicht. Die Frösche waren verstummt. Die Sterne glänzten hell wie in der trockenen Jahreszeit. Mitte August gibt es in Thailand häufig solche trügerischen Atempausen.

Emmanuelle pflegt nackt zu schlafen. Aber wenn sie mit Jean auf dem breiten Balkon ihres Schlafzimmers frühstückt, zieht sie sich eines der kurzen Nachthemden über, von denen sie sich vor ihrer Abreise aus Paris eine große Anzahl gekauft hatte (besonders weil sie gern anprobieren ging). Heute morgen trägt sie ein durchsichtiges und plissiertes von der Farbe ihrer Haut. Der Saum reicht nicht weiter hinunter als bis zu den Leisten. An der Taille wird es durch drei Knöpfe geschlossen. Der leiseste Windhauch lüftet es sanft. Plötzlich fängt Emmanuelle an zu lachen.
»Ach, ich habe ja ganz vergessen, daß wir einen Gast haben. Ich glaube, es ist besser, ich ziehe mir etwas über.«
Sie steht schon auf, aber Jean protestiert. »Kommt nicht in Frage«, entschied er. »So siehst du viel besser aus.«
Im Grunde hat sie gar nichts dagegen, sich in diesem Aufzug zu zeigen; sie ist seit langem daran gewöhnt, daß alle möglichen Leute sie nackt sehen. Es ist ihr von ihrer Kindheit her vertraut. Die Vorstellung, sich der Eltern wegen einen Morgenrock überziehen zu müssen, wäre diesen ebenso albern vorgekommen

wie ihr selbst. Daß sie sich nach ihrer Hochzeit eine Anzahl Nachthemden gekauft hatte, war aus Koketterie und nicht aus Schamhaftigkeit geschehen.
Christopher ist dabei allerdings nicht so wohl zumute wie seinen Gastgebern. Er sitzt Emmanuelle gegenüber und kann seinen Blick nicht von ihren Brüsten lösen, die die Sonne durch den plissierten Stoff hindurch belebt: blutvoll drängen sich die Spitzen nach vorn – zwei blaßrosa Tupfen unter dem Gewebe.
Als sie aufsteht, um ihm Zwieback, Früchte, Honig zu reichen, schlägt die morgendliche Brise den leichten Stoff bis zum Nabel auseinander, und das Astrachandreieck nähert sich ihm, kommt seinem Gesicht so nahe, daß er seinen Maiglöckchenduft atmet.
Er wagt kaum, die Tasse an die Lippen zu heben, da er fürchtet, daß seine Hände zittern könnten. Panik überkommt ihn: Was soll ich tun, wenn ich aufstehen muß?
Zu seiner Erleichterung geht Emmanuelle wieder in ihr Schlafzimmer zurück, bevor die Männer ihr Frühstück beendet haben. So bleibt Christopher Zeit, sich wieder in die Gewalt zu bekommen.
Erst zum Abendessen wollten Jean und Christopher wieder zurück sein. Emmanuelle hatte keine Lust, den ganzen Tag allein zu Hause zu verbringen. Sie nahm den Wagen und fuhr in die Stadt. Eine Stunde lang fuhr sie ziellos herum, verirrte sich, hielt zuweilen an, um ein Geschäft zu betreten, oder starrte abwesend und von Grauen geschüttelt einen Leprakranken an, der auf dem Bürgersteig saß und sich rückwärts bewegte, wobei er sich auf seine zerfressenen Handgelenke stützte und die Stümpfe seiner Schenkel über den schmutzigen Boden schleifte. Emmanuelle war von diesem Anblick so erschüttert, daß es ihr nicht gelingen wollte, den Motor wieder anzulassen. Sie saß wie gelähmt da, hatte vergessen, wohin sie fahren wollte, vergessen, welche Bewegungen sie mit ihren unversehrten Füßen, ihren gesunden und zarten Händen ausführen mußte ... Gleichzeitig schämte sie sich ihrer plötzlichen Verwirrung.

»Wenn mir dieser Mann angst macht«, fuhr es ihr durch den Sinn, »dann heißt das, daß ich ihn ablehne und daß ich mich genauso grausam aufführe wie meine Landsleute in früheren Zeiten, wenn sie die Leprakranken verbannten, sie behandelten, als ob sie schon tot wären, und ihnen befahlen, sich in entehrender Weise als Kranke zu kennzeichnen. Diese Siamesen sind da weniger ungerecht; sie behandeln einen Kranken nicht wie einen Verbrecher. Sie ergreifen nicht die Flucht oder zeigen mit dem Finger auf ihn. Sie machen kein Aufhebens davon, wenn sie ihm auf der Straße begegnen. Sie geben ihm zu essen und zu trinken und lassen ihn weiterziehen, wohin es ihm beliebt und wo immer er den kurzen Rest seiner Tage zu verbringen gedenkt.«

Aber diese Selbstvorwürfe halfen nichts. In diesem Augenblick tauchte ganz in ihrer Nähe, aus einem chinesischen Laden heraustretend, eine Silhouette auf.

Sie stieß einen spitzen Schrei aus, der wie ein Hilferuf klang: »Bee!«

Die junge Frau wandte sich um und trat mit einer Geste freudiger Überraschung an den Wagen heran.

»Ich habe Sie gesucht«, sagte Emmanuelle.

Im gleichen Augenblick erkannte sie, daß sie die Wahrheit gesagt hatte.

»Nun, dann haben Sie ja Glück gehabt, daß Sie mich gefunden haben«, scherzte Bee. »Denn in diese Gegend komme ich nicht sehr häufig.«

Natürlich, sie glaubt mir nicht, dachte Emmanuelle betrübt.

»Möchten Sie mit mir zusammen zu Mittag essen?« schlug sie so inständig bittend vor, daß Bee einen Augenblick lang nicht wußte, was sie antworten sollte.

Doch Emmanuelle fuhr fort: »Ich habe eine Idee! Kommen Sie mit zu mir. Es ist reichlich zu essen da. Und Sie kennen mein Haus noch nicht.«

»Möchten Sie nicht lieber mal hiesige Spezialitäten kennenlernen?« fragte Bee. »Ganz in der Nähe ist ein sehr pittoreskes kleines siamesisches Restaurant. Ich lade Sie ein.«

»Nein«, antwortete Emmanuelle beharrlich. »Ein anderes Mal. Jetzt möchte ich Sie mit zu mir nach Hause nehmen.«

»Wenn Sie meinen!«

Bee öffnete die Wagentür und setzte sich neben sie.

Emmanuelle blühte auf. Sie hatte plötzlich das Gefühl, als habe sie wieder zu sich selbst gefunden; sie wußte nun, was sie wollte, war stolz, daß sie liebte, und konnte sich weder verstellen noch warten. Es fehlte wenig, und sie hätte ihre Freude laut hinausgeschrien, während sie alle Vorsicht außer acht lassend ihren Wagen durch das Ameisengetümmel der Stadt lenkte. Ohne jeden Grund lachte sie hin und wieder. Sie strahlte geradezu. Worte formten sich in ihrem Kopf zu einer hoffnungsfrohen Melodie. O meine terra firma! O meine Schöne mit dem geflügelten Namen! O du meine Schöne, meine sanfte Schöne! O du Land mit dem geflügelten Namen! O meine Schöne, meine sanfte Schöne! O mir verheißene Bucht mit dem geflügelten Namen, meine Schöne, o meine sanfte Schöne! Du Schöne, meine terra firma, meine Bucht, meine Flügel!

Mit der Geste einer Schiffbrüchigen streckte sie zärtlich die Arme aus, schüttelte ihre schweren Haare, küßte schluchzend vor Glück das schöne, liebreiche Gestade. Endlich, endlich! Oh, so lieblich war das Gestade, an das die Welle sie trug, sie, im feuchtschimmernden Haar, so gastlich ihrem dürstenden Leib, ihren nackten Beinen, ihrem hingegebenen Körper. In der Verzauberung der Augustnacht war alles vergessen, was sie gelernt und wieder verlernt hatte, seit sie von der einen in die andere Welt verschlagen worden war. Ihre Lippen leuchteten in immerwährender Morgenröte.

Bee betrachtete sie voller Bewunderung, aber auch ein wenig befremdet.

Das elegante und modern eingerichtete Haus gefiel der Besucherin. Sie lobte die Blumenarrangements; Emmanuelle hatte

die Kunst des Ikebana in Paris gelernt; die Keramik; die Schalen aus durchsichtigem Stein, die mit Korallen und Seemuscheln verziert waren; das große, schmiedeeiserne Mobile, das sich mitten im Zimmer sperrig und herausfordernd erhob und mit seinem ganzen seltsamen metallenen Laub klirrte.
Sie aßen rasch zu Mittag. Emmanuelle hatte die Sprache verloren. Ihr jubilierender Blick ließ nicht ab von Bee.
Dann besichtigten sie trotz der sengenden Sonne den Garten. Emmanuelle hatte die Hand ihrer Freundin ergriffen, und sie gingen zwischen den Beeten mit den gepflanzten Ablegern und Setzlingen entlang. Sie wies darauf hin, wie schön der Garten erst sein würde, wenn das alles zu Sträuchern erblüht war.
Emmanuelle brach eine langstielige Rose und reicht sie Bee, die die rote Blütenkrone mit ihren Fingern umfaßte und an ihre Wange hielt. Emmanuelle kam mit ihren Lippen näher und drückte einen Kuß auf die Rose.
Der Gang durch den Garten hatte sie erhitzt. Sie kehrten ins Haus zurück.
»Wollen wir uns nicht rasch duschen?« schlug Emmanuelle vor.
Bee fand das eine gute Idee.
Oben im Schlafzimmer riß sich Emmanuelle die Kleider so hastig vom Leibe, als stünden sie in Flammen. Erst als Emmanuelle ihr letztes Kleidungsstück abgelegt hatte, begann auch Bee, sich zu entkleiden.
Sie hatte nur gesagt: »Was haben Sie für einen schönen Körper!«
Und dann hatte sie langsam ihren Kragen geöffnet. Als sie ihre Hemdbluse, die sie genau wie Emmanuelle auf dem bloßen Körper trug, halb aufgeknöpft hatte, konnte Emmanuelle einen Ausruf des Staunens nicht unterdrücken: Bees Brust glich der eines Knaben.
»Sie sehen ja, wie flach ich bin«, sagte das Mädchen.
Sie schien sich dessen aber überhaupt nicht zu schämen, vielmehr genoß sie Emmanuelles Überraschung, die sich die rosi-

gen Spitzen, die so klein und blaß waren, daß es aussah, als seien sie noch nicht voll entwickelt, genau betrachtete.

»Finden Sie sie häßlich?« erkundigte sich Bee, ohne diese Frage ernst zu meinen.

»O nein! Ganz im Gegenteil, sie sind wunderschön!« rief Emmanuelle in so inbrünstigem Ton, daß die andere gerührt lächelte.

»Dabei hätten Sie alles Recht, kritisch zu sein, bei den herrlich schönen Brüsten, die Sie haben«, bemerkte Bee. »Ein starker Gegensatz zwischen uns beiden, nicht wahr?«

Emmanuelle erwiderte mit dem Fanatismus einer Konvertierten: »Was ist schon Besonderes an großen Brüsten? Die Illustrierten sind voll davon. Aber bei Ihnen ist es so ganz anders als bei den anderen Frauen, und das ist hübsch!« Ihre Stimme verdunkelte sich ein wenig: »Sie müssen wissen, noch nie habe ich etwas gesehen, das mich so erregt hat. Und das sage ich in vollem Ernst.«

»Ich gebe zu, auch ich habe Freude an ihnen«, sagte Bee, die ihren Rock auf den Boden gleiten ließ. »Sicher wäre es mir nicht recht, wenn ich eine zu kleine Brust hätte, aber überhaupt keine Brust, das hat Esprit, finden Sie nicht auch?« (Plötzlich schien sie gesprächiger zu werden. So lange hatte Emmanuelle sie noch nicht reden hören.) »Ich habe sogar lange gefürchtet, meine Brüste könnten zu wachsen anfangen. Dann wäre ich mir vorgekommen, als verlöre ich meine Persönlichkeit. Und ich habe damals jeden Abend gebetet: ›Mein Gott, mach, daß ich niemals richtige Brüste bekomme!‹ Ich bin offenbar so brav gewesen, daß der liebe Gott mich erhört hat!«

»Welch ein Glück!« rief Emmanuelle. »Wie schrecklich, wenn Ihre Brüste größer geworden wären. Ich mag sie so, wie sie jetzt sind!«

Auch Bees Beine fand sie bewundernswürdig, sie waren so lang und ihre Linien so vollendet, daß sie fast unwirklich schienen, so als entstammten sie den Modellzeichnungen eines Modeschöpfers. Zu diesem Eindruck von Eleganz und Rasse trugen auch die schmalen Hüften bei und die biegsame Schlankheit der Taille.

Was aber Emmanuelle am meisten auffiel, als Bee ihr Höschen ausgezogen hatte, war der ungewöhnlich stark vorgewölbte, glattrasierte Venusberg. Noch nie hatte sie gesehen, daß er sich derartig von der flachen Ebene des Bauches abhob und vor Geschlechtlichkeit förmlich zu bersten schien. Sie meinte, nie etwas Edleres und zugleich Aufregenderes gesehen zu haben. Durch das Fehlen der Haare lag der hoch hinauf reichende Einschnitt des Geschlechts, das sich tief und scharf umrissen furchte, bloß und war dem Blick ganz offen preisgegeben. Der Kontrast zwischen dieser einladenden Weiblichkeit und der ephebenhaften Gestalt, verbunden mit der gleichmäßigen Bräunung von Bees Körper (es drängte sich der Gedanke auf, daß er der Sonne ganz ausgesetzt gewesen war und andere sich an dieser hermaphroditischen Nacktheit hatten erfreuen können) wirkten wie eine Herausforderung. Und die glatte und gespaltene Schwellung von Bees Schoß war ihrer unnahbaren Anmut zum Trotz von solcher Sinnlichkeit, warf sich mit einer derart einladenden Bewegung nach vorn, daß es Emmanuelle war, als wühle eine Hand in ihrem eigenen Schoß. Sie wußte plötzlich, daß Bee ihr auf der Stelle gehören, daß sich ihr diese Furche, diese Spalte der Wollust öffnen müsse ... diese Spalte, bei deren Anblick sie erbebte. Dieser Rosenmund von unvergleichlicher Schönheit! Diese schönste Stelle an dem herrlichsten Körper, der je erschaffen worden war! Dieses Meisterwerk, vom Leben selbst geformt. Nichts, nirgendwo auf Erden, war es mehr wert, geliebt zu werden! ... Sie öffnete den Mund, um Bee zu sagen, wonach sie verlangte, aber im gleichen Augenblick drehte sich die junge Frau nach dem Badezimmer um: »Und wie steht's mit dem Duschen?« fragte sie.

Jetzt schien Emmanuelle jede List überflüssig. Um Bee daran zu hindern, weiterzugehen, befahl sie: »Kommen Sie aufs Bett.«

Die Besucherin, die mit zögernder Miene an der Tür stehengeblieben war, entschied sich zu lachen.
»Ich möchte mich aber frisch machen und nicht schlafen«, sagte sie.
Emmanuelle fragte sich, ob Bee wirklich glaubte, daß sie sie zur Siesta hatte auffordern wollen, oder ob sie nur so unschuldig tat. Ihr Blick traf sich mit dem ihrer nackten Freundin, und sie war verzweifelt, in ihm nicht die Andeutung eines Versprechens entdecken zu können.
Sie ging auf Bee zu und öffnete die Tür. »Dann tun wir es eben unter der Dusche«, sagte sie entschlossen.

Jenny Diski

Vor drei Jahren, kurz nachdem Michael ausgezogen war, hatten Rachel und Joshua sich auf einer Dinnerparty kennengelernt. Zu ebendiesem Zweck waren sie eingeladen worden. Molly Cassel, eine alte Schulfreundin von Rachel, liebte es, Leute zusammenzubringen, und als sie erfuhr, daß Rachel und Michael sich getrennt hatten, war sie augenblicklich am Telefon.

»Rachel«, hatte Molly geschwärmt, »du mußt unbedingt meinen Freund Joshua kennenlernen.«

»Warum? Ich bin wirklich nicht in der Stimmung, Männerbekanntschaften zu machen. Was ist so besonders an ihm?«

»Na ja, er ist ein komischer Kauz. Ungemein clever, aber etwas skurril. Nicht für 'ne Beziehung geeignet, aber interessant.«

»Hört sich bis jetzt so an, als könnt ich ganz gut ohne ihn leben. Warum ist er nicht für 'ne Beziehung geeignet? Nicht«, fügte sie rasch hinzu, »daß ich eine Kandidatin für 'ne feste Bindung wäre.«

»Ach, er bumst ziemlich in der Gegend rum, doch nie mehr als einmal mit derselben. Er verkorkst die Leute regelrecht. Er ist geschieden und hat zwei Kinder, um die er sich rührend kümmert, aber in puncto Frauen ist er ein bißchen komisch.«

»Keine gute Werbung, die du da machst, Molly. Ich brauche keine One-night-stands; ich brauch zur Zeit überhaupt nichts. Und nebenbei, was ist sein Problem mit Frauen?« Sie fragte nicht aus Neugier, sondern einfach nur so.

»Keine Ahnung. Eigentlich ist er mehr ein Freund von Tom. Ich nehme an, er langweilt sich.«
»Ganz ehrlich, Molly, ich habe schon lange keine weniger verlockende Einladung bekommen. Trotzdem vielen Dank, doch ich laß es lieber. Wahrscheinlich kriegt er ihn nicht mehr als einmal hoch. Ein Frauenhasser. Total undersexed.«
»Hm … Sicher hast du recht – mit dem Nicht-mehr-als-einmal-Hochkriegen, mein ich. Aber er ist wirklich ungemein clever, du würdest dich prima mit ihm unterhalten.«
»Nein.«
Drei Wochen später – das besagte Telefongespräch war längst vergessen – hatte Molly sie zum Essen eingeladen. Rachel, die eben ihren derzeitigen Liebhaber, und damit den Rest ihres Gesellschaftslebens, in die Wüste geschickt hatte, nahm die Einladung wenig begeistert an. Sie traf mit Verspätung ein; Molly, Tom und Joshua saßen bereits am Eßtisch und tunkten ihr Brot in den Houmous. Sie warf Molly einen kurzen Seitenblick zu, als sie Joshua vorgestellt wurde, nahm Platz und war gefaßt darauf, wieder mal einen sinnlosen Abend durchstehen zu müssen. Sie grübelte finster darüber nach, was für eine Zeitverschwendung solche Partys doch waren, und wieviel lieber sie ihre Abende alleine in ihrer Wohnung verbrachte. Sie sehnte sich geradezu danach, zu Hause zu sein.
Joshua lächelte sie an. Er richtete einen Strahl blendendweißer Zähne und komplizenhafter Belustigung auf sie; er strahlte sich ihr gleichsam entgegen.
O verdammt, dachte sie, das kennen wir doch. Der Charmeur.
Joshua widmete ihr seine ganze und ungeteilte Aufmerksamkeit und lächelte ständig. Seine Fragen kamen Schlag auf Schlag, waren unverschämt persönlich, doch sein blendendweißes Grinsen nahm ihnen die Schärfe. Die Nummer war exzellent inszeniert, doch es war eine, die sie kannte; trotzdem beobachtete sie seine Technik mit einiger Bewunderung. Sie beantwortete seine Fragen so offen, wie sie gestellt wurden, als würde sie

interviewt. Sie hatte sich also von ihrem Mann getrennt? Nun ja, sie hätten nie recht gewußt, wie sie sich auf Partys vorstellen sollten – mein Mann, meine Frau hätten sie nur schwer über die Lippen gebracht, und da wären sie zu dem Schluß gekommen, daß mein Ex-Mann usw. einfacher sei. Ihre Beziehung sei sehr herzlich, fügte sie hinzu. Aber weshalb sei es dann zur Trennung gekommen? Nun, sie wären mit der Zeit getrennte Wege gegangen, deshalb wäre es immer schwerer geworden, ein Leben unter einem Dach zu führen, und deshalb hätte Michael eine Wohnung gleich um die Ecke gekauft. Waren sie nicht eifersüchtig auf die Affären des anderen gewesen? Ja und nein, aber meistens nein.
Und so ging es weiter. Immer lächelnd und höflich. Ihre Lebensgeschichte wurde verlangt und bis auf ein paar wesentliche Auslassungen vorgetragen. Sie war adoptiert worden? Und sie kannte Molly schon lange? Lehrerin war sie? Und was waren ihre Lieblingsbeschäftigungen?
»Tanzen, lesen und bumsen«, erwiderte Rachel mit einem höflichen, artigen Lächeln.
Molly verschluckte sich an ihrem Obstsalat, während Tom, ein mürrischer Zeitgenosse, sorgfältig seinen Löffel prüfte, um sich zu vergewissern, daß von seinem letzten Bissen auch nichts darauf zurückgeblieben war. Joshuas Grinsen verdoppelte sich, wenn das noch möglich war. Während des ganzen Abends hatte zwischen ihm und Rachel ein heimliches Einverständnis bestanden; sie sahen einander im Gespräch offen in die Augen, jeder wußte, daß der andere wußte, was gespielt wurde. Die Vorstellung war gut, totale Aufmerksamkeit mit einem Hauch von Arroganz; genug, um Rachel zu schmeicheln und sie gleichzeitig leicht zu verunsichern, als würde sie attackiert. Sie sollte von seinen dunklen stechenden Augen und seinem sonderbar bezaubernden, ungezwungenen Lächeln hypnotisiert werden. Sie sollte aus dem Gleichgewicht gebracht werden und doch spüren, daß er irgendwie wirklich an ihr, nur ihr, interessiert war.

Ein fasziniertes Kaninchen, das schmachtend darauf wartet, verzehrt zu werden.
Nur leider, dachte sie, durchschaue ich dich, Sunnyboy. Du bist ein kleines bißchen zu berechnend oder ich ein kleines bißchen zu clever.
Gegen Ende des Abends erhob er sich und bot ihr an, sie nach Hause zu fahren. Sie musterte ihn, wie er da stand in seinem Tweedanzug: Seine Kleidung war gut, nicht zu chic. Er war kräftig gebaut, plump eigentlich, aber groß genug, um nicht lächerlich zu wirken. Sie mochte kräftige – dicke – Männer; kleine, dünne ließen sie buchstäblich kalt. Er sah reif, selbstsicher aus, sein rundes, fleischiges Gesicht wirkte noch massiver durch die Falten, die sich tief um seine Mundpartie und in seine breite Stirn eingruben; sein Bart war einer von denen, die wohl einen heftigen Widerwillen gegen das Rasieren andeuten sollten, die in Wirklichkeit aber ein ständig das Gesicht veränderndes Merkmal darstellten; sein kurzes graues Haar war untermischt mit seinem ursprünglichen Schwarz. Er wirkte alles andere als sexuell verklemmt, doch man konnte nie wissen. Oft war die Selbstsicherheit nur äußerer Schein, und kaum waren die Hüllen gefallen, fiel auch das Selbstwertgefühl in sich zusammen, um wieder einmal nichts anderes als einen kleinen Jungen zutage zu fördern. Doch es könnte interessant sein, in Erfahrung zu bringen, was sich unter *dieser* Hülle verbarg. Sie war nicht versessen drauf, so oder so, und schlimmstenfalls, wenn Molly recht behalten sollte, stand ihr eine langweilige Nacht bevor. Sie fühlte sich von diesem Mann nicht bedroht, sondern glaubte im Gegenteil, die Situation im Griff zu haben. Und da Michael, der Carrie über Nacht bei sich hatte, ihren Wagen ausgeliehen hatte, nahm sie das Angebot an.
Sie war erleichtert, wieder in ihrem eigenen Territorium zu sein, als sie das Wohnzimmerlicht anknipste. Joshua schlenderte herum, las die Buchtitel in ihren Regalen und warf einen Blick in die Küche, die vom Wohnzimmer ausging. Es war ein hüb-

sches, gemütliches Zimmer: ein altes Sofa, mit einem Berber bedeckt, ein Armsessel, Holzkisten, die als Stellflächen für Steine und Muscheln von diversen Stränden dienten, und Bücherregale in den verschiedenen Nischen. Überall, wo Platz und Licht es erlaubten, wucherten Grünpflanzen und Blumen, ein kleiner Ersatz für Rachels Sehnsucht nach dem Landleben. Sie knipste das Küchenlicht an, um Kaffee zu kochen; Joshua machte es gleich wieder aus.

»Ich will nichts. Leg Musik auf.«

O weh, dachte Rachel, und begann ziemlich schwarzzusehen. Schon eine einzige fade Nacht war eigentlich zuviel. Während sie eine Platte vom guten alten Frank Sinatra auflegte, stellte sie sich vor, wie sie wach neben einem schlafenden postkoitalen Mann lag und die Stunden sich dahinschleppten. Sicher würde er schnarchen, und sie läge da, würde ins Dunkel starren, wünschen, daß er fort wäre, wünschen, er wäre erst gar nicht gekommen, würde das Bett für sich allein haben wollen und wieder mal zu der Erkenntnis kommen, daß mittelmäßiger Sex nicht besser als gar keiner war.

Vielleicht, überlegte sie, schick ich ihn besser gleich nach Hause, so attraktiv ist er nun auch wieder nicht. Sie hatte nicht dieses tiefe, zwingende Verlangen in ihrem Bauch, das ihn ihr unentbehrlich machte. Doch er hielt sie jetzt in seinen Armen und bewegte sich langsam mit ihr im Rhythmus der Musik. Er hatte alle Lichter ausgeschaltet, so daß der Raum jetzt im Dunkeln lag, und als sie sich nun sanft zusammen wiegten, wußte sie, daß es zu spät war, ihn nach Hause zu schicken. Sie beschloß, sich ganz einfach mit den Dingen, die da kamen, abzufinden; sie wollte keine Szene, und außerdem war es nicht unangenehm, im Dunkeln zu tanzen. Joshua küßte sie langsam und führte sie dann bei der Hand nebenan in das unbeleuchtete Schlafzimmer. Er zog sie geschickt aus, während sie passiv dastand und sein Gesicht beobachtete, als seine Finger ihr T-Shirt aufknöpften, das sie gewöhnlich einfach über den Kopf streifte. Als sie nackt war, strichen seine Hände ihren Rücken hinab zu ihren Hinterbacken; dann legte er sie aufs Bett und zog seine eigenen Kleider sorgfältig und ohne Eile aus. Sie lag da und beobachtete ihn, spürte seine erstaunliche Gelassenheit und das, was sie beim Abendessen hatte empfinden sollen – Verunsicherung und Erregung zugleich. Jetzt wollte sie ihn.

Joshua legte sich zu ihr aufs Bett, auf seine Seite, und stützte sich auf den Ellenbogen. Seine Hand glitt über ihren Bauch, streichelte ihre beiden Brüste, dann, als sie zu ihrer Vulva glitt, tauchte er seinen Kopf hinab und saugte eine Weile an beiden Brustwarzen. Schließlich hob er den Kopf und musterte sie; ein langer kalter Blick. Er hielt seine Augen die ganze Zeit auf sie gerichtet, sein Gesicht ausdruckslos, beobachtend, als seine Finger ihre Vulva fanden. Er teilte ihre Schamlippen und begann fachmännisch ihre Klitoris zu reiben, ließ ihr Gesicht nicht aus den Augen und beobachtete ihre Reaktionen, wie ein Techniker bei der Prüfung eines neuen Modells einer Maschine, auf die er ein Leben lang gewartet hatte. Das langsame Streicheln ging, als sie feuchter wurde, über in eine Kreisbewegung, und sie begann tiefer und schneller zu atmen, während er Druck und Tempo erhöhte. Ihr Blick wurde verschwommen und fern und konzentrierte sich auf die Wellen, die von ihrer nassen, erregten Fotze aufstiegen, und auf das plötzliche überwältigende Bedürfnis, penetriert, gefüllt zu werden. Er drang mit einem Finger tief in sie ein, und sie rang nach Luft, atmete schwer, begann sanft zu stöhnen, als sein Daumen ihre Klitoris rieb und der Finger sich langsam in ihr bewegte. Joshua beobachtete sie nach wie vor ungerührt, als sie jetzt ihr Becken auf und ab bewegte, um den Druck seiner Hand zu verstärken, und ihre Knie gegen das Bett preßte, um weit geöffnet zu sein. Sie kam in kleinen schrillen Schreien, hob ihre Hüften vom Bett, bog ihren Rücken und griff nach dem Arm, der noch immer zwischen ihren Schenkeln arbeitete, preßte sich gegen seinen Handballen im Rhythmus der Kontraktionen, die in ihr pulsierten.

»Bitte ... bitte ...«, schluchzte sie und hielt eine lange Weile den Atem an, entspannte sich neben ihm, ließ die Luft aus ihren Lungen und spürte ihr Herz hämmern. Joshua zog sie auf ihn, und sie sah sein Gesicht unter ihr, seine Augen, noch immer beobachtend, kalt, doch eisig glitzernd vor Erregung. Er legte ihre Hand auf seinen Penis, damit sie ihn einführen konnte, und begann, die Hände auf ihren Hüften, sich langsam auf und ab zu bewegen. Als sie wieder zu kommen begann, fühlte und hörte sie, wie er sie schlug, erst sanft, fast zaghaft, dann, als er sah, daß sie sich weiter bewegte, etwas fester, nicht so, daß es weh tat, doch stark genug, daß jeder Schlag im Zimmer hallte.

Himmel, dachte sie, das ist neu. Was ist das?

Dann ließen sie das Gefühl seines Penis tief in ihr, das Geräusch und der Schmerz auf ihrem Hintern in langen tiefen Seufzern kommen, und sie hörte und fühlte, wie auch er in stöhnenden Zuckungen kam.

Sie lag eine Weile auf seiner Brust ausgestreckt, rang nach Atem und spürte, wie ihr Körper allmählich zur Ruhe kam. Sie fragte sich im stillen, was es mit den Schlägen auf sich haben mochte. Sie war noch keinem begegnet, der auf Schlagen stand und das war es, so dachte sie, wohl gewesen. Sie war neugierig und ein wenig verwirrt, aber auch erregt.

»Wie wär's mit 'nem Fick?« sagte Joshua lässig, in breitem Oxbridge in ihr Ohr.

»Wie war noch mal Ihr Name? Egal, tun wir's!«

Er wälzte sich herum, so daß sie jetzt unter ihm lag, fickte sie diesmal hart und fest und flüsterte ihr zu: »Kannst du mich spüren, ganz tief in dir? Saug mich in dich ein.«

Seine Augen blieben die ganze Zeit geöffnet, starrten sie wütend an, und als sie beide gekommen waren, zog er sich so schnell aus ihr zurück, daß Rachel nach Luft schnappen mußte. Dann lag er ruhig da, den Arm um sie geschlungen, die Augen geschlossen.

Rachel lag im Dunkel neben dem schlafenden, schwer atmenden Mann.

Nun, dachte sie, das war nicht gerade, was ich erwartet hatte. Auf jeden Fall war es, alles in allem, eine schlaflose Nacht wert gewesen. Sie dämmerte hin und wieder ein und fuhr mehrmals zuckend aus dem Schlaf. Einmal wachte Joshua davon auf und flüsterte ihr zu: »Ist gut, Liebling, ich bin's, Joshua, hab keine Angst.«

Beide wachten früh auf, sie kurz vor ihm, und als er die Augen öffnete und sich orientierte, spürte sie, wie er sie kalt anstarrte, bis er merkte, daß auch sie wach war. Er war im Nu aus dem Bett.

»Ich muß gehen. Fahr heute mit den Kindern aufs Land. Nein, ich will keinen Tee. Danke.«

Er war in Sekunden angezogen, nickte ihr ein knappes, unverbindliches »Ciao« zu und verließ das Haus kaum fünf Minuten, nachdem er aufgewacht war.

Als Joshua gegangen war, empfand Rachel zunächst mal gar nichts. Sie war müde, und der Tag wurde ganz von Carrie in Anspruch genommen. Michael brachte sie und den Wagen zurück, und sie gingen alle drei auswärts essen. Sie begleitete Carrie zu ihrer Klavierstunde und vertrieb sich die Stunden auf halbwegs angenehme Weise, bis es Zeit war für Carries Gutenachtgeschichte. Dann ließ sich Rachel in ihrem Wohnzimmer nieder, zog die Stille in sich ein und dachte an die vergangene Nacht. Es stimmte nicht ganz, daß sie gar nichts empfand; sie fühlte sich taub, benommen von Joshuas plötzlichem Aufbruch. Sie erwartete nicht, ihn wiederzusehen, es war der eindeutigste One-night-stand, an den sie sich erinnern konnte. Es war also überflüssig und sinnlos, auch nur einen Gedanken an ihn zu verschwenden. Und trotzdem, sie wollte mehr, weil es gut gewesen war, und warum sollte nicht auch er mehr wollen? Mehr mußte ja nicht ein Mehr an Intensität bedeuten, das wollte sie sowieso nicht, es konnte einfach nur *mehr* bedeuten. Nach den Geschehnissen der letzten Nacht glaubte sie nicht länger, was Molly ihr erzählt hatte. Wenn er Frauen kein zweites Mal sah, dann sicher nur aus Angst vor Intimität und nicht wegen technischer Probleme. Sie stellte sich Schallwellen vor, die um den Erdball gingen und die Botschaft der Männerwelt, das unvermeidliche männliche Wehgeschrei ins All hinaustrugen: *»Ich kann keine Menschen ertragen, die mich vereinnahmen wollen!«* Sie stellte sich *den* Mann auf dem Sofa liegend vor, den Handrücken dramatisch an die Stirn gelegt. Sie stellte sich *die* Frau vor, hilflos lachend über die Absurdität all dessen. Wie viele Männer hatten ihr schon die eine oder andere Version davon vorgejammert, bevor sie erklären konnte, daß sie keine Intimität, keine Häuslichkeit, keine Tisch-/Bettaffäre wollte? Alle, so oder so. Und wenn sie es schließlich gesagt hatte, hatten alle ungläubig aus der Wäsche geschaut: Sie sagt es, aber sie meint es nicht wirklich; sie ist nun mal eine Frau, und sie sagen es alle mit den Augen.

Irgendwo, dachte sie, mußte es doch einen Mann geben, der sie nicht mit ihrer Mutter verwechselte. Zum Teufel mit den kleinen Jungen, wo sind die reifen Männer? Es stimmte zwar, daß die meisten Frauen ein Heim gründen und Kinder mit jemandem haben wollten; die meisten Männer wohl auch, denn sie heirateten die Frauen ja. Warum tat sie es nicht? Nun, sie hatte es natürlich getan, doch nicht mit Überzeugung. Michael und sie hatten vereinbart, so lange zusammenzuleben, bis Carrie aus dem Säuglingsalter heraus war, den Rest hatten sie offengelassen. Sie hatte sich nie vorstellen können, langfristig mit jemandem zusammenzuleben. Nicht einmal als junges Mädchen hatte sie vom Märchenprinzen und vom ewigen Glück geträumt. Die glücklose Ehe ihrer eigenen Eltern war sicher ein Grund dafür gewesen, doch auch all die anderen prägenden Faktoren, wie Märchen, Jungmädchenträume, Schlager, schienen bei ihr kaum Spuren hinterlassen zu haben. War das wirklich so? Machte sie sich da nichts vor? Man konnte nie ganz sicher sein, ob man restlos ehrlich zu sich selbst war, aber sie schien tatsächlich besser mit dem Single-Dasein zurechtzukommen als jeder andere, den sie kannte. Sie wollte Sex und Freundschaft, beides brauchte nicht zusammenzukommen.

Doch da saß sie nun nach dieser Nacht und fühlte sich miserabel. Ihr war wirklich hundeelend zumute. One-night-stands ... Sie hatte von Frauen gehört, die, wenn sie mit einem fremden Mann ins Bett gegangen waren, am folgenden Tag keinen Gedanken mehr an ihn verschwendeten. Bei ihr war das nie so gewesen, und sie war auch noch keiner Frau begegnet, die das konnte – hatte nur von welchen gehört. Manchmal, schlimmstenfalls, empfand sie nachträglich Ekel oder Reue; manchmal wünschte sie, der Mann würde anrufen, sie noch mal sehen wollen; oder sie träumte, verlor sich in erotischen Erinnerungen. Wie auch immer, das Erlebnis selbst, ganz gleich, ob es gut oder schlecht war, fiel nie einfach von ihr ab, als wäre es nicht geschehen, wenn der Mann die Tür hinter sich zuschlug.

Männer, so nahm sie an, waren dazu in der Lage. Männer gaben zumindest vor, es zu sein, und das faszinierte sie. Sie konnte sich nicht vorstellen, nicht an jemanden zu denken, mit dem sie gerade, ganz gleich wie beiläufig, geschlafen hatte. Wenn es stimmte, daß manche es konnten, so fand sie es beneidenswert. Vielleicht war es auch nur Bluff. Vielleicht aber wollte sie es nur deshalb nicht glauben, weil es sie so viel verletzlicher machte als den Mann. Nichts war demütigender als die Vorstellung, an jemanden zu denken, von dem man genau wußte, daß er nicht an einen dachte. Sie konnte die beiden Gedanken nicht zusammenfügen. Sie wußte, *sie selbst* bluffte, gab vor, knallhart und unabhängig zu sein. Nahm man ihr das ab? So und nicht anders *wollte* sie sein. Ein Bedürfnis befriedigen, und es dann vergessen. So wie man nicht länger ans Essen denkt, sobald man es verzehrt hat. War das bei Männern so? Ein heftiges Verlangen in den Hoden, das, kaum daß es gestillt ist, sie nicht länger beschäftigt? Biologie in ihren Augen ein finsteres Kapitel. Das amorphe Bedürfnis der weiblichen Sexualität: Wie viele Orgasmen waren genug? Männer ejakulieren; Frauen eskalieren. Nicht für Männer kochen wollen, war eine Sache, mehr vom selben wollen eine andere. Und mehr. Unersättliche Bestie. Verdammt durch Gier und Biologie.

Was sie brauchte, war eine völlig emotionslose (ha!) sexuelle Affäre. Fick and Fun. Sie konnte mit Freunden ins Kino gehen, sie brauchte kein Verhältnis im herkömmlichen Sinne, nur zwei gleichberechtigte Erwachsene, die zu freundschaftlichem Sex *zusammenkamen* (oh!). Nichts Schwerwiegendes. War das die reine Wahrheit? Ja, ja, doch es schien da ein Problem zwischen Körper und Verstand zu geben. Nicht unüberwindlich, versuchte sie sich einzureden.

Doch, Himmel, wie elend sie sich fühlte.

Zwei Wochen später rief Joshua an.

»Bist du frei heute abend?«

»Nein, tut mir leid. Doch wie wär's, wenn du morgen abend zum Essen kämst? Gegen acht.«

Sie hatte an jenem Abend nichts vor, doch sie wollte Zeit zum Nachdenken haben.

»Okay. Dann bis morgen.«

Also. Das war nicht gerade ein schneller Return, doch es war mehr als einmal; Molly schien schlecht informiert zu sein, und sie, Rachel, hatte ihre gemeinsame Nacht richtig eingeschätzt. Sie war gut genug gewesen, um eine Fortsetzung zu garantieren. Er wollte mehr von ihr, hatte genug Spaß mit ihr gehabt, um sich einen zweiten Nachschlag – im wahrsten Sinne des Wortes – zu holen. Sie war mit sich zufrieden, obwohl es da eine kleine höhnische Stimme in ihrem Kopf gab, die ihr zuflüsterte: Sei bloß nicht so verdammt dankbar. Warum bist du immer erstaunt, wenn ein Mann dich wiedersehen will?

Sei's drum, auf jeden Fall morgen abend. Sie lächelte bei dem Gedanken. Abendessen. Sie sah sich vor ihrem geistigen Auge mit ihm am Wohnzimmertisch sitzen, essen – was? –, am Weinglas nippen, in freudiger Erwartung einer aufregenden Sexnacht. Es würde griechisches Lamm und frischen Obstsalat geben. Nichts Kompliziertes, und dazu eine Flasche wirklich guten Wein. Sie verbrachte den Rest des Abends damit, sich die kommende Nacht auszumalen. Sie mußte plötzlich daran denken, wie er sie geschlagen hatte, und fragte sich, was sie empfinden würde, wenn es wieder passierte. Sie wußte es selbst nicht genau: Es war, daran führte kein Weg vorbei, aggressiv. Man schlägt jemanden, wenn man wütend auf ihn ist, und sie erinnerte sich an seine Augen, als er mit ihr schlief. Falls Joshua ein Frauenfeind war, hatte er seinen Gegner gewiß eingehend studiert. Ihre Vorstellung von einem »Schlägertyp« – falls sie überhaupt je darüber nachgedacht hatte – war die vom verklemmten Ex-Public-School-Englishman, der seine Angst vor echtem Sex durch Fetische ersetzt. Der verdrängte Schwule, der seine Mami straft, eine Hure zu sein. Der kinnlose degenerierte Vertreter der Upper Classes, dünn und blaß, der gelegentlich Schlagzeilen macht und die Nation zum Lachen bringt. Die Englische Krankheit. Was ging damit einher? Schwarze Strümpfe und Strapse; Utensilien kleiner Hausmädchen. Peinlich.

Nichts, aber auch gar nichts davon paßt in ihr Bild von Joshua. Was sie bei ihm erlebt hatte, waren Zorn und Autorität, er war kein verklemmter Upper-Class-Typ. De Sade, *Justine, Die Geschichte der O.,* dachte sie, das paßte schon besser; doch er hatte ihr schließlich nur leichte Klapse gegeben, sehr sanft dazu. Es konnte natürlich sein, daß er sie nur prüfen, vorher ihre Reaktionen testen wollte ... Vor was? Sie hörte auf, in diese Richtung zu denken. Das mit den Schlägen war albern gewesen, eine kleine Entgleisung eines ansonsten fabelhaften Liebhabers, keine große Sache. Vergiß es. Sie würde mit ihm zu Abend essen und bumsen, genauso wie sonst mit anderen Männern. Sie hatte einen großartigen Liebhaber gefunden, der keine enge Bindung suchte. Bravo, Rachel!

Joshua kam mit einer sehr guten Flasche Wein. Der Korkenzieher lag schon auf dem Wohnzimmerschrank bereit. Er öffnete die Flasche, schenkte beiden ein, sie nippten an ihren Gläsern, Joshua im Sessel, Rachel aufs Sofa gefläzt, der Duft von Thymian, Knoblauch und Lammfleisch hing im Raum. »Wir können gleich essen«, sagte sie.
»Ich bin nicht sehr hungrig. Es hält sich doch, oder?«
Rachel war sauer, als sie den Herd kleiner drehte. Ihre Pläne für den Abend wurden durchkreuzt; dann würden sie's also *vor* dem Essen treiben? Es sah ganz so aus; ihr wär's nach dem Essen lieber gewesen. Sie fühlte sich merkwürdig irritiert und aus dem Gleichgewicht gebracht. Es war ihre Wohnung, ihr Essen, er war ihr Gast; und er setzte sich einfach darüber hinweg, die köstlichen Düfte interessierten ihn nicht. Wenn jemand, verflucht noch mal, zum Essen eingeladen ist, hat er sich gefälligst nach den Regeln des Hauses zu richten. Sie wollte jetzt noch nicht, sie wollte essen und trinken und mit ihm flirten. Sie war nicht bereit. Sie nahm wieder auf dem Sofa Platz und nippte an ihrem Glas. Dabei sah er gar nicht so aus, als wollte er sie gleich aufs Kreuz legen. Er hatte die Beine übereinandergeschlagen, sein Weinglas in der Hand, und blickte sie ruhig und fest an.
»Erzähl mir von deinen Phantasien«, sagte er und lächelte durch sein Weinglas hindurch.
Sie konnte nicht, es war zu schwierig. Vielleicht wenn sie beschwipst oder erregter gewesen wäre, doch selbst dann wär's ihr schwergefallen.
»Nein. Erzähl mir erst von deinen, vielleicht inspiriert's mich.«
Sie würde nicht auf sein Spiel eingehen, zumindest nicht nach seinen Regeln. Sie dachte noch immer besorgt an ihr Essen.
»Nicht gut, wenn du die Sachen verfälschst. Ich will wissen, was du nachts im Bett denkst, wenn du dich berührst. Also gut ... ich stell mir vor, ein kleines, unschuldiges Mädchen zu verführen. Ich bin der erste Mann, der sie erregt, und langsam, ganz langsam beginnt sie zu kommen.«

Rachel war fast ein wenig enttäuscht; das war nicht gerade originell.
»Das ist aber ganz schön disqualifizierend.«
»Disqualifizierend für wen?« fragte er ein wenig überrascht.
»Für mich«, entgegnete sie lächelnd. »Ich bin einunddreißig und keine Jungfrau.«
Joshua lachte, ein ungekünsteltes Lachen, bei dem sich seine Augen vor Belustigung verengten.
»Jetzt bist du dran«, meinte er.
»Na ja, die übliche Vergewaltigungsgeschichte.«
Joshuas Gesicht nahm unvermittelt einen teilnahmslosen Ausdruck an, seine Augen waren wieder ernst.
»Das reicht nicht. Ich will Einzelheiten«, sagte er unwirsch.
Es fiel ihr schwer, sich an die Szenen zu erinnern, die sie sich ausgemalt hatte; sie schienen sich ihr entziehen zu wollen, je angestrengter sie nach ihnen suchte. Warum sollte sie ihm überhaupt ihre wahren Phantasien preisgeben, warum nicht einfach etwas erfinden? Doch sie fühlte sich fast genötigt, ihm so etwas wie die Wahrheit zu sagen.
»Hm … jemand, ein Mann, kommt zum Fenster herein, während ich schlafe. Er, na ja, er fesselt mich ans Bett, er ist sehr stark, und er vergewaltigt mich. Ach, ich weiß nicht. Irgendwas in der Art.«
Er schaute sie sehr ruhig an.
»Hat dich im wirklichen Leben schon jemand gefesselt?«
Sie lachte.
»Einer hat es tatsächlich versucht. Nur kam es mir so lächerlich vor, daß ich anfing zu lachen. Das hat natürlich alles vermasselt.«
Sie erinnerte sich, wie unnatürlich, wie absurd alles gewesen war, wie der Mann sich mit todernster Miene auf seine Aufgabe konzentrierte.
»Er wußte offensichtlich nicht, was er tat.« Joshua teilte ihre Belustigung nicht, sondern blickte sehr ernst drein. *Ich* weiß,

schien er zu sagen, wenn ich es getan hätte, wär dir das Lachen vergangen.
Rachels Lachen erstarb, und sie erwiderte seinen Blick, bevor sie das Gesicht zur Küche abwandte und sich erhob. »Sollen wir essen? Ich mach schnell die Salatsoße.«
Sie ging in die Küche und nahm eine kleine Schüssel aus dem Schrank. Eine halbhohe Wand, mit Pflanzen beladen, trennte die Küche vom Wohnzimmer. An der Küchenseite der Wand stand ein Tisch, an dem sie das Essen zurechtmachte und mit Carrie frühstückte. Jetzt rührte sie, die Schüssel an den Bauch gepreßt, Öl und Essig für eine Vinaigrette an und schaute zu Joshua über die Wand, die ihr nur etwa bis zur Taille reichte.
Joshua erhob sich und kam in die Küche geschlendert.
»Ich bin immer noch nicht hungrig.«
»Heißt das etwa, du willst überhaupt nicht essen? Ich dachte, deshalb wärst du gekommen.«
Sie hatte den Satz noch nicht ausgesprochen, da merkte sie schon, wie albern er war.
»Nein, ich will nicht essen. Vielleicht krieg ich später noch Appetit. Was für ein konventionelles Mädchen du bist. Ich bin nicht zum Essen gekommen. Deine Kochkünste interessieren mich nicht die Bohne.«
Als er jetzt, sein Glas in der Hand, näher kam, fühlte sich Rachel nervös wie ein Schulmädchen, das nicht wußte, wie es sich verhalten sollte. Sie kam sich so lächerlich vor, wie sie dastand, die Schüssel in der einen, die Gabel in der anderen Hand; so absolut albern und unbeholfen, während sie eifrig weiterrührte.
»Der Braten wird ganz trocken. Ich weiß nicht, was ein gutes Essen mit Konventionen zu tun haben soll. Es ist keine politische Handlung, es ist ein Abendessen.«
Sie plapperte drauflos, geriet in Panik, spürte, wie er näher kam, den Blick auf ihre geschäftigen Hände gerichtet. Er stand jetzt dicht hinter ihr und ließ seine Hand unter ihr Kleid gleiten.
Sie trug, was einmal ein teures und elegantes Seidenchiffon-

kleid, Stil der vierziger Jahre, gewesen war. Ein früherer Mann in ihrem Leben hatte es lachend ihren »Caritas-Fummel« genannt. Jetzt war es ein verblichenes Hellblau, an einigen Nähten zerschlissen, mit einem weiten, schwingenden Rock. An Rachel sah es witzig aus – neu wär es viel zu schön gewesen –, ein amüsanter Kontrast zu ihrem interessanten, aber unschönen Gesicht und dem wirren Haar. Es widersprach ihrer nüchternen Herbheit; ein kokettes Kleid an einer unkoketten Frau. Sie trug es besonders gern, weil sich der Stoff so angenehm auf der Haut anfühlte.

Joshuas Handgelenk trug das Gewicht ihres Rocks, während seine Finger über die Innenseite ihres nackten Schenkels glitten, immer höher bis zu ihrem Slip. Rachel arbeitete weiter an dem schon gut verrührten Dressing. Gar nichts passierte. Dicht hinter ihr stand ein Mann, seine Hand unter ihrem Rock, und Rachel verhielt sich so, als geschähe nichts. Sie war nervös und stellte sich dumm. Warum, dachte sie, bin ich so? Sie wollte es nie zugeben und verhielt sich stets, als wäre der Mann aus einem ganz anderen Grund da. Sex? Das letzte, was sie im Sinn hatte. Wozu, zum Teufel, waren sie sonst hier? Sie wollte eine rein sexuelle Beziehung, nichts weiter. Also bitte, dann benimm dich auch so und spiel nicht die Unschuld vom Lande. Hör auf, es mit konventionellem Getue zu bemänteln. Wußte sie selbst nicht, was sie wollte? Doch. Herrgott noch mal, sagte sie zu sich selbst, du *bist* einunddreißig und alles andere als eine Jungfrau. Trotzdem reagierte sie nicht.

»Beug dich über den Tisch«, sagte Joshua.

Seine Stimme war ruhig, aber fest, er erteilte ihr einen Befehl. Sie wandte sich um und schaute ihn an, stellte dann langsam die Schüssel ab, beugte sich über den Tisch und stützte sich auf die Unterarme. Joshua hob ihren Rock noch höher und legte ihn sorgfältig auf ihren Rücken, so daß ihre nackten Beine jetzt freilagen. Mit Daumen und Zeigefinger zog er langsam, sehr behutsam, ihren Slip herunter, und sie hob beide Füße, damit er ihn abstreifen konnte. Dann betrachtete er sie einen Augenblick. Er strich sanft über ihre Hinterbacken, glitt mit dem Finger zwischen ihre Schenkel und rieb ihre Klitoris, bis sie feucht war. Plötzlich begann er sie zu schlagen, knappe, feste Klapse, mit kurzen Intervallen dazwischen. Sechs, acht Schläge, so fest, daß sie nach Atem ringen mußte.

Rachel sah sich vor ihrem geistigen Auge, über den Tisch gebeugt mit nacktem Hintern, geschlagen von einem voll bekleideten Mann. Das war lächerlich, geradewegs aus den Seiten eines Pornohefts. Was tu ich hier, dachte sie, warum laß ich das mit mir geschehen? Doch der Teil ihrer selbst, der nicht zuschaute, beugte den Rücken, hob den Hintern, um jeden Schlag in Empfang zu nehmen.

»So ist's gut. Braves Mädchen«, sagte er besänftigend und doch in strengem Ton. »Jetzt beug dich noch tiefer. Den Arsch noch höher. So ist's gut.«

Weitere Schläge folgten, diesmal sehr hart, so daß Rachel jedesmal leicht aufschrie. Dann öffnete er seinen Reißverschluß und drückte seinen erregten Penis zwischen ihre Arschbacken.

»Wohin willst du ihn?« fragte er.

Panik. Wohin will ich ihn? Ich weiß, wohin er ihn will. Ich will es nicht sagen. Ich will nicht darum bitten müssen.

»Egal wohin«, keuchte sie.

»Wohin?« wiederholte er zornig.

»Tu, was du willst.« Sie wollte nur genommen werden. Sie wollte ihn.

»Ich fragte, wohin. Willst du meinen Schwanz in deine Fotze oder in deinen Arsch?«

Sehr zornig. Eiskalt.

»O bitte ... in meinen Arsch ... in meinen Arsch.«

Er stand hinter ihr, hielt sie an den Hüften, zog sie zu sich und begann vorsichtig, ganz behutsam in sie einzudringen. Sie schrie auf vor Schmerz, es tat weh, wirklich weh, als er tiefer und tiefer in sie drang. Sie fühlte das plötzliche Bedürfnis zu scheißen und schrie dagegen an, und dann war er ganz in ihr, und ihre Muskeln begannen sich zu entspannen, ließen ihn tief in ihr sich bewegen. Sie stöhnte weit hinten aus ihrer Kehle und hörte ihn keuchen.

»Ist es gut? Fühlt es sich gut an?«

»Ja«, antwortete ihre Stimme, tief und heiser, mit Stöhnen untermischt. Sie preßte sich gegen ihn und fühlte seinen weichen Bauch auf ihren Hinterbacken. Er hielt sie noch fester umfaßt, bewegte sich langsam in ihr und lauschte auf die tiefen, gurrenden Geräusche, die sie von sich gab. Sie fühlte sich vergewaltigt, befreit, heftig und geheimnisvoll erregt, alles zugleich. Sie wollte ihn ganz in sich. Sie war wütend und hilflos, wollte dies mehr als alles andere. Sie spürte seine Erregung, seine immense Lust und sonderbare Erleichterung; es war, als wäre er heimgekehrt, endlich dort, wohin er gehörte. Ihr Zorn wurde durch seine Lust gedämpft und durch ihre eigene Erregung, die sie empfand, während er weiter in sie drang. Als sie heftiger zu stöhnen begann, berührte er ihre Klitoris, und sie kam in langen gebrochenen Seufzern, immer und immer wieder, bis sie plötzlich zwischen zusammengepreßten Kiefern hervorstieß:

»Bastard!«

Und noch mal.

»Bastard!«

Dann kam er, wie überrumpelt, stemmte und preßte sich gegen sie, bis sich alles aus ihm entleert zu haben schien.

Einen Augenblick war er ganz ruhig, dann zog er sich aus ihr zurück, während sie über dem Tisch lehnte, den Kopf auf ihre Arme gelegt und schnell und heftig atmete.

Joshua strich seine Kleider zurecht, und Rachel richtete sich auf, so daß ihr Rock wieder runterfiel. Sie wußte nicht, wie sie das Schweigen brechen sollte, wartete, daß er etwas sagen würde. Sie wollte getröstet, in den Arm genommen werden.

»Laß uns essen«, sagte Joshua gelassen, seine Stimme war kühl und belustigt, ein ironisches Lächeln spielte um seinen Mund.

Sie nahm den Braten aus dem Backofen, und sie aßen am Küchentisch, direkt vom Backblech, rissen sich Stücke von Fleisch und Gemüse ab, die sie direkt in den Mund steckten. Scheiß auf den Salat, dachte Rachel und starrte finster auf die Schüssel mit dem Dressing.

Joshua aß geräuschvoll und ohne ein Wort, er war hungrig, es schien ihm zu schmecken. Rachel stocherte lustlos herum. Sie fühlte sich feucht und wund – und gut. Sie hatte ihren Slip nicht wieder angezogen, war drüber gestiegen, als sie das Essen aus dem Backofen holte, er lag noch immer am Boden. Das Kleid unter ihr fühlte sich naß an.

»Noch etwas Wein?« fragte sie.

»Hmm, schmeckt gut. Du bist eine fabelhafte Köchin, doch ich wette, du kannst solche Komplimente nicht ausstehen«, meinte er grinsend zwischen zwei Bissen.

»Richtig geraten.« Sie schenkte ihm nach, sich auch ein wenig. Sie aßen den Obstsalat, der köstlich war, gerade richtig und frisch.

»Ich mag Granatäpfel«, gurrte Joshua. »Woher wußtest du das?«

»Wußt ich eben nicht«, entgegnete sie in einem Ton, der andeuten sollte, daß er, wenn sie's gewußt hätte, mit Sicherheit keine bekommen hätte. »Die tu ich immer in meinen Obstsalat.«

Er schaute sie an und verzog den Mund zu einem breiten Grinsen, das seine Zähne entblößte. Sie grinste zurück. Sie waren wieder zwei Erwachsene.

Anaïs Nin
Die Ausreißerin

Pierre teilte sich die Wohnung mit Jean, einem Mann, viel jünger als er. Eines Tages brachte Jean ein junges Mädchen mit, das er auf der Straße aufgelesen hatte. Er hatte erkannt, daß sie keine Prostituierte war.

Sie war etwa sechzehn, mit kurzem jungenhaftem Haarschnitt und jugendlich-unfertiger Figur, mit zwei kleinen, spitzen Brüsten. Sie hatte sofort, aber ein wenig benommen, auf Jeans Worte reagiert: »Ich bin zu Hause ausgerissen«, sagte sie.

»Und wohin willst du? Hast du Geld?«

»Ich habe kein Geld. Und keinen Platz, wo ich schlafen kann.«

»Dann komm mit«, sagte Jean. »Ich mache dir etwas zu essen und gebe dir einen Platz zum Schlafen.» Sie folgte ihm mit unglaublicher Fügsamkeit.

»Wie heißt du?«

»Jeanette.«

»Oh, dann passen wir ja zusammen! Ich heiße Jean.«

Es gab zwei Schlafzimmer in der Wohnung, jedes mit einem Doppelbett. Zuerst hatte Jean wirklich beabsichtigt, das Mädchen zu retten und selbst in Pierres Bett zu schlafen. Pierre war nicht nach Hause gekommen. Er empfand kein Verlangen nach dem Mädchen, nur eine Art Mitleid, weil es so verloren wirkte. Er machte ihr das Abendessen. Dann sagte Jeanette, daß sie müde sei. Jean gab ihr einen von seinen Pyjamas, führte sie in sein Zimmer und ließ sie allein.

Kurz nachdem er in Pierres Zimmer war, hörte er, wie sie ihn rief. Sie saß im Bett wie ein müdes Kind und wollte, daß er sich zu ihr setzte. Sie bat ihn, ihr einen Gutenachtkuß zu geben. Ihr Lippen waren unerfahren. Sie gab ihm einen sanften, unschuldigen Kuß, der Jean nichtsdestoweniger erregte. Er verlängerte den Kuß und schob seine Zunge in ihren weichen, kleinen Mund. Sie duldete es mit derselben Fügsamkeit, die sie bewiesen hatte, als sie am Nachmittag mit ihm ging.
Jetzt verstärkte sich Jeans Erregung. Er streckte sich neben ihr aus. Das schien ihr zu gefallen. Ihre Jugend beängstigte ihn ein wenig, aber er glaubte nicht, daß sie noch unberührt war. Die Art, wie sie küßte, war kein Beweis für ihn. Er hatte viele Frauen gekannt, die nicht küssen konnten, aber genau wußten, wie man einen Mann auf andere Art festhalten und ihn mit großer Bereitwilligkeit aufnehmen kann.
Er begann sie das Küssen zu lehren. »Gib mir deine Zunge, wie ich dir meine gegeben habe«, verlangte er. Sie gehorchte.
»Gefällt dir das?« fragte er. Sie nickte.
Dann, als er sich hinlegte, um sie zu betrachten, stützte sie sich auf einen Ellbogen, streckte ganz ernst die Zunge heraus und schob sie Jean zwischen die Lippen.
Das bezauberte ihn. Sie war eine gelehrige Schülerin. Er zeigte ihr, wie man die Zunge bewegte, wie man mit ihr spielte. Lange hingen sie aneinander, bevor er andere Liebkosungen wagte. Dann erkundete er ihre kleinen Brüste. Sie reagierte auf sein leichtes Kneifen und Küssen.
»Hast du wirklich noch nie einen Mann geküßt?« fragte er ungläubig.
»Nein«, antwortete das Mädchen ernst. »Aber ich hab's schon immer tun wollen. Deswegen bin ich ausgerissen. Ich wußte, daß meine Mutter mich weiterhin versteckt halten wollte. Während sie selbst ständig Männer empfing. Ich habe sie genau gehört. Meine Mutter ist sehr schön, und oft kamen Männer und schlossen sich mit ihr ein. Aber sie wollte nie, daß ich sie sah,

oder daß ich allein aus dem Haus ging. Und ich wollte doch ein paar Männer für mich allein haben.«
»Ein paar?« fragte Jean amüsiert lachend. »Ist einer denn nicht schon genug?«
»Das weiß ich noch nicht«, antwortete sie ebenso ernst wie zuvor. »Das muß ich erst sehen.«
Jetzt wandte Jean seine ganze Aufmerksamkeit Jeanettes festen, spitzen Brüsten zu. Er küßte und liebkoste sie. Jeanette beobachtete ihn zutiefst interessiert. Als er aufhörte, um sich auszuruhen, knöpfte sie plötzlich sein Hemd auf, legte ihre jungen Brüste an seine Brust und rieb sich daran wie eine träge, sinnliche Katze. Jean war verblüfft über ihre Begabung zur Liebe. Sie machte schnell Fortschritte. Sie hatte genau gewußt, wie ihre Brustspitzen die seinen berühren, wie sie sich an seiner Brust reiben mußte, um ihn zu erregen.
Nunmehr schlug er die Decke zurück und wollte die Schnur ihres Pyjamas lösen. Aber sie bat ihn, das Licht auszumachen.
Pierre kam gegen Mitternacht heim, und als er an Jeans Zimmer vorbeikam, hörte er das Stöhnen einer Frau, das er als Luststöhnen erkannte. Er blieb stehen. Er konnte sich die Szene hinter der Tür genau vorstellen. Das Stöhnen erklang rhythmisch, zuweilen wie das Gurren einer Taube. Pierre konnte nicht widerstehen und lauschte.
Am nächsten Tag erzählte ihm Jean von Jeanette. »Weißt du«, sagte er, »ich dachte, sie wäre einfach ein junges Mädchen, und sie war... sie war noch Jungfrau, aber du hast noch nie ein solches Talent zur Liebe erlebt! Sie ist unersättlich. Sie hat mich schon ganz ausgelaugt.«
Dann ging er zur Arbeit und blieb den ganzen Tag fort. Pierre blieb zu Hause. Um die Mittagszeit kam Jeanette schüchtern heraus und fragte, ob sie wohl etwas zu essen bekommen könne. Also aßen sie gemeinsam. Nach dem Essen verschwand sie wieder, bis Jean heimkam. So ging es auch am folgenden Tag. Und am darauffolgenden. Sie war so still wie eine Maus. Doch

jeden Abend hörte Pierre das Stöhnen und Gurren, die Taubenlaute hinter der Tür. Nach acht Tagen bemerkte er, daß Jean müde wurde. Denn erstens war Jean doppelt so alt wie Jeanette, und dann hatte Jeanette, ihre Mutter vor Augen, wahrscheinlich versucht, sie zu übertreffen.

Am neunten Tag blieb Jean die ganze Nacht fort. Jeanette kam und weckte Pierre. Sie war beunruhigt. Sie dachte, Jean hätte einen Unfall gehabt. Aber Pierre ahnte die Wahrheit. Jean war ihrer tatsächlich überdrüssig geworden und wollte ihrer Mutter mitteilen, wo sie sich aufhielt. Aber er hatte ihre Adresse nicht aus Jeanette herausholen können. Deshalb war er einfach fortgeblieben.

Pierre versuchte Jeanette nach Kräften zu trösten und ging wieder schlafen. Jeanette wanderte ziellos in der Wohnung umher, nahm Bücher zur Hand und legte sie wieder hin, versuchte etwas zu essen, die Polizei anzurufen. Jede Stunde in dieser Nacht kehrte sie zu Pierre zurück, um mit ihm über ihre Ängste zu sprechen, und jedesmal sah sie ihn sehnsüchtig und hilflos an.

Schließlich wagte sie es, ihn zu fragen: »Glaubst du, Jean will mich nicht länger hier behalten? Meinst du, ich sollte lieber gehen?«

»Ich finde, du solltest nach Hause zurückkehren«, antwortete Pierre, müde und schläfrig und dem jungen Mädchen gegenüber absolut gleichgültig.

Am nächsten Tag jedoch war sie immer noch da, und nun geschah etwas, das seine Gleichgültigkeit beendete.

Jeanette saß am Fußende seines Bettes und unterhielt sich mit ihm. Sie trug ein sehr leichtes Kleid, das sie umspielte wie eine Duftwolke, lediglich eine Hülle, die das Parfüm ihres Körpers festhielt. Eine vielfältige Duftmischung, stark und durchdringend; Pierre nahm alle Nuancen wahr: den bitteren, starken Geruch der Haare, ein paar Schweißtropfen an ihrem Hals, unter den Brüsten, den Armen; ihren Atem, zugleich säuerlich und

süß, wie eine Mischung aus Zitrone und Honig; und darunter den Duft ihrer Weiblichkeit, den die Sommerhitze geweckt hatte, wie sie den Duft der Blumen weckte.
Er wurde sich seines Körpers bewußt, spürte das Streicheln seines Pyjamas auf der Haut, spürte, daß seine Jacke auf der Brust offenstand und daß sie seinen Geruch wahrscheinlich ebenso roch wie er den ihren.
Und plötzlich machte sich voll Macht seine Begierde bemerkbar. Er zog Jeanette zu sich herüber, zog sie neben sich ins Bett. Durch den dünnen Stoff spürte er ihren Körper. Gleichzeitig dachte er daran, wie Jean sie stundenlang zum Stöhnen und Gurren gebracht hatte, und fragte sich, ob er das ebenfalls können werde. Niemals zuvor war er einem anderen Mann, der gerade eine Frau liebte, so nahe gewesen, nie hatte er so deutlich die Laute einer Frau gehört, die von der Lust zur Erschöpfung getrieben wurde. Er hatte reichlich Beweise für seine Erfolge als guter und zufriedenstellender Liebhaber. Doch als er jetzt Jeanette zu lieben begann, setzte sich Zweifel in ihm fest – und so große Angst, daß sein Begehren erlosch.
Jeanette merkte erstaunt, daß Pierre mitten in seinen leidenschaftlichen Liebkosungen plötzlich schlaff wurde. Sie empfand Verachtung für ihn. Sie war noch zu unerfahren, um sich zu sagen, daß dies unter bestimmten Umständen jedem Mann passieren könne, daher tat sie auch nichts, um die Umarmung fortzusetzen. Sondern legte sich zurück, seufzte und blickte zur Decke. Da küßte Pierre sie auf den Mund, und das fand sie schön. Er hob ihr leichtes Kleid, betrachtete die jungen Beine, zog die runden Strumpfbänder herab. Der Anblick ihrer Strümpfe, die sich zu rollen begannen, und des winzigen, weißen Höschens, das sie trug, die Enge des Geschlechts, das er unter seinen Fingern spürte, erregten ihn von neuem, lösten in ihm ein heftiges Verlangen aus, sie zu nehmen und ihr, die so nachgiebig und feucht war, Gewalt anzutun. Er stieß sein mäch-

tiges Geschlecht in sie hinein und spürte, wie eng sie war. Das begeisterte ihn. Ihr Geschlecht schloß sich um seinen Penis wie ein Futteral, weich und zärtlich.
Er fühlte, wie seine Kraft zurückkehrte, seine gewohnte Kraft und Geschicklichkeit. An jeder ihrer Bewegungen erkannte er, wo sie berührt werden wollte. Als sie sich an ihn schmiegte, bedeckte er ihre kleinen, runden Gesäßbacken mit seinen warmen Händen, und sein Finger berührte ihre Öffnung. Sie zuckte zusammen, gab aber keinen Laut von sich.
Doch Pierre wartete auf diesen Laut, auf einen Laut der Zustimmung, der Ermunterung. Den Jeanette jedoch nicht äußerte. Pierre lauschte darauf, während er immer wieder in sie hineinstieß. Dann hielt er inne, zog seinen Penis heraus und umkreiste nur mit der Spitze die Öffnung ihres kleinen, rosigen Geschlechts.
Sie lächelte ihm zu und gab sich ihm hin, äußerte aber noch immer keinen Laut. Empfand sie keine Lust? Was hatte Jean nur mit ihr gemacht, daß er ihr solche Lustschreie entlockt hatte? Er versuchte es mit allen Positionen. Er hob sie an der Taille zu sich herauf, hob ihr Geschlecht zu sich empor, kniete sich hin, um besser in sie hineinstoßen zu können, aber sie gab keinen Laut von sich. Er drehte sie um und nahm sie von hinten. Seine Hände waren überall. Sie keuchte und war feucht, aber sie schwieg. Pierre berührte ihr kleines Hinterteil, liebkoste ihre kleinen Brüste, biß sie in die Lippen, küßte ihr Geschlecht, stieß sein Geschlecht erst heftig in sie hinein, dann sanft, dann ließ er es in ihr kreisen. Sie aber blieb stumm.
Voller Verzweiflung bat er sie: »Sag mir, wenn du's willst, sag mir, wenn du's willst.«
»Komm jetzt«, antwortete sie sofort, als hätte sie nur darauf gewartet.
»Du willst es?« fragte er abermals, voller Zweifel.
»Ja«, antwortete sie, doch ihre Passivität machte ihn unsicher. Er verlor den Wunsch, zu kommen, sie zu genießen. Sein Ver-

langen erstarb in ihr. Er entdeckte einen Ausdruck der Enttäuschung auf ihrem Gesicht.
Dann war sie es, die zu ihm sagte: »Ich nehme an, du findest mich nicht so attraktiv wie andere Frauen.«
Pierre war verblüfft. »Selbstverständlich finde ich dich attraktiv, aber du scheinst keine Lust zu empfinden, und das irritiert mich.«
»Aber ich *habe* doch Lust empfunden«, behauptete Jeanette erschrocken. »Selbstverständlich! Ich fürchtete nur, daß Jean heimkommen und mich hören könnte. Ich dachte, wenn er kommt und mich hier findet, und wenn er mich dann wenigstens nicht hört, denkt er vielleicht, du hättest mich gegen meinen Willen genommen. Aber wenn er mich hört, weiß er, daß ich Lust empfinde, und ist gekränkt, denn er sagt immer zu mir: ›Du magst es, du magst es, nicht wahr? Dann sag es auch, los doch, rede, schreie, du magst es, nicht wahr? Es macht mich ganz wild, du empfindest Lust, nicht wahr? Also *sag* es, *sprich*, *was* empfindest du?‹ Ich kann nicht sagen, *was* ich empfinde, aber ich muß einfach schreien, und dann ist er glücklich, und das erregt ihn.«
Jean hätte eigentlich wissen müssen, was Jeanette und Pierre trieben, wenn er nicht da war, aber er konnte einfach nicht glauben, daß Pierre sich wirklich für sie interessieren könnte; dafür war sie noch zu sehr Kind. Darum war er auch sehr überrascht, als er heimkam und feststellte, daß Jeanette doch geblieben und daß Pierre durchaus bereit war, sie zu trösten, mit ihr gemeinsam auszugehen.
Es bereitete Pierre Vergnügen, Kleider für sie zu kaufen. Zu diesem Zweck begleitete er sie in die Geschäfte und wartete, während sie in den kleinen, dafür bestimmten Kabinen Kleider anprobierte. Es entzückte ihn, durch einen Schlitz in den hastig zugezogenen Vorhängen nicht nur Jeanette zu sehen, deren jungmädchenhafter Körper ein Kleid nach dem anderen überzog, sondern auch andere Frauen. Er saß ruhig vor den Ankleidekabinen in einem Sessel und rauchte. Er sah Ausschnitte von

Schultern, bloßen Rücken, Beinen durch den Vorhangschlitz schimmern. Und Jeanettes Dankbarkeit für die Kleider, die er ihr schenkte, nahm die Form einer Koketterie an, vergleichbar nur den Gesten von Striptease-Tänzerinnen. Sie konnte es kaum erwarten, bis sie das Geschäft wieder verließen und sie sich beim Gehen an ihn schmiegen konnte. »Sieh mich an«, forderte sie dann. »Ist es nicht wunderschön?« Und streckte provokativ die Brust heraus.

Sobald sie in einem Taxi saßen, wollte sie, daß er den Stoff befühlte, die Knöpfe bewunderte, den Ausschnitt zurechtzupfte. Genüßlich streckte sie sich, um zu sehen, wie eng das Kleid saß; sie streichelte den Stoff, als wäre es ihre eigene Haut.

So begierig sie gewesen war, das Kleid anzuziehen, so begierig schien sie nun zu sein, es wieder abzulegen, damit Pierre es befingern, zerdrücken, mit seinem Verlangen taufen konnte. Sie schmiegte sich an ihn, in ihrem neuen Kleid, und das brachte ihm deutlich ihre Lebendigkeit zu Bewußtsein. Und wenn sie schließlich zu Hause waren, wollte sie sich mit ihm in seinem Zimmer einschließen, damit er sich das Kleid zu eigen machte, wie er es mit ihrem Körper gemacht hatte, gab nicht eher Ruhe, bis sich Pierre aufgrund der Reibung, der Bewegung ihrer Hüften getrieben fühlte, ihr das Kleid vom Leib zu reißen. War das geschehen, blieb sie nicht in seinen Armen, sondern schlenderte in der Unterwäsche im Zimmer umher, bürstete sich die Haare, puderte sich das Gesicht und tat, als wäre das alles, was abzulegen sie beabsichtigte, und Pierre müsse sich mit ihr so zufriedengeben, wie sie jetzt war.

Sie trug immer noch hochhackige Schuhe, Strümpfe, Strumpfbänder, und zwischen Strumpfbändern und Höschenrand, zwischen Taille und dem kleinen Büstenhalter schimmerte je ein Streifen weißer Haut.

Nach einer Weile versuchte Pierre sie festzuhalten. Er wollte sie ausziehen. Es gelang ihm lediglich, ihren Büstenhalter zu lösen, da entschlüpfte sie seinen Armen schon wieder, um ihm einen

kleinen Tanz vorzuführen. Sie wollte ihm alle Schritte zeigen, die sie kannte. Pierre bewunderte ihre Grazie.
Er fing sie im Vorübertanzen ein, aber sie wollte nicht zulassen, daß er ihr Höschen berührte. Sie duldete nur, daß er ihr Strümpfe und Schuhe auszog. In diesem Moment hörte sie Jean kommen.
So, wie sie war, lief sie zur Tür hinaus, um ihm entgegenzueilen. Nackt bis auf das Höschen, warf sie sich in seine Arme. Dann sah Jean Pierre, der ihr gefolgt war – ärgerlich, weil er um seine Befriedigung betrogen worden war, ärgerlich, weil sie ihm Jean vorgezogen hatte.
Jean begriff. Doch er begehrte Jeanette nicht mehr. Er wollte sie los sein. Sie begann zu packen, kleidete sich an, wollte die Wohnung verlassen.
Pierre stellte sich ihr in den Weg, trug sie in sein Zimmer zurück und warf sie aufs Bett.
Diesmal wollte er sie haben, koste es, was es wolle. Der Ringkampf war anregend: sein rauher Anzug auf ihrer Haut, seine Knöpfe auf ihren empfindsamen Brüsten, seine Schuhe gegen ihre nackten Füße. In diesem Durcheinander von Härte und Weiche, Kälte und Wärme, Starre und Nachgeben empfand Jeanette Pierre zum erstenmal als Herrn und Meister. Das spürte er. Er riß ihr das Höschen herunter und entdeckte, wie feucht sie war.
Und dann ergriff ihn ein teuflisches Vergnügen, ihr weh zu tun. Er führte nur einen Finger ein. Als er den Finger bewegt hatte, bis Jeanette ihn um Befriedigung anflehte und sich vor Erregung wand, hielt er inne.
Vor ihren erstaunten Augen ergriff er seinen erigierten Penis, streichelte ihn und schenkte sich selbst soviel Lust, wie er nur herausholen konnte, benutzte manchmal nur zwei Finger, manchmal die ganze Hand, und Jeanette sah deutlich jede einzelne Kontraktion. Es war, als halte er einen bebenden Vogel in der Hand, einen gefangenen Vogel, der sie anspringen wollte,

den Pierre aber zu seinem eigenen Vergnügen behielt. Fasziniert starrte sie auf Pierres Penis. Sie näherte ihm ihr Gesicht. Aber sein Zorn auf sie, weil sie aus dem Zimmer zu Jean gelaufen war, war noch zu frisch.
Sie kniete vor ihm nieder. Obwohl ihr zwischen den Beinen das Blut pochte, vermeinte sie, wenn sie nur wenigstens seinen Penis küssen dürfte, werde das ihr Verlangen stillen. Pierre ließ sie knien. Er schien seinen Penis ihrem Mund darbieten zu wollen, tat es aber nicht. Er fuhr fort, ihn zu massieren, genoß voll Trotz die eigenen Bewegungen, als wolle er sagen: »Ich brauche dich nicht.«
Jeanette warf sich aufs Bett und wurde hysterisch. Ihre ungezügelten Bewegungen, die Art, wie sie den Kopf rücklings ins Kissen preßte, damit sie nicht mehr mit ansehen mußte, wie Pierre sich selbst liebkoste, die Art, wie sich ihr Körper bog – das alles erregte Pierre sehr. Aber noch immer gab er ihr seinen Penis nicht frei. Sondern barg sein Gesicht zwischen ihren Beinen. Jeanette fiel zurück und wurde ruhiger. Leise murmelte sie vor sich hin.
Pierres Mund schlürfte den frischen Schaum zwischen ihren Beinen, ließ sie aber nicht zum Höhepunkt kommen. Er reizte sie. Sobald er spürte, daß der Rhythmus ihrer Lust begann, hörte er auf. Er hielt ihre Beine gespreizt. Seine Haare fielen auf ihren Bauch und streichelten sie. Mit der linken Hand griff er nach einer ihrer Brüste. Jeanette lag da, fast ohnmächtig. Jetzt wußte er, daß Jean ruhig hereinkommen konnte: Sie würde ihn nicht mehr bemerken. Sie stand ganz unter dem Bann von Pierres Fingern, erwartete die Lust von ihm. Und als schließlich sein erigierter Penis ihren weichen Körper berührte, war es, als hätte er sie verbrannt; sie erschauerte. Nie hatte er ihren Körper so hingegeben gesehen, so unempfindsam gegen alles, bis auf den Wunsch, genommen und befriedigt zu werden. Sie blühte auf unter seinen Liebkosungen – jetzt nicht mehr Mädchen, sondern Frau.

Quellenangaben

Emmanuelle Arsan
aus: Emmanuelle Arsan, Emmanuelle oder die Schule der Lust
deutsch von Henri Holz-Fay

Brigitte Blobel
aus: Brigitte Blobel, Das Bad in der Oase

Julie Burchill
aus: Julie Burchill, Die Waffen der Susan Street
deutsch von Sabine Lohmann

Michael Chabon
aus: Michael Chabon, Die Geheimnisse von Pittsburgh
deutsch von Denis Scheck

Jenny Diski
aus: Jenny Diski, Küsse und Schläge
deutsch von Bettina Runge

Almudena Grandes

aus: Almudena Grandes, Lulu – Die Geschichte einer Frau
deutsch von Christiane Tasche

Benoîte Groult

aus: Benoîte Groult, Salz auf unserer Haut
deutsch von Irène Kuhn

Oscar Hijuelos

aus: Oscar Hijuelos, Die Mambo Kings spielen Songs der Liebe
deutsch von Michael Strand

Die amerikanische Originalausgabe erschien 1981 unter dem Titel »The Mambo Kings Play Songs of Love« im Verlag Farrar, Straus and Giroux, New York

D. H. Lawrence

aus: D. H. Lawrence, Lady Chatterley

Henry Miller

aus: Henry Miller, Sexus
deutsch von Kurt Wagenseil

Vladimir Nabokov

aus: Vladimir Nabokov, Lolita
deutsch von Helen Hessel, Maria Carlsson, Kurt Kusenberg, H. M. Ledig-Rowohlt und Gregor von Rezzori

Anaïs Nin

aus: Anaïs Nin, Die verborgenen Früchte
deutsch von Gisela Stege

Knaur®

Benoîte Groult

Foto: Isolde Ohlbaum

(8020)

(8063)

(8064)

(2997)

(3113)